사회교육론

- 교육사회학적 이해 -

사회교육론

― 교육사회학적 이해 ―

한준상 著

한국학술정보㈜

머 리 말

과연 '사회교육학'의 학문적인 성립이 가능한가? 보수주의적으로 말한다면 사회교육학이라는 용어의 사용 그 자체가 우스꽝스러울지도 모른다. 그러나 미래지향적으로 말한다면, 사회교육학이라는 용어의 사용뿐만 아니라, 사회교육학이라는 영역의 학문적인 독자성 확보마저 가능해야만 할 것이다.

사회교육학이 독립적인 학문으로 성립하기 위해서는, 사회교육관계자들은 최소한 다음의 세 가지 질문에 주체적인 대답을 내릴 수 있어야 한다. 즉, 첫째, 사회교육학은 무엇을 탐구하는가? 즉, 사회교육학이라는 학문의 성립을 위해서는, 학문으로서의 탐구영역의 독자성이 확보되어 있는가 하는 문제제기에 긍정적인 대답을 할 수 있어야 한다. 둘째, 사회교육학은 그 스스로 탐구하고자 하는 내용을 '과학적'으로 다룰 수 있는 탐구방법이나 절차들을 체계화하여 갖고 있는가? 즉, 사회교육학이 독자적으로 내세울 수 있는 독특하며 체계적인 연구방법론이 있는가? 이 문제제기에 대해서도 긍정적인 대답을 내릴 수 있어야 한다. 마지막으로 사회교육학은 스스로 학문적 체계화를 이룰 수 있는 독자적인 관점이나 이론적 체계를 갖고 있는가? 다시 말해서, 사회교육학 자체의 독자적인 이론은 무엇인가 하는 자기정체성 확인의 질문에도 긍정적인 대답을 내릴 수 있어야 한다.

독자적인 탐구영역의 확보 여부, 독특하고 체계적인 연구방법론의 확보 여부, 독립적인 이론체계의 구성 여부 등의 세 가지 문제제기는 비단 사회교육학의 성립 가능성에 국한된 것이 아니라 모든 학문에 다 적용되는 것이지만, 이 세 가지 조건들을 충분히 만족시키면서 독자적인 학문적 위치나 지위를 구축한 인문·사회과학은 그리 많지 않은 실정이다. 따라서 굳이 사회교육학 분야에만 국한시켜 학문성 여부를 캐물어 단죄할 수만은 없을지도 모른다.

사회교육 분야는, 종래의 관점에서 본다면, 학문성이 빈약한 실정이다. 그렇기 때문에라도, 사회교육 분야는 더욱더 사회과학으로서 자기 정체성을 확립해 나가는 체계적인 방향으로 탐구되어져야 한다. 사회교육은 현행 사회교육법을 근거로 파악한다면 정규 학교교육 이외의 모든 교육적 현상을 의미하기 때문에 사회교육학의 모든 원리나 법칙들은 사회과학적으로 탐구되어질 필요가 있다.

그러므로 사회교육에 대한 개념 파악부터 학자마다 제각기 다른 실정이 지적, 논의되어야 한다. 어떤 학자들은 사회교육을 법률적인 기준으로 정의하지만 어떤 학자들은 사회교육을 비(非)법률적·초(超)법률적으로 정의하기도 한다. 어떤 경우에 있어서는 사회교육이 평생 교육을 위한 하나의 수단적이고 종속적인 현상으로 수용되기도 한다. 다른 입장에서는 사회교육과 평생교육이 같은 맥락으로 동일시되기도 한다. 또 다른 입장에서는 한 가지 단서를 달면서 사회교육을 논하기도 한다. 즉, 평생교육이라는 용어를 꼭 써야 한다면 평생교육이라는 개념은 사회교육을 포함하는 우산(雨傘)개념, 즉 종(種)의 개념으로 간주되어야 한다고 주장되기도 한다. 또 사회교육에 대한 이해나 강조점도 나라마다 다르다. 즉, 독일에서는 사회교육을 성인교육과 엄격하게 구분시키면서 사회교육의 독자성을 체계화시키고 있다. 프랑스는 사회교육이라는 용어보다는 평생학습이라는 용어를 선호하고 있다. 영국은 여가선용을 사회교육의 의미로 강조하고, 미국은 성인교육이라는 용어를 더욱 선호하고 있다. 남미 여러 나라에서는 '민중교육'을 사회교육과 같은 개념으로 간주하고 있다. 결국 우리나라에서도 상용되고 있는 사회교육은 그 용어나 개념이 그 현상이 존재하는 문화권에 따라 다르게 활용되고 있기 때문에 단일의 통일된 개념 파악이 어려운 실정이다.

이러한 개념상의 차이와, 이해나 강조점의 상이함, 활용상의 혼란은 사회교육학이 하나의 독자적인 학문으로 체계화, 정착화되어 가는 동안, 사회교육학자들의 주체적이고 체계적인 노력에 의해 사회과학적 체계로서 점차로 정리되어 갈 수 있을 것이라고 희망하고 싶다.

이 책은 사회교육의 개념, 이념, 원리, 내용 및 방법 등을 교육사회학적으로 이해해 보기 위해 마련되었다. 즉, 사회교육에 대한 교육사회학적 이해가 사회교육학의 사회과학적 체계화에 보탬이 되는 한 보기로서의 의미 정도는 충분히 있으리라는 바람을 나타내 보이고 싶어서였다. 이 책이 쓰여지게 만든 동기 중의 또 하나는 아직까지도 사회교육을 교육사회학적으로 접근하는 노력이 한국 교육계에서는 미진하다는 상황인식에 있었음을 부인하기 어렵다.

이 책은 H. Janne이 쓴 *Theoretical Foundations of Lifelong Education: A Sociological Perspective*, E. Gelphi의 *A Future for Lifelong Education(vol. 2)*, P. Jarvis의 *The Sociology of Adult and Continuing Education*, H. J. Alford의 *Power and Conflict in Continuing Education*과, J. E. Thomas의 *Radical Adult Education* 등에서 나타난 학문적 노력을 기초적으로나마 참고하여 사회교육의 교육사회학적 접근을 시도해 보았다. 아울러, 대학원생들과의 토론과 강의 초록이 이 책을 집필하는 데 큰 도움이 되었다. 저자가 대학원 시절에 배웠던 성인고등교육, 노인학, 교육행정학 분야의 강의노트와 글들도 도움이 되었다. 따라서 부족한 점, 어긋난 점, 지나친 점 등은 앞으로 계속 보완되어야 할 것이다. 많은 분들의 거리낌 없고 날카로운, 그러나 애정이 깃든 질책을 기대한다.

1987. 2.
연세대학교 교육과학대학 연구실에서
한 준 상

차 례

IV. 평생교육의 제도적 육성 방안

V. 사회교육법령과 사회교육 행정체제

VI. 사회교육의 교육과정

Ⅰ. 평생교육과 교육사회의 건설

1. 머리글

  지금까지 전개되어 온 모든 교육활동은 왜 평생교육의 관점으로 이해되어야만 하는가? 기존의 교육제도와 교육활동을 어떻게 평생교육의 관점으로 수용하고, 제도적으로 연계시켜야만 되는가? 지금까지의 교육활동을 평생교육의 관점에서 체계화시킬 때에 기존의 교육제도와 교육과정은 어떻게 새로이 조직되고 운영되어야 하는가? 등의 질문에 대한 대답이 이 글에서 시론적으로 논의된다. 평생교육의 이념과 기존의 교육활동 간의 연계방안에 대한 이 글의 논의는 아직도 이런 부분에 관한 연구들이 미진한 까닭에 상당히 시론적이며 탐색적인 수준에서 시도될 수밖에 없다.

2. 의무교육활동의 본질과 속성

  기존의 교육활동은 의무교육의 관점에서 이해될 수 있다. 의무교육이란 국가가 모든 국민에게 그들의 사회적· 종교적· 정치적 신분이나 배경의 차이에 관계없이, 개인의 능력에 따라 무상으로 제도적 교육을 시키는 교육정책과 교육활동을 의미한다. 모든 국민은 국가 권력이 정한 교육법에 따라 일정 기간 동안 교육을 받을 권리와 교육시킬 의무를 갖게 된다. 국가 권력에 의해 운영되는 의무교육제도는 취학의 의무, 학교기관 설치의 의무, 보상교육 실시의 의무를 수행하게 된다.

  의무교육이 국가의 책임이라는 견해는 독일의 루터(M. Luter)에 의해 주장되었다. 의무교육이 실제로 실시된 것은 1619년경이다. 바이마르(Weimar) 공화국이 6～12세에 이르는 아동에게 취학의 의무를 부과

한 것이 의무교육의 효시이다. 1763년 프리드리히(Friedrich der Grosse, 1712~1786) 대제는 의무교육령을 공포하여 의무교육을 엄격하게 실시했다. 그 이유는 의무교육이 정치적 안정, 국가와 사회의 존속과 발전의 기초가 되며 부국강병의 토대가 된다는 신조에서 찾을 수 있다. 한마디로 의무교육의 제도화는 체계적인 정치구속적 사회화의 길을 터 주었던 것이다.

민주정치의 발달과 시민의식의 고양으로, 정치구속적 사회화의 필요성뿐만 아니라 민주정치에의 요구가 더욱 강화되자 각 나라들은 이러한 국민적 요구를 의무교육으로 수렴, 발전시켜야 한다는 생각을 하게 되었고, 마침내 전면적인 의무교육의 실시로 표출되었다. 영국은 1876년부터, 미국은 1852년부터 자기 나라의 사회정치적 상황에 맞는 독자적인 교육제도와 방식으로 의무교육을 실시하기 시작했다.

한국에서 의무교육은 해방 이후부터 실시되었다. 즉, 1949년 12월 31일 법률 제86호로 고시된 교육법에 의해 의무교육의 윤곽이 구체화된 한국의 의무교육제도는 그간 26차례의 법률 개정 끝에(1984년 8월 2일, 법률 3739호) 의무교육 그 자체의 성격을 다음과 같이 밝혀 놓기에 이르렀다(참고: 교육법 제8조, 9조 의무교육).

제8조 (의무교육)
1. 모든 국민은 6년의 초등교육과 3년의 중등교육을 받을 권리가 있다.
2. 모든 국민은 그 보호하는 자녀에게 제1항의 규정에 의한 교육을 받게 할 의무를 진다.
3. 국가는 제2항의 규정에 의한 의무교육을 실시하여야 하며, 이를 위한 시설을 확보함에 필요한 모든 조치를 강구하여야 한다.
4. 지방자치 단체는 그 관할지역 안의 의무교육 학령 대상 아동 전원을 취학시킴에 필요한 국민학교와 중학교를 설치·경영하여야 한다.
5. 지방자치 단체는 그가 설치한 국민학교와 중학교에 그 관할지역 안의 의무교육 학력 대상 아동 전원을 취학시키는 것이 곤란한 경우에는 인접한 지방자치 단체와 협의하여 합동으로 국립이나 사립의 중학교에 학령 대상 아동의 일부에 대한 의무교육을 위탁하여 실시할 수 있다.

제8조의 2 (중등교육에 대한 의무교육)

제8조의 규정에 의한 3년의 중등교육에 대한 의무교육은 대통령령이 정하는 바에 의하여 순차적으로 실시한다.

한국에서 실시되고 있는 의무교육의 기간은 국민학교 6년, 중학교 3년 등 총 9년이다. 즉, 국민학교 교육의 목표인 초등 보통교육과 중학교 교육의 목표인 중등 보통교육을 구현하기 위해 국가의 책임 아래 모든 국민에게 9년간의 의무교육을 실시하고 있다. 특별히 국가는 의무교육, 즉 초등 보통교육과 중등 보통교육을 모든 국민에게 제공하기 위해 의무교육의 내용을 다양한 형식으로 규정해 놓고 있다(참고: 교육법 94조, 제101조)

제94조 국민학교 교육은 제93조의 목적을 실현하기 위해 다음 각 호의 목표를 달성하도록 노력하여야 한다.

1. 일상생활에 필요한 국어를 정확하게 이해하며, 사용할 수 있는 능력을 기른다.
2. 개인과 사회와 국가와의 관계를 이해시켜 도의심과 책임감, 공덕심과 협동정신을 기른다. 특히 향토와 민족의 전통과 현장을 정확하게 이해시켜 민족의식을 앙양하며 독립자존의 기풍을 기르는 동시에 국제협력의 정신을 기른다.
3. 일상생활에 나타나는 자연사물과 현상을 과학적으로 관찰하여 처리하는 능력을 기른다.
4. 일상생활에 필요한 수량적인 관계를 정확하게 이해하며 처리하는 능력을 기른다.
5. 일상생활에 필요한 의식주와 직업 등에 대하여 기초적인 이해와 기능을 기르며 노동력과 자립자활의 능력을 기른다.
6. 인간생활을 명랑하고 화락하게 하는 음악, 미술, 문예 등에 대하여 기초적인 이해와 기능을 기른다.
7. 보건생활에 대한 이해를 깊게 하며 이에 필요한 습관을 길러 심신이 조화적으로 발달하도록 한다.

제101조 중학교 교육은 제100조의 목적을 실현하기 위하여 다음 각 호의 목표를 달성하도록 노력하여야 한다.

1. 국민학교 교육의 성과를 더욱 발전, 확충시켜 중견국민으로서 필요한 품
   성과 자질을 기른다.
2. 사회에서 필요한 직업에 관한 지식과 기능, 근로를 존중하는 정신과 행동,
   또는 개성에 맞는 장래의 진로를 결정하는 능력을 기른다.
3. 학교 내외에 있어서의 자율적 활동을 조장하며 감정을 바르게 하고 공정
   한 비판력을 기른다.
4. 신체를 양호 단련하여 체력을 증진시키며 건전한 정신을 기른다.

   (*저자주: 제94조, 제101조에서 지적된 제93조와, 제100조는 각기 초등 보통교
육과 중등 보통교육을 지칭하는 것이다.)

의무교육에서 강조되는 초등 보통교육의 내용이나 중등 보통교육의
내용은 평생교육의 출현 동기나 평생교육의 이념에 부합되는 것들이다.
즉, 국어 사랑에 대한 고취, 시민정신 앙양, 근로정신 고취, 정서 발달,
심· 체적 능력 고양 등은 평생교육에서 중요하게 다뤄지는 내용들이다.
의무교육과 평생교육의 연계를 시도하기 위해 다음 절에서는 평생교육
의 개념이 보다 구체적으로 논의된다.

3. 평생교육의 본질과 속성

평생교육에 대한 현재까지의 개념 파악이 사회교육 관계 전문가 대
다수가 수긍할 정도로 일반화되어 있지는 않다. 그러나 평생교육에 대
한 개념 파악에 대한 난해성에도 불구하고 학자들은 평생교육을 현재
의 교육 문제를 풀어 줄 수 있는 교육이념으로 간주하는 데는 대체로
이견이 없는 듯하다. 학계의 이러한 일반적 입장에 동의하면서 여기서
는 평생교육의 개념을 다음과 같이 정의한다. 즉, 평생교육이란 인간의
삶의 질을 개선하고 인간의 교육권을 실질적으로 보장해 주기 위한 교

육이념으로서 첫째, 초등· 중등· 고등 교육 등등 각종의 제도적 교육기관을 통해 제공되는 각양의 교육과정을 교육제도적으로 연계시키며 둘째, 유아교육, 청소년교육, 중장년교육, 노인교육 등등 발달단계에 따른 교육내용을 수직적으로 조정하여 삶을 통한 교육의 중요성을 확인, 조직하며 셋째, 가정교육, 학교교육, 사회교육 등으로 각기 다르게 전개되는 형식· 비형식· 무형식적인 교육내용과 형태를 수평적으로 통합, 다시 말해서, 삶과 교육이 통일체가 되도록 연계, 통합시켜 궁극적으로 '교육사회'를 지향하려는 교육이념을 의미한다. 평생교육은 개인과 사회의 질을 향상시키기 위해 개인의 일생에 거쳐 개인적· 사회적· 전문적인 기술과 자질을 향상, 성취하게 만드는 교수-학습의 총체적 이념이라고 정의할 수 있다(Dave, 1976).

제도교육 간의 연계성을 강화하고 형식· 비형식· 무형식 교육 유형과 교육 내용을 인간 발달단계에 따라 조정, 통합하며 '교육사회'를 이룩하기 위해 창출된 평생교육 이념은 논쟁보다는 실천의 중요성을 강조하고 있다. 동시에 평생교육은 학교교육의 문제점을 체계적으로 지적, 비판하고 있음에도 불구하고 학교교육 제도를 포기하거나 폐기해야 함을 표방하는 교육이념이 아니다(참고: Gelphi, 1979: Cropley & Dave, 1978).

그렇다면 왜 교육이라는 용어 앞에 평생이란 접두어가 붙어야만 하는가? 그냥 교육이라고 했을 때와 평생교육이라고 했을 때의 의미차이는 무엇인가? 교육사회 건설이 '교육'보다는 '평생교육'이라는 교육이념에 의해 구축된다는 이유는 무엇인가? 이에 대한 대답은 평생교육 이념의 속성을 논의할 때 보다 분명하게 부각된다. 평생교육은 학교교육과는 달리 여덟 가지 요소를 강조한다(참고: Dave, 1975: Skager & Dave, 1977).

첫째 요소는 학습의 총체성이다. 즉, 학습자가 일생에 걸쳐 전개하는 일상활동이 학습적 경험이 되며 이 경험이 평생교육을 위한 총체적 학습으로 표현된다. 둘째, 학습의 통합요소가 평생교육의 이념 속에 내장되어 있다. 즉, 학교교육과정, 교사훈련, 지역사회의 학습욕구가 각 부문별로 동시에 전체적으로 통합되어야 함이 강조되고 있다. 셋째, 융통성의 요소가 평생교육 속에서 강조되고 있다. 즉, 교육내용의 다양성, 학습유형의 다양성, 학습시간의 다양성이 학습자의 교육요구 수준에 따라 조절되어야 한다는 융통성의 원리가 강조되고 있다. 넷째, 민주화의 요소가 평생교육의 개념 속에 붙박혀 있다. 즉, 학습자의 성별, 종교별, 연령별, 사회적 배경의 차이에 관계없이 시민 모두가 학습할 수 있도록 그들에게 균등한 학습 기회를 제공한다는 학습권의 보장이 강조되고 있다. 다섯째, 학습조건의 구체화(opportunity and motivation) 보장이라는 사회정치적 지원의 당위성도 평생교육 개념에 붙박혀 있다. 즉, 평생교육의 발전과 실천을 위한 사회적 분위기를 조성하는 일이 강조되고 있다. 여섯째, 조직 운영의 다양성(operational modality)을 강조함으로써 교육은 형식· 비형식· 무형식적 경로를 통해서 현실화되고 있음을 예시하고 있다. 이 조직 운영의 다양성은 사회교육(non-formal education)이 평생교육을 위한 하나의 방법론적인 구성요소임을 제시해 주고 있다. 일곱째, 평생교육은 인간의 교육성(educability)을 강조하고 있다. 즉, 개인은 ‘무슨 기술을 어떻게 익혀야 하는가’라는 일차적인 기능적 기술 습득의 학습을 넘어서서 자아실현을 위해 어떻게 사회현실을 인식, 변화시킬 수 있는가를 염두에 둔 정치적으로 대자적 존재(learning to become)의 가능성을 추구해야 한다는 사회적 각성의 당위성이 강조되고 있다. 이 점은 평생교육과 의무교육, 혹은 학교교육과의 연계를 위해 당연시되어야 한다. 왜냐하면 이미 지적했듯이, 의무교육의 정치적 속성은 정치구속적 사회화의 체계화에 있기 때문이다. 이런 정치구속적 사회화, 과잉 정치사회화의 해독제가 바로 평생교육 이념인 것이다. 마지막으로, 평생교육 개념이 강조하는 요소가 바로 학습과 삶의 질적 개선(quality of life and learning)이다. 즉, 교육의 목적과 사회적 기능은 궁극적으로 인간의 능력과 인간의 잠재력을 최대한으로 만개시켜 주는 데 있다는 점을 윤리적으로 강조하고 있다.

4. 평생교육의 이념과 사회교육의 개념

평생교육은 흔히 '사회교육'과 동의어로 쓰여지기도 한다. 그러나 평생교육을 교육사회 형성을 위한 하나의 총괄적 이념으로 파악, 인정했을 때, 평생교육은 결코 사회교육과 동의어로 사용될 수 없다. 평생교육을 교육의 중심이념으로 보았을 때, 사회교육은 평생교육의 이념, 즉 인간 삶의 질 개선과 인간의 학습권과 교육권의 실질적 보장을 실현하기 위해 동원될 수 있는 하나의 하위개념이며 실천적인 교육방법의 성격을 갖게 된다.

사회교육은 평생교육의 이념을 현실적으로 달성하기 위해 제도와 형식상으로는 첫째, 무형식(non-formal)을 취하는 교육 양식으로 둘째, 성별이나 계층성에 관계없이 어린애로부터 노년층에 이르는 모든 사람을 학습대상자로 삼으며 셋째, 학습자의 자율적 참여와 능동적인 학습노력과 관심을 고려하며 넷째, 학습자에게 뷔페식의 다양한 교육과정과 내용을 제공함으로써 학습자의 지적· 정서적· 실용적 이해관계를 충족시켜 주는 교육활동을 의미한다. 따라서 사회교육은 가정교육, 학교교육과는 갈등관계에 있지도 않으며 경쟁관계로 대치되는 교육활동도 아니다. 오히려 사회교육은 가정교육, 학교교육과 상보적인 관계, 혹은 교정(矯正)중심의 공생관계적 재사회화에 있게 되는 교육활동이 된다. 즉, 가정이나 학교에서 미흡하게 배웠거나 잘못 배운 학습내용을 교정, 확충, 보완해 주는 교육활동이다. 따라서 사회교육 활동이 다양하면 다양할수록 이 사회는 더욱더 학습사회로부터 평생교육의 이념이 정착, 현실화되는 교육사회로 바뀔 수 있을 것이라고 추론해 볼 수 있다.[1]

지금까지 논의한 네 가지 평생교육적 요소, 평생교육과 사회교육간의

---

1) 그럼에도 불구하고 평생교육이란 개념은 학자들에 따라 성인교육, 순환교육, 계속교육, 사회교육 등과 같은 의미로 쓰이고 있는 실정이다. 따라서 이 책에서도 평생교육과 사회교육간의 개념 차이를 명백히 해야 되는 글 이외에서는 사회교육이 평생교육의 개념과 동의어로 쓰일 수도 있는 가능성을 배제시키지 않고 있다.

차이를 고려해 보면 몇 가지 문제제기가 새로이 가능해진다. 즉, 왜 학교교육 같은 제도적 교육으로는 교육사회 건설이 어려운가? 왜 제도교육들끼리의 수직적 통합과 연계의 필요성이 강조되는가? 가정사회 학교교육 등 형식·비형식·무형식적 교육 환경들이 왜 각기의 교육적 기능을 수평적으로 통합되어야 하는가? 왜 동시에 어떻게 의무교육을 평생교육 체제에 연계시켜야 되는가? 등등의 문제제기가 가능해진다. 이 가운데서 이 글에서는 첫째, 왜 의무교육을 평생교육 이념 속에서 논의해야만 되는지를 둘째, 어떻게 의무교육을 평생교육체제로 통합시켜야만 되는지를 논의한다. 두 질문에 대답하기 위해서는 학습사회와 교육사회 간의 차이를 개념적으로 구별해 내야 한다. 또한 학교교육의 교육적 불완전성도 논의해야 한다.

5. 평생교육 이념의 창출 배경: 현대사회에 대한 이해

평생교육은 인간 스스로 삶의 질적 개선과 자기 자신에게 의미심장한 개인적 가치와 시대정신을 고양, 향유할 수 있게 만들어 주는 교육이념이다. 즉, 평생교육이 기계공학의 위협과 사회조직의 부조리를 인본주의적으로 통제하기 원하는 현대인의 교육적 욕구를 충족시켜 줄 수 있는 교육이념이라고 이해되었을 때, 그 평생교육은 결국, 인간 스스로 만든 기계문명 그 자체의 부조리와 모순 구조 때문에 창출된 교육적 대안(代案)인 것이다(Kirpal, 1976). 왜 이런 혁명적인 교육이념이 창출되어야만 했는가? 왜냐하면 현대의 사회는 인간이 만들어 놓은 기계문명의 지식 때문에 인간 스스로 자신의 목을 조이는 그런 사회라고 규정될 수 있기 때문이다.

현대사회는 지식폭발의 시대를 넘어선 지 이미 오래되어 문제폭발의 시대이다. 즉, 문제가 문제를 낳아 쌓는 시대가 되었다. 한 문제에 대한 결정이 끝나기도 전에 다른 문제가 돌출되고, 문제가 도대체 무엇인지조차 알 수 없게 된 그런 시대이다. 따라서 문제의 근원을 분명하게 파악하는 것이 문제해결의 열쇠라는 생각이 현실화되어진 불확실성의 만연 시대이다(한준상, 1981). 예를 들어, '암'(cancer)은 병명이 아니라, '근원을 모른다'라는 말로 이해되는 편이 보다 사회과학적으로 타당할 정도이다. 문제폭발의 시대인 이 시대를 규정하기 위해 우리는 이렇게 선언해야 한다. 즉, 이 시대는 '위기 속의 위기시대(the crisis of crises)'라고 선언해야 할 것이다. 사회현상 하나 하나가 모두 위기의 인자를 갖고 있다. 위기의 덩어리 속에 둘러 싸여 있다. 모든 사회현상은 양날을 갖고 있다. 모든 현상은 잘 쓰면 양약이고 못 쓰면 독약이 되도록 되어 있다.

위기의 위기시대, 문제폭발의 문제시대를 촉발시킨 두 가지 주요요인이 있다. 그것은 '인간의 지식추구 욕구'와 '기계공학의 기술발달'이었다. 인간의 지식생산추구 욕구와 기계공학의 기술은 두 가지 사회현상을 초래시켰다(Knowles, 1980). 첫째, 사회현상은 장수사회의 도래로 집약된

[그림 1-1] 현재와 미래의 사회에 있어서 인간 수명의 비교

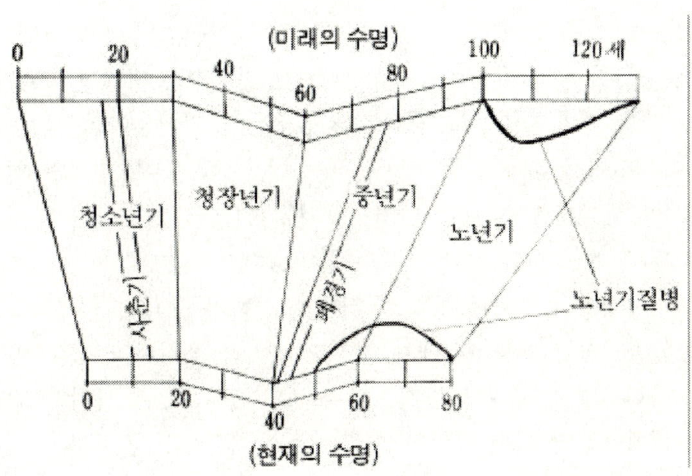

다. 고대 로마시대에는 인간의 수명이 고작해야 30세 미만이었다. 그러나 이제는 곧 인간의 평균 수명이 120세가 될 날도 멀지 않았다. 노화에 대한 유전공학적 연구와 응용, 이에 따른 약물치료, 건강관리로 인해 인간의 평균 수명이 곧 120세가 될 것으로 전망되고 있다(참고: [그림 1-1], 동아일보, 1985. 8. 21: 11). 인간의 수명이 120세가 될 때, 75세의 노인은 지금의 50세 중년과 질적으로 맞먹는 사회생활을 영위하는 셈이 된다. 따라서 중년의 인구와 중년의 시기가 크게 늘어난다. 즉, 60세부터 100세까지 40년 동안이 중년의 시기가 된다. 늘어난 40년 동안 중년들은 무엇을 할 것인가에 대해 고민할 날들이 그리 멀지 않았다.

인간의 발전 욕구와 기계공학의 발달이 야기시킨 두 번째 현상은 인간 사회에 대한, 인간의 비운에 대한 스스로의 무관심과 불감증 증세의 만연이다. 인간공동체 파괴에 대한 인간의 인지능력과 상호협조의 감각에 대한 체감(遞感)현상이 만연되었다. 인간의 자존, 이웃, 인류애에 대한 무감각성은 기계공학의 발전으로 더욱더 악화되었다. 무엇보다도 인간은 더 이상 기계공학적 발달현상에 충격을 받지 않게 되었다. 예를 들어, 1940년대에 출현한 레이더(Rader), 원자탄에 사람들은 충격을 받았었다. 이어 사람들은 1950년대의 인공위성(Spút· nik), 1960년대 후반의 달 정복에 또 한번 충격을 입었다(참고: Toffler, 1965). 그러나 그에 대해 인간 스스로 느낀 충격의 강도는 점차 낮아졌었다. 1960년대를 지나 이제는 사람의 심장을 인공 심장으로 대체하거나, 시험관 아기가 출생해도 그리 크게 놀라는 기색이 없다. 오히려 기계공학의 발전이 사회· 윤리· 정치적 문제가 되고 있을 뿐이다. 예를 들어, 미국의 챌린저호, 소련의 체르노빌 원자력 발전소 참사사건은 기계공학적 문제이기 이전에 윤리· 교육적인 문제로 등장해 버렸다.

과학의 이기성과 효율성에 대한 절대적 신화가 붕괴되기 시작하면서부터 공학발전과 사회문제간에는 엄청난 괴리가 생겨나기 시작했다. 왜냐하면 사회문제가 공학의 발전으로 결정될 수 있었던 시기가 있었던 것도 사실이었지만 이런 공학과 사회의 문제해결에의 동반자적 관계는

1960년대를 기점으로 무너지기 시작했기 때문이다.

1960년대를 정점으로, 미래에의 충격파의 소멸 현상과 더불어 인간의 감수성은 더욱더 악화되기 시작했다. 생명의 윤리 문제에도 둔감하게 되었다. 상대적으로 최신 과학 그 자체에 근본적인 회의를 품기 시작했다. 왜냐하면 과학적이라고 불리면 불릴수록, 그 과학은 더욱더 그 만큼 비인간적인 속성을 지녀야 했기 때문이었다. 그로 인한 피해는 인간 존재의 부정을 요구하고 있을 뿐이다.

이제, 민권·민생 문제, 반핵 문제 등은 공학 그 자체만으로는 더 이상 감당하기 어려운 사회문제가 되었다(참고: [그림 1-2]). 감수성의 악화, 미래 충격파의 약화, 공학과 사회문제의 엄청난 간격으로 대변되는 현대 사회는 신경질적인 병리적 증세를 나타내 보이기 시작했다(참고: Shane, 1973: Gabor, 1972).

[그림 1-2] 기계공학의 발달과 인간 감수성의 관계

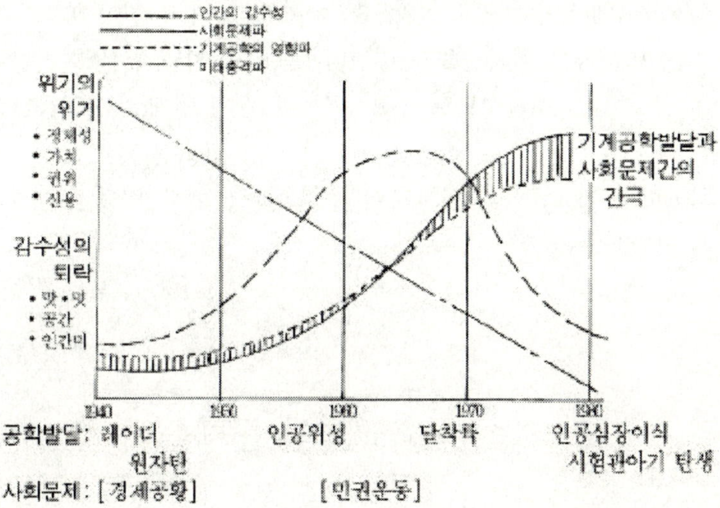

또한 이러한 현대사회 속에서의 학교교육은 개량주의자, 문제해결 중심자들이 처방해 놓은 '공학주의', '과학적 관리기법' 등으로 도구적 합

리주의 소유자, 과잉 정치집단화된 기능적인 도구적 인간, 정신분열증적인 인간을 양육해 놓았다. 가치에 무감각한 인간, 감수성이 결여된 인간을 표준인간화시켜 상품화해 내기에 이르렀다. 그 결과 학교는 가치의 위기, 권위의 위기, 신용의 위기, 정체성의 위기 속에 빠지게 되었다. 이것은 합리주의에 그 스스로를 속박해 놓는 결과일 뿐이었다. 즉, '유태인을 어떻게 그리 엄청나게 죽일 수 있었는가'라는 질문에, "저는 오로지 상부의 지시에 따라야 하는 군인이었을 뿐입니다"라고 뻔뻔히 대답하는 독일 나치 전범자 아이히만의 기능적 합리주의와 비슷한 윤리와 철학이 인간교육의 철학으로 간주되게끔 되었다.

인간은 학생시절 동안 사회 감각을 상실하게 되었다. 즉, 멋, 맛, 기쁨, 슬픔, 쾌락, 대량소비에 근원적인 호기심과 감수성을 상실하게 되었다. 남아 있는 것이라고는 상대적 빈곤, 불필요한 경쟁심 같은 것들일 뿐이다. 이것은 사회 구성원들이 어떻게 이 문제폭발의 시대에서 살아갈 수 있는가에 관한 교육을 포기했음을 의미한다. 반대로 사회 구성원들을 학교교육에 일방적으로 알맞도록 줄이고, 늘리고, 꺾어 놓고, 부러뜨려 놓은 비교육적 결과임을 의미한다. 즉, 주어지는 것을 학습할 줄만 알았지, 그것을 비관적으로 수용, 극복할 수는 없게 만들었음을 의미한다.

이것은 바로 학교교육의 문제점이 무엇인지를 예시해 주는 한 가지 주장에 지나지 않는다.

6. 기존 학교교육의 문제들

전통적인 의무교육제도로서의 학교교육은 학습자에게 기계공학의 발달과 급격한 사회변화에 적절히 대처하지 못하는 교육을 제공하고 있다고 비판당하고 있다. 그렇다면 과연 전통적인 학교교육에서 비판받고 있는 문제점은 무엇인가?

기존 의무교육체제인 학교교육의 문제점은 네 가지 정도로 간추려져 비판될 수 있다(Cropley & Dave, 1978:7~9). 학교교육의 문제점은 다음의 제2장 학교교육에 대한 비판과 공동체문화 형성에서 보다 자세하게 비판적으로 조명된다. 이 장에서 논의할 학교교육의 문제는 첫째, 의무교육인 기존의 학교교육은 교육활동을 6세에서 25세에 이르는 아동기, 청소년기에 한정시키고 있다는 점이다. 교육을 아동기나 청소년기에만 해당되는 것으로 간주하고 있다. 아동기가 지식수용을 가장 능동적으로 할 수 있는 시기라는 가정 아래 아동은 지식 수용을 위한 하나의 교육적 그릇으로 간주된다.

그러나 아동기가 교육의 최적기라는 가정에 대한 이견과 반론이 끊임없이 제기되고 있다. 아동기가 교육의 최적기만은 아니라는 것을 밝혀 주는 연구결과도 학계에 나타나고 있다(참고: Rohwer, 1971). 이런 연구결과는 기존의 학교교육의 조직과 교육제도가 성인교육, 즉 성인의 교육적 욕구를 충족시켜 주는 데 실패하고 있을 뿐 아니라, 1세에서 3세 정도에 이르는 영아기 교육의 필요성도 무시하고 있음을 예시해 주고 있다.

기존의 학교교육이 갖고 있는 두 번째의 문제점으로서, 학교교육이 단순한 상식 위주의 지식을 지나치게 강조하고 있다는 점을 들 수 있다. 인지적 판단력이나 종합력보다는 암기 위주의 지식 전수를 교육 그 자체의 목표로 간주하는 잘못이 학교교육을 통해 저질러지고 있다고 비판받고 있다. 학교교육이 아동들로 하여금 원만한 성인의 사회생활을 영위할 수 있게 준비해 주는 것이어야 한다면, 학교를 통해 제공되는 지식은 성인생활에 도움이 되는 것들이어야 한다.

그러나 유년기 교육에 초점을 맞춘 학교교육은 성인생활을 준비할 수 있게 만들어야 한다는 명분 아래 단순 상식 수준의 인지교육과 암기교육, 베끼기 교육과 정답 고르기 교육을 지나치리만큼 강조해 왔다. 인지교육이 강조되는 동안, 자신과 주위의 삶의 현상들에 대하여 느끼게 만들거나 판단하게 하거나 공유하게 만들거나 건강하게 자라나도록 만드는 심·체적 교육(心體的 敎育)은 소홀하게 취급되어 왔다. 명확성과 단답제시지향적인 지식만이 가치있는 지식이며 가르쳐질 만한 지식이라고 아동들에게 가르쳐 왔기 때문에 그들은 소외와 부조리, 불확실성의 덩어리인 사회문제를 해결하기 위해서 사람들과 무엇을 공유해야 하며 어떻게 상호 작용해야 되는지에 대해 아무런 감각도 가질 수 없는 존재로 성장될 수밖에 없었다.

교육은 학교라는 장소에서만 일어나야 하는 현상이라고 과잉 강조함으로써 '교육은 바로 학교이다' 라는 고정관념의 등식을 성립시켰음이 바로 기존 학교교육이 가진 세 번째 문제점이다. '교육은 바로 학교이다' 라는 생각은 궁극적으로 교육은 교직전문가라는 자격증 소유 교사에 의해서만 지도받아야 되고, 그것이 바르게 교육받았음을 뜻하는 관점만을 지지하게 만든다(참고: Suchodolski, 1972). 기계공학의 급격한 발달 이전에는 교육현상이 학교라는 형식적인 기관이나 장소 밖에서 무형식적 혹은 비형식적으로 일어나는 것이 보통이었다.

그러나 일반 삶의 현장, 직업현장 중심 교육이 기계공학의 발달추세와 공동보조를 취하지 못하자 효율적·과학적 교육활동을 도모하기 위한 기술훈련기관으로 학교라는 관료주의적 체제가 등장하였다. 그러나 '학교교육이 교육이다'라는 생각은 비형식적 교육경험, 무형식적 교육경험의 중요성과 삶의 실질적이고 생동하는 경험의 현실성을 의도적으로 폐기시키는 잘못을 더욱더 확대, 강화시키는 지적인 원천이 되어 버렸다(참고: 강신웅, 1985).

마지막으로, 기존 학교교육의 문제점은 기존의 학교교육이 삶과 교육을 분절적으로 이해, 이원화시켜 놓았다는 데에 있다. 삶의 현상과 교육현상 간의 분리론에 의하면, 인간의 삶은 정규 학교교육이 청년기에 이르러 다 끝난 후에야 비로소 시작되는 것으로 이해된다. 이런 이해는 젊은이는 끊임없이 배울 수 있지만 성인은 너무 분주한 나머지 학습할 수 없는 존재들로 인정해야 한다는 것을 전제하고 있다. 삶에서 교육을

분리시킴으로써 삶의 경험 그 자체를 교육적 경험과는 무관한 것, 혹은
교육성이 없는 것으로 이해하도록 강요하고 있다. 따라서 성인들에게는
계속교육이나 사회교육, 평생교육 같은 학습활동이 삶을 위해 인위적이
며, 심지어는 무의미한 것이라고 간주하도록 만들어 놓았다.

지금까지 지적, 논의된 네 가지 학교교육의 부정적 결과들 즉, 삶과
교육간의 분리, 학교교육의 중요성에 대한 과잉 인정, 상식중심 지식전
수, 아동기중심 교육 강조는, 인간이 인간으로 살 수 있기 위해서는 인
간 모두가 마땅히 누려야 할 자유이며 기본권이 바로 교육임을 인정하
기를 삼가도록 만들었다. 또한 기존의 학교교육은, 평생교육과 평생학
습이 공기와 같이 인간 모두가 공동으로 향유해야 될 하나의 권리임을
인정시켜 주는 데에도 미흡하기만 했다.

7. 평생교육과 학교교육간의 새로운 관계 설정

평생교육은 학교교육의 목적과 내용을 부정하는가? 즉, 학교교육의 기
능이나 학교교육의 필요성을 부정하는가? 학교교육의 해체나 학교교육의
폐지를 촉진시키고 있는가? '평생교육의 출현은 학교교육의 외해를 염두
에 두고 있다'라는 입장을 취하고 있는 학자가 없는 것도 아니다. 왜냐하
면 학교교육의 한계를 극복해 줄 것으로 기대된 채, 학계에 등장한 교육
이념이 평생교육 이념이었기 때문이다. 그러나 이미 지적했듯이 평생교육
은 결코 학교교육의 외해나 폐지를 전제로 한 교육이념이 아니다
(Agoston, 1975: Hiemstra, 1974: 한준상, 1982). 오히려 평생교육은 사회
구성원에게 평생학습의 기회와 학습 의욕을 부추기는 기능을 갖고 있다.

평생학습을 창출시키는 것이 평생교육의 주요 목표는 아니다. 이미
평생학습현상은 학습자의 교육욕구 수준별로 자연스레 진행되고 있다.

평생교육은 기존의 교육제도로 하여금 평생학습이 보다 효율적으로 보다 체계적으로 촉진될 수 있도록 조력, 보완함으로써 개인의 학습욕구를 보다 합목적적으로 충족시켜 주려고 할 뿐이다.

평생교육은 기존의 학교교육제도나 기존적인 교직 전문가의 기능을 약화시키거나 폐지시키기보다는 그들에게 학습자의 교육적 욕구를 새로운 방향에서 새로운 시각으로 대응하도록 요구하고 있을 뿐이다. 학교교육의 기능을 재편성하도록 촉진시킨다는 말은 학교가 평생교육의 체계화를 다져줄 수 있는 기초로서의 학습에의 토대기관이 되어야 함을 의미한다.

학교 교육기관이 평생교육의 교육적 토대가 되기 위해서 학교는 학교교육 기간 동안 학생들로 하여금 평생학습을 자기 수준별로 평생 동안 지속시키는 데 필요한 지적· 정의적· 신체적 능력과 동기, 교육적 관심과 태도를 길러 줄 필요가 있다.

8. 평생교육지향적인 교육실천 단계: 학습사회에서 교육사회로

현대의 시대적 상황, 즉 문제폭발의 시대, 위기의 위기시대에서는 학교교육의 목표만으로는 부족하다. 즉, 배운다는 단순한 배움의 활동 수준에만 머물러 있는 것만으로는 부족하다. 배우기를 학습하는 것(learning to learn)은 교육을 가르치는 행위에 국한시켜 가르침을 주요임무로 삼고 있는 교사가 학교교실에서 배워야 할 위치에 있다고 판단되는 학습자에게 지식, 상식을 가르쳐 주는 단계이다. 이 단계는 학생으로 하여금 학습현실과 교육현실을 인지하도록 만드는 학습감응의 단계(phase of sensitization)이다. 학습감응의 단계 속에서 학생들은 쓰고 읽고 셈하는 생존기능을 기르며 동시에 국가나 사회의 요구에 사회정치적으로 교화, 순응하게 된다.

배우는 일을 통해 기술과 능력이 고양되면, 학습자들은 자기존재의 의미와 자기존재에 대한 실질적인 감각을 갖게 된다. 즉, 페달을 밟을 수 있는 능력이 생기면 자전거를 탈 수 있는 능력이 생기게 된다. 자전거를 탈 수 있는 능력이 생기면 남보다 빨리 갈 수 있는 능력과 아울러 이에 상응하는 인간 자존의 감정을 갖게 된다. 이런 능력이 고양되는 단계가 소위 학습참여의 단계(phase of consolidation)이다.

학습참여의 단계에서 학습자는 자기존재의 의미와 자기존재에 대한 학습(learning to be)을 익히게 된다. 다시 말해서, 학습참여의 단계에서는 학습자 스스로 교육의 과정에 이론적으로나 실제적으로 참여하게 된다. 이어 자기존재의 의미를 재삼 확인하게 된다. 그러나 이 단계에서는 사회현실이나 교육현실을 있는 그대로 수용하여 학습하는 태도나 습관을 완전히 탈피하지 못한다는 약점도 갖고 있다.

지금까지 논의한 제1차적 학습감응의 단계와 제2차적 단계인 학습참여의 단계는 평생교육의 이념을 실현하기 위한 초보적인 학습사회 건설 단계이다.

평생교육의 이념을 실현하기 위한 '학습사회'(learning society)의 실현은 학습감응의 단계와 학습참여 단계를 거치면서 완성될 수 있으나 학습사회 실현 그 자체가 평생교육의 이념을 실현하는 국면은 아니다. 왜냐하면 기존의 사회현실과 교육조건을 주어진 것, 정적인 것으로 간주함으로써 인간 스스로의 능동성과 교육권의 실질적 행사를 구체화시키고 있지는 못하고 있기 때문이다.

평생교육의 이념이 구현되기 위해서는 사회가 교실화되는 '교육사회'(educative society)가 건설되어야 한다. 학습감응, 학습참여 중심의 제도적 학교교육이라는 학교교육사회(schooled society)의 한계를 극복하여 학습자 스스로 능동적·주체적 삶을 살아가며 사회변화를 능동적으로 만들어 가는(learning to become) 교육사회가 건설되어야 한다. 교육사회가 건설될 때, 개인은 이 사회에 자기의 전문성을 교육적으로 환원하게 되어 모든 사회 구성원은 자기의 생애를 평생학습기간으로 삼아 자신의 능력에 합당한 교사의 역할을 담당하게 될 것이다. 사회의 모든 부분이 교육의 도구, 교육의 내용, 교육의 장소로서의 교육적 환경으로 전환될 때, 사회의 교실화가 완성될 것이다. 다시 말해서, 사회환경 그 자체가 평생교육을 위한 동기유발 요소이며 교육 그 자체가 된다.

한마디로 평생교육의 이념은 인간을 수동적인 존재로 간주하는 듯한 개인의 학습문제 중심적인 학습사회 지향을 포함하며 진일보하여 사회를 적극적으로 변화시켜 가는 능동적인 사회적 존재를 염두에 둔 교육사회 실현에 있다. 지금까지 말한 학습감응, 학습참여, 사회의 교실화에 따른 인간의 수동적 존재 상황으로부터 능동적 존재 상황에로의 전환을 평생 교육의 관점에서 도식화하면 [그림 1-3]과 같다. 결국 인간 삶의 질 개선과 사회적 발전의 책임을 개인의 능력에만 전가시키는 기계적·도구적 학습사회에서 그 책임을 사회구조 그 자체에 우선적으로 묻고 해결책을 사회 구성원 모두와 더불어 사회 정치적으로 집단적으로 모색하는 공동 체지향적 교육사회 건설이 평생교육의 근본적 지향점이다. 다시 말해서, 개인의 능력뿐만 아니라, '사회의 능력'을 함께 문제시하는 교육공동체 형성을 지향하는 것이 평생교육의 이상이라고 볼 수 있다.

[그림 1-3] 평생교육 실현을 위한 학습과정과 교육사회 지향의 의식 단계

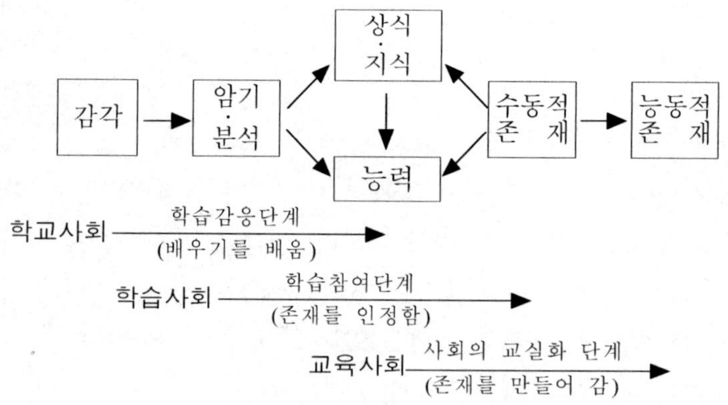

9. 학교교육의 평생교육화 방안

의무교육제도로서의 학교교육제도가 평생교육화되기 위해서는 유별한 처방이 있어야 되는 것은 아니다. 왜냐하면 첫째, 의무교육의 이념 그 자체가 이미 평생교육의 이념을 지향하고 있다고 보여지기 때문이다. 둘째, 의무교육에서 강조하고 있는 교육내용 그 자체도 평생교육에서 강조하고 있는 교육내용으로부터 크게 이탈된 것도 아니기 때문이다.

1) 교육체제의 변화

의무교육제도가 평생교육의 이념을 실현해 주는 하나의 교육적 단계가 되기 위해서는 교육제도의 부분적인 수정과 운영방향을 조금만 새롭게 변화시키면 된다. 의무교육제도가 평생교육화되기 위해서는 의무교육제도가 보다 교육기회의 확대를 보장하는 제도로 전환되어야 한다. 초등·중등·고등교육 제도 등의 각급 교육체제 간의 연계구조가 경직화된 학교사회지향적 피라미드형으로부터 교육사회지향적 구조로 확대, 개편, 전환되어야 한다(참고: [그림 1-4]: Husén, 1969).

[그림 1-4] 평생교육체제

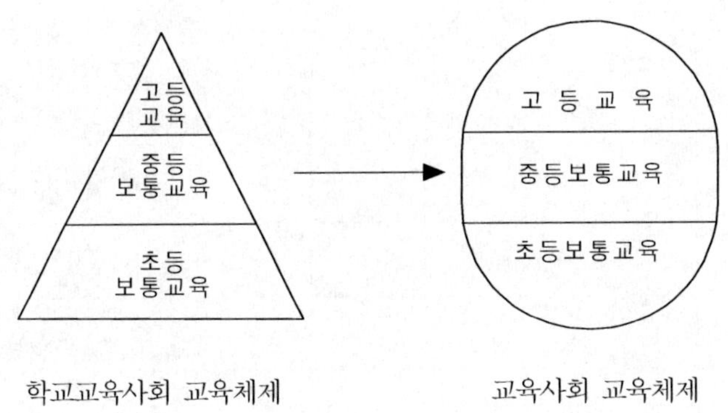

학교교육사회 교육체제   교육사회 교육체제

2) 교사양성교육의 질적 변화

의무교육이 평생교육으로 통합되기 위해서는 의무교육기관에서 가르치고 교사들을 배출하는 직전(preservice) 교사교육의 방법, 내용, 과정이 전면적으로 변환, 재조정되어야 한다. 정치구속적 사회화를 교사교육의 주요 내용으로 삼고 있는 기존의 직전 교사교육 제도는 여섯 가지 특징을 갖고 있다(참고: Good, 1984: 한준상, 1981).

즉, 첫째, 교과중심의 교사를 양성하려는 속성이 있다. 둘째, 학생에게 단답형적인 해결책을 일방적으로 전달해 주는 전문기술인을 양성하려고 한다. 셋째, 기존의 관료주의적 행정구조에 기계적으로 적응하는 교사를 양성하려고 하는 속성도 갖고 있다. 넷째, 학생의 역할을 배우는 수동적인 존재로 간주하는 교사를 생산하는 특징도 있다. 다섯째, 교사가 되는 일이 자격증 취득에 의해 자동적으로 이루어진다고 믿고 그에 걸맞게 행동하는 교사를 만들어 낸다. 마지막으로, 학교와 지역사회간의 관계를 종속의 관계, 즉 학교가 지역사회보다 우선한다고 믿는 교사를 생산하려고 한다.

그러나 평생교육지향적 교사는 학문적 협동 추구의 교사, 문제해결을 위

[표 1] 학교사회의 교사양성과 교육사회의 교사양성 간의 차이

교사양성 내 용	학교사회중심 교사양성의 특징	교육사회지향의 교사양성의 특징
교 육 과 정	교과 중심	학제적 협동 중심
교 육 방 법	교화적 교수(지시학습) (단답형 해결책 제시 중심)	문제해결적 교수(상호학습) (문제제기식 중심)
교 사 조 직	관료주의적 적응(고정화)	교직 전문성 함양(자율화)
교 사 의 자 격 취 득	자격증 취득 후 자동적, 지속적	상호의존, 자기갱신적, 성취적
학 생 관	교사와 학생 분리 (의존적 역할수행자)	교사학생, 학생교사 통합 (자율적 역할수행자)
학교−지역 사회 관계	일방적이고 약함	쌍방적이고 강함

한 문제제기형 교사, 교직의 자율성과 전문성 및 상호학습을 고양하는 교사를 지향한다. 동시에 교사 스스로도 끊임없이 재교육받아야 훌륭하고 충실한 교사가 된다고 믿는 자기성찰적이며 대자적인 교사, 학생을 능동적인 존재로 파악하여 학생의 교육권과 학습권을 인정하는 교사, 학교와 지역사회 간의 일체적 관계 조성을 촉진하는 교사의 양성을 그 목표로 삼고 있다. 다시 말해서, 평생교육의 실현을 주도, 촉진하는 핵심세력이 되며, 교사 스스로 자기개발적 자아주도의 학습자(自我主導 學習者)가 되어야 한다. 교사가 자아주도적 평생교육의 실천자가 될 때, 그는 비로소 학생들에게 인간모형(人間模型: human model)이 될 것이다(참고: [표 1-1]).

의무교육의 장(場)인 학교교육이 평생교육의 토대가 되기 위해서는 교육과정의 개편, 교육제도의 개편 이상으로 중요한 것이 바로 교사교육이다. 교육과정의 개편이 실효를 거두기 위해서는 무엇보다도 개편된 교육과정을 교실에서 일상적으로 전담하여 실행할 교사 혹은 교육과정 수행자가 필요하다. 그러나 해당교사가 평생교육 지향적 교육과정을 실질적으로 교실교육화시키기 위해서는 교사 역시 평생교육적인 태도와 기술, 지식 등에 대해 철저히 교육받아야 한다.

교실 이외의 장소에서 형성·획득되는 경험이나 자원에 대해 교육적 가치를 부여하지 않는 교사는 평생교육의 기능 중의 한가지인 교육과 삶을 하나로 묶는 학습의 수평적 기능을 제대로 수용하지도 못할 뿐만 아니라, 그 과업을 제대로 수행할 수도 없을 것이다.

교사가 평생교육의 기수가 되기 위해서는 교사 스스로 평생학습자가 되어야 한다(Cropley & Dave, 1978). 즉, 교사 역시 평생교육의 개념에 대한 철저한 실천적 이해를 가져야 되며 학교와 지역사회 간의 사회교육적 공생관계를 최대한 학교교실활동과 연계시켜야 한다. 또한 기존의 학교교육에서 강조하는 식의 수단지향적 교육활동이나 훈육활동을 지양해야 한다. 그러므로 무엇보다도 평생학습자로서의 교사가 학교교육을 평생교육화하기 위해서는 교사 스스로 학생과 더불어 학습하는 '교사학생'의 역할을 감당해야 한다.

즉, 교사가 '교사학생'(참고: Freire, 1985)으로 되기 위해서는 교사 스스로 참여 학습(participatory learning), 협동수업(co-operativestudies), 상호학습(interlearning) 등등, '학생교사' – '교사학생' 지향적 교수 전략을 구사해야 한다. 교사 스스로 교실교육을 평생교육화 시키기 위해서 학생교사– 교사학생지향적 학습을 촉진시킬 때, 교사나 학생들은 그 스스로 자율학습의 의미를 깨닫고 실천하게 될 것이다.

따라서 그들 스스로 자기주도적 학습 활동을 전개할 것이며 자율적 평가를 시도하게 될 것이다. 이 과정은 교직의 민주화현상과 동반자적 관계를 맺게 된다. 한마디로 교사들은 학습의 실체를 교실로부터 떼어내 가정, 지역사회에로 확대시키며 교사 스스로 사회교육기관의 교육활동에 적극적으로 참여하게 될 것이다.

3) 평생교육지향적 학교교육의 교육과정

평생교육이 의무교육의 중심인 기존 학교교육의 기능을 새로운 시각에서 결정적으로 보완, 공헌해 줄 수 있는 분야가 바로 교육과정이다. 학교가 평생교육의 교육적 토대가 되기 위해서, 기근의 학교교육은 평생교육이 시사하는 네 가지 점을 교육과정 개편에 반영해야 한다(참고: Delker, 1974).

첫째, 사회 구성원 모두는 평생에 걸친 학습경험을 조직, 재조직할 수 있는 지식과 기술이 필요하다. 이런 지식과 기술의 전수가 교육과정의 중핵이 되어야 한다.

둘째, 학교교육과정은 학생들이 다원적인 학습기회를 경험하도록 허용되어야 한다. 즉, 학교는 가정, 직장, 일반 사회생활, 여가활동 등에서 얻어진 학습내용이나 학습경험의 교육적 타당성과 교육적 효능성을 학교의 교육과정에 직접적으로 반영시킬 필요가 있다.

셋째, 평생교육은 모든 사람에게 교육 받을 기회와 교육할 기회를 요구하고 있기 때문에, 학교는 학습자들이 평생 동안 학습할 수 있도록 학습시설의 개방뿐만 아니라 학습기회 제공의 균등성을 교육과정에 반영시켜야 한다. 학교가 평생학습의 실질적인 장이 될 때에' 사회는 학습장이다' 라는 평생교육적 명제가 학교교육에 의해 실제로 확인될 수 있게 된다.

넷째, 학교교실은 특정 기술훈련이나 입시교육을 위한 교과과정보다는 생애개발(career development)을 도모하는 교육과정이 실현될 교육현장이 되어야 한다(참고: Skager & Dave, 1977). 암기 위주의 지식제공 학습보다는 인간관계 형성교육, 언론매체 선용교육 등등 생애개발교육과 사회문제해결교육이 강조되어야 한다. 여기에서 매체선용교육은 TV나 매스 미디어가 줄 수 있는 사회교육적 내용을 수용하여 교육의 내용으로 삼는 소극적 측면뿐만 아니라, TV나 매스 미디어의 비사회교육적 활동을 교정, 길들일 수 있는 소비자보호교육까지를 포함하는 적극적 측면에서의 의미이다. 동시에 언제나 학교교육현장에서 부족한 교사와 학생, 학생과 학생간의 면대면(面對面)교육이나 개별지도교육, 과제를 중심으로 한 공동참여교육, 세미나, 워크숍, 계약학습 등이 교실과 교실 밖에서 강화되어야 한다.

이를 위한 전제조건으로, 즉 의무교육이 평생교육적으로 확충되기 위해서는 교육법 제94조와 제101조에 명시된 내용을 조정, 확대시킬 필요가 있다. 국어생활 일상화, 협동정신 함양, 과학적 사고능력, 수리적 처리능력, 직업수행능력, 정서능력, 심· 체적 기능유지능력 등을 조금 더 세분, 확대시켜 교육사회 건설에 합당한 내용으로 조정시킬 필요가 있다. 이를 위해 기존의 교육법에 명시된 교육과정적 내용과 유형 이외에 몇 가지를 더 첨가시켜야 한다.

첫째, 자율적 학습능력과 자율적 평가능력 함양 둘째, 이미 지적한 생애개발능력 셋째, 사회변화에의 능동적· 창의적 대처능력 넷째, 정치적 개안능력을 첨부시켜 의무교육의 교육내용을 새로이 개편하는 일이 필요하다. 특별히 국민 초등보통교육의 현실적 장(場)인 의무교육은 편협한 이등시민(二等市民)용 기술교육보다는 일등시민양성용 인격교육의 장이 되어야 한다.

4) 교육과정 운영의 변화

학교교육이 평생교육적으로 확충, 통합되기 위해서는 기존의 교육과정을 교사의 직전(preservice) 교사훈련 내용과 학문의 과잉분화적 추세에 짜맞추는 식의 교육과정 분류와 교육과정 운영을 지양해야 한다. 오히려 문제폭발시대의 문제를 학습자 개인의 성찰과 평가로 해결하는 데 원리적으로 도움이 되게끔 세세히 분류된 교과들이 하나로 통합될 필요가 있다. 또한 소수 지식인들에 의해서나 정치적 목적으로 창출된 교육과정이나 학문적 세분화는 과감히 정리되어야 한다.

평생교육의 이념을 충족시키기 위해 교육과정이 평생교육적으로 통합되더라도 그 교육과정 통합은 한 가지 원리가 실천적으로 수행되는 것이어야 한다. 그것은 모든 국민이 고등교육을 받지 않더라도 쓰고 읽고 셈하고 논리적으로 판단하고 정치개안적으로 사회생활을 영위할 수 있는 기본능력을 철저히 갖추도록 만들어야 한다는 원리이다. 다시 말해서, 고등교육 수혜 그 자체가 가정생활, 경제생활, 문화생활, 정치생활 그 자체의 영위만을 위한 교육목적으로는 사치스럽다고 모두가 느끼게끔 의무교육의 교육과정이 전반적으로 통합, 조정되어야 한다.

평생교육 지향적인 의무교육 과정은 대체로 여가선용교과, 기본학습교과, 의사소통교과, 생애개발교과, 문화과학교과, 사회과학교과, 정신건강교과로 분류될 수 있다. 각 교과에 대한 시간배당이나 운영은 현 사회의 시대적 상황에 맞게 조절되어야 할 것이다. 즉, 쓰기, 읽기, 셈하기, 논리적으로 생각하기 등에 관련된 기초학습과정은 초등중등교육에서 중핵적인 위치를 차지해야 한다. 문화교과나 정신건강교과, 사회교과는 초등보통교육 현장에서보다는 중등보통교육 현장, 중등보통교육 현장보다는 고등교육 현장에서 더욱더 체계화되어야 한다. 이런 교과운영의 형태는 [그림 1-5]처럼 도식화되어질 수 있다.

다시 말해서, 생애개발과 인격형성을 위한 내용이 국민교육의 토대가 되어 대학교육을 받지 않아도 개인의 삶에 아무런 지장이 없을 정도로 초등·중등 보통교육의 내용이 사회 구성원들에게 하나의 기본권, 즉 교육권을 부여할 수 있도록 정착되어야 한다. 대학교육은 국민의 선택에 의한 자발적 학습단계로 간주될 수 있어야 한다. 이 토대 위에서 기술교육, 교양교육 같은 교과들이 시대적인 상황에 맞게 재조정, 통합 편성되어야 한다.

[그림 1-5] 평생교육지향적 의무교육의 교육과정

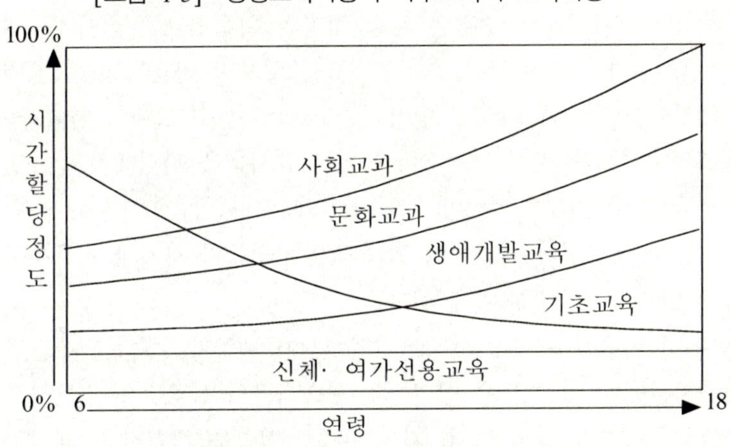

또한 의무교육이 평생교육화하는 과정에서 지역사회와 학교의 연계가 구체화되어야 하며 지역사회의 인사와 자원이 의무교육의 평생교육적 실현을 위해 최대한 교육현장에 동원, 활용되어야 한다.

5) 사회교육 학습정보센터 설치운영의 당위성

의무교육이 학생들로 하여금 평생교육의 이념과 평생교육체제 속으로 통합되어 모든 시민이 교육사회에서 상호학습하며 평생학습하게 만들어 주는 교육제도가 되기 위해서는 의무교육용 시설과는 별도로 의무교육제도가 수행할 수 없거나 부족한 학습기능을 보장해 줄 수 있는 국가재정지원 중심의 학습조력기구가 설치될 필요가 있다. 이런 기구를 '사회교육 학습정보센터'라고 명명해 볼 수 있다면, 이 기구는 사회교육

및 학습에 필요한 학습정보를 수집· 보관하며, 정보활용을 원하는 학습
자 개인에게 활용하도록 하는 기능을 갖게 된다.

사회교육 학습정보센터는 세 가지 정도의 하위체제를 갖추고 있어야
한다. 즉, 첫째, 학습용 정보기억체제(data memory banks) 둘째, 지역
단위별 학습실 셋째, 각종 사회교육기관과의 연계체제 및 활용체제를
갖추고 있어야 한다.

학습용 정보기억체제는 수집된 각종 각양의 학습정보를 학습자들의
요청에 의해 전화, TV 등으로 송출해 줄 수 있으며 필요에 따라 개별
학습의 정도를 파악하게 만드는 평가기능도 발휘할 수 있어야 한다. 학
습용 정보기억체제가 제 기능을 발휘하면 학습자들은 가정에서도 개별
적으로 학습할 수 있으며 직장에서도 필요에 따라 학습할 수 있게 된
다. 즉, 학습의 시간성과 공간성이 확대되어 누구든지 자기의 교육욕구
와 필요에 따라 학습할 수 있게 된다.

지역단위별 학습실은 학습용 정보기억체제가 제공할 수 없는 학습경
험을 학습자들에게 제공할 수 있다. 즉, 학습자들의 상호작용이나 학습
조력자들과 학습자들 간의 만남, 기술훈련, 가정방문 개별지도, 계약학

[그림 1-6] 사회교육 학습정보센터중심 사회교육 학습망

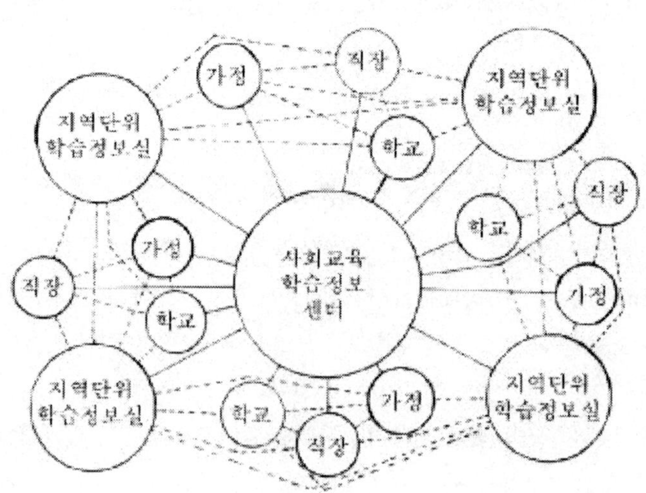

습 결과의 평가, 각종 회합 등을 마련함으로써 기계공학적 학습매체가
제공할 수 없는 인간적인 학습분위기를 마련해 줄 수 있다.

마지막으로, 사회교육기관 연계체제는 역사적 유물이나 박물관, 각종
비영리 사회교육기관 간의 자료교환과 상호시설 이용을 가능하게 만들
어 줄 수 있다.

사회교육 학습정보센터가 국민의 세금으로 설치, 운영된다면 사회 및
조직이 필요로 하는 교육욕구나 개인이 필요로 하는 교육욕구(참고:
Knowles, 1970)는 전화나 무선유선정보 전달매체로서의 하위학습체제
에 의해 가정이나 학습자에게 직접 전달될 수 있다. 확실히 전화와 같
은 형태는 학습매체로서 새로운 각광을 받게 될 것이다(참고: Illich,
1970: Fuller, 1979). 동시에 이들 기계공학적 학습매체가 감당하지 못하
는 학습경험들은 지역단위 학습센터에서 각종 회합이나 모임의 방법
(참고: 이 책의 제3장)으로 보충해 줄 수 있다. 한마디로 사회교육 학습
정보센터는 학교, 가정, 직장, 각종 사회교육기관 간의 사회교육을 연계,
활성화시켜 의무교육을 완성시키는 교육사회건설용 학습 그물망을 구
축하게 만들 것이다. 사회교육 학습정보센터의 사회교육 학습망은 [그
림 1-6]처럼 예시될 수 있다.

이런 사회교육 학습정보센터는 원격교육체제(distance learning
system: 遠隔敎育體制)의 구축과, 학습에 교육공학의 도입을 요구하고
있다(참고: 허운나, 1986: UNESCO, 1983: Kaye & Rumble, 1981). 사회
교육 학습정보센터가 원격교육체제를 최대한 활용한다면 가까운 미래에
컴퓨터를 활용한 전화수업, 원격 TV 활용수업 등이 가능하게 된다. 우
리나라에서도 원격교수-학습의 가능성이 멀지 않음을 이태욱(1986:69)
은 이렇게 진술한 바 있다.

앞으로 5년 안에 고급 개인 컴퓨터(16bit)도 상당히 가격이 떨어질 것이라 하
며 TV와 전화기를 연결, 필요한 생활정보를 집안에 앉아 화면을 통해 얻을 수
있는 화상정보시스템(비디오텍스)이 국내에 등장할 전망이다. 이런 추세라면

2000년대에는 1가구 1단말기 시대가 도래하여 가정학습을 단말기를 통해 할 수 있는 시대가 온다는 것이다. 그리하여 형식적인 학교교육체제보다는 사회교육과 학교교육을 겸하면서 평생교육의 기회를 제공함으로써 사회 전반의 생활 향상과 개인학습과 가정학습을 연계, 하루가 다르게 발전하는 정보화 시대에 적응할 수 있을 것이다.

사회교육 학습정보센터에서 작동하는 원격교육체제의 학습기능과 원격교육을 위한 새로운 기술의 적용과정은 [그림 1-7]과 같다.

[그림 1-7] 원격교수체제를 위한 새로운 기술적용과정*

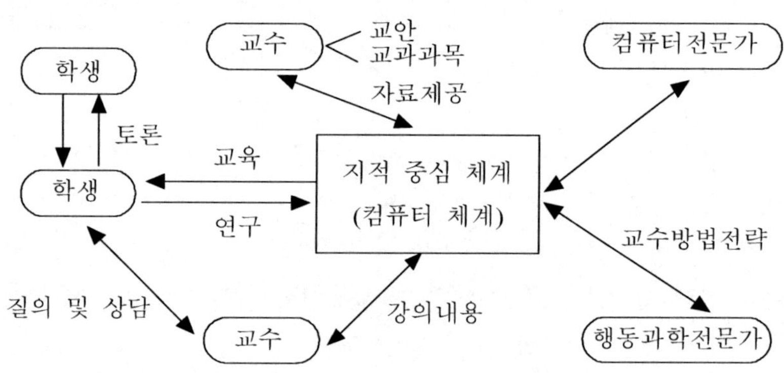

10. 맺음글

평생교육의 이념은 인류의 교육활동이 전개되고, 이를 논리적으로 설명하기 위한 여러 교육이론이 등장한 이래, 이런 교육활동과 교육이론의 통합을 위한 마지막 교육적 노력이 될 수도 있을 만큼 거시적이다.

---

*이태욱(1986),' 신기술의 도입', 한국방송통신대학 주최 한국원격고등교육의 발전방향 학술회의에서 발표된 논문. 69쪽, 표 6을 변형 인용.

심지어는 마지막 도박, 마지막 카드인 것 같은 느낌도 준다. 평생교육의 이념이 이 사회에 구체적으로 실현되면 교육의 문제는 더 이상 정치적으로 문제화되지 않을 것 같다. 입시문제도 해결될 것이고 관료주의적 교육행정기구도 순화될 것이다. 이 사회는 타율적인 인간사회로부터 자율적인 인간사회, 정치구속적인 사회로부터 정치개안적인 사회로 변환될 것이다.

평생교육사회, 교육사회 건설에 있어서 가장 중요한 부분이 초등·중등 보통교육의 실천장인 의무교육제도이다. 의무교육은 국민의 세금으로 운용되는 모든 국민을 위한 모든 국민의 교육제도이며, 교육이념이다. 국민은 마땅히 자기들이 납부한 세금이 자기들의 평생교육적 이익을 위해 되받아야 됨을 강력히 주장하여 청구할 책임이 있다. 평생교육을 위한 국민의 교육적 책임과 교육적 청구는 국민 삶의 질을 개선하고 사회발전을 위한 국민의 교육권과 학습권의 회복을 위해 정당한 것으로 이해되어야 한다.

이미 지적한 것처럼 학습사회가 개인주도적 학습을 강조하는 사회이고 교육사회가 사회주도적 학습이나 교육활동을 강조하는 사회라고 본다면 개인의 학습과 사회의 교육 간에는 질적인 구별이 가능한가? 이 질문에 대한 대답은 정치학에 관한 Aristotle의 입장(참고: Nicomachean ethics 제2장)을 논의할 때 보다 용이해질 수 있다. Aristotle이 말한 것처럼, 사회적인 공동선으로서의 '교육사회'와 개인적인 선(善)으로서의 '학습사회'가 상호관련이 있으며, 유사성마저 있다는 생각을 포기하거나 폐기할 수 없다. 그럼에도 불구하고, 사회적 공동선으로서의 교육사회가 개인적 선보다 상위이념이며 완전한 것이고 마땅히 지향해야 될 도덕적 목표라고 간주되어야 한다.

개인적 선을 위한 학습사회에로의 지향 역시 값어치 있는 교육적 활동임에도 불구하고, 여러 개인들이 모여 하나의 사회를 구성하는 이상, 개인적인 능력이나 재능, 행복만을 문제로 삼는 태도보다는 교육권 확보를 위한 사회적 역량을 문제로 삼는 일이 무엇보다도 중요하다.

개인적인 학습능력보다는 사회적인 교육능력을 문제로 삼는 교육사회 건설의 당위성은 사회정치적으로 보수주의적 급진주의(conservative radicaliasm)의 한 범주에 속하게 된다. 예를 들어, 우리가 공해문제를 그토록 집요하게 거론하는 이유는 공해문제가 어느 한 사회 구성원에게 만 해당되는 것이 아니고 한 사회 전체, 인류 전체의 운명에 관련되고 있기 때문이다. 이 경우, 시급한 사회정치적인 현안 문제를 제쳐 두고 구태의연한, 아니면 진부하기마저 한 공해문제를 끈질기게 거론하는 태도 는 보수주의적이라고 볼 수 있고, 공해문제를 집요하게 동시에 사회변혁 지향적으로 문제시하면서 공론(公論)시하며 공해관계 행정담당부처의 행정적 문제뿐만 아니라 산업체의 부도덕성마저도 단죄함으로써 사회개혁의 가능성을 모색하는 태도는 급진주의적이라고 볼 수 있다. 이런 입장을 보수주의적 급진주의로 명명할 수 있듯이 평생교육의 이념으로 교육사회 건설을 이룩하자는 입장 역시 보수주의적 급진주의에 속한다고 볼 수 있다.

기존의 교육제도가 평생교육 지향적인 교육사회의 기틀을 다지지 못하고 단지 국민의 개인적 기술이나 능력만을 단죄시하거나 문제시함으로써 도구적인 특정 기술수업만을 염두에 둔 학교사회지향적 정치도구용으로 일관할 때는, 지금 태어난 어린이가 성인이 되고 다시 그 애의 손자가 다시 손자를 키우는 그때가 되어도 한국사회에서는 교육사회의 열매가 맺어지지 않을 것이다.

다시 말해서, 평생교육 이념과 체제 속으로 의무교육을 통합시키기 위하여 의무교육에서 창조되어야 정치개안성에 관한 교육은 지금까지의 정치구속적인 의무교육의 교육적 한계를 해독시키는 교육이며 사회발전을 위한 진일보된 국민 초등·중등 보통교육을 완성시키는 교육이다. 여기에서 말하는 정치적 개안은 특정 정치권력에 반대하거나 지지하는 정치적 태도를 의미하지 않는다. 정치적 개안성은 지금보다는 더 나은 사회, 인간화된 사회의 구축을 위한 사회적 각성, 의식의 고양을 의미한다. 동시에 정치적 개안성은 평생교육의 부정적 효과나 정조로 나타나는 지속적인 교육적 통제나 풍(風)운동 지향적인 사회정치적 선동이나 대중동원의 목적을 교육적으로 정화시켜 줄 수 있는 교육사회 건설, 사회공동체적 생존과 번영능력을 신장시키는 원동력이 된다.

정치적 개안의 능력을 박탈당한 사람은 정치적 문맹자로 일컬어진다. 정치적 문맹은 문자적 문맹이나 의식의 문맹과는 속성이 약간 다르다. 즉, 글을 읽지 못하거나 쓰지 못하는 행위나 비역사적 의식, 주술적 의식, 대중적 의식과 같이 침묵의 문화로 절여진 사회 심리적으로 주눅이 든 현상과는 그 성격이 다르다.

정치적 문맹은 첫째, 사회현실에 대한 나약하기 그지없는 인본주의적 인식을 깔고 있다. 즉, 사회현실에 대한 감각적 이해와 사회현실 변화와 변혁의 가능성에 대한 인습적 거부를 근저로 삼고 있다. 동시에 현실변화를 거부하는 방식의 하나로서 추상적인 세계관이나 인습체계의 전통성을 고지식하게 수용하거나 혹은 그 속에 자기이해관계를 위장시킨 채 내세움으로써 구체적 현실을 거부하는 것도 정치적 문맹이 갖는 두 번째 속성이다. 결국 정치적 문맹자는 다가올 미래를 이미 그 누군가에 의해 조작적으로 실정된 하나의 기정사실로 인정하거나 자동적으로 도래할 사실로 수용함으로써 자기가 자기 스스로를 사회정치 적으로 속박시켜 버리는 미래관에 탐닉하게 된다. 마지막으로, 정치적 문맹자는 현실의 비합리성과 사회변화에 대한 심리적·정치적·사회적 무력감을 부분적으로 경험한 나머지 자기 스스로를 오도된 주관주의 속으로 피신시키는 속성도 갖게 된다.

평생교육지향적인 의무교육은 마땅히 문자적 문맹타파를 시도해야 한다. 그러나 이것보다 우선해야 되고 끝까지 평생교육이념이 완성해 내야 될 실천적인 것이 있다. 그것은 학습자 스스로를 피폐된 물질문명이나 오도된 사회·정치문화 속에서 건져 낼 수 있는 인간화교육의 목표인 의식문맹 타파로서의 비판적 의식과 정치적 문맹 타파로서의 정치적 개안작업인 것이다. 이런 정치적 문맹 타파, 즉 정치적 개안은 야당이니 혹은 여당이니 하는 식의 특정 정치구속적인 행동을 의미하는 것이 아니다. 이것은 인간을 인간답게 생각하고 대접하는 공동체적 삶을 위한 것이다. 의식문맹의 타파와 정치적 문맹의 타파 기제로서 평생교육이념 완성 지향적 의무교육이 갖는 학습행위는 교육사회의 새로운 장을 열어 놓게 될 것이다. 평생교육은 민주주의, 평등, 복지사회 등등과 같은 거시적인 내용들 그 자체를 추구하거나 실현하기 위한 도구나 수단이 아니라, 그렇게 구축된 체제 위에서 전인교육 그 자체를 목적으로 삼아 국민들이 자기결단적으로 살아가게 만드는 공동체지향적인 교육이념이다. 따라서 모든 사회교육과 모든 형태의 학교교육은 평생교육의 이념 속에서 각기의 목적을 추구하고 재정립해야 할 것이다.

II. 학교교육 비판과 공동체문화 형성

1. 사회의 교육적 기능과 역할

교육은 인간 삶의 모든 과정에서 이루어진다. 인간 삶의 모든 단계가 교육과 관련되어 있는 이상 두 가지 점이 분명해진다. 첫째, 교육에 대한 개념 파악이 근본적으로 바뀌어져야 함이 분명해지고 둘째, 인간의 삶과 관련된 각 단계의 목적도 수정되어야 한다는 점이 분명해진다. 한마디로 교육의 과정은 더 이상 단순히 학교, 책, 지적(知的)인 능력을 재는 지필검사 실시 등으로 편협하게 이해되어질 수 없다.

교육은 인간의 삶 전체에서 얻어지는 경험과 활동, 감정, 상상력, 호기심, 탐구력, 사회생활에 따르는 책임감들과 밀접하게 관련되게 된다. 따라서 사회 구석구석이 교육의 내용이 되어야 하며 동시에 교사가 되어야 한다.

책만이 유일한 교육의 내용이나 수단이 될 수는 없다. 사회, 직장, 여가활동, 대중전파매체, 가정 등 모든 것들이 교육의 의의를 가져야 한다(참고: Dave, 1976: 한준상, 1982: 장진호, 1976).

사회 구석구석이 교육의 주체가 되지 않거나 주체가 되기를 회피하고 모든 교육적 책임을 학교나 교사에게로만 밀어붙인다면, 우리는 세 가지 부정적인 경험들을 겪게 될 것이 분명하다.

첫째, 자라나는 젊은 세대를 정신적인 사막으로 몰고 갈 것이다. 이미 지적했듯이 현대 사회는 문제폭발의 시대이다. 최근 지식의 엄청난 증가, 사회, 윤리적 변화, 기술공학의 첨단화, 통제되지 못하는 인구증가, 환경파괴, 오염문제 등에 대한 해결은 학교교육의 과정만으로는 불충분하다.

둘째, 젊은 세대에게 불필요한 소비풍조를 만연시키게 될 것이다. 현대 사회는 물질적 가치에 의해 지배되고 있다는 비난을 면할 길이 없을 만큼 소비와 풍요를 창조한다. 물질의 소유와 소비의 정도 여부가 한 개인의 신분과 지위를 결정해 놓기까지 한다. 우리가 지향하는 미래의 사회가 물질의 소유 정도에 의해 결정되게 방치해 둘 수는 없다. 우리가 바라는 사회는 악덕으로서의 무분별한 부(富)를 초월한 인간정신의 재생과 부활이 가능한 사회이다. 다시 말해서, 교육중심사회인 동시에 인간의 가치를 물질적 가치보다 우선시키는 인간 문명사회가 우리의 미래 사회로 부각되어야 한다.

마지막으로, 젊은 세대의 교육을 사회가 수수방관할 때 나타날 수 있는 부정적인 일은 극심한 소외현상이 만연된다는 점이다. 사회가 직능적으로 세분화되고 다양화되어짐에 따라, 학생들은 가족이나 기성세대로부터 전수되었던 과거의 문화적 전통, 삶의 지혜 등과 지속적으로 접촉, 수용하기 어렵게 되었다. 그 결과, 기존의 전통이나 가치 등은 항상성(恒常性)과 원형성(原形性)마저 상실될 처지에 놓이게 되었다.

오늘날의 젊은이들은 다른 사람들과 정서적인 인간관계를 형성하는 계기도 제대로 갖고 있지 못하다. 다른 사람으로부터의 소외, 사회와 문화로부터의 소외, 자기 자신으로부터의 소외로 인하여 오늘날의 젊은이는 기존 사회를 적대적인 대상으로 생각하며 살아가거나, 전혀 자기들과는 관계 없는 것들로 인식하게 되었다.

도대체 누가 자라나는 젊은이들을 이토록 비참하게 만들어 놓았는가? 젊은이를 정신적 빈곤, 소외감, 사치와 무절제한 소비풍조에 휩싸이게 한 것은 바로 이 사회의 책임으로 지적되어야 마땅할 것이다. 확실히 이 사회에는 건전한 교육풍토를 조성하는 데 방해가 되는 수많은 요인들로 가득 차 있다.

1) 건전한 교육풍토 조성을 저해하는 요인

건전한 교육풍토 조성을 저해하는 요인은 수없이 많으며, 사회는 부지불식간에 비교육적인 풍토를 만들어 내고 있다. 건전한 사회가 건설되어야 건전한 교육풍토가 조성될 수 있다는 것은 당연하다. 따라서 사회 구석구석을 교육현장으로 만드는 새로운 기풍이 사회 전체에 스며들어야 한다. 건전한 교육풍토를 조성시키는 데 방해요인으로 등장하는 것들은 수없이 많다. 그 가운데서도 주요 요인들로 대체로 네 가지 정도를 지적, 논의해 볼 수 있다.

첫째, 가치관의 혼란과 와해(瓦解)는 건전한 교육풍토 조성을 억제하는 부정적 요인이다. 한국사회를 이토록 비참하게 만들어 놓은 것이 있다면, 그것은 한국의 문화적 발전이 한국 고유의 도덕적 규범을 부정하는 방향으로 유도되고 있다는 점부터 지적되어야 할 것이다. 오늘날의 한국사회는 물질과 권력이 정신을 억압하는 시대로 진입하고 있는 느낌이 없지 않다. 물질과 권력이 인간의 지성이나 정신에 따라 분배되는 시대를 염원하고 있다기보다는 물질과 권력을 향유하는 사람이 지성인을 하수인으로 부리는 시대를 맞고 있음을 볼 수 있다.

한마디로, 오늘날의 한국사회가 강조하는 윤리관은 자라나는 세대에게 본보기로 보여 줄 정신적 지주를 갖고 있지 못하며 개성의 억압, 인간의 비인격화를 강요하고 있는지도 모른다. 따라서 지성, 덕성 등을 갖추고 제 정신에 따라 살려고 하는 청소년들은 사회에서 낙오될 뿐이다.

지혜와 슬기, 양심을 키우는 정신과 윤리가 이 사회에서 소외 받는 풍조가 방치·만연되는 한, 우리의 젊은 세대는 기존 세대에게 무책임해도 괜찮다는 윤리를 체질화시킬는지도 모른다.

오늘날의 젊은이를 정신적·교육적으로 신음하게 만드는 두 번째 부정적 요인으로는 생활환경에 대한 물질적·정신적 오염현상을 지적할 수 있다. 전쟁, 빈곤, 핵무기 문제 이상으로 우리의 삶을 실질적으로 위협하는 사회문제가 오염현상이다. 인간의 생존권을 의도적·인위적으로 박탈·반감시키는 사회의 공적(公敵) 제1호가 환경의 오염문제이다. 많은 학교들이 현실적으로 오염된 공기, 소음, 식수, 공해식품 등에 시달리고 있다. 도시는 도시대로 농촌은 농촌대로 자라나는 세대의 물리적 공간을 하나 둘 오염시키고 있다.

아동을 위한 사회적 공간은 오염된 성인에 의해 한번 더 문화적으로 더럽혀지고 있다. 학교보건법은 학교위생정화지역을 설치하도록 규정해 놓고 있다. 서울, 부산의 대도시에서는 학교 부근 300m까지, 기타 지역에서는 200m거리 이내에는 교육에 지장을 준다고 판단되는 비위생적인 사업이나 행위를 금지하도록 되어 있다. 그러나 학교보건법의 정신은 오염된 기성세대에 의해 무참히 짓밟혀지고 있다.

오염된 상행위를 자제하는 일은 법적인 제재 이전에 사회 스스로 고려해야 될 도의적인 문제에 속한다. 최대의 이윤을 위해 아예 자라나는 젊은이들을 고객으로 마구잡이로 유치해도 생존이라는 미명 아래 눈감아버리는 사태가 오늘날 우리 기성세대의 정신적 자세가 아닌가? 사회적 양심과 도덕정신의 오염을 치유하지 않는 한, 우리의 자라나는 세대는 항상 공포감을 느끼게 될 것이다.

마지막으로, 건전한 교육풍토 조성을 저해하는 요소로서 전파매체의 영향을 지적하지 않을 수 없다. 20세기의 청소년들은 전기꽂이(plug-in) 세대라고 불린다. 전기꽂이 세대라는 말은 현 세대가 전파수상기의 영향권 아래 키워지는 세대임을 의미하고 있다. 청소년들이 전파매체와 더불어 생활하고 있다고 해도 과장된 말은 아니다. 왜냐하면 우리 청소년들이 일일평균 4시간 이상을 전파수상기(TV) 시청으로 소비하고 있기 때문이다.

전파수상기를 통해 4시간 이상 개인에게 전달되는 정보는 다양하다. 지적· 정서적 성숙에 도움이 되는 정보가 제공될 수도 있는 반면, 반사회성을 촉발시켜 줄 수도 있는 정보가 비의도적으로 전달될 수도 있다. 전파수상기를 통해 전달되는 내용이 개인의 정서적· 교육적 성숙에 도움을 준다고 판단될 때 우리는 전파수상기가 사회교육적으로 긍정적 기능을 갖고 있다고 말하게 된다.

그러나 전파수상기가 아동들에게 반사회적 정보를 제공한다고 판단될 때, 우리는 전파수상기의 비교육적 기능을 비판하게 된다. 다시 말해서, 전파수상기는 교육의 현장과 아동의 세계를 비교육적으로 오염시키는 바보상자로 지적될 수 있는 것이다.

전파수상기가 비교육적 기능을 발휘할 때 전파수상기는 학교교육을 손상시키는 일에 의도적으로 가담하는 일을 하게 된다. 과연 오늘날 우리나라의 전파수상기는 어떠한 일들을 하고 있는가? 정말로 자라나는 젊은 세대를 위해 바른 일을 하고 있는가? 오락물 제공이라는 논리 아래 아동들의 정신적· 문화적 감각을 마비시키고 있지는 않는가?

한국의 아동들은 전파매체가 매일같이 쏟아내는 국적(國籍) 없는 만화에 시달리고 있다. 전파매체를 통해 방영되는 만화를 시청할 때, 우리는 경악하지 않을 수 없다. 예를 들어, 「숲속의 요정」은 일본, 이태리 등 네 나라가 공동으로 제작한 만화이다. 장난과 복수, 야유를 일삼는 「딱다구리」는 미국판 만화이다. 「꼬마 엘시드」는 스페인, 「목장의 소녀 캐트리」는 유럽풍, 「톰과 제리」는 미국, 「이상한 나라의 폴」은 미국과 일본의 합작만화이다.

전통문화에 대한 코미디언들의 연기 역시 우스꽝스럽기 그지없다. 전통문화에 관한 묘사를 그렇게 멍청스럽고 바보스레 표현해도 괜찮다는 말인가? 어른의 말에 '떫으유?' 혹은 '지구로부터 사라져라!'라고 대답하는 아동을 그대로 보아 넘겨야 하는가? 이런 문제에 대해 어떤 이는 아예 이렇게 주장한다.

> 기성세대는 어린이와 청소년 선도를 강조하고 방송국에서도 어린이를 바른 방향으로 이끌어야 한다고 말로는 외쳐대면서도, 어린이에게 제대로 영양을 공급할 수 있는 만화영화 한 편도 제작하지 않는다는 것은 언어도단이다. 오히려 방송국이 앞장서서 우리 어린이들을 외국사람으로 만들고 있다. 참으로 섬뜩하고 한심한 일이 아닐 수 없다.

오늘날의 청소년이 마치 청소년문화의 창출자인 것처럼 인식되고 있는 것은 잘못이다. 왜냐하면 청소년들은 청소년문화의 실질적인 창출자들이 아니기 때문이다. 오히려 오늘날의 청소년들은 청소년문화의 희생자들인 것처럼 보인다. 기껏해야 청소년들은 청소년문화를 즐기는 참여자들일 뿐이다. 청소년 그들 스스로가 청소년문화의 창출자들이 아니다. 청소년문화가 성인문화에 의해 파괴된 결과라는 점 때문에 한국에는 청소년 문화가 존재하지 않는다는 판단마저도 가능하다.

사실, 청소년들은 청소년문화의 유사창출자일 뿐이다. 다시 말해서, 청소년들은 성인사회의 문화와는 가치, 규범, 속성이 다른 부분문화를 형성, 행동하고 있음에도 불구하고, 청소년들은 청소년문화 창출의 주역들이 아니다. 청소년들은 생물학적으로 규정, 정의되는 청소년기를 통해 일정 기간을 청소년문화라고 사회적으로 규정된 의례· 의식에 조역으로 참여하는 존재들일 뿐이다.

청소년문화의 실질적인 창출자들은 성인들인 것이다. 청소년문화의 폭과 내용이 성인에 의해 결정되고 있는 것이다. 지금의 성인들은 지금의 청소년들과 다름이 없었다. 그들 역시 청소년기를 경험했던 사람들이다. 즉, 법률· 사회· 문화적으로 규정된 성인의 시기나 지위보다는 3년 전쯤부터 이미 성인으로 자처한 경험이 있었던 장본인들이다. 또한 자기 스스로 성인으로 자처한 지 한 2년쯤이 지난 뒤에 가서야 비로소 성인 비슷한 성인으로 변신되었던 장본인들이다.

과거에 이미 유별스러웠던 청소년들로서의 성인들은 이제는 아예 청소년문화를 두 가지 방향으로 유도하고 있다.

첫째, 청소년들의 진로와 문화의 방향을 현실 감각적으로 조정하고 있는 예를 들어, 외국에서 유행하고 있는 가요, 새로운 의상, 머리 매무새, 춤, 음반, 잡지 등을 청소년들로 하여금 소비하도록 만들고 있는 장본인들이 성인들이다. 각종 운동경기를 실제로 행하면서 즐기게 하기보다는 보면서 괴성이나 지르게 만드는 동원용 상업성 경기를 확대 보급시킨 것도 성인들이다(한준상, 1984).

둘째, 청소년문화의 육성, 청소년문제에 대한 대책을 과학적· 정책적· 행정적으로 체계화시키고 있는 주역들도 성인들이다. 청소년문화형성의 공급원과 청소년 문제의 대책수립자들을 사회 문화적으로 대변하고 있는 것들은 수없이 많다. 그 중에서도 대표적인 것으로서 언론매체와 청소년 관계 전문가 집단들을 들 수 있다.

그러나 언론매체나 청소년 관계 전문가 집단은 끝내 한 가지 속성을 버리지 못하고 있는 것 같다. 즉, 문제청소년 뒤에는 문제부모와 문제가정이 있다는 논제를 해방 이래 끊임없이 반복, 회자(膾炙)시키고 있는 속성을 포기하지 못하고 있는 실정이다. 다시 말해서, 청소년문제는 청소년들에게 신체적· 정신적으로 사회 법리적인 결함이 있거나, 아니면 청소년 양육자인 부모, 가정에 근본적인 사회 병리적인 결함이 있다는 논지를 포기하지 않는 속성이 있다.

이런 속성은 하루 바삐 청산되어야 한다. 물론 문제청소년, 문제청소년 문화 뒤에는 문제가정, 문제부모가 있을 수 있다. 그러나 보다 더 중요한 것이 있다. 그것은 문제청소년 뒤에는 사회의 문제문화 창출자 집단이 있다는 점이다. 문제청소년 뒤에는 문제지식 창출자 집단이 있다는 점이 논의되지 않을 때, 청소년들이나 가정· 부모는 사회적으로 희생자가 될 뿐이미, 건전한 교육풍토 조성은 더욱더 현실감을 상실하게 될 것이다.

2. 사회의 교실화와 학교교육

이제까지 우리는 비교육적인 사회풍토가 낳은 문제들을 여러 가지 시각으로 조명해 보았다. 건전한 교육풍토가 사회에 의해 조성되지 않을 때, 자라나는 젊은이는 우리의 사회에서 버림받은 자들로 전락할 수밖에 없음을 지적하였다. 과연, 우리의 젊은이들이 우리 땅에서 저주받은 자들로 성장해도 무방하다는 말인가?

양식 있는 기성세대는 가슴을 활짝 열고 우리의 주장에 귀를 기울여야 한다. 이제는 진심으로 우리의 주장에 귀를 기울일 때도 되었다. 젊은이들을 더 이상 희생시키지 않기 위해서 사회의 교실화는 이루어져야 한다. 이 지상 최대의 교육적 과제를 겸손하게 수용할 때가 되었음을 통감해야 할 것이다.

사회는 교실이 되어야 한다. 사회의 교실화가 이룩되기 위해서는 다음의 세 가지 점이 지적되어야 한다.

첫째, 합리적인 사회제도가 구축되어야 한다.

둘째, 기성세대는 교육적 책임을 통감해야 한다.

셋째, 사회를 교실화시키기 위한 합리적인 교육정책이 마련되어야 한다.

1) 합리적인 사회제도 구축의 지향성

합리적인 사회제도의 구축이 건전한 교육풍토 조성을 위한 토양이 된다는 말은 사회의 문화적 성숙이 교육발전의 밑바탕이 되는 것임을 제시해 주고 있다. 한마디로 문화의 질이 향상, 성숙되지 않는 한 교육의 질적 향상은 기대하기 어렵다. 한 사회의 문화적 성숙은 사회공간의 합리적 구축에 의해 가능하다. 학교교육만으로는 한 사회의 문화적 성숙을 도모하기 어렵다. 어쩌면 학교교육은 문화의 질적 성숙을 위해 역부족일는지 모른다.

사회의 문화적 질을 향상시키기 위해 사회 구성원 모두가 해야 될 일이 있다. 그것은 사회를 진정한 대화의 장소로 만드는 일에 참여하는 일이다. 건전한 사회제도의 구축은 건전한 대화로부터 시작된다. 자라나는 젊은이들에게 밝은 미래를 제공하기 위해서 사회 구성원 모두는 건전한 대화를 나누어야 한다. 진정한 대화는 강론이나 이야기, 담소만을 의미하지 않는다. 필요에 따른 충고도 있어야 하고 자제도 필요하다. 젊은이를 향해 바른 것을 지적해 주고 스스로 자제하는 일이 필요하다. 진정한 대화 상황에 이르지 못한 모든 이야기는 왜곡된 의사소통일 뿐이다. 즉, 대화자들 간의 정치·사회적 불평등, 일부 상인과 기업가들의 사리사욕으로부터 야기·조정되는 가식의 대화일 뿐이다. 가식의 대화로부터는 건전한 사회가 구축되지 못한다. 다만, 비합리적인 사회나 문화를 만들어 낼 뿐이다.

2) 기성세대의 책임과 젊은이

젊은이의 교육을 위한 건전한 풍토 조성은 기성세대 모두의 책임이다. 사회에는 각 직능 분야별로 젊은이들을 위한 건전한 교육환경이 마련되어야 한다. 일상생활을 통해서도 건전교육 풍토가 마련되어야 한다.

누구든 손실은 원하지 않는다. 이익만을 원한다. 누구든 이익만을 원하기 때문에 모두가 경쟁상태에 돌입하고 있다. 사회 구석구석이 이익만을 추구하고 있다는 예를 하나 든다면 그것은 '과외수업 문제'를 지적할 수 있다. 교육자뿐만 아니라 사회 구성원 모두가 왜 과외가 금지되고 있으며 과외로부터 야기되는 부정적인 결과가 어떠한 것인지를 잘 알고 있다. 그러나 아무리 과외 금지를 호소해도, 법으로 엄격하게 규제해도 과외는 근절되지 않고 있다. 적발되면 정보관리가 잘못되어 망신살이 뻗쳤다고 웃어 넘기기나 한다. 이제는 고도의 교묘한 수법으로 과외가 진행되고 있다.

목전의 이익 때문에 교사들도 가담한다. 대학생들도 가담한다. 학부모들도 가담한다. 교사들과 대학생들을 과외라는 곤욕으로 몰아넣고 있는 장본인들은 정신이 가난한 사람들이다.

부유하기 때문에 또는 내 자식만을 위하여 재화를 가치 없이 소모시켜도 좋다는 풍조는 자신과 사회를 오염시켜 놓을 뿐이다. 선량한 시민정신의 손실에 대한 책임은 지지 못할망정 사회에 손실을 입히지는 말아야 한다. 사회에 손실을 입히는 일 그 자체는 바로 자신과 자신의 자녀들에게 손실을 끼치는 일일 뿐이다. 하지 말라는 과외를 통해 길러진 아동들이 부모세대로부터 무엇을 배우겠는가? 하지 말라는 과외를 통해 교육받은 아동들이 교사를 향해 무엇을 요구하겠는가?

3. 학교교육에 대한 반성과 발전과제

인간은 실험실에서 태어나 실험실에서 성장한 후, 실험실에서 죽음을 맞는 실험실용 존재들이 아니다. 인간은 가정, 친구, 학교, 사회 등과 같은 사회제도나 사회구조와 더불어 성장하는 사회적 존재이다. 인간이 사회적인 활동을 전개하고 있는 동안 사회구조는 인간의 욕구와 관련된 행위에 어떤 형식으로든지 대응할 수밖에 없다. 개인이 사회생활을 도외시하거나 포기할 수 없듯이 사회구조 역시 개인의 욕구에 상응하게 변화하지 않을 수 없다. 사회구조가 변화한다는 말은 사회구조가 개인의 욕구에 일정한 방식으로 대응하고 있음을 의미한다.

사회구조가 개인의 욕구에 제대로 대응하지 못할 때, 또한 개인이 사회구조의 변화를 적절히 유도해 내지 못할 때, 한 나라의 사회적 성숙과 창조적 발전을 기대하기는 어렵다.

과연, 현재의 학교교육제도나 교육기관은 한국인의 교육적 욕구에 적절히 대처하고 있는가? 반대로 개인들은 학교구조의 성숙한 변화를 촉진시키고 있는가?

1) 학교교육에 대한 자성론의 근거

오늘날 학교기관은 폐기되어도 무방하다는 비판을 받을 수 있을 만큼 비교육적인 일들이 저질러지고 있다. 학교교육이 비판을 받을 수밖에 없다는 점은 학교교육이 개인의 욕구에 제대로 부응하지 못하기 때문에 비롯되고 있다. 개인의 욕구에 둔감하다는 말은 학교구조가 사회변화를 제대로 읽지 못하고 있음을 의미한다.

한국의 학교교육은 아직까지도 현대사회의 성격을 지식폭발 시대로만 규정하고 있다. 그러나 현대사회는 지식폭발 시대를 넘어선 문제폭발의 시대이다. 현대의 사회, 정치, 자연공학적인 기술의 발전에 의해 야기되는 폭발적인 지식창출 현상은 인간을 문제폭발의 시대에 살도록 강요하고 있다. 즉, 지식폭발에 의해 야기된 한 가지 문제를 해결하기도 전에 또 다른 사회문제가 인간에게 밀어닥치고 있다. 따라서 지식폭발에 대한 적극적인 수용과 문제폭발에 대항하는 공격적인 대비를 해두지 않는 한 인간은 성숙한 문화를 갖출 수 없을는지도 모른다.

한국의 교육현실은 지식폭발과 문제폭발 현상에 의해 아예 마비되어 있다. 한국의 교육현실은 한 가지 점을 간과하고 있다. 즉, 국민의 문화적 수준에 대해 무지하다. 1970년 후반 이래, 한국사회는 경제, 사회, 문화, 교육부문에서 괄목할 만한 성장과 발전을 다져왔다. 교육의 괄목할 만한 성장은 한 가지 점을 분명히 깨닫게 만들어 준다.

즉, 국민의 대부분이 이제는 1950년대 보았던 무지의 문화로부터 해방되어 있음을 깨닫게 만들어 준다. 이제 국민의 98%가 초등교육을 받은 경험이 있다. 국민의 87%는 중학교 교육까지 마친 국민이 되었다. 이미 1인당 국민총산액은 2,000달러가 되고 있다.

이는 현재의 한국 교육은 사회·문화적 변화에 적응하는 데 실패해 왔음을 대표적으로 예시해 주는 하나의 사례로 등장하고 있다. 다시 말해서, 한국의 교육적 변화는 사회구조의 문화적 변화에 제대로 뒤따라 가지도 못했다. 정치적 이념과 경제적 변화는 교육제도에 의해 수렴되거나 통합되어진 적이 없다. 민주주의의 이상이 주창되면 주창될수록 아동은 비민주주의적인 방식으로 더욱더 닦달당하고 있다. 바로 그런 곳이 오늘날의 한국적 교육현실이며 교육의 현장이다.

2) 한국 학교교육의 문제

오늘날의 한국 교육현장에서 나타나는 문제의 속성과 양태를 모르는 사람은 아주 극소수이다. 교육정책을 제안했기 때문에 끝까지 밀고 나가야 할 입장에 있거나, 자녀가 없는 사람들까지도 모두가 한국교육의 문제가 어떤 모양을 하고 있는지 잘 알고 있다.

한마디로 한국교육의 현황은 문제투성이인 것으로 지적되고 있다. 예를 들어, 김인회와 정순목(1981)은 한국교육의 문제상황을 아예 만성 성병으로 비유하기까지 했다.

우리나라의 교육 어디에서건 만신창이의 처참한 몰골을 보지 않을 수 없겠지만, 특히…… 교육이 안고 있는 병은 현재로서는 어떠한 묘약으로도 쉽사리 치료가 될 성싶지 않을 정도로 이미 골수에 파고들었다. 더구나 그 병이 역사적 필연성과 인위적 조작이 결합되어 만들어진 고약한 배경을 지니고 있기 때문에 마치 선천성 매독이 후천적인 약의 남용으로 말미암아 저항력을 길러서 고질로 되어버린 것과도 비슷한 꼴이라 하겠다.

한국교육의 문제상황이 고질화된 만성병으로 더욱더 악화되어 있는지 어떤지는 분명하지 않다. 그러나 한 가지 점은 분명하다. 즉, 한국의 교육은 만성병으로 비유되고 있을 만큼 사회적 문제를 갖고 있다는 점만은 분명하다. 사실, 한국 초· 중· 고· 대학에 관계된 교육 사료에 의하면, 한국의 교육문제는 끊임없는 교육문제에 대한 개선, 재개선, 기각이라는 유행성 처방으로 점철되어 오기만 했다.

한국교육의 문제가 역사적으로 심화되어 왔다는 견해가 어느 정도 타당하다면, 결국은 두 가지 생각이 가능해진다.

첫째, 한국 교육문제를 풀어나갈 수 있는 근본적인 해결책은 존재하기 어려울 수밖에 없다는 추론이 가능하다. 다시 말해서, 이제는 잠정적인 해결책 제시나 방안 마련만으로는 아무런 소용이 없다는 추론이 가능하다. 따라서 한국 교육에 관한 문제제기는 한국 학교교육 현장의 문제들에 관한 질문만을 뜻할 필요가 없을 것이다. 왜냐하면 교육이라는 현상 그 자체가 학교교육만으로는 명쾌한 해결 방안을 갖고 있지 않은 사회의 문제일 수밖에 없기 때문이다. 다시 말해서, 교과과정, 교수-학습, 학생지도 등의 학교교육 관련 세부 문제들은 광의의 교육현상 그 자체에 관한 문제제기에 우선할 수 없는 하위 요건이기 때문이다.

한국교육 그 자체가 사회문제화되었을 때 끌어낼 수 있는 두 번째 추론은 한국교육의 문제가 갖는 기본적인 속성에 관한 것이다. 한국교육의 문제는 유동성을 갖고 있는 사회문제라는 점이다. 다시 말해서, 특정 시대의 특정한 사회적 처방에 의해 해결될 것 같았던 교육의 문제는 또 다른 시대에 또 다른 형식으로서 사회문제화될 수 있다는 점이다. 예를 들어, 한 시대의 사회교육 문제는 다음의 새로운 시대에 있어서 정치적인 문제영역으로 돌출, 부각되기도 한다.

한국 교육문제의 유동적 발현성과 교육문제 해결책의 탈주체성에 관한 추론마저 어느 정도 가능하다면 한 가지 본질적인 문제가 제기될 수 있다. 즉, 왜 한국 교육문제의 해결책은 미봉적 성격을 갖고 있을 수밖에 없는가? 해결책은 없는가? 본질적인 교육적 문제제기에 대한 대답을 단정적으로 구하기는 용이한 일이 아니다. 왜냐하면 문제의 성격이 역사·사회·정치적·철학적 분석을 종합적으로 요구하고 있기 때문이다. 또한 질문에 대한 대답이 한 가지 형식으로 집약될 수 있을지도 미지수이기 때문이다. 그럼에도 불구하고 한 가지 점은 또 한번 강조되어야 한다. 그것은 학교교육에 대한 체계적인 논의가 무엇보다 우선되어야 한다는 점이다.

3) 학교교육의 교육적 책임

과연 학교교육은 국민을 위해 무엇을 제공해야만 되는 책임이 있는가? 도대체 학교교육의 목적은 무엇무엇들인가? 교육학개론 정도만 읽었다고 해도 이런 문제제기는 이미 진부한 질문에 속한다.

문제제기의 발상 자체가 진부할는지도 모른다. 그러나 이 질문은 정당하게 대답 받아야만 한다. 교육현실 개선을 위한 당위성 같은 것을 갖고 있는 질문이다. 왜냐하면 오늘의 한국교육의 현실은 이미 교육학의 원리들을 철저하게 외면하고 있기 때문이다. 사회와 문화의 성숙을 위한답시고 파행적인 일만 벌려 놓고 있다.

학교교육은 국민들에게 생존을 위한 교육을 제공해야 될 당위성을 갖고 있다.

생존을 위한 교육을 베풀기 위한 학교교육의 목표는 최소한 다섯 가지 항목으로 재진술될 수 있다. 다섯 가지 교육목표는 결코 선언적인 성질로 이해되어질 것이 아니다. 교육행위의 당위성과 실천성을 강하게 요구하는 교육 그 자체이어야 함을 의미하고 있다. 이미 제1장에서 제시한 것처럼,

첫째, 학교교육은 사회적으로 유용하게 쓰일 수 있는 기술과 지식을 가르쳐 주어야 한다. 즉, 국민들이 일정한 교육기간을 끝낸 후 직업시

장에 투입될 때, 학교는 졸업생들이 생존의 문제를 해결할 수 있게끔 조력해야 한다. 합당한 지식, 기술을 소유하게끔 교육시켜 놓아야 하며, 생존을 위한 교육을 위해서 기초교육이 철저하게 제공되어야 한다. 즉, 쓰기, 읽기, 셈하기, 생각하기, 조작하기 등의 기초지식과 관련 기술이 청소년들에게 철저하게 구비되어 있어야 한다.

둘째, 놀이성, 창의성, 자기실현의 욕구가 학교교육을 통해 충족, 구체화되어 있어야 한다. 즉, 풍부한 상상력을 발동하여 무엇인가 미지의 것을 찾아 음미, 표현시킬 수 있어야 한다. 자연과 사회를 자기 자신에 관련시킨 아름다움을 끊임없이 탐색할 수 있는 심미적 능력이 학교교육을 통해 계발되어야 한다. 그러나 오늘의 학교교육은 외우고 베끼는 훈련을 강조한 나머지 자신에 대한 가능성을 찾는 훈련을 말살시키고 있다.

셋째, 인간관계 형성의 중요성에 대한 인지와 인간관계 유지의 욕구가 학교교육을 통해 배양되어야 한다. 건전한 인간관계의 형성은 국민의 사회적 적응력을 촉진하게 만드는 중요한 생존기술이다.

넷째, 학교교육을 통해 국민들은 문화적 성숙성을 맛보아야 한다. 다른 사람들과 더불어 서로 나누는 정신과 어려움에 기꺼이 참여할 수 있는 공존의 정신이 학교교육을 통해 다져져야만 한다.

마지막으로, 우리나라 사회에서 통용되는 인간의 윤리와 도덕적 가치가 학교교육을 통해 철저히 전수되어야 한다. 우리 사회의 윤리와 도덕적 가치는 우리나라 사람이 우리나라에서 사회생활을 영위하기 위해 필요한 삶의 절대적인 지침이 된다.

우리나라의 학교교육도 다른 나라 못지않게 훌륭한 교육목표들을 갖고는 있다. 어귀와 내용은 조금씩 다르지만, 한국의 초·중·고교 교육목표 역시 건전한 심신의 육성, 지력과 기술의 배양, 도덕적인 인격의 형성, 민족공동체 의식의 고양 등을 강조하고 있다(참고: [표 2-1]). 각 교육목표를 달성하기 위한 노력도 상당했다. 체계적이라고 말할 수 있을 만큼 학교교육과정에 무엇이 구비되어야 할 것인지도 문서상으로 꽤나 복잡하게 제시되어 있다.

[표 2-1] 한국의 중 고등학교 교육목표와 학교교육에 있어서 강조사항의 관계*

학교교육의 강조사항	교　육　목　표
건전한 심신의 육성 　ㅇ건전한 신체 　ㅇ풍부한 정서 　ㅇ강인한 의지 　ㅇ심미적인 태도	1. 강인한 체력, 풍부한 정서, 굳센 의지를 길러 건전한 심신을 갖게 한다. 2. 취미를 살려 여가를 선용하고 아름다운 생활을 영위하는 데 필요한 능력과 태도를 갖게 한다.
지력과 기술의 배양 　ㅇ기본 학습능력 　ㅇ과학적 탐구능력 　ㅇ기초 지식과 기술 　ㅇ문제해결력 　ㅇ진로개척의 능력	3. 정확한 의사소통과 정보교환에 필요한 언어능력을 신장하고 논리적으로 사고할 수 있게 한다. 4. 자연 및 사회현상과 인간과의 관계를 탐구하여 당면한 문제를 합리적으로 해결할 수 있는 능력을 갖추게 한다. 5. 적성과 능력에 따라 진로를 결정하고 평생교육에 필요한 자질을 갖게 한다.
도덕적인 인격의 형성 　ㅇ주체적인 자아의식 　ㅇ정직성과 성실성 　ㅇ자율성과 책임감 　ㅇ공정과 질서의식 　ㅇ인간존중의 태도	6. 양심과 도덕적 원리에 따라 일관성 있게 행동하는 자율적 태도를 갖게 한다. 7. 인간의 존엄성과 가능성을 이해하며 모든 인간을 존귀하게 여기는 태도를 갖게 한다.
민족공동체 의식의 고양 　ㅇ사회적 연대의식 　ㅇ민주· 복지· 정의사회 건설에의 사명감 　ㅇ투철한 국가의식 　ㅇ민족문화 창달의욕 　ㅇ인류공영의식	8. 민주주의의 우월성과 정의사회 구현에 대한 확고한 신념을 가지며 봉사와 협동정신으로 공동생활에 참여하고 사회성원으로서의 역할을 수행하게 한다. 9. 우리의 민족문화를 창조적으로 계승하고 국가발전에 참여하여 국가수호와 평화통일의 의지를 갖게 한다.

* 한국중등교육협의회(1984), 신교육과정 해설. 서울: 대한 교과서주식회사, 22쪽에서 인용.

　이미 지적한 교육목표에의 달성 정도 여부를 현재 학교교육에서 강조되고 있는 각종 활동으로 점검해 볼 때, 한국교육의 현재는 한 가지 점을 강하게 부각시키고 있다. 오늘날 한국의 중· 고등 학교교육은 그 스스로 설정한 교육목표 달성에 철저히 실패하고 있거나, 교육목표 달성에의 궤도를 위험스레 이탈하고 있다는 조짐을 예시해 주고 있다. 중· 고등학교 교실현장에서 국어와 국어교과에 관련된 다양한 주제들이 가르쳐지고 있지만 한글조차 제대로 이해하지 못하는 졸업생들이 매년 배출되고 있다. 국민윤리가 가르쳐지고 있는 동안에도 주체적인 자의식, 정직성과 책임감,

질서의식, 인간존엄에 대한 태도가 교실교육 속에서 파괴당하고 있다.

진로개척의 능력을 배양한다고는 하지만 오늘의 젊은이는 무엇을 할수 있는지에 대한 자기 자신의 진로에 무기력하기만 하다. 교육과정에 대한 새로운 평가방법이나 전략이 교육계에 소개되면 소개될수록 모든 교과의 수업활동은 제시된 평가절차 방법에 짜맞추어지도록 더욱더 변질되어 버린다. 평가절차에 교과· 교육내용이 짜맞추어지는 동안 전인교육의 이상은 갈 곳을 잃어버리고 있다.

자율성이 강조되면 강조될수록 다양성이나 사생활의 중요성은 원천적으로 폐기당하고 있다. 도덕적 규범의 준수가 강조되고 있으면서도 인권· 정의· 자유의 본질적 의의는 실천적으로 사장되고 있다.

'국민을 위한' '국민의 정부'에 대한 민주주의 원리의 중요성이 교과서를 통해 주창되면 주창될수록 '국민에 의한 정부'와 '국민과 더불어'라는 민주주의 기본원리의 중요성은 교실현장에서부터 쇠잔해지고 있다. 이런 일들을 우리는 학교교육이라 부르고 있다.

한마디로 한국의 중등교육은 이제 '프랑켄슈타인(Frankenstein)'이 되어 버렸다. 자기와 남의 삶을 파괴시키는 비이성적 실험존재가 되어 버렸다. 개량주의적 교육전문가들이 외국의 이것저것을 실험적으로 조합, 붙여 만들어 놓은 교육적 괴물이 오늘의 한국교육이다. 두뇌와 이성, 양심과 윤리, 감정과 정열을 상실한 채, 자기들의 학문적 정열마저 송두리째 파괴시켜 버리는 괴물을 만들어 놓았을 뿐이다. 바로 학교교육의 문제는 문화의 질이 학교교육에 의해 향상되었다는 확신을 포기하게 만들 뿐이다. 문화의 질이 성숙, 향상되지 않을 때 학교교육의 질적 향상을 기대하기는 어렵다.

문화의 질적 성숙과 향상은 학교교육만으로는 부족하다. 문화의 질적 성숙을 위해서 학교교육은 역부족일 뿐이다. 문화의 질적 성숙을 도모하기 위해 우리가 택해야 할 명제가 있다. 그것은 이렇게 주창, 선언되어야 할 것이다. '사회는 교실이다'라고. 학교현장부터 철저히 사회의 교실이 되어야 한다.

4) 사회의 교실화운동에 관한 평생교육적 이해

' 사회는 교실이다. 사회는 문화의 질적 성숙과 향상을 도모하기 위해 숨쉬며 약동하는 곳이며, 사회는 평생교육, 평생학습의 현장이다. 자기의 능력대로, 자기의 관심대로, 자기의 시간에 따라 자신의 지적· 정서적 이익을 위한 배움을 제공받는 곳이 사회이다.

한마디로 사회가 교실이라는 명제는 교육은 시간· 공간· 연령에 구애받음이 없이 문화의 질을 향상시키기 위한 교육의 주체임을 명시하고 있다. '사회가 교실이다'라는 말은 평생교육이라는 요즘의 교육개념으로 다시 풀어 쓸 수도 있다.

평생교육이라는 용어와 개념은 우리에게 결코 새롭지는 않다. 평생교육이라는 말이 외국문헌에 등장하기 이전부터, 한국사회는 삶과 평생과 교육이라는 말을 사용해 왔기 때문이다." 우리나라에는 오히려 요람에 들어가기보다 훨씬 먼저인 모태 속에서부터 시작해서 무덤에 들어간 이후에는 죽은 영혼까지도 불러내어 교육시키는 종교적 교육행사들과 전통이 있어 온 문화가 있다. 사람은 평생 동안 배워야 한다는 말 역시 우리나라 사람들에게는 너무나 당연한 말이었다."는 한 교육학자의 논지는 한국교육이 사회현장의 교육적 의미를 되씹고 가다듬고 활용하는 교육적 행위에 게을러 있었음을 시사해 주고 있다.

평생교육의 주요 의미로서' 사회는 교실이다' 라는 명제는 열 가지 사회교육적 의미를 갖게 된다.

첫째, 교육은 형식적인 학교교육의 수료라는 의례적 행위에 의해 종료되는 것이 아님이 분명히 제시되고 있다. 교육은 한평생 계속되는 일련의 문화과정이다. 인간이라는 말은 교육이라는 말을 내재시킨 용어일 뿐이다.

둘째, 교육은 총체적인 시각으로 이해되어야 함이 부각되고 있다. 즉, 교육행위는 특정 연령집단에게 국한되는 행위가 아니다. 유아교육, 초등교육, 중등교육, 고등교육 등 모든 교육단계가 연결되어질 때 비로소 교육현상은 문화적 행위라는 의미를 갖게 된다.

셋째, 교육은 형식적· 무형식적· 비형식적 형태라는 획일적인 구분에 관계없이 모든 형태의 교육행위를 다함께 수용한다는 의미를 내포하고 있다.

넷째, 사회 구성원들의 인격 형성을 위해 모든 교육행위는 수평· 수직적으로 통합되어야 함을 시사한다.

다섯째, 제도화된 형식교육기관은 평생교육의 실현을 위해 존재하는 하나의 교육기관이라는 의미도 갖고 있다. 즉, 형식적 교육기관은 더 이상 유일한 국민교육기관도 아니며 그런 유아독존적인 지위를 갖는 교육기관은 고립되어 다른 교육기관과 더불어 연계· 통합되어 존재할 수 없음이 자명해질 뿐이다.

여섯째, 학습시간, 학습도구와 기술, 학습내용을 신축성 있게 제공할 때 비로소 교육의 효과가 극대화될 수 있음도 시사하고 있다.

일곱째, 교육현상은 직업적 요소와 일반 교양적인 요소가 상호 연관성을 갖는 형식으로 연결될 때 비로소 사회적 의미를 갖게 됨을 시사하기도 한다.

여덟째,' 사회는 교실이다' 라는 말은 교육 그 자체가 교정적인 기능을 갖고 있음을 의미한다. 즉, 형식적 교육기관에서 잘못 배웠거나, 잘못 가르칠 수도 있는 결함을 교육적으로 보완, 교정해 줄 수 있음을 시사한다.

아홉째, 교육받을 수 있는 기회 제공, 학습할 수 있는 동기부여, 계속 변화할 수 있는 교육적 가능성이 의도· 무의도적으로 제공될 때 비로소 교육의 사회적 의미가 회생될 수 있음도 시사받게 된다.

마지막으로, 사회가 민주화될 때 교육 역시 민주화될 수 있다는 의미를 도출시키게 만든다.

' 사회는 교실이다' 라는 평생 교육적 명제는 교육과 문화를 하나로 묶어 줄 수 있는 조직의 원리인 것이다. 즉, 기존의 학교교육이 갖는 수평적 본질과 수직적 단절을 해결하고 수평·수직간의 통합을 가능하게 만드는 교육의 원리이다(참고: [표 2-2], [표 2-3])

[표 2-2] '사회는 교실이다'의 평생교육적 통합권리

o 수평적 통합
 (가) 가정, 이웃, 지역(향토)사회, 보다 큰 사회(국가사회, 국제사회), 작업의 세
     계, 오락적 기관, 문화적 기관, 종교적 기관, 그 밖에 그와 유사한 기관 사
     이의,
 (나) 학습(연구)주제 사이의,
 (다) 신체적· 도덕적· 지적 발달의 다른 측면 사이의,
 (라) 삶의 특별한 단계 동안.
o 수직적 연계
 (가) 학습의 상이한 단계(취학전 교육, 학교교육, 졸업후 교육, 순환교육)간.
 (나) 특별한 단계 내의 상이한 단계와 모든 주제 간.
 (다) 삶의 특정한 단계에서 개인이 인수하게 된 모든 역할 간.
 (라) 삶의 특정한 단계에 이루어지는 신체적· 도덕적· 지적 발달의 상이한 모든
     측면 간.

[표 2-3] 수직적 학교교육과 수평적 성인교육 간의 차이*

구분	수직적 교육(위로부터의 교육)	수평적 교육(평등관계의 교육)
교육 목적	1. 개인은 사회와 문화체제 내에서 　적응되어야 함 2. 사회체제의 요구충족 우선	1. 개인은 자신의 잠재력을 성취· 계발 　할 수 있도록 지원, 고무되어야 함 2. 개인적 요구충족 우선
교육 목표	구체적· 행동적 목표진술 선호	표현적 목표진술 선호
교육 내용	1. 사회에 의해 위임받은 특정 사회 　집단에 의한 문화선택 2. 개인은 공적으로 승인된 지식을 　그대로 전수받게 됨	1. 교사와의 상의도 거치면서 흥미와 적 　합성에 기초한 문화내용 중에서 학습 　자의 주체적 선택 2. 구조화· 고정화된 지식보다는 통합 　된 지식이 강조됨
교수 방법	1. 지시적 교수법 2. 구체적 목표달성을 위한 교수 3. 교사의 학습조정 및 통제 4. 학습과정에서의 교사의 절대성	1. 촉진적 교수법 2. 학습촉진을 위한 문답식 교육 3. 교사의 학습성과에의 비통제 4. 학습과정에서의 교사역할 비절대성
교육 평가	1. 공식적 상대평가 2. 교사의 시험주도 3. 표준에 대한 강조	1. 학습자에 의한 자기평가 2. 동료에 의한 평가 3. 학습에 대한 강조

*Peter Jarvis, (1985). The sociology of adult and continuing education. London:
Croom Helm, p. 49

5) 평생교육적인 교육사회건설의 당위성

'사회는 교실이다'라는 명제에 의해 나타나게 될 새로운 교육운동은 평생교육적 교육사회의 구축이 될 것이다. 즉, 미래의 한국교육은 '사회는 교실이다'라는 이념에 기초한 교육활동을 전개해야 될 것이다.

새로운 교육운동은 시간과 공간의 제약으로부터의 자유를 전제로 한다. 더 이상 연령별로 집단화되어야 될 필요성도 없고 일인교사에 의한 전일제 집중학습활동이 의무화될 이유도 없다. 모든 형식적 교육을 연속적으로 완료해야 할 필요성도 강요되지 않는다. 지식이 실제로 형성되는 곳에서의 즉각적·직접적 학습이 강조된다. 이제 한국의 교육자들은 새로운 교육활동의 이론적 기저를 제공하는 '사회는 교실이다'라는 말의 의미를 더욱더 현실화시키는 작업을 시도해야 한다.

첫째, 교육자들은 교육현상이 특정 장소에서만 발생하는 사회 문화적 행위가 아님을 교육적으로 구체화시켜야 한다. 결국 모든 사회공간이 교육용 공간이 되도록 교육적 노력이 경주되어야 한다. 예를 들어, 일반 교회나 사찰, 학교, 각종 일반 사회교육기관의 유휴공간도 지역사회의 학습공간용으로 선용되어야 한다. 즉, 모든 사회 구성원의 평생학습을 위해 활용 가능한 모든 공간을 스스로 개방시키는 노력이 확대되어야 한다.

둘째, 교육현상은 특정 시간대에서만 발생되어지는 문화적 활동이 아니라는 점도 정책화되어야 한다. 교육현상의 발생이 매 시간, 매 분마다 끊임없이 일어나는 한 모든 이가 자연스레 교육활동에 참여할 수 있어야 한다. 이런 일을 구체화시키기 위해 국민의 세금으로 운영되는 공공기관의 학습공간은 대중에게 최대한 개방되어야 한다. 소수를 위한 목적 때문에 다수가 납세할 필요가 없음이 현실화되어야 한다. 국민의 세금과 광고의 수입이 납세자의 교육적 이익을 도모하기 위해 건전하게 쓰여져야 함도 구체화·현실화되어야 한다.

셋째, 교육활동은 연령이나 성별 차이, 신체적 차이라는 기준에 의해 제한될 수 없는 문화적 활동이라는 점도 현실화되어야 한다. 늙었기 때문에 배울 수 없다든가, 어리기 때문에 익힐 수 없다는 논거는 아예 폐기되어야 한다. 신체적인 결함이 있기 때문에 배울 수 없다든가, 여성 혹은 남성이기 때문에 배울 필요가 없다는 편견도 철저히 극복되어야 한다. 따라서 노인교육, 유아교육, 특수교육 등은 더욱더 정책적으로 활성화되어야 한다.

마지막으로, 교육현상을 통해 제공되어야 할 교육내용은 사회가 자발적으로 책임진다는 자율적 책임의 원리가 실제화되어야 한다. 사회가 교실인 이상, 사회가 교육의 주체인 이상, 사회는 문화의 질적 성숙과 교양을 위해서라도 무엇을 교육내용으로 제공해야 될 것인지 스스로 점검하는 교육적 책임이 있다. 사회가 교실인 이상, 과연 사회는 교육적으로 어떠한 책임을 갖고 있는가.

6) 사회의 교실화운동과 교육적 책임

사회의 교육적 책임은 두 가지 방향으로 집약되어야 한다.

첫째, 민주주의의 원리를 철저히 실제화·현실화시키는 교육적 책임이다. 사회가 교실이라는 명제는 사회의 교육이 귀족주의적 소비중심의 교육이 될 수 없음을 명시하고 있다. 오히려 교육은 서민을 위한 민주주의적· 민중지향적인 교육이 되어야 함을 시사하고 있다.

둘째, 다양성 보장의 원리가 철저히 실체화된 교육내용을 제공할 책임이 있다. 사회구성원 각자의 능력과 취향, 개성이 손상되지 않는 상태에서 전체 문화의 질을 향상시킬 수 있는 개별성 보장의 의지와 전체적 통합의 의지를 내포한 다양성 보장의 원리가 반영된 교육내용이 충실히 제공되어야 한다.

민주주의 원리와 다양성 보장의 원리가 반영된 교육내용을 사회로부터 제공받기 위해서 사회 구성원 각자는 보다 철저히 자기 자신과 사회의 구석구석을 건전하게 의심해야 한다. 왜냐하면 문제문화 뒤에는 문제문화 창출자, 연구자, 관료정책가, 장사꾼들이 있기 때문이다. 예를 들어, 전문주의를 표방하는 전문식자들은 지식의 영역을 분절화, 단순화시키고 있다. 총체적인 사고능력을 처음부터 상실시키고 있다. 전체성에 대한 이상과 이해를 결여한 나머지, 그들은 자기들의 전문분야에서조차 제대로 사고하지를 못하고 있다. 관료들은 명령과 지시만을 기계적으로 따르는 기능적· 도구적 합리성의 시각으로 모든 사물을 처리한다. 무수한 유대인들을 눈 하나 깜박이지 않고 아우슈비츠(Auschwitz) 가스처형실로 내몰던 나치당원인' 아이히만' 의 기능적 합리성 같은 것을 체질화시키고 있다. 장사꾼은 장사꾼대로 최대의 이윤을 위해 전체 문화를 제멋대로 난도질이나 해대고 있다. 전파언론 매체는 매체대로 문화적 자기도취에 빠져 있다. 약자에게는 정신적으로 매정하고, 자기성찰과 반성에는 고질적으로 위선적이며, 영달과 이해관계에 신경질적으로 과민하고, 양보를 철저히 두려워한 채 남이나 무시해 보려는 정신구조를 갖고 있다.

철저히 사회 구석구석을 의심하고 문제를 제기하기 위해서라도 사회는 교실이 되어야 한다. 지식과 이해는 새로운 문제제기로부터 창출되게 된다. 새로운 지식은 질문에 대답하기 시작하면서부터 창출된다. 사회의 교육적 책임에 대해 문제를 제기하는 방법을 익혔다면 새로운 교육의 가능성에 관한 지식을 이미 갖춘 셈이다.

사회가 교실이 되기 위해서라도 전체 사회구조와 개인간의 관계에 개입된 중간집단, 중간구조의 육성은 활성화되어야 한다. 즉, 사회구성원 개인의 이해관계를 전체적인 목소리로 집약, 대변하며 동시에 상부구조의 정치적 영향력을 개인에게 번안해 줄 수 있는 각종 민간주도 사회단체들이 육성되어야 한다. 민간주도 사회교육 전달단체들이 제 기능을 발휘하지 못할 때, 사회는 교육적 책임을 감당할 수 없는 교육의 현장으로 전락될 것이다.

7) 공동체문화 형성을 위한 교육사회지향적 도전

학교교육기관이 생기기 훨씬 이전부터 교육은 있어 왔다. 학교를 폐기처분할 수는 있어도 교육을 폐기처분시킬 수는 없다. 한마디로, 사회가 교실화되어질 때, 사회는 형식적 교육기관의 대체물이 될 것이며, 학교교육기관보다 훨씬 더 경제적인 교육의 현장이 될 것이다. 모든 사람이 성, 연령, 신체적 조건, 직업의 차이에 구애받음이 없이 교육받을 수 있을 만큼 교육비도 적게 들 것이다. 교육의 내용이 철저히 중간집단에 의해 점검만 되어진다면 교육의 질은 결코 떨어지지도 않을 것이다. 사회가 제공하는 교육은 소수에 의해 독점되지도 않을 것이다. 억압적인 정치기구의 대체물로 변신되지도 않을 것이다. 어떤 개인이 교육활동을 전개한다는 행위가 결코 다른 개인의 교육적 희생을 강요하는 일로 곡해되지도 않을 것이다. 한 개인의 성공이 다른 개인의 실패에 기인하지도 않게 될 것이다. 교육행위는 더 이상 직업과 분리되지도 않게 될 것이다. 오히려 모든 교육활동·행위는 사회라는 교실 속으로 통합되게 될 것이다. 사회는 모든 국민의 교육을 위해 적극적인 학습의 공동체를 마련하게 될 것이다.

여기서 유념해야 될 점이 있다. 기존의 교육환경, 문화환경의 모순현상에 도전을 하지도 못하며, 공동체문화 형성에 공헌하지도 못하며, 사회 구성원에게 문화적 위업과 자존을 약속하지도 못한 상태에서 주창되는 '사회의 교실화' 운동은 국민의 어떠한 열의도 규합해 내지 못할 것이다. 국민의 그 누구도 교육의 장으로 끌어들이지 못할 것이다. 국민의 교육적 의지와 노력에 부합하는 문화적인 행위가 될 수도 없을 것이다. 한마디로 공동체문화의 질적 성숙을 위한 문화적 도전성이 결여되어 있는 사회의 교실화 운동은 경제정책 및 사회정책과 공존할 가치가 없게 된다. 사회 공공정책에 목적성과 방향성을 제공하지도 못하는 하나의 유형만으로 끝나게 될 것이다.

사회가 교실로 실제화될 때, 국민은 자기 자신과 사회, 환경에 대한 지배력을 획득할 수 있게 된다. 동시에 사회는 국민에게 환경에 대한 지배력을 유지해 나가게 만들어 주는 교육적 기능 그 자체로서의 정당성을 향유하게 될 것이다. 사실, 한국교육과 한국문화간의 올바른 관계를 정립하는 교육의 조직원리로서의, 또한 새로운 교육운동의 지침으로

서의' 사회는 교실이다' 라는 명제는 평생교육의 관점에서 실체화될 때
도 되었다. 너무 늦었는지도 모른다. 사회를 교실로 정착시키는 새 교
육운동은 경쟁적이며 자기파멸적인 소비지향적 제도교육에 도전하여
새로운 문화를 창출하는 일련의 자생적인 문화행위가 될 것이다. 한국
문화의 질적 성숙과 교육의 성숙은 사회가 교실화되어질 때 비로소 가
능하다. 따라서 교육자, 교육정책가, 교육연구가, 교육행정가, 학생, 시
민 모두가 사회는 교실이라는 새 교육운동에 참여해야 한다. 학교교육
의 교육학이 거리의 교육학으로 전환될 때, 한국의 교육은 제 갈 길을
가게 될 것이다.

III. 사회교육에 대한 교육사회학적 조명

1. 머리글

제5공화국 헌법은 국민의 평생교육에의 권리를 보장하고 있다. 헌법에 따르면, 국가는 평생교육을 진흥해야 한다. 따라서 평생교육실시를 위해 필요한 교육체제를 정비, 보완해야 한다. 헌법은 국가로 하여금 평생교육을 어떠한 방향으로 유도, 보완, 정비해야 할 것인가를 선언적으로 규정하고 있다. 부수될 각종 사회교육 관계법에 의해 선언적 조항으로서의 평생교육관계 헌법조항은 국민의 실질적인 평생교육권의 행사가 보장될 것이라는 기대가 사회교육계에 확산되어 있다.

그러나 평생교육에 대한 개념은 평생교육 진흥방안만큼 구체적으로 파악되어 온 것 같지 않다. 왜냐하면 무엇보다도 평생교육이 무엇인가에 대한 개념 파악이 헌법 조문에 분명히 명시되어 있지 않기 때문이었다. 왜 헌법은 평생교육에 대한 분명한 개념 파악을 결여하고 있는가?

모호한 개념 파악에는 몇 가지 사정이 있을 수 있다. 첫째, 학자들은 평생교육을 서로 다르게 정의해 왔었기 때문이다. 예를 들어, 어떤 학자들은 평생교육을 생애교육, 비형식교육으로 파악해 왔다(참고: 교육과학사, 1975). 반면, 어떤 학자들은 일생 학습과정으로서의 평생교육론을 주장하고 있다(참고: 서울대학교 사범대학 교육연구소, 1981). 평생교육 진흥에의 주관 부서인 문교부는 평생교육을 학교의 교육(nonformal education)이라는 용어로 대체시키고 있는 실정이었다(참고: 문교부, 1975, 1978, 1980).

둘째, 평생교육실시에 대한 접근방법이나, 평생교육 실현 가능성 타진에 있어서도 서로 다른 견해가 노출되고 있기 때문이다. 예를 들어, 윤능선(1980)은 평생교육이라는 용어 사용에 있어서의 비토착성을 주장하고 있다.

즉, 윤능선에 의하면," 평생교육이란 용어는 서양에서 도입되어 아직 생소한 데가 있다"(p. 245)는 것이었다. 결국, 윤능선은 한국에서도 평생학습의 흔적이 있어 왔다는 점을 강조했던 셈이었다. 그는 태교, 제기교육 등이 한국에서의 평생교육의 흔적이라고 지적하고 있다.

그러나 요람에서 무덤에 이르기까지의 평생학습 방법론(조선일보, 1981. 4. 30)은 모든 학자들에게 공감을 주는 평생교육의 개념인 것 같지는 않았다. 송병순(1979)은 평생교육을 사회적 이념으로 파악하고 있었다. 송병순에 의하면,"평생교육이라고 하는 것은 하나의 이념이지 그 자체가 방법이 될 수 없다"(p. 74). 이규환(1978), 김신일(조선일보, 1981. 7. 7) 등은 학교교육과 사회교육간의 통합 기능을 갖고 있는 평생교육은 현 시점에서 실현 불가능하다고 보았다. 또한 한국의 평생교육은 추상적이라고 진단하고도 있었다. 어떤 이는 한국 특유의 평생교육체계가 필요하다고 역설하기도 했다(참고: 강상철, 1981). 심지어, 한국에서는 사회교육제도가 확립되어 있지 않기 때문에 평생교육실시가 곤란하다는 주장도 회자되고 있다(이규환, 1978). 따라서 이들의 주장을 요약해 보면, 한국의 평생교육론은 개념 정립에서부터 실천방법론에 이르기까지 불분명한 상태에 있음을 시사받을 수 있었다.

평생교육에 대한 모호한 개념파악은 서구의 평생교육론에서조차 피할 수 없는 것 같다. 예를 들어, F.W. Jessup(1969)은 평생교육을 계속교육(continuing education), 성인교육 등으로 파악했다. Jessup이 계속교육 대신 평생교육이란 용어를 만들어 썼던 이유는 간단했다. 계속교육이란 용어는 이미 미국에서 사용되어 왔기 때문이었다. Jessup에 의하면, 평생교육이란 개념은 계속교육의 내용에 부정기적 학습내용, 방법 등을 더 첨가시킨 것에 불과했다.

A.J. Cropley(1977)에 의하면, 평생교육은"개인의 발전을 위한 변화과정을 조직하는 원리"였다. 개인의 발전은 성인교육, 직업교육을 통해 구체화된다(A.J. Cropley, 1980). 따라서 Cropley는 평생교육을 성인교육, 직업훈련과 동일시하고 있었다. R. Skager(1977, 1978)는 평생교육의 원초적인 개념 탄생을 성인교육에서 찾고 있었다. 왜냐하면 평생교육을 학문적인 용어로서 대접하기 위해서였다. 한마디로, 이들의 주장 속에는

평생교육론의 비학문적 성격이 노출되고 있었다. 평생교육을 학문적 개념으로 파악하려 했었던 Skager도 평생교육은 개인발전 촉진 기능과 사회적 통합 기능을 위한 것이라고 모호하게 주장했다. 그러나 Skager의 평생교육론은 R.H. Dave의 평생교육론(1973)을 재인용한 것에 불과했다.

왜냐하면 Dave는 평생교육을 개인의 사회적· 전문적· 개인적 성장을 위해 전생애에 걸쳐 반복하는 형식· 비형식· 무형식 학습과정이라고 규정했기 때문이다. Dave의 평생교육론을 보충하는 입장에 R. Hiemstra(1976), D.M. Windham, N.D. Kurland와 F.H. Levinsohn(1978)은 평생교육을 정규 고등학교 교육 이후의 학습과정으로 규정한 바 있다. 마찬가지로 UNESCO(1979)가 밝힌 평생교육에 관한 개념정의 역시 모호한 실정이다. 왜냐하면 UNESCO는 평생교육을 성인교육과 동의어로 사용하고 있기 때문이었다. 한마디로 서구 평생교육론자들에 의한 평생교육 개념 파악도 일관되어 있지 않은 셈이었다(참고: P. Lengrand, 1970, 1975: F.W. Jessup, 1969).

모호한 평생교육 개념 파악 때문에 평생교육 진흥을 위해 교육관계법을 정비해야만 될 우리나라 문교당국자들도 당황해 하고 있는 것 같다(김승한, 1981). 그들에게 있어서 평생교육은, '교육의 사회화', '사회의 교육화' 등과 같은 용어로 이해되고 있는 실정이었다(참고: 황종건, 1981).

한마디로 평생교육론은 추상적인 선에서 이해되고 있었다. 또한 그들에게는 아직 이론적 체계도 분명히 파악되지 않고 있었다. 따라서 한국의 평생교육을 이론적으로 체계화시키는 작업은 무엇보다도 시급한 일이다. 왜냐하면 모호한 개념 파악은 평생교육 실천방안을 오도할 가능성이 있기 때문이다. 즉, 첫째, 정확한 일관성 있는 평생교육론에 입각, 국민은 평생교육 권리의 행사를 실질적으로 보장받을 수 있어야 하기 때문이다. 둘째, 국민의 기본권을 실용화시켜 줄 행정실무자들에게 평생교육에 대한 올바른 지침을 제공할 수 있어야 하기 때문이다. 셋째, 정확한 개념 파악과 이론체계 위에서만 평생교육론은 학문적으로 성숙할 수 있기 때문이다.

2. 한국 평생교육론의 역사적 근거

일반적으로 한국에서는 구체적인 평생교육제도를 찾아보기 어렵다고 주장되고 있다(참고: 조선일보, 1981. 7. 7: 한국지역사회학교후원회, 1981). 이런 주장은 일견 타당한 견해인 것 같이 보인다. 왜냐하면 평생교육을 관장할 행정기관들의 난립, 혼선으로 인해 평생교육의 본격적인 시행에 문제가 있기 때문이었다(참고: 유네스코 뉴스, 1981. 7. 29:4~5). 예를 들어, 문교부는 학교교육만을 관장한다. 보사부, 내무부, 문공부 역시 해당 소관 사회교육만을 관장하려고 한다. 평생교육에 관한 한 협조체제가 결여되고 있다고 볼 수 있다. 따라서 한국의 평생교육론은 이론적으로나 실제적으로나 미비하기 짝이 없는 탁상공론일 수밖에 없음을 시사받게 된다.

그러나 한국에 있어서 평생교육제도 결여론을 주장하는 사람들의 한국 평생교육론에 관한 분석은 과장되어 있는 것 같았다. 왜냐하면 첫째, 평생교육 사업은 다른 이름과 형식을 통해 해방 이후 각 사회단체 기관에서 비연속적으로나마 계속적으로 실행되어 오고 있다는 증거가 있기 때문이었다(참고: 강우철과 이규환, 1969: 황종건, 1980). 둘째, 사회교육기관들과 행정주무부처간에 협력체제가 미비했던 것은 유독 평생교육체제에만 해당되는 사항이 아니었다. 왜냐하면 부처간의 비협력 현상은 관료주의 체제가 갖는 일반적인 현상으로 간주될 수도 있기 때문이었다. 따라서 한국에서의 평생교육 결여론자들은 한국의 사회교육기관은 어떤 형태로든지 평생교육의 관점에서 각종의 평생교육적 프로그램을 개발해 왔다는 점을 무시하고 있는 것이다.

　한국에서의 평생교육론을 주장하는 사람들은 한국 평생교육에 관한 서로 다른 다양한 주장, 견해를 체계적으로 종합분석하지 않았던 셈이었다. 즉, 한국의 평생교육론은 사회교육의 관점에서 논의되어 왔다는 점을 무시해 온 것이다.

　한국의 평생교육론은 사회교육론의 연장일 수밖에 없었다. 이런 논의는 김승한(1981, ㉣)에서도 분명했다. 평생교육은 기존의 교육체제, 학교체제 유지의 목적을 위한 학생 존재방식에서 학습 자체의 목적을 위한 체제로의 혁명적 변혁이 없는 한 불가능하다(참고: D. W. Vermilye, 1975)는 점에 분명히 동의하고 있는 셈이었다. 따라서 기존 교육체제의 혁명적 변혁이 수행되지 않는 한, 평생교육론은 새로운 교육론이 아닌 것이다. 그러나 한국의 평생교육론은 새로운 교육체제를 요구하는 변혁의 교육론이 아니다(참고: 유네스코 뉴스, 1981. 7. 29: 4~5: 강상철, 1981). 한국의 평생교육론은 결코 새로운 교육론이 아니다. 따라서 한국의 평생교육론은 역설적으로 말해서, 현금의 평생교육론으로는 이해될 수 없는 개념인 것이다. 그렇다면 어떤 개념으로 한국의 평생교육론을 대체하거나 설명할 수 있는가? 답은 간단했다. 그것은 사회교육일 수밖에 없었다.

　예를 들어, 김승한은 한국 평생교육론이 기존 교육제도(예: 학교제도, 사회교육체제)의 결함을 보완, 교정하는 성격을 갖는다고 주장한 바 있었다. 결국 김승한 역시 한국 평생교육론은 기존 교육제도를 대체하는 새로운 교육론(alternative educational theory)이 아님을 분명히 시사하고 있는 셈이었다. 왜냐하면 한국 평생교육론은 '학교교육제도나 각종 사회교육 프로그램과는 전혀 별개의 어떤 또 하나의 교육제도를 도입하려는 시도'(p. 99)가 아니기 때문이다. 김승한이 주장한 대로, 한국의 평생교육은 막연하나마 '학교교육과 학교 이외의 교육을 포함하는 넓은 개념'(p. 280), 즉 사회교육론에 입각한 비형식 교육에 불과한 것이다. 따라서 한 가지 결론이 나온다. 즉, 한국의 평생교육론은 성인교육 및 사회교육 발전시의 맥락에서 찾아 보아야 한다는 결론이 가능한 것이다.

한완상(1973), 김도수(1979), 김승한(1981 ㉮, 1981 ㉯, 1981 ㉰), 이상
주(1979), 장진호(1979, 1981), Hwang(1966), 황종전(1980) 등의 견해는
한국의 평생교육을 사회교육의 관점에서 이해하는 데 도움을 줄 수 있
다. 한국의 평생교육론을 사회교육의 관점에서 논의할 때 구체적으로
지적될 수 있는 한 가지 중요사항이 있다. 그것은 한국 사회교육의 역
사성이다. 즉, 사회교육 프로그램은 관련 행정· 교육기관간의 비협조적
상황에도 불구하고 끊임없이 실시, 제공되어 왔다는 점이다. 사회교육
의 역사성 때문에 한국의 평생교육론은 '사회교육적 평생교육론'으로
대체해서 부를 수 있다.

사회교육적 평생교육은 잠정적으로 피교육자가 사회변화에 능동적으
로 대처하기 위해 필요한 사회성 계발을 학교 이외의 현장에서 시· 공
간적인 제약 없이 촉진시키는 교수- 학습현상이라고 정의될 수 있다. 이
러한 개념은 한완상, 김도수, 김승한, 이상주, 장진호, 황종건 등의 견해
를 요약했을 때 지적될 수 있었던 사회교육적 평생교육론의 핵심이었
다. 학습자는 평생교육을 통해 기존의 지식과 신념을 수정, 변화시키게
된다. 또한 평생교육을 통해 공민적 자질을 함양하게 된다. 이러한 개
념 파악은 한국 사회교육의 역사성을 고려한 한국적 평생교육 이해방
법이라고 볼 수 있다.

한국의 사회교육론은 다양한 형식으로 주장되어 왔다. 예를 들어, 한
완상(1973)은 평생교육을 재사회화(resocialization)의 관점에서 파악하
고 있었다. 한완상에 의하면, 재사회화 과정으로서의 평생교육은 산업
사회에서 야기되는 가치관의 갈등을 해소시켜 주는 수단에 불과한 것
이었다. 김도수(1979)는 평생교육을 사회교육과 동일시하고 있었다. 김
도수에 의하면, 평생교육은 학교교육 후에도 교육이 일생 동안 계속되
지 않으면 안 된다는 사상이 사회적 조건으로부터 야기된 것에 불과하
며 본질적으로 사회교육은 생애교육인 것이다(p. 13). 이상주(1979)는
평생교육의 사회적 기능을 강조했다. 이상주에 의하면, 평생교육은 민
중의 사회참여 기능 확대를 위한 것이었다.

평생교육의 궁극적 결과에 대한 논의도 다양했다. 이상주에 따르면, 평생교육을 통해 각 개인은 산업사회의 유능한 민주시민이 되게 된다. 즉, 피교육자는 소비자로서, 생산자로서, 관리자로서 필요한 자질을 갖추게 된다. 민주사회의 발전을 위해 정치체제에 참여할 뿐만 아니라 공동체의식을 함양하게도 된다. 따라서 이상주에게 있어서 평생교육의 결과는 민주시민 양성을 위한 수단에 불과했다. 장진호(1979, 1980)도 평생교육을 사회교육의 동의어로서 파악하고 있었다. 장진호는 사회교육과 평생교육을 구분하려 했었다. 그러나 결코 만족할 만한 차이점을 제공하지는 못했다. 결국 장진호도 사회교육은 평생교육적 성격을 갖는다는 점에 큰 의의를 제기하지 않았던 셈이었다. 장진호에 따르면, 사회교육은 '평생 지속되는 통합적 인간교육의 일환으로서 가정과 학교(정규학교) 외에서 이뤄지는 사회화 과정'(p. 149)일 수밖에 없었다. 장진호는 평생교육의 내용으로서 시민교양교육과 직업훈련을 강조했다. 황종건(1966, 1980)은 평생교육 기능으로서 사회교육 촉진을 주장했다. 황종건에 의하면, '평생교육은…… 조직화되지 못한 비효율적 상태로 방치되어 있는 사회교육의 기능을 다같이 개편, 강화…… 극대화하는 노력'(pp. 55~56)이었다. 황종건에 의하면, 평생교육의 주요 내용은 사회적· 직업적 적응과 신체적· 정서적· 지적· 사회적 자아실현을 위한 교육경험이어야 했다. 김충기(1981), 김승한(1981, ㉮) 등도 평생교육과 사회교육을 구별하려고 노력했었다. 그러나 김승한(1981, ㉰)은 평생교육이란 용어가 사회교육 개념을 대신(1981, ㉮)하거나 혹은 사회교육을 포함하는 교육(1981, ㉰)이라고 정의할 수밖에 없었다. 김승한은 평생교육의 내용으로 국가가치관 함양과 사회환경에 새롭게 적응할 수 있는 민주시민교육을 강조했다. 다시 말해서, 김승한의 평생교육론은 국민적 교육력 신장을 위한 사회교육 활동 강화라고 요약할 수 있었다. 김충기(1981) 역시 사회교육적 평생교육론을 피력하고 있었다. 김충기에 의하면, 평생교육은 '서로 배우고, 배워주고, 돕고, 도와주며, 함께 삶을 살아가게 만드는'(p. 114) 교양교육, 직업교육, 청소년교육 등이었다. 결국 김충기의 평생교육론은 사회교육에 불과했다.

지금까지 논의한 다양한 사회교육적 평생교육론에 의하면, 네 가지 결론이 가능하다. 첫째, 한국에서의 평생교육은 사회교육의 개념으로 바꿔 쓸 수 있다. 따라서 성인교육, 생애교육, 계속교육, 비형식교육 등의 개념적 차이는 큰 문제가 되지 않는다고 볼 수 있다. 예를 들어, 강우철과 이규환(1969)은 사회교육과 성인교육을 구별하는 데 어려움을 나타낸 바 있다. 이들에 따르면, 사회교육(social education)과 성인교육(adult education)이 같다고는 할 수 없다. 필요성에서 본다면 본질적으로 사회교육과 성인교육이 구분되어지는 것은 아니다(p. 192). 한마디로, 같다고는 할 수 없다. 본질적으로 구분되지 않는다는 식의 모호성은 평생교육과 사회교육을 구분하고자 했던 학자들의 평생교육론에 팽배해 있었다. 따라서 평생교육을 성인교육에서 이해해야 한다는 주장(참고: 강상철, 1981)도 가능한 것이다. 둘째, 사회교육적 평생교육론의 근간은 시대의 변화에 적응하는 민주시민의 양성을 위한 것이었다. 따라서 사회변화에 대처할 수 있는 정신계몽이 평생교육에서 중요한 과제가 되었다. 셋째, 사회교육적 평생교육은 국민에게 학습의 공간을 만들어 보자는 사회운동이었다. 따라서 평생학습방법이 강조되었다. 넷째, 사회교육적 평생교육론은 '실지전투적인' 비정형적(이홍우, 1979) 삶의 현장중심 교육으로 이해되어 왔다. 따라서 직업기술훈련 등을 통한 사회성 개발 등이 강조되었다.

사회교육적 평생교육론에 대한 개념 파악은 다양하다기보다는 차라리 혼란스러웠다고 볼 수 있다. 왜냐하면 평생교육론에서 사회교육의 방법, 사회교육의 내용을 제외하면, 평생교육론의 근거가 모호해지기 때문이었다. 다시 말해서, 민주시민 양성, 직업기술교육, 현장중심 교육 등을 평생교육론에서 제외하면 평생교육은 자기학습론에 불과하기 때문이다. 따라서 학자들은 자기학습론이라는 용어를 서로 다른 학문적 입장에서 평생교육이라는 이름 아래 서로 혼란스럽게 논의해 왔다고 볼 수 있었다.

평생교육 개념은 정치적으로도 혼란스럽게 파악되어 왔다. 예를 들어, 김승한(1981, ㉯)에 의하면, 현행 헌법에 명시되어 있는 평생교육제도의 공교육화 조항은 '우여곡절'과 '타협'(p. 78)에 의해 제5공화국 헌법에 삽입되었다. 왜, 어떠한 정치적 타협인지는 분명치 않았다. 그러나 김승한의 논지에 따르면, 평생교육제도의 공교육화는 정치적으로 중요한 논쟁거리였음을 시사받을 수 있었다. 따라서 한국의 평생교육론은 정치적인 관점에서도 '무엇인가'를 시사하는 점이 있다고 볼 수 있다. 그러나 그것이 구체적으로 무엇인가는 아직 분명치 않은 상대에 있다.

결국, 한국에서 평생교육론을 사회학적으로 분석하는 일은 사회교육의 이념을 사회학적으로 분석하는 일이라고 볼 수밖에 없었다. 사회교육의 이념, 내용을 분석하는 일은 '사회교육의 정치학'을 논하는 일과 흡사하다. 한 나라의 교육정체는 M. Cranston(1973)의 말을 빌어 쓸 때, 정치라는 가면(the mask of politics) 속에 침잠해 있게 된다. M. Cranston에 의하면,

> 정치는 천당(heaven)에서는 찾아볼 수 없다. 왜냐하면 천당에 있는 양반들은 모두가 선하고, 모두가 현자들이기 때문이다. 속세(earth)에만 정치가 있다. 왜냐하면 인간이라는 작자들은 뭔가 도덕적 규범이 있다고 하지만 결코 완전하지 못하다. 뭔가를 이해하고 있다고 하지만 결코 제대로 이해하지도 못한다. 정치는 부분적으로 다른 사람들의 가치와는 상호 어긋나지만, 어떤 사람들끼리는 상호 호흡이 맞는 가치(value)에 대한 논쟁인 것이다. 만약 인간들이 어떤 가치에 대해 늘 어긋나기만 한다면(예: 진리, 정의 등에 관한 당위성), 대화란 찾아 볼 길이 없는 것이다. 대화가 없으면 정치는 끝장이다. 그렇지만 대화란 끝장날 수가 없다. 왜냐하면 정의(justice)에 관한 완전무결한 지식이 이 세상엔 없기 때문이다. 단지 인간들은 자신들이 갖고 있는 존재론적인 선호도에 의거 이러쿵저러쿵 이야기하고들 있을 뿐이다. 둘째로 정치는 미래에 대한 논쟁이다. 더 좁게 이야기해서, 정치는 현재 하고자 하는 행위가 나중에 보여 주게 될 결과에 대한 논쟁인 것이다. 결코 인간은 미래를 알 수 없다. 우리 인간은 단지 추측하거나 가정할 뿐이다. 또, 그런 가정, 예측을 최대한도로 정당화시킬 뿐이다. ……우리 인간이 정치를 논하면서 가치판단을 피하기는 어렵다. 가치판단 자체는 이미 정치라

　는 용어의 한 부분인 것이다……(1973, pp. 19~20).

　평생교육에 관한 공교육화 과정의 정치적 혼선, 타협은 평생교육제도에 대한 정치적·사회적 목적이 분명하지 않았기 때문일 것이다. 목적이 분명치 않은 것에 의미를 주는 과정은 타협과 우여곡절의 과정일 수밖에 없다.

　왜 사회교육적 평생교육론은 우여곡절과 타협에 의해 혼란스럽게 파악되어야 했는가? 대답은 이미 정해져 있었던 것 같다. 왜냐하면 식자들은 한국 평생교육에는 체계화된 이론적 근거나 실천적 방안이 없다고 시사했었기 때문이다. 한마디로 이들은 한국의 사회교육 및 평생교육에 학문적·이론적 실체가 결여되어 있음을 지적하고 있는 것이었다. 예를 들어, 혹자는 한국의 사회교육적 평생교육은 자선사업의 단계를 벗어나지 못하고 있다고 주장했었다. 그들에 의하면, 한국의 사회교육적 평생교육은 소수의 자선교육 단체에 의해 제공되어 왔다. 또 다른 식자에 의하면, 한국의 사회교육적 평생교육 연구가 개념적 수준에 머물러 있다고 지적했었다. 그들에 의하면, 한국의 사회교육적 평생교육은 사회교육의 문제해결적 접근에 있어서 요원한 상태에 있었다. 따라서 장진호(1979)의 판단은 옳았던 셈이었다. 즉, 한국의 사회교육적 평생교육론은 아직 사회적 인정을 받지 못하고 있었던 것이었다. 따라서 장진호는 '사회교육의 한국화'가 시급하다고 주장할 수밖에 없었던 것 같다. 이들의 주장은 한국에 있어서의 평생교육제도 결여론자들의 주장을 뒷받침해 준 셈이었다.

　왜냐하면 이들의 견해는 세 가지 시사점을 제공하고 있었기 때문이다. 즉, 첫째, 한국의 사회교육적 평생교육론은 이론적으로 정립되어 있지 않다. 둘째, 사회교육적 평생교육의 실천방안 역시 구체화되어 있지 않다. 셋째, 한마디로 한국의 사회교육적 평생교육론은 한국적 특성이 결여되어 있다라는 판단이 이들의 주장 속에 숨어 있었기 때문이다. 이들의 주장에 따르면, 결국 한국의 평생교육론에서 개념 파악에 있어서의 혼란스러움은 당연한 것일 수밖에 없었다.

　그러나 한국의 사회교육적 평생교육론은 이론적으로 체계화되어 오지 않았는가? 또한 실천적으로도 확립되어 있지 않는 것일까? 진정으로 한국적 특성 및 이론적 전개가 결여되어 있는 것일까?

　이 글에서는 한국의 사회교육적 평생교육론이 이론적으로나 실천적으로 일정한 형식을 갖추고 정립되어 왔음을 가정한다. 한국적 특성도 가미되어 왔음도 논의한다. 물론, 사회교육적 평생교육의 운영이나 내용, 실시 등이 미숙했다는 점을 부정하지는 않는다. 그러나 이 글에서는 한국의 사회교육적 평생교육론에 대한 혼란스런 개념 파악은 정확한 이론적 체계의 결여에서만 기인했다고 상정하지 않는다. 왜냐하면 혼란스런 개념 파악에는 나름대로 이유가 있었기 때문이었다. 그것은 단순했다. 즉, 한국적 사회교육의 특성을 평생교육이라는 새로운 용어로 대체시키기 위한 소수 평생교육 주창자들의 전략이었던 것 같기 때문이었다.

3. 문제를 파악하려는 시각

　왜 '일'들이 항상 꼬이게 되는가? L.J. Peter와 R. Hull은 '일'들이 꼬이는 이유를 이론적으로 설명하려고 했다. Peter와 Hull에 의하면, 문제파악, 문제해결에 있어서의 혼란은 전문가들이 갖고 있는 전문성의 부족과 문제해결에 있어서의 비능률성(incompetence)에서 기인된다. 대부분의 전문가는 상습적으로 비능률의 극치에 도달하려는 무의식적 경향이 있다. 전문적 무능의 경향은 전문가라고 자부하면 할수록 극에 달하게 되는 경향도 있다(L.J. Peter & R. Hull, 1969). 요약하면, Peter와 Hull의 주장은 한 가지 시사점을 제공한다. 즉, 전문가들의 문제진단과 문제해결 방법이 언제든지 시의에 맞거나, 성공적인 문제해결에 실마리를 제공할 수만은 없다는 점이다.

J.V. Baldridge(1975)는 사람(특히, 위정자)들의 문제해결 속성을 신화창조라고 요약한다. Baldridge에 의하면, 인간은 사회문제를 해결키 위해 신화(myth)를 만들어 낸다. 신화를 만들어 내는 이유는 단순하다. 사회문제라고 지칭되는 것들을 생성해 내고 있는 정치· 사회· 문화적 이해관계를 둔화 또는 합리화시키기 위해서이다. 따라서 신화창조는 문제해결의 한 수단인 것이다. 예를 들어, Baldridge는 '가난한 자는 게으르다'라는 사회적 신화처럼 신화창조자들이 즐겨 쓰는 상투수단이 있다고 했다. 그것은 문제해결의 관심 영역을 '가난한 자'보다는 '게으르다'는 형용사에 집중시킨 정책을 만드는 일이라고 주장했다. 따라서 위정자들은 게으르게 하지 않는 방법, 전략만을 강구, 구축하게 된다. 결국 가난한 사람은 또 한번 비난, 희생이 되는 것이다(참고: W. Ryan, 1971).

Peter와 Hull의 주장이나, Baldridge의 견해를 혼란스런 한국의 평생교육 개념 파악 현장에 적용해 보자. 그리하여 보면, 한 가지 추론이 가능하다. 즉, 평생교육에 대한 다양할 뿐만 아니라 혼란스런 문제 파악 설명들은 관계 전문가들이 갖고 있는 만성적 비능률성의 소치일 수도 있었다. 또한 문제를 쉽게 해결해 보겠다는 의지의 신화창조일 수도 있었다. 이런 두 가지 추론은 모두 타당성 있는 견해일 수도 있다. 왜냐하면 첫째, 현재의 사회교육적 평생교육론은 위기적 상황극복을 위한 한 교육수단이었기 때문이다(참고: 김인회, 1981: 김승한, 1981 ㉲ 16∼17). 다시 말해서, 평생교육론의 급작스런 대두는 한국 사회에 역사적으로 누적되어 온 교육병폐(예: 입시, 과열과외), 교육적 위기를 극복키 위한 하나의 수단으로서 창출되었다고 지적되기 때문이었다. 둘째, 한국교육의 위기적 상황이 극치에 달했다는 이야기는 결국 한국에 있어서 해당 전문가들의 비능률성도 만연되어 있었을 것이라는 것을 추측케 한다. 왜냐하면 교육이 경제, 정치, 사회변동의 외중에서 시류만을 따랐었을 것이기 때문이었다. 교육은 사회, 정치, 경제제도의 하위구조라는 주장은 크게 과장된 견해가 아니다. 결국, 사회, 정치, 경제제도가 변화하면 교육제도는 종속적으로 변화해야 한다(참고: J. Karabel, & A.H. Halsey, 1977). 그러나 새로운 정치·사회체제는 체제공학적(systematics)으로 새로운 사회문제를 야기시키는 속성도 갖고 있다(참고: J. Gal1, 1975). 따라서 사회, 경제, 정치체제가 직면하고 있었던 체제공학의 부적응 문제가 교육계와 교육전문가들의 전문성을 마비시켰을 것이라는 추론이 가능하다. 결국, 한국의 교육이 위기에 처했었더라면 그것은 전문가들의 전문성에 한계가 있었음을 시사한다. 따라서 평생교육론의 등장은 결국 교육전문가들의 전문성에 대한 새로운 문제제기였던 셈이다.

그러나 이 글에서는 평생교육 개념 파악에 관한 혼돈현상을 전문가들의 사회문제 해결용 신화창조나 전문가들의 전문적 무능으로서만 파악, 해석하지 않는다. 왜냐하면 평생교육에 대한 혼란스런 개념 파악, 그 자체가 한국 평생교육의 정통성과 본뜻을 찾아줄 수 있는 길잡이가 될 수 있다는 전제를 제공하기 때문이다. 예를 들어, C. Levi-Strauss(1979)는 혼란(disorder) 속의 참뜻(order)을 찾는 일이 사회과학의 임무라고 주장한 바 있다. Levi-Strauss에 의하면, 이 세상에는 의미를 상실한 듯한 현상이나 습속들이 편재해 있기 마련이다. 그러나 그것들은 의미를 주기 때문에 편재하고 있는 것이다. 결혼습속을 예로 들어 보자. 이 세상에는 다양한, 어쩌면 의미 없는 수천의 결혼양식들이 존재한다. 나에게는 무의미한 습속이다. 그러나 그 결혼습속은 나의 행동을 속박한다. 이것은 부조리(absurdity)일 수밖에 없다. 그러나 부조리 같은 결혼습속은 세상 어디서나 재현되고 있다. 결국 다양한, 아니 혼돈스런 결혼습속들은 더 이상 부조리가 아닌 셈이다. 왜냐하면 무의미한 것, 부조리한 것 같이 보였던 결혼습속들이 인간에게 일정한 의미와 참뜻을 일러 주고 있기 때문이다.

따라서 Levi-Strauss의 구조주의적 연구방법론을 한국 평생교육의 참뜻 찾기에 적용하여 볼 수가 있다. Levi-Strauss식으로 판단하면, 한국 평생교육에 대한 다양할 뿐만 아니라 혼란스런 개념은 더 이상 혼란이 아니다. 부조리도 아니다. 오히려 우리에게 일정한 의미를 부여하고 있는 교육현상이다.

의미부여의 기술은 다양할 수 있다. 그 중 한 가지 일반적인 기술은 우회적 언어유희법을 통해 의미를 부여하는 수법이다(참고: J. P. Spradley, 1972). 우회적 언어유희법(예: 은유법, 비유법, 대유법 등)은 사물의 본뜻을 외관상 다른 방식, 다른 성질, 다른 용어로서 표현하는 방법들이다. 예를 들어, 정치교육은 필요에 따라 국민정신교육, 국민정치교육, 반공· 도덕교육, 국민윤리교육, 통일교육 등등으로 서로 다르게 표현될 수도 있다(참고: 이규호, 1980, p. 35). 그러나 정치교육이라는 주제는 다양하며 혼돈스런 우회적 언어유희법에 의해서도 결코 잠식되어지는 것은 아니다.

이미 이 글에서는 한국 평생교육론이 사회교육적 관점에서 파악될 수 있음을 지적한 바 있다. 다음 절에서는 평생교육의 본뜻이 언어적 유희 속에 다양하게 섞여 있는 모습을 역사적으로 밝혀본다. 또한 혼돈스럽게 정의되어 온 평생교육 개념 파악이 일사분란하게 전달하는 참뜻이 논의되게 된다. 즉, 다음 절은 평생교육 개념 파악의 혼돈된 외중 속에서도 잠식되지 않고 있는 한국의 사회교육적 평생교육의 본뜻을 밝혀 본다.

4. 사회교육적 평생교육의 맥

한국의 사회교육적 평생교육론은 역사적으로 세 가지 방향에서 거론되어 왔다. 첫째 방향은 평생교육을 교육체제의 관점에서 거론하는 방법이었다. 둘째 방향은 평생교육의 관심을 학습방법에 집중시키는 방법이었다. 셋째 방향은 학습대상자 중심의 사회교육적 평생교육론이었다. 교육전문가들은 일반적으로 평생교육을 사회교육적 관점에서, 교육체제의 확대로서 정의해 온 것 같다. 평생교육을 교육체제의 입장에서 논의할 때, 사회교육적 평생교육은 정규학교 이외의 장소에서 실시되는 조직적이며 계속적인 교육활동의 총체이다(참고: 박정삼, 1963: 이홍구, 1968: 민중서관, 1971: 이상주, 1974: 진원권, 1974: 강신웅, 1974: 진원중, 1974, 1979: 남정걸, 1974: 강종환, 1975: 이규환, 이근수와 지윤, 1977: 김종철, 1977: 정우현, 1979: 이홍우, 1979: 장진호, 1979: 한국교육협회, 1980). 이들의 사회교육적 평생교육론은 문교부(1960)가 제안한 공식적 사회교육론을 지지하고 있는 셈이다.

문교부는 이미 사회교육을 학교 이외의 교육활동으로 규정했었다. 따라서 문교부의 공식적 사회교육론은 사회교육적 평생교육론자들의 활동지침이 되어 왔다. 예를 들어, 한국사회교육협의회(1980)는 문교부의 사회교육 규정을 복사하고 있었다. 한국사회교육협회는 사회교육을 학교의 정규과정 이외의 모든 조직적 교육활동으로 정의한 바 있다. 공식적 사회교육론, 즉 교육체제 확대방안으로서 평생교육을 주장하는 사람들에게 중요한 것은 민주시민 양성이었다. 교육기회의 확대는 민주시민 양성을 위한 것이었다. 민주시민 양성을 위해 국민정신 함양이나 직업기술훈련이 강조되었다.

교육체제 확대방안으로서의 평생교육론은 관념론일 수도 있다(변시민, 1959). 왜냐하면 사회교육적 평생교육론은 살아간다는 삶 그 자체를 학습의 장으로 삼기 때문이다. 따라서 문교부가 규정한 사회교육적 평생교육론은 이해하는 입장에 따라, 말의 장난일 수도 있었다. 변시민은 교육체제 확대로서 사회교육적 평생교육을 규정하는 일이 공론이라는 점을 간과하지 않았었다. 문교부가 규정한 학교외 교육으로서의 사회교육을 비판했던 변시민은 그 당시 문교부 문화국장직을 맡고 있었다. 변시민은 어느 곳에서 가르치거나 배울 것인가 보다는 누가 누구에게 가르치고 배울 것인가에 큰 관심을 갖고 있었다. 따라서 변시민은 교육대상자 중심의 사회교육적 평생교육론을 주장한 셈이다. 변시민에 의하면,

사회교육이란 학교나 가정을 제외한 그 이외의 모든 장소, 즉 우리가 상용하

는 통속적인 사회를 무대로 하여 작용되는 모든 교육적 활동을 사회교육이라
할 수 있다. 그러나 이것은 관념론에 불과하며 제도상, 시책상, 실질적 사회교
육의 영역을 설정하려면…… (사회교육은) 주로 청소년 및 성인에 대하여 행하
여지는 조직적 교육활동이라고 할 수 있다(1959, p. 40).

일정 교육대상자 중심으로 사회교육적 평생교육론을 강조했던 변시
민의 평생교육론은 황종건(1962, 1971, 1980), 이상주(1974) 등에 의해서
도 타당성 있는 사회교육적 평생교육론으로 평가되고 있다. 황종건
(1972)은 사회교육적 평생교육의 관심이 일반 성인에 있다고 주장했다.
황종건에 의하면, 사회교육은 성인의 재교육에 불과하다. 이상주는 공
식적인 학생 신분을 갖고 있지 않는 대상을 위한 교육이 사회교육적 평
생교육의 핵심이라고 보았다. 학습자중심의 평생교육론자들에게 있어
서도 국민재교육의 내용은 시민성 계발로 요약된다. 이상주, 황종건, 변
시민 등은 국가발전을 위한 시민성 자질 함양이 사회교육적 평생교육
의 교육내용이 되어야 한다고 주장한 바 있다.
유형진(1959), 이중(1976), 김재만과 김도수(1973), 남정걸(1979), 김재
만(1979), 정범모(1979), 강우철(1980), 한국일보(1980), 조선일보(1981)
등은 사회교육적 평생교육론을 학습 방법론에서 찾고 있다. 이들에게는
어디에서 누구에게보다는 어떻게가 보다 중요한 관심사였다. 예를 들
어, 유형진(1981)은 철학적인 측면에서 사회교육을 논의하고 있다. 유형
진에 의하면, 사회교육적 평생교육은 '성인의 각성촉구'이다. 각성촉구
는 학교에서 전수받지 못한 교육내용을 보충, 확장, 초월해서 받아들이
는 학습방법의 획득으로부터 가능하다. 각성촉구론은 행동유형의 변화
론으로까지 확대 해석되고 있었다(참고: 이중, 1976). 이중은 사회교육
적 평생교육의 의미를 '기성관념이나 생활의식의 전환, 또는 구체적인
행동유형의 변화'에서 찾을 수 있다고 주장했다. 남정걸(1979)은 사회교
육적 평생교육은 국민의 자유의사에 의한 자기교육이라고 분석했다. 김
도수(1979)나 김재만(1979) 역시 사회교육을 '여가시간에 자기를 개발하

는 여가학습 과정'으로 파악하고 있다. 유형진, 이중, 남정걸, 김도수, 김재만 등의 주장에 따르면, 생활여가선용 방법은 민주시민, 자질향상과 불가분의 관계에 있다. 왜냐하면 사회성, 공민성이 결여된 사람들은 여가를 악용하기 때문이다(참고: 김재만, 1979). 요약하면, 한국에 있어서 사회교육적 평생교육론은 역사적인 전통을 갖고 있다고 볼 수 있다. 사회교육적 평생교육론에 대한 개념적 파악은 학자들의 학문적 배경에 따라 달랐다. 즉, 교육체제중심, 학습자중심, 학습방법중심 등으로 다양하게 전개되었다.

한국의 사회교육적 평생교육론의 전통은 세 가지 방향에서 간추려 질 수 있다. 첫째, 한국의 사회교육적 평생교육론에 대한 다양한 개념 파악은 학문적으로 인정되고 있었다. 사회교육의 내용, 교수방법, 교육대상에 대한 다양한 주장은 소수에 의해 제한되어 해석되어 왔다기보다는 다수에 의해 장려되어 왔었다. 따라서 평생교육에 대한 이론정립은 다양한 방법으로 전개되어 온 셈이었다. 둘째, 다양한 평생교육론의 개념 정립 속에서도 일관되게 강조되어 온 교육목적이 있었다. 그것은 국민재교육론이었다. 국민의 재교육을 위한 사회교육적 평생교육론은 한국의 사회적 상황과 정치적 이념을 반영하는 교육사상이라고 볼 수 있었다. 따라서 한국의 평생교육론은 결코 사회 정치적 조건을 벗어나는 몰가치적인 교육개념이 아니었던 것이다. 셋째, 따라서 강조되었던 교육내용들은 정신계발, 산업기술 훈련, 사회성계발, 교양, 여가선용 등이었다. 이런 내용은 국민자질 향상을 도모한다는 가정 위에서 선택된 것들이었다. 다시 말해서, 국민자질 향상은 도의교육, 국민윤리교육을 중심으로 한 사회성계발, 교양, 여가선용 교육에 의해 촉진된다고 믿어지고 있었다.

왜 한국의 사회교육적 평생교육론은 사회성 계발을 강조하는가? 사회성 계발, 국민자질 함양을 위한 평생교육론은 사회학적으로 어떤 의미가 있는가?

5. 한국 사회교육의 사회학적 이해

이 절에서는 한국 평생교육의 주요 교육내용을 논의한다. 즉, 정신계발 함양(예: 사회성 및 시민자질 향상)과 산업기술 함양(예: 국가산업화와 사회복지 건설에의 참여)의 의미를 사회교육의 사회학적 관점(sociology of social education)에서 분석하기로 한다.

1) 사회교육에 대한 두 가지 사회학적 이론체계

평생교육론은 이념이 서로 다른 두 가지 사회학적 관점(sociological paradigm)에서 파악될 수 있다. 첫째 이론은 집단의식화 촉진이론이다. 집단의식화 촉진이론은 체제정비· 유지이론 혹은 질서동의이론(equilibrium paradigm)이라고 불릴 수도 있다. 학자에 따라서는, 구조기능주의(structural-functionalism)라고 지칭되기도 한다. 둘째 이론은 개인의식화 촉진이론이다. 개인의식화 촉진이론은 갈등주의 혹은 신 인본주의 이론이라고도 불린다.

두 가지 이론은 평생교육의 사회학을 발전시키는 데 결정적인 역할을 해왔다(참고: A.H. Adelman, 1981: G. Bergendal, 1977: D. Goulet, 1971: H. Janne, 1976: T.J. Labelle, 1976: T.J. Labelle & R.E. Verhine, 1975: R.G. Paulston & G. LeRoy, 1975).

평생교육의 사회학적 갈등이론은 개인의 의식화 함양(self-consciousness raising)을 강조한다. 평생교육의 사회학적 갈등론자들(A-linsky, 1946, 1969: D. Goulet, 1971: P. Freire, 1972, 1973, 1981: A.H. Adelman, 1981: I. Illich, 1971: E. Reimer, 1970: De Sanctis, 1979: L. Weis, 1979: R.L. Irizarry, 1980: R.G. Paulston, 1975: F.D. Sawyer & Ward, 1974)에 따르면, 사회교육적 평생교육은 학습자 개인에게 자기 자신을 깨닫게 만드는 수단이어야 한다. 학습자 개인에게 자기가 처한 사회, 경제, 정치환경을 냉철하게 파악· 분석케 만드는 과정이 평생교

육이 갖는 사회교육적 속성이다. 자기 자신을 누르고 있는 비인간적인 요소를 깨닫고 비인간적인 조건상황을 극복하는 것이 개인의 자각이다. 바로 이 과정이 개인의 의식화 촉진과정이다. 예를 들어, S.D. Alinsky (1946, 1969)는 사회교육적 평생교육의 본질을 지역사회 주민의 조직화로 파악하고 있다. Alinsky에 의하면, 개인은 사회교육적 평생교육을 통해, 자기가 처한 정의롭지 못한 사회적 환경을 개선해야 한다. 그는 정의롭지 못한 사회적 환경으로 일부 기업가들의 사리사욕, 고용기회 봉쇄, 교육격차, 대중을 무시한 공중위생 같은 것들을 지적한 바 있다.

N. Postman(1960), P. Freire(1970, 1972, 1973, 1981)는 개인의 의식화 촉진과정을 제3세계 민중을 위한 문맹퇴치운동에서 구체화시킨 바 있다. Freire(1981)에 의하면, 문맹퇴치는 단순한 문자해독을 위한 교양교육만은 아니었다. 문맹퇴치는 인간의 권리, 기본권을 깨닫게 만드는 참여적 의식화과정이었다. 즉, 평생교육은 문맹퇴치라는 운동을 매체로, 인간과 그 인간을 둘러싼 역사를 전환시키는 비판적 의식화(critical consciousness) 과정이었다. 따라서 Freire가 생각한 개인의식화 촉진과정으로서의 평생교육은 지성적인 정치적 행위(praxis)인 것이었다. P. Freire에 의하면, 평생교육의 방법은 단순했다. 즉,

> 한 가지 방법은 민중이 진정한 참여자가 되도록 조직하고 기동화시켜 주는 일이다. 이것은 정치적 교육(political pedagogy)의 과업이다. 정치적 교육에 의해 민중은 국가의 운명에 대한 세세한, 자질구레한 현안 문제가 무엇인가도 알게 된다. 이것은 기존 국가의 (정치적) 구호들을 동원하거나, 그것들을 적당히 무마시키는 일이 아닌 것이다. 읽고 쓰는 것을 배우는 것은 성인에게 있어서 지성적인 행위(intellectual act)이다. 또한 정치적인 행위(political act)인 것이다. 민중이 낱말을 쓰고 읽는 것을 배움으로써, 민중은 현실 그 자체를 읽고 다시 쓰는(rewrite) 것을 배우게 되는 것이다(p. 29).

따라서 평생교육을 개인의식화 촉진과정으로 파악하는 사람들은 평생교육의 성격을 자유(liberation), 속박으로부터의 해방(emancipation), 자

아발견(self-realization) 등의 용어로써 서술하는 경향이 있다. 속박으로 부터의 해방, 자유를 보장한다는 전제 아래 피교육자는 교화당할 수도 있다(참고: P. Berger, & H. Kellner, 1981).

이상주의적 사회 건설을 구상하는 갈등론자들에게 있어서, 학습자의 개인의식화 함양 정도를 측정하는 일은 사회교육적 평생교육의 효과를 평가하는 일과 같다. 갈등론자들이 활용하는 평생교육의 효과측정방법 은 다양하다. 예를 들어, 학습자의 의식수준이 체제지향적인가, 인간지 향적인가를 측정하기도 한다(참고: P. Freire, 1973). 정치참여기술 (political competence/skills)의 인지정도를 파악하기도 한다(참고: G. Almond & S. Verba, 1965).

어떤 갈등주의적 평생교육론자들은 상황과 조건에 따라 집단의식촉 진을 주장하는 사회교육적 평생교육론자들이 활용하는 정치의식화 측 정 도구들(참고: D. Lerner, 1958: J. Kahl, 1968: A. Inkeles & D.H. Smith, 1974)을 개인의식화 측정도구로서 사용하기도 한다. 예를 들어, R.A. White(1977)는 학습자 스스로의 지역사회의 문제발굴능력, 문제 제기능력, 해결책 모색, 대안제시 정도로서 학습자의 개인적 의식화 함 양 정도를 측정했다.

학습자의 개인적 의식 함양을 위한 사회교육적 평생교육론은 집단의 식화를 주장하는 체제정비적 평생교육론자들에게도 이의 없이 받아들여 진다(참고: R.H. Dave, 1973, 1975: P. Coombs, 1973: H. Janne. 1976: S. Sign, 1957: E.K.T. Coles, 1969: L. Aran, S.N. Eiscmstadt, & Adler, 1973: A. Inkeles, 1969: F. Harbison, 1973: W.A. Herzog, Jr. 1975: T.J. Labelle, 1976: C. Rodriguez, 1972: K. Yaron, 1972). 예를 들어, 중도적인 체제정비론적 평생교육론을 주창하고 있는 C. Rodriguez(1972)는 평생 교육의 내용을 학습자 수준, 집단적 수준에서 열거한 바 있다. 학습자 수 준에 있어서 평생교육은 개인이 갖고 있는 모든 가능성(potentialities)을 계발시켜 주는 내용을 포함해야 한다. 집단적 수준에 있어서 평생교육의 내용은 사회관계, 인간관계, 지역사회발전 참여에 관한 것들이어야 한다.

그러나 Rodriguez에 따르면, 인간의 가능성 계발과 집단이나 체제의 유지 · 정비에 필요한 평생교육 내용은 정치나 문화창조로부터의 개인의 소외를 의미하지 않는다.

평생교육은 개인의 정치적 활동(예: 취사선택, 비판, 참여)을 보장하는 것이어야 한다. 정치를 소수의 손에, 문화를 소수의 손에 장악시키기 위한 교육은 평생교육의 이념이 아닌 것이다. Rodriguez에 의하면,“ 정치의 전문화 현상(the professionalization of politics)과 문화의 전문화 현상(the professionalization of culture)은 민주교육이 마땅히 퇴치해야 할 공적들 중의 한 가지인 것이다. 민주교육은 인간에게 시민의 역할을 담당할 수 있도록 노력해야 하는 것이다”(p. 20).

그러나 질서동의론적 평생교육론자들은 학습자의 개인적 의식화 함양을 위한 교육내용은 사회의 정치적 목적에 부합하는 집단 의식화 함양 촉진 내용의 일부임을 강조한다. 즉, 현실(reality)을 비판하기 위한 의식화보다는 현실을 있는 그대로 받아들임으로써 자신의 경험을 체제에 맞추어 가며 인지하는 과정을 강조한다. 결국, 집단의식화라는 말은 지역사회의 의식화(consciousness of community)를 의미하게 된다(참고: G. A. Theodorson, & A. G. Theodorson, 1969). 따라서 개인의 의식화 촉진은 집단적 체제정비를 위한 보조물에 불과한 셈이다.

집단의식화 촉진 평생교육론을 주장하는 사람들은 사회복지, 경제건설, 민주시민, 사회성 같은 용어를 물상화된 방법(reified manner)으로서 학습자에게 교육시키려 한다. 물상화란 막연한 정치 · 사회적 분위기에 따라 달라질 수도 있는 모호한 개념, 생각(idea) 등을 마치 구체화되어 있는 객체(object)인 양 만들어 버리는 현상이다(참고: B. B. Wolman, 1973: M. Mann, 1979: K. Harris, 1979). 따라서 집단의식화를 강조하는 평생교육론은 교화를 긍정적 교수방법으로 활용하고 있는 셈이다. 체제정비론적 평생교육론자들의 주장에 따르면, 평생교육의 주요 내용은 국가경제 건설, 사회발전에 필요한 태도, 기술, 지식 등이다(참고: E. Gelpi, 1980).

　예를 들어, 생산성(production and risk-orintation) 제고, 기업가정신 (entrepreneurship) 고취, 공업기술훈련(technological training for the unskilled), 국민교양교육, 국민윤리교육 등이 다양한 형태로 강조된다 (E.K.T. Coles, 1969). 국민의 단합을 위한 재교육도 강조된다(Simgh, 1957). 비의도적인 입장에서 지위집단(status group) 형성에 공헌하는 교양, 멋, 여가선용 등이 강조되기도 한다(참고: H. Janne, 1976: T.J. Labelle, 1976: L. Weis, 1979). 즉, 여가선용, 취미생활 확대, 유휴노동력의 재교육화 및 생산경제 구조에 재투입 등이 집단의식화 평생교육의 중점 사업이 된다. 한마디로, 체제정비론적 평생교육론자들은 민중의 정신계몽과 산업기술을 집단의식 촉진을 위한 필수적인 교육내용이라고 간주한다. 평생교육을 통해 학습자는 합리적인 사고방식을 개발하고 시대적 요청에 부응하며(service of social adjustment) 체제에 충실히 사회화된 시민이 되어질 것이 기대된다.

　질서동의론적 평생론자들은 평생교육의 효과, 즉 집단의식화 함양 정도를 측정키 위해 개인의 수입(income), 생산력(productive ability) 같은 수치적 평가도구를 활용한다. 따라서 구조기능주의적 평생교육론은 투자에 따른 이윤 찾기 운동을 수정된 교육체제(modified educational subsystem)로써 보상하려는 교육이론이라고 볼 수 있다. 왜냐하면 평생교육론이 주장되기 이전의 교육현상은 교육산출에 한계가 있었기 때문이다. 즉, 교육투자와 산출간의 재래식 교육생산성 향상운동(참고: P. wexler, 1976)은 한계가 있었기 때문이었다. 다시 말해서, 구조기능주의적 평생교육론은 기존 교육제도가 열망해 왔던 교육결과(예: 생산성, 도덕성 함양)를 보다 효율적으로 생산하려는 의지를 반영하고 있다. 효율성을 극대화시켜 보겠다는 의지는 기존 교육제도가 산출하고 있는 소극적·제한적 집단의식 촉진을 적극적·확산적으로 수확해 보겠다는 노력으로 집약된다. 따라서 기능주의적 평생교육론은 기존 교육제도와 교육내용을 인습적으로 수정시켜 보려는 노력이라고 요약할 수 있다. 한마디로, 구조기능주의적 평생교육론자들에 의하면, 평생교육론은 기존 교육제도를 혁명적으로 새롭게 편성하기 위한 시도(참고: R. H. Dave, 1973 : J. Lowe, 1975 : H. Janne, 1976 : E. Gelpi, 1980)가 아닌 셈이다.

갈등론적 평생교육론이나 구조기능주의적 평생교육론(참고: [표 3-1])은 한국의 사회교육적 평생교육론의 성격을 밝히는 데 도움을 줄 수 있다.

다음 장에서는, 첫째, 한국의 사회교육적 평생교육론이 집단의식화 촉진을 위한 체제정비론적 평생교육에 기초하고 있음을 논의한다. 둘째, 한국의 사회교육적 평생교육론에서 강조되었던 교육내용과 전략은 국민정신계몽을 위한 '풍(風)운동'이었음을 밝히게 된다. 셋째, 집단의식화 촉진의 경향은 한국의 사회교육적 평생교육론이나 사회교육기관의 교육프로그램 등에서 큰 비중을 차지하고 있었음도 밝혀지게 된다.

[표 3- 1] 평생교육의 두 가지 사회학적 견해

	개인의식화 촉진이론	집단의식화 촉진이론
이 념	1. 개인의 자아발견 2. 교육결과의 평등화 3. 새로운 인간상 구현	1. 집단의 생존 2. 교육기회의 평준화 3. 산업역군 양성
교 육 내 용	1. 일상 개인생활 중심 (예:문맹퇴치, 의식화를 위한 실천, 종교) 2. 현실파악, 정치적 참여행동	1. 공민생활 중심 (예:문맹퇴치, 기술, 국민윤리) 2. 현실인지, 정신계몽, 집단기동화
교수방법·전략	1. 대화, 예시, 강의 순의 우선순위 2. 깨닫기 방식 3. 상호협동, 집단동원 기법활용	1. 강의, 예시, 대화 순의 우선순위 2. 주입식 3. 개인적 경쟁, 능률촉진 기법활용
교육결과 측정	1. 개인의 의식화 정도 2. 현실참여· 비판 정도	1. 집단규범 수용 정도 2. 역할수행 정도(기술적용 정도)
교육-경제관계	1. 노동집약적 근대화 지향 2. 근로자 경영참여 강조	1. 자본집약적 근대화 지향 2. 경영, 근로자 분리 강조
비 판	1. 이상주의적(혁신적) 2. 사회응집력	1. 체제유지적 2. 사회통제수단 합리화

6. 한국의 사회교육에 관한 사회학적 분석 결과

한국에서 강조되는 사회교육적 평생교육론은 사회학적으로 질서유지이론(consensus theory)에 기초를 두고 있다고 볼 수 있다(참고: 한준상, 1981). 왜냐하면 한국의 평생교육론은 집단의식화 함양을 위한 교육내용과 전략을 강조하고 있기 때문이다. 예를 들어, 국민재교육, 정신계발, 산업사회 참여를 위한 산업기술 장려 등이 한국의 평생교육론에 기본적으로 붙박혀 있었기 때문이다(참고: 중앙일보, 1980. 9. 9.). 이런 주장은 타당성이 있다. 왜냐하면 한국의 사회교육적 평생교육론이 질서동의론에 입각해서 발전해 왔다는 논리를 지지하는 연구문헌들이 학계에 회자되기 시작했기 때문이다. 이들 연구문헌들은 한국의 사회교육적 평생교육론을 이론적으로 설명하려는 시도에 불과했다. 예를 들어, 김신일(1980)은 " 우리나라의 사회교육(은)…… 인력양성 및 정신계몽에 치우쳐 있고, …… 자아각성, 사회개혁은 경시되어 있다. 의식함양교육은 극히 제한되어 있으며 학문적 관심도 거의 받지 못하고 있는 것이 사실이다"(p. 150)라고 지적한 바 있다. 김신일의 견해는 한국의 사회교육적 평생교육론이 사회학적 구조기능주의 이론에 근거하고 있음을 시사하고 있다. 김인자(1980)도 한국 교육학계에서 논의되고 있는 사회교육적 평생교육론은 체제정비론적 이념을 반영하고 있다고 시사한 바 있다. 김인자에 의하면, 한국의 평생교육론은 국가사회가 국민을 의도적으로 키우겠다는 굳은 의지를 반영하고 있다. 이들의 견해는 한국 평생교육론의 불모를 주장하는 교육학자들에 의해서도 부분적으로 타당성 있는 주장으로 판단된다. 왜냐하면 한국 평생교육 불모론자들에 있어서, 평생교육은 교육기회의 평준화, 체제의 보수 및 유지라는 현실에 머물러 있기 때문이었다. 그러나 한국의 평생교육 현실을 비판하는 사람들이 자기들의 논지를 의미 있게 입증해 왔다고 평가받을 수만은 없었다. 왜냐하면 이들은 경험적인 자료나 역사적인 자료를 제공하는 데 그리 성공한 것 같지 않았기 때문이다. 또한 이들은 어떤 식으로 무슨 내용이 한국 평생교육의 집단의식화 촉진을 위해 활용되었는가를 구체적으로 밝혀주는 데 실패한 것 같다.

그럼에도 불구하고, 한국의 사회교육적 평생교육론이 집단의식화이론에 기초하여 발전해 왔다는 이들의 주장은 옳다. 따라서 이들의 주장을 실제적으로 파악하는 일은 한국의 평생교육론의 학문적 발전을 위해 시도해 볼 만한 일들이다.

다음 절에서는 사회교육적 평생교육론이 갖는 구조기능주의적 이론의 근거를 밝혀 본다. 이 목적을 위해 한국 평생교육론이 갖는 집단의약화 촉진 성격의 타당성 입증에 관한 질문은 이 글의 서술적 가설 (descriptive hypothesis)이 되게 된다. 이 가설은 1950년 이래 한국 교육계에 나타났던 평론 및 연구논문들을 논의하면서 검증되게 된다. 또한 이 가설은 사회교육기관의 교육프로그램의 성격을 분석함으로써 한국의 사회교육적 평생교육론의 실제적 현황과 관련하여 논의된다. 즉, 이 가설은 기존의 문헌, 연구자료들을 요약, 분석 등의 문헌분석을 통해 검증된다.

1) 개념분석: 국민단합 수단으로서의 사회교육

김기석(1955), 배성룡(1957), 남상영(1958), 한용희(1979), 윤원호 (1979), 이상배(1979), 정지웅(1979), 이규호(1980), 차경수(1980), 임영철 (1980), 유형진(1981), 김승한(1981, ㉮) 등은 한국의 사회교육적 평생교육을 국민윤리 강화 운동으로 파악해 왔다. 김기석은 사회교육적 평생교육을 근거로 국민정서 교화 및 강화 수단으로 삼았었다. 김기석 (1955)에 의하면, 사회교육적 평생교육은 '풍(風)'을 일으키기 위한 사회운동이다.

질박웅건한 고결한 가풍, 교풍, 향풍, 시풍, 국풍이 필요하다. 사회교육은 이 같은 풍(風) 운동이 되어야 할 것이다. 글자를 몰라도 좋고 심지어 국제 사정

에 좀 어두워도 좋으니, 부지런하고 정직하고 신의가 두텁고 조국을 사랑하고
이웃을 위할 줄 알면 그만일 것이다. 웅대강건한 한국심(心)에 돌아가자. 이것
이 우리 겨레의 사회교육이 될 것이니라(p. 35).

교화의 수단으로 파악된 김기석의 사회교육적 평생교육론은 배성룡
(1957), 남상영(1958) 등에 의해 '사회문화 발전수단'으로서 이해되게 된
다. 사회문화 발전수단으로서의 사회교육적 평생교육은 사회발전에 효
과적으로 참여할 수 있는 인간형성을 위한 것이다. 한용희(1979)는 민
주시민의식 형성과 교양인 양성이 사회교육적 평생교육론의 참뜻이라
고 주장했다. 민주시민의식 함양은 윤원호(1979)의 사회교육적 평생교
육론에서도 강조되었다.

정지웅(1979)은 단기적인 범국민적 교육수단으로서 한국의 사회교육
적 평생교육론을 논의했다. 차경수(1980)는 사회교육적 평생교육론의
성격을 국민윤리교육으로서 집약했다. 차경수는 E. Durkheim(1956,
1966, 1969)이 주장한 도덕교육의 사회교육적 타당성을 이념적으로 받
아들였다. 차경수에 의하면, 사회교육적 평생교육은 개인주의적인 자아
발견보다는 조국애, 사회 속에 묻혀진 개인을 집단의 발전을 위해 기동
화시키는 수단에 불과했다. 김승한(1981, ㉮, ㉰)은 국민성 함양을 주장
한다. 김승한에 의하면, 한국의 사회교육적 평생교육은 한국사회가 당
면하고 있는 직업훈련, 도시화에 따른 사회문제 해결을 위한 수단이다.
사회문제를 효과적으로 해결키 위해서는 범국민적 자질 함양이 필요하
다고 주장하는 김승한은 평생교육을 국가발전을 위한 교육력 신장으로
서의 평생학습이라고 규정한 바 있다. 김승한에 의하면, (사회교육적)
평생교육은,

> …… 전 국민을 대상으로 그들의 사회적, 경제적, 정치적, 문화적, 도덕적 자
> 질을 함양시킴으로써, 새로운 환경적 도전을 슬기롭게 극복할 수 있는 태도를
> 함양키 위하여 평생 동안 실시되는 학교교육 이외의 모든 조직적 교육과정을
> 말한다(p. 48).

김기석, 배성룡, 남상영, 한용희, 윤원호, 정지웅, 차경수 등의 견해를 종합하면, 두 가지 사실이 발견된다.

첫째, 한국의 사회교육적 평생교육은 국민의 재교육, 정신교육이어야 했다. 정신교육을 강조하는 평생교육은 사회 정치적인 성격을 갖는다. 왜냐하면 이들이 즐겨 쓰고 있는 용어들(즉, 민주시민의식, 사회 문화 발전, 풍(風) 운동, 범국민적 자질 개발, 국민윤리 강화 등)은 갈등론적 평생교육론자들이 비판하는 것처럼 물상화된 양식(reified manner)으로 사용되고 있기 때문이다. 예를 들어, 갈등론적 평생교육론자들은 민주시민의식이니, 국민윤리니 하는 용어들이 상대성을 갖고 있다고 지적하고 있다. 그러나 구조기능론적 평생교육론자들은 그러한 용어들이 절대적인 사실적 의미를 갖고 있는 구체적인 사물인 양 교화하고 있다.

둘째, 국민의 사회성 계발을 위한 재교육 수단으로서의 평생교육은 국가의 경제적 안정, 정치적 안정을 위한 수단이라는 관점에서 중요시되고 있었다. 예를 들어, 이상배(1979)는 사회교육적 평생교육의 사회 정치적인 목표를 강조하고 있다. 이상배에 의하면, 국가의 사회 정치적 목표는 '학교교육만으로는 충분히 공급할 수 없다'(p. 10). 따라서 평생교육은 학교교육이 공급할 수 없는 사회적·국가적 안정이라는 교육수요를 채워 줄 수 있는 효과적 수단으로서 큰 가치가 있는 것이다. 평생교육의 사회 정치적 교육목표는 임영철(1981)의 견해에서 보다 집약된다.

임영철에 의하면, 사회발전은 정치교육에 의해서 주도된다. 따라서 정치사회화를 위한 수단으로서의 사회교육적 평생교육은 위정자의 국가관에 입각한 가치관 형성, 경제발전을 위한 인력자원 개발을 위한 것이다. 그러나 임영철의 정치사회화를 위한 사회교육적 평생교육론은 이규호(1980), 유형진(1981) 등의 국민정신진작론을 뒷받침하는 것에 불과하다. 유형진(1981)은 사회교육적 평생교육의 기본정신을 '우리 속의 나'를 찾는 일(참고: 이상배, 1979: 차경수, 1980), 국민윤리를 확립시키기 위한 정치교육(참고: 이규호, 1980)이라고 주장한 바 있다. 유형진에 의하면, 국민윤리교육은 시대에 따라 다양한 용어로 진술되어 왔던 것을 시사받게 된다.

국민교육을 위한 사회교육적 평생교육의 뜻은 한 가지였다. 그것은 국민공동체의식 함양 국풍운동의 진작이었다. 유향진에 의하면,

> 이미 1950년대에 강조된 도의교육이라든가, 민주시민교육이라든가, 반공교육이라든가, 승공교육이라든가, 또한 1960년대 이래로 강조된 통일교육이라든가, 민방위교육이라든가, 정신전력교육이라든가, 국민윤리교육 등이 모두 국민정신교육에 포함되는 내용들이라 말할 수 있다. 다만 그 초점이나 핵심이 약간씩 다르기는 하였지만, 국민공동체의식의 함양과 국민정신의 진작이라고 하는 기본방향에 있어서는 비슷한 것들이라고 볼 수 있기 때문이다(p. 12).

따라서 유형진, 차경수, 이상배, 임영철 등의 견해를 요약하면, 두 가지 결론이 가능했다. 첫째, 한국의 사회교육적 평생교육론의 학문적 전통은 국민윤리 강화라고 요약될 수 있었다. 국민윤리 강화를 위한 평생교육론은 집단의식화를 진작시키기 위한 것이다. 한국 평생교육론에 있어서 사회의 구속력은 피할 수 없다. 사회의 구속력은 조화를 위해 필요한 것으로 인정된다. 한국에 있어서 조화라는 말은 평등의 개념이 아니라 차등의 개념이다(참고: 박충석, 1981). 즉, 위계질서 속에서 자기의 신분 처지에 맞는 일을 수행하는 것이 조화를 위한 것이다. 비판은 조화를 위한 적극적인 방법이 되지 못한다. 결국, 사회건설, 민주시민, 집단의식 강화 등으로 간추려지는 국민윤리 강화는 조화를 위한 것이다. 국가, 민주, 집단 등의 용어는 훼손당할 수 없는 개념이다. 이런 용어는 정치사회 가치부가적이다. 왜냐하면 사회를 위한 국민의 도리(commitment)가 이미 정해져 있기 때문이다. 따라서 국민은 끊임없이 사회의 구속력과 국풍의 중요성, 공민적 자질의 필요성, 산업사회에의 참여의욕 및 수반되는 기술들을 습득해야 하고 일깨움 받아야만 한다.

둘째, 한국의 평생교육론은 구조주의적 평생교육론자들의 견해와 일맥상통했다. 왜냐하면 한국의 평생교육론은 사회학적으로 물상화된 개념을 학습자들에게 요구하고 있기 때문이다. 또한 집단의식 함양을 위

한 학습수단이나 교육내용 등을 의도적으로 강조하고 있었기 때문이다.

2) 교육내용 분석: 공민적 자질 향상을 위한 사회교육프로그램 강조

한국의 사회교육적 평생교육은 문맹퇴치운동으로부터 시작되었다. 문교부 문화국(1958)은 한국의 사회교육적 평생교육의 시초를 1945년에 두고 있다. 문교부 문화국에 의하면, 1945년에 문교부에 성인교육국을 설치하였다. 1946년 11월에는 사단법인 대한성인교육회가 설치되었다. 1946년 12월부터는 성인반 의무교육이 각 도별로 실시되고 있었다. 초기의 사회교육적 평생교육은 일제의 군국주의가 심어 놓은 식민지 근성을 근절시키기 위한 수단이었다. 식민지 근성에서 탈피하여 한국적 주체성을 심기 위한 평생교육은 문맹퇴치운동으로 집약되었고 이 운동은 성공적이었던 것으로 나타난다. 예를 들어, 해방 당시 한국의 문맹자는 총 7,980,902명이었다. 이는 한국 인구의 98%에 해당된다. 10년 사이의 성공적인 문맹퇴치 운동으로 650만 명의 문맹자가 한글을 터득하게 되었다(참고: [표 3-2]).

그러나 초기의 사회교육적 평생교육 프로그램은 문맹퇴치만을 강조했던 것은 아니었다. 한글보급보다 더 강조되었던 것은 정신계몽, 국민재교육이었다(문교부 문화국, 1958, p. 16). 그러나 P. Freire가 논한 개인의식화를 위한 정치적 행위나 참여 촉진은 아니었다. 한마디로 국민은 주체성 형성, 국가 건설을 위해 어딘가 부족하다는 생각이 붙박혀 있었던 관료주도의 민중계몽론이었다. 따라서 집단의식화 함양을 위해 정신교화가 강조될 수밖에 없었다.

[표 3-2]　1955~1956년의 문맹퇴치 업적*

구 분　　비 교	8· 15 당시	총 인구수에 대한 비율	(1955년) 잔존 문맹자	(1956년) 잔존 문맹자	8· 15 당시에 대한 비율
문맹자 수 (12세 이상)	7,980,902	98 %	1,709,020	1,500,00	80.1 %

* 문교부 단기 4290년도 문교행정의 중요 시성업적.「문교월보」, 1958, 39, p.86

1960년대에도 국민정신교육은 계속적으로 강조되었다. 진원중(1974, p. 53)은 혁명정부에 정신혁명교육을 제안하기도 했다. 정신혁명을 위한 한국의 사회교육적 평생교육은 재건국민운동과 재건국민운동교육(재건국민운동본부, 1963)으로 집약되었다. 이때 재건주의 교육철학자인 T. Brameld가 한국에 내한했었다. 재건주의자인 Brameld(1965)의 이상향은 한국의 사회교육적 평생교육에 이론적 근거를 마련해 주는 것 같았다. Brameld에 의하면, 힘으로서의 교육(education as power)은 정치권력 변형을 위한 갈등(stuggle for power)을 의미했다. 힘으로서의 교육은 민중 스스로 어떤 사회를 건설할 것인가, 어떻게 민중이 선택한 사회에 도달할 것인가를 스스로 결정케 만드는 힘이었다. 즉, 가능의 세계를 만드는 원동력이 교육이었던 것이었다. 결코 권력을 가진 소수의 이익을 위해 교육이라는 수단이 이용당할 수는 없다는 논지가 Brameld의 재건주의의 기저를 이루었다.

Brameld는 『힘으로서의 교육』(1965)이라는 저서를 통해, 자기의 견해가 아주 정확히 한국 국민에게 전달된 것으로 주장했었다. 그러나 Brameld의 주장은 한국인에게 제대로 전달된 것 같지 않았다. 왜냐하면 한국의 재건운동을 위한 사회교육은 민간주도가 아니었기 때문이다. 즉, 관주도로 시종일관했기 때문이었다(참고: 우병규, 1963).

다시 말해서, 재건주의는 인간 환경의 개조과정을 통해 인간문명의 활로를 개척하는 사회철학적 사조였었다. 아울러 재건주의는 개인의 자발적 공동참여 방법을 요청했다(참고: 한준상, 1975). 그러나 1960년대 한국이 지향했던 사회교육적 평생교육은 개인의 자발적인 공동참여보다는 집단의식화를 위한 국가주도의 공동참여 방법 중심이었다.

1970년대부터 한국의 사회교육적 평생교육론은 다양한 형태로 나타나기 시작했다. 민간주도형 사회교육적 평생교육 방안도 구체화되기 시작했다. 갈등론적 입장에서의 개인의식화 함양운동도 민간 사회교육기관에 의해 주도되기 시작했다(예: 한국 Y.M.C.A., 크리스천 아카데미, 한국 Y.W.C.A., 한국지역사회학교후원회, 한국여성단체협의회 등등).

그러나 개인의식화 함양을 위한 평생교육적 프로그램은 집단의식화 함양을 위한 평생교육적 프로그램보다 질이나 양에 있어서 저조했다고 평가할 수 있다.

한국기독교여자청년회(Y.W.C.A.)와 한국기독교청년회(Y.M.C.A.)는 각기 1970년, 1930년 이래 한국의 사회교육적 평생교육 프로그램을 주도해 온 역사적 사회교육기관들이다(전택부, 1978: 한국 Y.M.C.A, 1976: 서울 Y.M.C.A, 1980). 따라서 한국기독교여자청년회와 한국기독교청년회가 주도해 온 각종 교육프로그램의 업적을 사회교육적 평생교육의 관점에서 개괄적으로 분석해 보는 일은 한국 평생교육의 역사적 흐름을 파악하는 방법의 하나가 될 것이다.

한국기독교청년회는 설립 초기 개화교육, 선교교육 중심의 사회교육적 평생교육을 강조했었다. 1970년대를 기점으로 한국기독교청년회는 시민문화, 복지사회 등을 위한 사회교육적 평생교육 프로그램을 제공하기 시작했다. 특별히 복지사회 건설을 구현하기 위해 수행했던 사회 개발 프로그램은 개인의식화 함양 촉진을 추구하는 사업이었다. 즉, 개인으로 하여금 자기가 처한 현실(reality)을 냉철히 비판함으로써 사회 개혁, 인간성을 회복하기 위한 개인의식화 촉진 프로그램들이었다(예: 시민논단, 사회문제 고발, 양곡은행 설치 프로그램 등).

개인의 의식화 함양 촉진을 위한 사회 개발사업 프로그램에 참여한 참가자 수는 1980년 말 현재 60,384명에 달했었다. 6만여 명이라는 숫자는 1979년에 실시한 사회개발사업 프로그램에 참여한 사람 수보다 약 223%의 증가를 보여 주었다. 개인의식화 사업에서 보았던 괄목할 만한 참가의욕은 한국기독교청년회가 실시한 다른 사업에서는 찾아보기 힘들었던 현상이었다(참고: 서울 Y.M.C.A, 1980). 그러나 한국기독교청년회 활동에 동원된 전체 참가인원 수준에 비교하면, 시민의 개인의식화교육프로그램에의 실질적인 참여도는 미흡한 형편에 있었다. 왜냐하면 사회개발사업에 참여한 참가인원은 1979년의 Y.M.C.A. 교육프로그램에 참여한 전체 참가인원에 비교했을 때 1.48%에 불과했었기 때문이다. 1980년도에는 약 3.54% 정도로 증가되기도 했었다. 반면, 시민체육사업, 지도자 훈련, 청소년사업 등의 집단의식화촉진 교육프로그램에 동원된 참여자는 매년 전체 참가자의 약 80%를 기록하고 있었다.

개인의 의식화 함양촉진 프로그램 참가인원이 적었던 이유로서 의식개발을 위한 프로그램의 공개행사의 부진이 지적된 바 있다(서울: Y.M.C.A, 1981). 공개행사의 부진은 프로그램 담당 종사자들의 문제에서 기인하기보다는 외부적 요인에 의해 좌우되었다(참고: 서울 Y.M.C.A, 출간날짜 불명). 그러나 외부요인이 어떠한 것이었는지는 구체적으로 지적되지 않았다. 추론에 의하면, 정치적 혼란, 사회적 변동, 관계기관과의 이해관계 등인 것 같았다.

한국기독교청년회의 사회교육적 평생교육 프로그램의 성과를 평가, 요약하면, 네 가지 사실이 발견된다. 첫째, 개인의식화 함양촉진을 위한 사회개발사업 프로그램은 미흡한 상태로 전개되었었다. 그러나 참여자들의 호응을 받고 있었던 교육프로그램이었다. 둘째, 개인의식화 촉진 프로그램에 적극적인 호응을 보였던 사람들은 이해 관계 당사자들이었던 것 같다. 따라서 개인의식화 촉진 프로그램은 국민 대다수의 관심거리는 아니었던 것 같았다. 셋째, 개인의식화 촉진 프로그램에 적은 인원이 참여했던 두 가지 이유가 있었다. 그 하나는 일반 시민들의 낮은 참여의식에 기인한다. 다른 하나는 프로그램 담당자들의 내부적인 프로그램 자체의 요인과 외부적인 간섭 등은 개인의식화 프로그램 실시가 저조하도록 만들었다. 한마디로 개인의 의식화 프로그램은 정치· 사회적 이해관계에 직결되고 있는 느낌을 받을 수 있었다. 넷째, 결국 한국기독교청년회의 중점 사업은 집단의식 함양촉진 프로그램 중심이었다. 왜냐하면 연인원 참가 규모나 행사의 개최 수에 있어서 높은 참여도, 행사공개의 사회· 정치적 편의를 보장받고 있었기 때문이다. 또한 집단의식화 촉진 프로그램은 한국기독교청년회의 역사성을 뒷받침하고 있는 교육프로그램이었기 때문이다.

한국기독교청년회 활동에서 발견되었던 집단의식화 프로그램 편성법은 한국 Y.W.C.A.의 사회교육적 평생교육 활동에서도 주류를 이루고 있었다. 한국 Y.W.C.A. 프로그램 종목별 연혁에 의하면(한국 Y.W.C.A, 1975), 한국 Y.W.C.A.는 창설 초기 개인의 의식화 함양 프로그램을 강조했었다. 예를 들어, 공창폐지 문제, 축첩폐지 운동 같은 개인의식화 함양 프로그램을 강조했다. 즉, 개인으로 하여금 주위의 처지, 환경을 직시, 비판하게 함으로써 개인의 의식을 함양시키는 교육프로그램을 장려했다. 그러나 해방 이후에는 종교활동, 직업개발, 여성의 병영생활이해, 경제발전참여방법, 국가안보교육 등과 같은 집단의식 촉진 프로그램을 중점적으로 강화, 제공하고 있었다.

한국지역사회학교후원회는 1968년 이래 지역사회 발전의 이념과 실천을 위해 각종 사회교육적 평생교육 프로그램을 제공해 왔다(한국지역사회학교후원회, 1981). 프로그램 수혜 대상자는 장학사, 교사, 대학생, 학부모 등 일반 성인들이다. 한국지역사회학교후원회는 개인의식 촉진 프로그램의 일환으로서 소비자 보호운동, 지역사회 문제해결 방안 모색 등을 강구하기도 했다. 그러나 한국지역사회학교후원회는 성인지도자 훈련, 청년봉사자 훈련 등의 집단의식화 촉진활동을 보다 강조하고 있었다. 왜냐하면 무엇인가 깨닫지 못하고 있는 주민들을 깨닫게 해줄 수 있는 여론지도자들을 중점적으로 훈련하고 있었기 때문이다. 한국지역사회학교후원회에 의하면, 집단의식화 촉진운동의 성격은 '한국사회를 성숙시키는 지역사회 학교운동'(정주영, 1981, p. 8)일 수밖에 없다고 규정된다.

집단의식화 강조현상은 여성사회교육단체들에서도 괄목할 만한 사업목적이었다. 예를 들어, 한국여성단체협의회는 1981년 현재 26개 회원여성단체로 구성되어 있다. 1981년도의 사업계획과 각 단체의 설립목적을 내용 분석했을 때, 26개 여성단체들은 프로그램 성격상, 여성의 개인의식화 함양보다는 친교중심의 집단의식화 함양을 강조했다. 예를 들어, 각 단체의 설립목적으로서 진술되었던 중요용어들(key words) 중의 92%가 '사회 목적에 부응'이라는 의미를 담고 있었다. 그러나 사회

목적이 구체적으로 무엇을 의미하는지는 분명치 않았다. 추론할 수 있었던 것은 간단했다.

즉, 사회 목적은 사회 정치적 변화나 변혁에 따른 정치· 사회 이념을 총칭하는 것이었다. 집단의식 촉진의 취지는 각 단체의 활동 성격에 따라 다양했다. '아름다운 사회 기풍 진작', '공민생활 향상', '초당파적 우정', '반공태세 확립', '조국의 자유수호', '사회 정화' 등의 용어로 진술되고 있었다(참고: 한국여성단체협의회, 1981, pp. 7~44). 어떤 여성단체는 설립의 목적으로서, '…… 평화의 옹호자로서 여성의 입장을 자각하고…… 세계의 번영 및 평화의 건설에 기여함'(p. 38)을 원칙적으로 한다고까지 하였다.

근로직업교육을 장려하고 있는 사회교육단체에서도 보다 심각하게 강조되고 있었던 것은 개인의 의식 함양보다는 집단의식 함양이 있다. 예를 들어, 야간특별· 부설학교(참고: 김정애, 1981)에서 큰 중점을 두었던 교육은 기술교육이 아니었다. 교양교육과 사회성 향상이었다. 학교행정가들은 근로청소년이 사회발전, 경제생활 참여에 요구되는 동기, 태도 등을 원초적으로 어떤 식으로든 결여하고 있다고 판단하는 것 같았다. 따라서 민주시민의 자질 함양을 위해 각종의 결손 보충교육이 강조되고 있었다(참고: 이영희, 1981: 김정애, 1981). 요약하면, 사회교육단체들은 집단의식 촉진 프로그램을 보다 강조하고 있다고 볼 수 있다. 집단의식 촉진 프로그램은 참여자의 민주시민으로서의 자질 함양, 경제건설 참여 등을 자극하기 위한 정신계몽, 동기유발을 강조하고 있었다.

7. 사회교육의 문제: 정신계몽교육의 성공적 편재

황종건(1980)은 한국의 사회교육을 역사적으로 개관한 바 있다. 황종
건의 연구는 양에 있어서 방대했다. 조사했던 연구영역과 대상도 방대
했다. 기존의 연구에서는 보지 못한 체계적인 사회교육에 관한 연구였
다. 따라서 황종건의 연구인 '한국의 사회교육'은 한국의 사회교육적 평
생교육의 실천이나 현장을 이해하는 데 초석이 될 만한 연구였다. 황종
건에 의하면, 한국의 사회교육적 평생교육기관은 다양했다. 형식화된
학교체제를 갖추고 있는 공민학교로부터, 대학부설 사회교육기관, 도서
관, 마을금고, 문화원, 종교단체, 행정기관 부속 사회교육기관, 산업체
연수교육기관에 이르기까지 다양했다. 황종건은 이런 사회교육적 평생
교육기관의 성격을 평이하게 나열하였다. 그럼에도 불구하고, 황종건의
사회교육기관 연구를 재분석했을 때, 그의 연구는 네 가지 중요한 사실
을 제공했다.

첫째, 한국의 사회교육적 평생교육기관들은 공통적으로 직업기술, 일
반교양, 시민자질향상, 여가활용 등의 집단의식 촉진의 초석적 내용을
서로 다른 형식으로 강조하고 있다고 볼 수 있다. 둘째, 대부분의 교육
프로그램은 강의위주, 인쇄된 매체(예: 교과서, 교재용 복사물)위주, 상
식위주였다. 즉, 말로써 머리와 마음을 감화시키는 방법이 주요 교수방
법이었다. 셋째, 사회교육의 주요대상자는 일반 성인보다 지도자 또는
여론형성과 전달을 위한 중간지도자들이었다. 예를 들어, 황종건이 제
시한 경상북도 농민교육원의 교육실적 보고서에 의하면, 새마을교육의
교육대상자는 새마을지도자, 사회지도자, 멸공계몽요원, 교관요원 등이
었다. 즉, 현장에서 집단의식화의 필요성을 고취할 사람들이 교육의 1
차 대상이었다. 가나안농군학교의 성인교육 프로그램도 여론지도자 중
심이었다(참고: 황종건, 1980). 왜냐하면 1978년 4월 현재 가나안농군학
교 프로그램에 참여한 각 영역별 총 121,175명 중 64.2%가 여론형성에

동원될 농촌, 기업체, 사회 지도자들이었다.

넷째, 강조되었던 사회교육적 평생교육의 내용은 참가자들의 배경, 연령, 학력에 따라 서로 다른 것으로 나타났다. 다시 말해서, 피교육자의 욕구를 충족하는 것으로 나타났다. 예를 들어, 농촌교육을 위한 평생교육기관에서는 농민이 원하기 때문에 농사, 농민교육을 강조하는 것 같았다. 국민학교 졸업자에게는 문맹퇴치, 대학졸업자에게는 정치, 사회, 교양, 소비자교육 강화 등이 피교육자의 요구에 따라 서로 다르게 강조되는 것 같았다. 다시 말해서, 사회적 배경, 학력, 연령, 필요에 따라 어떤 집단에게는 산업경제 기술 획득, 공민자질 함양 등의 집단의식화 교육을 실시하는 것으로 나타났다.

이런 주장은 타당성 있는 것으로 평가될 수 있었다. 왜냐하면 대도시 성인교육의 내용을 연구한 바 있는 이규환(1973)에 의하면, 피교육자들이 요구했던 성인교육의 내용은 학력에 따라 서로 달랐었기 때문이었다. 즉, 학력이 낮으면 낮을수록 직업기술에 대한 수요가 높았었다. 반면, 학력이 높으면 높을수록 정치적 지식, 소비, 건전한 여가선용 등과 관련된 민주시민의식 촉진의 교육내용을 요청했었다. 따라서 이규환은 각종 사회교육기관은 학습자들의 서로 다른 욕구를 충족시켜야 한다고 시사했었다.

그러나 사회교육적 평생교육기관이 교육수준, 지역수준 별에 따른 학습자들의 요청을 필요에 따라 고려했었을 것이라는 추측은 여러 연구에서 부정되기 시작했다. 왜냐하면 노창섭, 김종서와 한상준(1969)의 농촌사회 연구, V. S. R. Brandt의 한국 농촌현장 참여연구(1977) 등은 학습자 요청에 입각한 교육프로그램 제공을 주장하는 견해와 상반된 연구결과를 보고했었기 때문이다. 예를 들어, 노창섭과 그의 동료들의 연구에 따르면, 농사교육이나 농민교육은 지역사회발전을 위해 꼭 필요한 것이 아니었다. 왜냐하면 농민들이 보다 중요시 여겼던 교육내용은 농사기술 중심의 교육보다는 농촌사회인으로서의 인간형성 교육이나 자각교육 등에 관한 것들이었다. 이규환의 연구(1976) 역시 농촌인들이

바랐던 사회교육은 원만한 지역사회 생활인에 관한 것들이었음을 보여
주고 있다. 따라서 노창섭, 김종서와 한상준의 농촌사회연구는 농촌교
육관계 사회교육기관들이 농민들의 의사와는 무관하게 기관들의 의지
를 농사교육이라는 이름으로 농민에게 실시하고 있을지도 모른다는 추
론을 가능하게 만든다.

　Brandt에 의하면, 한국농촌의 미진한 생산성 향상은 농민의 영농지식
및 훈련 결여에 기인하지 않았다. 생산성의 저조는 지역단위 행정기관의
미진한 행· 재정적 보조에 기인했었다. 실제적으로 한국 농민에게 필요
했던 것은 교육이 아니라 체계적인 행· 재정적 지원이었다. 따라서 농업
생산성이 농민의 영농기술 미비에 기인하기 때문에 농민은 영농교육을
받아야만 한다는 가정 아래 실시했던 영농기술교육 강조는 시간, 예산,
노력에 비해 큰 성과를 못 거두었을 것이라는 추론도 가능했다. 이런 추
론은 타당한 것 같았다. 이런 추론은 구조적 모순이라는 말로 표현된다.
왜냐하면 Brandt와 J. W. Geong(1979)이 연구한 한국의 지역사회 총합
개발사업(community-based integrated rural development)의 결과에 의
하면, 1975년부터 1977년까지 산북, 양구, 춘성, 위도, 약산 등지에 투입
된 지역사회 개발재단들의 재정적 지원은 중산층 농민들에게만 혜택을
준 것으로 평가되었기 때문이다. 원래의 계획은 빈농들의 지위를 개선하
려고 시도되었었다. 그러나 결과는 숫자적인 성과에도 불구하고, 빈농에
게는 별 혜택이 없었다. 따라서 Brandt와 Geong은 빈농의 지위를 개선
하려고 했던 목적과 자조사업 간에는 '구조적 모순'이 있었음을 지적할
수밖에 없었다.

　또한 영농기술교육 혹은 기타 지역사회의 학습자의 욕구에 맞게 계
획된 교육프로그램의 기본성격은 학습자의 욕구를 실질적으로 고려한
것 같지 않았다.

　한국교육학회(1974)가 조사한 새마을교육의 효과에 관한 연구에 의
하면, 사회교육의 내용은 다채로웠다. 그러나 기본내용은 한 가지로 요
약될 수 있다. 즉, 집단의식화 촉진을 위한 정신계몽이다. 정신계몽 교

육내용은 전체 교육내용 중 90% 이상이었다. 따라서 새마을교육에 참여했던 학습자들의 기억 속에는 기술, 영농, 교양교육은 곧 정신계몽교육이라는 인상이 깊게 심어져 있었던 것 같다. 왜냐하면 새마을교육에 참가했었던 1,249명의 응답자 중 1,123명(98.9%)은 새마을교육에 관한 주된 인상으로서 정신계몽교육을 지적했기 때문이었다.

정신계몽교육의 효과는 성공적인 것 같았다. 왜냐하면 사회교육을 경험한 학습자들이 자기들의 욕구에 맞게 서로 다른 교육내용을 요구했더라도, 그들의 욕구는 기본적으로 집단의식화 촉진교육을 벗어나는 그 이상의 교육내용에 대한 욕구는 아니었기 때문이다. 이런 주장은 이규환의 연구결과(1973)를 재분석했을 때 보다 분명해진다. 이규환은 성인교육에 참여한 학습자들은 학력에 맞는 서로 다른 교육내용을 요청하는 경향이 있다고 주장한 바 있다.

그러나 이규환의 견해를 통계적으로 재분석했을 때 재미있는 사실이 발견될 수 있었다. 왜냐하면 이규환의 연구자료 중 직업기술획득, 가정생활지식, 교양지식, 정치지식 등에 관한 각 학력별 집단 간의 차이 검증결과(N = 559, df = 12, x^2 = 29.12, .01 < p < .001)는 통계적으로 해석될 때 타당했기 때문이었다(이규환은 연구자료를 백분율과 빈도수로만 처리했었다). 즉, 성인교육 프로그램 참여자들은 교육수준에 따라 서로 다른 교육내용을 요구하는 경향이 있다는 이규환의 주장은 통계적으로 타당했다. 그러나 그의 주장은 통계적으로 완벽한 인과관계에 의해 입증되기에는 일정한 한계가 있었던 것 같았다. 왜냐하면 '학력이 낮으면 낮을수록 현직 기술훈련 내용 등을 요구하며, 학력이 높으면 높을수록 교양이나 정치지식 등을 원한다.'는 주장은 어느 정도만 옳았기 때문이었다.

다시 말해서, 학습자들이 그럴 듯하게 각기 처지에 적합한 다양한 교육프로그램을 요청한다 하더라도 모든 피교육자는 일반적으로 교양, 산업기술, 정치지식, 경제생활 참여에 필요한 기술 등과 같은 집단의식화 촉진관계 교육내용 그 이상의 것을 희구하지는 못하고 있다는 추론이

50% 정도 가능했기 때문이다. 결국 이규환의 연구는 한국인들의 사고가 일반적으로 국가시민지향적이라는 함의를 제공하고 있었던 셈이었다. 이규환의 판단은 이미 강우철과 이규환(1969)의 한국농촌교육기관에 관한 연구결과에 기초를 두고 있었던 셈이다. 왜냐하면 강우철과 이규환에 의하면, 한국의 사회교육기관은 설립 동기에서부터 프로그램 제공에 이르기까지 공민으로서의 필요한 자질, 얼을 강조하고 있을 뿐이었기 때문이다.

즉, 이들의 주장은 한국의 사회교육기관의 각종 프로그램은 비판적 의식화, 인간화교육 등에 관해서는 그다지 흥미가 없었음을 입증하고 있다. 따라서 해방 이후 강조되어 온 정신계몽교육의 효과는 모든 곳에 골고루 누적, 산재되어 있을 것이라는 추론이 가능했다. 또한 정신계몽교육의 효과는 누적, 골고루 한국민의 의식 속에 편재되어 있다는 추론이 옳다면, 한국의 사회교육적 평생교육은 구조기능주의의 관점에서는 성공적이었다는 추론도 가능했다.

8. 맺음글

이 글은 평생교육이 어떻게 되어야 할 것인가에 대한 당위성에 관한 것이 아니었다. 왜냐하면 이 글은 평생교육의 권리는 국민의 기본권이라는 데에 원칙적으로 동의하고 있기 때문이다. 그러나 평생교육의 제도적 확립은 기존 교육제도에 붙박혀 있는 생각만으로는 실현가능성이 희박하다는 숨은 가정도 갖고 있다. 이 글은 기존 교육제도, 방법에 연결되어 있는 입장에서 평생교육을 논할 수밖에 없음을 가정적으로 받아들였다. 그리하여 한국의 평생교육은 사회교육의 연장일 수밖에 없었다는 점을 사회학적으로 밝히고자 했다.

평생교육은 국민의 기본권이 되었다. 국민의 평생교육적 기본권이 보다 실제적으로 보장되는 길은 평생교육 실천에 있을 수밖에 없다. 그러나 국민의 평생교육권이 실천적으로 보장되고 있다는 강력한 증거들이 나타나고 있지는 않은 실정이다. 왜냐하면 평생교육에 관계된 법규, 제도, 체제, 내용 등을 정비·보완해야 할 행정가들도 구체적으로 무엇을 행정적으로 처리해야 될지를 모르고 있었기 때문이었다. 즉, 한편으로는 일선 교육기관 담당자들이 평생교육에 관해 모호한 이해상태에 있었다. 또한 평생교육에 대한 개념 파악에 관한 연구도 선행되지 않았었다. 결국 평생교육에 대한 미진한 개념 파악으로 평생교육에 관한 입법화도 타협과 우여곡절을 겪을 수밖에 없었다.

따라서 이 글은 평생교육에 대한 모호성의 문제를 두 가지 방향에서 제기했었다. 첫째, 왜 평생교육은 개념정립이 미비되어 왔는가? 둘째, 왜 한국의 평생교육론은 한국교육사상 그 체계가 없는 것으로 비판받아 왔는가? 첫번째 질문은 간단히 응답될 수 있었다. 왜냐하면 평생교육에 관한 개념 파악의 난립은 관계 전문가들의 다양한 해석에 의해 필연적으로 야기되고 있었기 때문이었다. 평생교육은 일생학습과정, 생애교육, 요람에서 무덤에 이르기까지의 교육, 비형식교육, 무형식교육, 사회의 교육화, 통합적 인간교육, 삶의 교육 등등 사실적인 현상으로부터 추상적인 공리(propositions)에 이르기까지 다양하게 규정되어 왔다.

외국사조를 반영한 교육이론도 교육계에 범람했다. 명명되는 이름도 다양했다. 예를 들어, 시민교육, 기초교육, 민중교육, 교양교육, 비형식교육, 학교 외 교육, 무형식교육, 성인교육, 지역사회교육, 향토교육, 대중교육, 의식화 함양교육, 생애교육, 순환교육, 영구교육, 계속교육, 직업교육 등등 20여 가지의 서로 다른 명칭이 한국교육학사에서 발견된다. 다양한 명칭들은 기본적으로 평생교육을 우산의 개념으로 상정한 후 제시되었던 평생교육에 관련된 부수적 교육작용, 내용, 과정을 의미하는 것에 불과했었다.

그럼에도 불구하고, 한국에 있어서 평생교육론의 전개과정은 혼란스러웠다고 볼 수 있었다. 왜냐하면 평생교육 실천에 관한 접근방법도 다양했었기 때문이었다. 결국 다양한 개념 파악과 접근 방법은 혹자에게 있어서 평생교육을 학문적으로, 실천적으로 이해하는 데 방해요소로 이해되기까지 했었다. 그러나 이 글에서는 평생교육에 대한 다양한 해석과 접근방법이 평생교육론의 전개에 방해요소라는 데 이의를 제기했다. 왜냐하면 다양한 해석, 접근방법은 한국 평생교육의 학문적 성격을 확장하는 데 도움을 줄 수 있는 것으로 판단되었기 때문이었다.

다양한 개념파악, 다양한 실천현상 등이 시사하는 의미는 두 가지였다. 첫번째는, 한국에서는 평생교육에 대한 다양한 이론적· 실천적 접근방법이 제도적으로 보장받아 왔다는 사실이었다. 두 번째는, 국민은 무엇인가 결여되어 있다는 판단이었다. 정규 학교교육만으로는 특정 정치, 사회, 경제체제가 요구하는 이념이나 현실들을 다 내면화시킬 수 없다는 것이었다. 따라서 국민은 계속 교육받아야 된다는 것이었다. '국민교육' 결핍의 내용은 다양한 개념과 용어로 필요와 상황에 따라 창출되곤 했었다. 따라서 평생교육 개념에 따라 다녔던 혼돈은 피할 수 없었던 것이었다.

둘째 질문은 보다 이론적인 접근방법을 요구했다. 왜냐하면 둘째 질문은 평생교육 개념의 파악과 더불어 한국 평생교육론의 학문적 타당성의 근거를 밝혀 주어야만 했기 때문이었다. 즉, 서구에서 나타난 사회운동으로서의 평생교육론과, 의식화 과정으로서의 평생교육론간의 이론적 차이가 한국의 평생교육에 적용, 분석될 수 있는가를 밝혀 주어야만 했기 때문이었다.

학자들에 의해 한국에 있어서 평생교육은 학문적으로 성숙할 수 없었다고 지적되어 왔다. 실천방안도 교육사상 미비했다고 지적되었다. 이런 주장은 어느 정도 옳았었다. 왜냐하면 대부분의 사회교육적 평생교육에 관한 연구들은 개념진술 수준에 머무르고 있었기 때문이었다. 분석도 결여되었었다. 심지어 어떤 연구들은 한국의 사회교육적 평생교육을 이해하는 데 방해가 되고 있었던 것도 사실이었기 때문이다. 따라서 대부분의 평생교육에 관한 연구들이 후속 연구를 위해 쓸모 없었다는 주장은 타당성이 있을 수밖에 없었다.

그러나 한국 사회교육 비판자 역시 왜 한국의 평생교육에 이론적·실천적 방안이 미비했는지에 대한 구체적인 증거를 제공하지 못했던 것 같다. 심지어 그들의 비판적 논리를 학문적으로 확실하게 밝혀주지도 못한 것 같았다. 따라서 한국 평생교육의 성격을 체계적으로 고찰할 필요성이 있었다. 한국 평생교육의 이론적 부실이나 실천방안의 미숙을 파악하는 두 가지 방법이 있을 수 있다. 첫째 방법은, 평생교육 관계자들의 비효율성, 비전문성을 찾는 길이었다. 둘째 방법은, 평생교육 그 자체를 사회적 목적을 달성키 위한 문제해결 방안으로서 이해하는 것이다. 즉, 문제해결을 위한 사회적 신화창출(social myth)로서 이해하는 방법이다. 두 가지 이해방법은 각 나름대로 타당성이 있을 수도 있었다.

그러나 이 글에서는 두 가지 이해방법의 장점만을 고집하지는 않았다. 왜냐하면 한국 평생교육의 이론적· 개념적· 실천적 미성숙이 혼란된 개념 파악에서 기인했다면, 그것은 당연했었기 때문이다. 따라서 두 가지 이해방법은 이 글에서 의도적으로 거부된 셈이었다.

이 글에서는 보다 관심을 가졌던 이해방법이 있었다. 그것은 혼란이 주는 의미를 찾는 방법이었다. 즉, 다양한 평생교육 개념이 혼란 속에서도 일관되게 흐르고 있다고 간주되는 것을 찾는 일이었다. 즉, 혼란의 참뜻을 찾으려 했다. 개념의 혼란 속에서 참뜻을 찾는 일은 기존 한국의 평생교육론을 일정 준거틀로 밝혀 보는 일이었다. 그 준거틀을 이 글에서는 '사회교육'이라고 보았다. 왜냐하면 평생교육에 관한 한국 내에서의 대부분의 연구나 평론들이 한결같이 사회교육의 개념을 한국 평생교육의 개념 파악에 붙박아 놓고 있었기 때문이다. 평생교육 이념구현을 위한 정부의 평생교육 정책 역시 사회교육체제의 확립방향에서 거론되고 있는(김해인, 1981) 실정이었다. 따라서 이 글에서는 '평생교육'이라는 용어보다는 '사회교육적 평생교육'이라는 용어를 즐겨 썼다.

'사회교육적 평생교육론'은 한국 교육사에 있어서 역사성을 갖고 있었다. 해방 이후부터 강조되어 온 사회교육적 평생교육의 역사성은 두 가지로 요약될 수밖에 없었다. 즉, 국민교화, 정신계몽으로 집약될 수 있었다. 정신계발론 속에는 국가발전에의 기여를 위해 국민이 무엇인가 결여되어 있다는 가정이 중핵을 이루고 있었다. 사회적으로 정신계몽은 다양한 용어로 진술되어 왔었다. 상황과 조건에 따라 문맹퇴치운동, 재건운동교육, 새마을운동교육 등으로도 쓰여 왔다. 한마디로 사회운동의 역사였다. 그리고 사회운동은 모두 국민단합, 즉 집단의식을 촉진하기 위한 의식화운동이었다.

학문적으로 정신계몽은 세 가지 입장, 즉 교육체제의 확장(nonformal education), 일정 학습자 대상의 교육, 학습방법론 개선 등으로 쓰여 오기도 했다. 이러한 다양한 용어들은 정치·사회적으로 활용되어 왔던 '색깔' 있는 용어들에 일반 국민들이 자극받을 수 있었던 알레르기성 분위기(예: 정치교육, 정치교화)를 피해 보자는 의도와 전략으로서 파악될 수도 있었다. 그러나 한 가지 버릴 수 없었던 것이 있었다. 그것은 학문적인 교수방법, 교육내용이 기본적으로 집단의식 촉진에 관한 것들이어야만 한다는 것이었다. 따라서 실천적인 사회교육적 평생기관이 설립 초기부터 제공해 왔던 교육프로그램도 집단의식 촉진을 위한 것들일 수밖에 없었다.

이러한 영향 때문에 사회교육적 평생교육에 관한 중요한 몇 가지 연구결과를 토대로, '정신계몽' 등 집단의식에 관한 사회교육적 효과는 국민의 뇌리에 깊숙이 편재되어 있다는 사실까지 추적될 수 있었다.

따라서 질서동의론적인 사회학적 이념틀(paradigm)에 기초를 둔 한국의 평생교육론은 한국 사회교육이념의 사회학적 분석으로부터 거론되어야만 했다. 사회교육의 이념을 분석하는 일은 사회교육의 이념, 기본 성격을 논하는 일이었다. 왜냐하면 사회교육의 정체는 한 나라의 사회적 성격을 결정하는 '정치라는 환경'(the mask of politics) 속에 일상적으로 내재되어 있었기 때문이었다.

한국 평생교육의 사회적 성격은 사회운동으로 요약되고 있었다. 사회운동은 가치판단을 요구한다. 사회운동은 한국교육에 있어서 논쟁거리였으며 대화의 주제였었다. 왜냐하면 한국 사회운동의 일관된 성격은 정신계몽, 집단의식화를 촉진하기 위한 교화로 집약되어 왔기 때문이었다.

IV. 평생교육의 제도적 육성 방안

1. 머리글

평생교육은 전인적(全人的) 인격의 발달을 위해 인간의 전체 생애 동안 일어나는 모든 종류의 교육적 경험과 창의적인 학습과정이라고 정의되고 있다. 평생교육이 전인적 인격 발달을 도모하기 위한 평생학습으로 정의된다면, 학교교육의 개념은 당연히 폐기되어야 하지 않는가? 왜냐하면 학교교육만으로는 전인적 인격 발달이 부족하거나 부적절하다는 점이 평생교육의 개념 파악에서 주시될 수 있기 때문이다. 그러나 평생교육은 학교교육을 폐기하는 개념은 아니다(Cropley & Dave, 1978).

평생교육이 제 기능을 발휘하기 위해서는 어떻게 학교교육을 평생교육 체제 속으로 통합시킬 수 있는가? 왜 평생교육이 교육학에서 중요하게 다루어져야 하는가? 평생교육의 교육학적 속성은 교육사회학적으로 어떤 의미를 주고 있는가? 사실, 평생교육이 무엇인지에 관한 개념 파악을 한국교육학계 스스로 게을리 해 오고 있다는 비판도 받고 있는 실정이다. 또한 평생교육의 실체는 이념과 실천간의 괴리현상에 의해 제 기능을 발휘하지 못하고 있다고 비판당하고 있다(조미옥, 1983). 뿐만 아니라 평생교육에 대한 오해 때문에 한국교육학계에는 해괴한 일이 벌어지고 있다고 야유당하기마저 한다. 평생교육에 대한 한국 교육학자들의 무지나 곡해를 김수곤은 이렇게 지적했다(1983: 154).

" 평생교육이라는 슬로건을 내걸고 난 다음부터는 ‘평생교육’ 학교를 만들자느니 ‘평생교육’ 커리큘럼을 작성해야겠다느니 하는 웃지 못할 일이 나타나고 있다. 어떤 사람의 한평생을 학교라는 울타리 속에서 지내게 한다고 해서 평생교육이 되는 것은 결코 아니다.

산업사회에는 꾸준한 기술혁신이 일어나고 있으며 이로 인해 재교육을 받지 않으면 직장인의 지식이나 기술이 쉽게 노후화해 버릴 것이다. 그래서 이를 방지하자는 것이 그 첫째 목적이요, 둘째로는 여러 가지 이유로 교육기회를 얻지 못했던 사람들로 하여금 뒤늦게나마 대학과목을 이수케 함으로써 순수한 지식

탐구욕을 만족시켜 주려는 데 그 목적이 있다. 이것이야말로 풍요로운 사회로 가는 가장 큰 보람의 하나가 될 것이다."

이 인용문은 평생교육에 대한 김수곤의 지나친 단순화와 교육에 대한 부족한 인지현상을 비판하기 이전에 학문적 체계화가 결여된 채, 성급하게 '사회교육학'이니 '평생교육학' 같은 것을 주장하는 교육학자들의 성급함이 순화될 필요가 있음을 역설해 주고 있다고 보여진다.

2. 평생교육의 필요성과 사회적 배경

이미 여러 차례 언급되었던 것처럼 평생교육의 개념은 두 가지 영역에서 논의되기 시작했다. 첫째 영역은 전인교육에 역행하는 학교교육문제를 적극적으로 해결하겠다는 교육정책적 필요에서 대안교육(代案敎育: alternative education)의 한 형태로 논의되기 시작했다(참고: 한준상, 1981).

다시 말해서, 다람쥐 쳇바퀴 돌리는 식의 기존 학교교육으로는 인간의 교육적 욕구나 당면 사회문제들을 제대로 풀어줄 수 없다는 학교교육의 현실적 한계에서 평생교육의 가능성이 비롯되었다(참고: Goodman, 1964: Kohl, 1967: Illich, 1971: Reimer, 1972: Gelphi, 1982).

급격한 사회변동은 평생교육의 이론화를 창출하도록 만든 두 번째 영역이었다. 급속한 사회변동은 지식의 폭발과 비례해 왔다. 이미 현재의 사회는 지식의 폭발현상을 표출시키기만 하는 변동의 사회라기보다는 지식의 폭발과 변동으로부터 끊임없이 문제가 창출되는 문제폭발의 시대라는 말이 보다 타당할 정도로 문제투성이의 사회이다(한준상, 1984). 즉, 하나의 지식폭발에 의해 나타난 하나의 사회문제가 해결되거나 사회변동이 완결되기도 전에 다른 사회문제가 새로운 지식과 새로운 사회변화를 요구하게 만드는 식으로, 문제가 문제를 낳는 불확실한 문제 폭발의 시대로 전개되어 왔다.

1) 평생교육에 대한 개념 파악의 문제

평생교육이 학교교육의 원천적인 교육적 한계와 사회변동의 비(非)예측적 폭발현상을 대비하기 위한 대안교육의 한 형태로 제시되었다면, 과연 평생교육론은 학교교육의 한계와 사회변동에 대처할 만한 이론적 구조나 체계를 갖추고 있으며, 논란이 없을 정도로 충분히 이론화되어 있는가? 이런 질문에 대한 대답은 빈궁해질 수밖에 없다. 왜냐하면 첫째, 평생교육에 대한 논의가 '선언적(宣言的)'으로 끝난 상태에 있기 때문이다(한준상, 1982). 즉, 평생교육은 좋다 혹은 필요하다는 식의 선언적·명분론적인 교육론으로 주창되고 있기 때문이다. 동시에 평생교육활동에 대한 실용적인 작업이나 구체적인 행·재정적 지원이 결여된 상태에서 평생교육의 필요성만이 무성하게 논의되고 있을 뿐이기 때문이다.

둘째, 평생교육론에 대한 이론화 작업이 아직도 초보적이며 비체계화되어 있기 때문이다. 예를 들어, 평생교육을 진흥하기 위한 '사회교육학'의 정착 필요성이 사회교육법에 예시되어 있으면서도 사회교육학이 구체적으로 어떤 학문인지, 사회교육에 관한 이론화의 방향이 어떤 것인지에 대한 논의는 체계적으로 시도되고 있지 않은 현실이기 때문이다. 기존의 학문적 체계 성립의 역사를 고려한다면, 사회교육학은 결코 사회교육 관련 교과의 모듬만으로 완성되는 것이 아님을 기존의 사회교육 관계자는 간과하고 있다.

결국 평생교육의 교육사회학적 이론화와 학문적 이해를 위해 두 가지 문제가 논의되어야 한다. 첫째, 평생교육에 관한 체계적인 개념 파악에 관한 문제 둘째, 평생교육론의 교육사회학적 관점의 체계화를 위한 교육정책방안이 논의될 필요가 있다.

전인적 인격형성을 위한 전(全) 생애적 학습과정으로 이해되는 평생교육에 대한 개념 파악은 두 가지 학문적 문제를 갖고 있다. 첫째, 전인적 인격의 형성과 발달이 무엇을 구체적으로 의미하는지 불분명하다. 사실, 전인적 인격의 발달이라는 말은 포괄적이며 모호하기까지 하다. 인본주의적인 의미가 강하게 노출되고 있다는 의미만을 되뇌일 수 있을 뿐이다. 평생교육이 구체적으로 시사해 줄 수 있는 사회적인 성숙의 지표성이나 사회적 상황성에 대한 논의도 배제되어 있다. 평생교육에서 말하는 전인적 인격 형성은 기껏해야, 기존의 사회· 경제· 문화체제에 효과적으로 적응할 수 있는 '비형식적 사회화', 혹은 재사회화 정도임을 강조하고 있다는 인상을 벗어나지 못하고 있다.

평생교육에 대한 개념 파악과 관련된 두 번째 문제는 형식적 학교교육비판에 대한 비체계성과 불완전한 문제제기이다. 평생교육은 교육현상에 관한 수직적인 동시에 수평적 통합을 시도하는 급진적· 혁명적 교육론이라고도 일컬어지고 있다. 즉, 형식적 학교교육기관뿐만 아니라 비형식적 교육기관과의 수평적 연계와 통합을 시도하는 본질적 교육론이라고 일컬어지고 있다(참고: Dave, 1981). 평생교육이 비형식적인 교육기관 및 비구조적인 교육을 체제적으로 수렴하기 때문에 기존의 사회교육은 평생교육체제의 하위개념이 될 수밖에 없다. 연령 기준에 따라 분절적(分節的)으로 전개되던 기존의 교육활동의 수평· 수직적 통합을 시도하는 평생교육의 시도는 현실적인 교육환경을 고려한다면, 기존의 교육개념과는 대립될 수밖에 없는 위치에 있게 된다.

평생교육이 기존의 교육개념 및 교육체제와 현실적으로 대립된다면, 평생교육은 과연 기존 교육현상으로부터 야기되는 문제 중 무엇을 근본적으로 문제시하고 있다는 말인가? 예를 들어, 첫째, 기존의 학교교육제도가 특정 이해관계 집단을 위한 '문화· 경제적인 재생산'(참고: Clark, 1960: Althusser, 1971: Bowles & Gintis, 1976: Bernstein, 1977: Bourdieu & Passeron, 1977)을 돕고 있다는 점을 비판해야 한다는 말인가? 아니면 둘째, 학교교육이 문화· 경제적 재생산 기능을 제대로 발휘하고 있지 못하다는 점을 구조적으로 반성해야 함을 문제로 제기하고 있다는 말인가? 또 아니면 셋째, 현재의 개발도상국의 당면한 교육문제가 선진국의 교육문제와 질적으로 유사하기 때문에 그 해결의 어려움을 지적하고 있다는 말인가? 이것도 아니라면 마지막으로 만약, 평생교육이 기존의 형식적 학교교육의 문제를 극복시켜 줄 수 있는 대안교육이며, 동시에 형식적 학교교육을 포기한 사람이 주로 평생교육의 혜택을 받는다면, 평생교육 수혜자들은 형식적 학교교육 졸업생이 받는 대우에 상응하거나 아니면 더 나은 사회경제적 대우를 받을 수 있다는 점을 제시하고 있다는 말인가?

현재 사회교육계에서 회자되고 있는 평생교육 관계 평론들로서는 위에서 논의한 네 가지 문제들 중 그 어느 한 가지도 명쾌하게 밝혀볼 수 없다. 네 가지 문제에 대해 해답을 하기 위해서는 평생교육을 교육사회학적 관점으로 파악해 볼 필요가 있다.

이 글에서는 네 번째 문제제기인 평생교육과 개인 간의 관계만을 논의한다. 왜냐하면 나머지 세 가지 문제제기들은 이미 교육사회학적으로 상당히 연구, 보고되어 있기 때문이다(참고: 한준상, 1982: Dave, 1976). 평생교육이 개인에게 끼칠 수 있는 사회경제적 영향을 논의하는 일은 최소한 두 가지 입장에서 중요하다. 첫째, 평생교육의 교육사회학적 의미 둘째, 평생교육 실시의 확대 가능성 등을 밝혀주는 계기를 만들어 주기 때문이다.

3. 평생교육과 개인소득 간의 관계

평생교육은 개인에게 어떠한, 얼마만한 사회경제적 이득을 줄 수 있는가? 이 질문에 대한 논의는 '교육'이라는 사회적 학습활동을 정치경제학적으로 분석할 때, 보다 분명하게 대답되어질 수 있다.

왜냐하면 정치경제학은 사회구조의 물질적 재생산을 위한 지원활동을 둘러싼 인간관계를 체계적으로 탐구하고 있기 때문이다. 정치경제학은 자원에 대한 생산, 분배, 소비 사이의 관계와 세 요소간의 관계로부터 야기되는 모든 비경제적 활동을 논리적·과학적으로 탐구하는 학문적 행위이다. 교육이 비경제적 활동인 이상, 교육은 정치경제학의 분석대상이 될 수 있다.

1) 소득과 개인의 교육에 관한 두 이론

이 절에서는 소득과 개인의 교육 간의 관계를 정치경제학적으로 설명하는 이론적 근거를 제공한 두 가지 이론이 논의된다. 첫째 입장은 개인적 입장으로 불리고, 두 번째 입장은 구조적 입장으로 불린다. 개인의 교육과 개인소득 간의 관계를 이론적으로 논의하면, 왜 평생교육이나 사회교육적 활동이 사회경제적으로 중요시 혹은 천시되는지를 이해할 수 있게 된다.

개인적 접근과 구조적 접근은 개인소득의 결정과정에 있어서 교육의 역할을 서로 다르게 파악한다. 개인적 접근은 교육변인을 개인들 간의 소득 차이를 설명하는 중심 변인으로 취급한다. 반면, 구조적 접근은 노동시장 구조의 질적 차이가 개인들 간의 소득 차이를 결정해 주는 주요 요인이라고 취급한다. 구조적 관점에 의하면, 개인소득은 개인들의 인성적 특성이나 교육적 속성들에 의해 결정되기보다는 사회 및 노동시장의 구조적 조건들에 의하여 결정된다. 구조적 결정론자들은 교육을 소득결정에 있어 별로 중요하지 않은 변인으로 간주한다.

개인적 접근과 구조적 접근은 각기 개인소득에 있어서 교육의 역할을 서로 다르게 해석하고 있다. 물론 어떤 학자들은 두 이론이 상호보완적이라고 주장하고 있음에도 불구하고, 아직까지는 상호보완성을 논리적으로 예시해 주는 연구결과가 부족한 편이다.

교육과 소득 간의 관계를 논의하는 이론 가운데 개인적 접근방법으로는 인간자본론과 인간선발론을 들 수 있으며, 구조적 접근으로는 노동시장 분할론을 들 수 있다.

인간자본론(人間資本論:human capital theory)은 교육과 개인소득 간의 긍정적인 상관관계를 지지한다. 경제학 분야에서 창출된 자본론은 사회학적으로는 기능론적 사회계층이론과 상호보완적인 관계에 있다. 교육사회학자들은 이들을 합해' 사회계층 획득이론(status attainment theory)' 으로 명명하고 있다. 사회계층 획득이론에 의하면, 개인의 능력과 노력은 개인의 사회경제적 위치를 결정한다. 개인의 능력과 노력은 교육에 의해 함양된다고 할 때, 개인의 교육적 훈련은 그의 생산적 능력을 향상시키게 되고 이 생산적 능력은 실제 작업장에서 생산성을 높이는 효과를 가져온다. 그 결과, 개인은 생산성 향상에 상응하는 사회경제적 보상이나 임금을 받게 된다.

인간자본론과 기능론적 계층이론이 이론적으로 적합하지 않다는 비판도 거세다. 이런 비판은 어떤 사람을 다른 사람들과 구분하거나, 걸려내기 위하여 사용되는 것이 바로 학교교육을 통한' 신임장(credential)' 혹은 학교 졸업장이라고 주장하는 이론가들에 의하여 제기되었다(Arrow: 1973: Berg: 1970: Collins: 1971: Meyer: 1977: Miller & Riesman: 1968: Thurow: 1972). Collins(1972, 1979)에 의하면, 교육은 생산적 능력을 높이는 요인이 아니다. 단지 교육받았다는 사실을 증명할 뿐이다. 즉, 신임장의 가치를 높여줄 뿐이다. 자격증의 높은 가치 때문에 개인은 낮은 교육을 받은 사람보다는 높은 소득을 얻게 된다.

인간선발이론(screening theory)인' 신임장이론(credential theory)' 은 인간자본론과는 이론적으로 큰 차이가 있음에도 불구하고(참고: Collins, 1972, 1979), 이 두 이론은 공통점을 갖고 있기도 하다. 첫째, 두 이론은 교육과 소득 간의 인과적 관계를 설명하는 데 이론적 차이와 매개 변인이 서로 다름에도 불구하고, 결과적으로 교육이 소득에 영향을 미침을 인정하고 있다는 공통점이 있다. 둘째, 인간자본론이 내세우는 생산성과 인간선발이론에서 예시하는 신임장은 그 속성이 엄격하게 다른 것이라고 보기도 어렵다. 즉, 이 말은 두 가지가 실제적 상황에서는 거의 구분되어 측정될 수 없음을 예시한다.

개인적 교육능력이 동일한 사람들간의 소득 차이를 명쾌하게 설명하지 못하는 약점을 극복하기 위하여 구조적 접근인 노동시장분할(labor market segmentation)론자들은 인간자본론이 내세우고 있는 가정, 즉 교육정도와 사회경제적 지위간의 이론적 상응관계와 실제적 상응성을 기각시킨다(Beck, Horan & Tolberts, 1978, 1980: Bill & Freedman, 1976: Gordon, 1972: Watchel & Betsey, 1972: Wright & Perrone, 1977). 노동시장분할론자들에 의하면, 개인소득은 일차적으로 노동시장의 조건과 고용상태에 의해 결정된다. 노동시장은 자유경쟁적 상태에 있는 것이 아니며, 대체로 독과점적 상태를 유지하고 있다. 이들은 개인소득에 끼치는 노동시장의 구조적 영향을 너무 강하게 부각시키려는 의도를 갖고 있기 때문에 인간자본이라는 변인들을 이론적으로 너무 과소 평가하고 있다. 이 점 때문에 인간자본론을 개인적 접근으로 분류시키는 데 반해 노동시장의 구조적 매개 기능을 강조하는 노동시장분할론자들의 입장은 구조적 접근으로 불린다.

노동시장의 구조적 매개란 취업기회의 변화를 유도하는 취업구조와는 질적으로 다른 것으로 간주된다. 직업과 산업구조의 변화는 어떤 종류의 일자리는 증가시키지만, 다른 종류의 일자리는 감소시켜 놓기도 한다. 이 말은 어떤 사회적· 교육적 조건을 갖고 있는 개인에게는 취업기회가 실질적으로 확장되지만, 다른 어떤 사회적· 교육적 조건을 갖고 있는 개인에게는 취업기회가 감소, 심지어는 의도적으로 박탈되게 됨을 의미한다. 예를 들어, Boudon(1977)이나 Thurow(1972)는 학교교육의 확장과 취업구조 변화를 관련시켜 높은 급료를 지불하는 일자리는 학교교육의 확장에 비례적으로 증가되지 않음을 보고한 바 있다.

전반적인 교육의 수혜 정도가 사회적으로 높아질수록, 교육적으로 적절한 조건을 갖춘 사람들이라 할지라도, 적합한 일자리의 상대적 부족 때문에 그들이 기대했던 일자리를 갖는 데에는 어려움을 갖게 된다. 결국 이것은 학교교육의 확장이 교육기회의 불평등을 해소시켜 줄 수는 있지만, 사회 계층적인 사회경제적 불평등마저 해소시켜 주지는 못함을 의미한다. 따라서 제도권 중심의 학교교육 못지않게 비형식· 무형식 중심의 산업체적 사회교육 활동과 개인임금간의 관계에 대한 정치경제학적인 논의에 대한 필요성이 사회교육현장과 평생교육활동에서 높아지는 것이다.

다음 절에서는 평생교육의 문제를 정치경제학적으로 조감하기 위해 개인의 교육과 소득 간의 관계를 개인적 접근으로 설명하는 인간자본론과 인간선발론을 논의한다. 왜냐하면 사회교육 활동의 필요성은 정치경제적으로는 개인의 소득과 교육 간의 관계 설정으로부터 비롯되었기 때문이다. 물론 교육과 개인소득 간의 관계를 사회교육적 맥락에서 인간자본론이나 인간선발론으로 설명하는 과정 가운데 사회교육의 문제를 구조적 접근으로 논의하는 일도 부분적이나마 시도하게 된다. 특히 구조적 접근 중 노동시장분할론적 관점으로, 인간선발론에서 제기된 문제들을 검토한다.

이미 지적했듯이, 교육현상을 원천적으로는 비경제적 활동으로 간주함에도 불구하고, 교육활동에 참여하는 인간을 생산요소로 간주하면서 교육과 노동시장 간의 관계를 분석하고자 시도하는 정치경제학자들은 크게는 인간자본론(人間資本論: human capital theory)자들과 인간선발론(人間選拔論: human screening theory)자들로 양분된다. 인간선발론은 주로 직업경쟁이론(job competition theory)을, 그러나 부분적으로는 노동시장분할론(labor market segmentation theory)을 미약하게 수용하고 있다. 인간자본론과 인간선발론은 인간을 생산요소로 간주한다는 점에서 인간자원론(人間資原論: human resource theory)의 하위이론이라고 불린다.

평생교육과 개인의 소득 및 이득 간의 관계를 인간자본론과 인간선발론으로 조명하기 위해 '물질적인 경제적 측면'만을 고려하기로 하자. 즉, 평생교육을 통해 정신적· 문화적으로 얻을 수 있는 이익보다는, 경제적 이득에 한정시켜 평생교육과 개인 간의 관계를 인간자본론과 인간선발론으로 논의해 보자(참고: Bery, 1970: Freeman, 1976: Collins, 1979: Rumberger, 1981).

평생교육과 개인 간의 관계를 경제적인 측면에서 논의하기 위한 간편한 준거로서 개인의 임금수준과 생산성 간의 관계를 제시해 볼 수 있다. 일반적으로 인간자원론은 '개인의 임금(wage) 수준은 개인이 갖고 있는 노동의 한계생산성(marginal productivity)과 비슷하다'는 명제를 고수한다(참고: Becker, 1972: Denison, 1976: Schultz, 1962: Berg, 1970: Vinokur, 1976).

생산물을 산출하기 위해서는 생산에 필요한 여러 가지 생산요소가 투입되어야 한다. 생산요소의 투입과 생산물의 산출 간에는 생산함수(生産函數: production function: $Q = f(x_1, x_2, \cdots, x_n)$)라는 관계가 존재한다. 이때 생산함수는 일정량으로 투입되는 생산요소로부터 얻어질 수 있는 생산량의 최대 가능치를 나타낸다. 생산함수의 투입요소는 단일종목이 아니다. 여러 가지 요소가 생산함수의 투입요소로 파악된다. 즉, 노동, 토지, 자본 등이 그것이다.

한계생산력의 의미는 생산함수에 있어서 생산요소와 생산력의 관계를 이해할 때 보다 분명해진다. 한계생산력이란 생산함수에 투입되는 여러 요소 중 다른 요소의 투입량을 일정하게 설정해 놓고, 한 가지 생산요소의 투입량을 1단위씩 증가시켜 나갈 때 투입된 해당 1단위 증가분에 의해서 추가적으로 생산되게 되는 생산물의 부가적 증가분을 의미한다. 따라서 생산요소로서 토지를 이 공식에 투입했을 때는 토지에 의한 부가적 증가분이라는 한계생산물이, 자본을 투입했을 때는 자본에 의한 부가적 증가분이, 노동을 투입했을 때는 노동에 의한 부가적 증가분으로서의 한계생산력이 각기 생기게 된다. 이때 토지, 자본, 노동은 각각 그 한계생산물에 비례하는 지대(地代)나 이윤(利潤), 아니면 노임(勞賃)을 받게 된다.

인간자본론은 인간의 노동을 생산요소로 간주하고 노동이 투입되어 있을 때 얻을 수 있는 생산물의 최대 부가적 증가분에 비례하는 가치에 관심을 갖는다. 이 가치를 이들은 투입된 노동의 대가인 임금 혹은 급료로 판단한다.

인간의 노동은 노동자의 특성에 의존하게 된다. 신체적 조건, 지적(知的) 조건 등에 의존한다. 따라서 생산성도 건강, 교육, 정보량 등과 같은 것들을 얻기 위한 노력이나 이를 위한 구체적인 투자에 의해 향상되게 된다. 즉, 생산성은 인간에의 물적·심리적인 투자를 통해 개선되게 된다. 생산성을 향상하기 위해 시도되는 인간에의 투자와 한계생산성에 따른 임금구조에 관해 인간자본론과 인간선발론은 서로 다른 입장을 취한다. 서로 다른 입장은 평생교육의 의미를 서로 다르게 파악하게 만든다.

2) 사회교육 활동과 인간자본론

인간자본론은 인간에의 투자와 이에 따른 노동자 임금 결정을 [그림 4-1]과 같은 모형으로 이해, 파악한다. 투자, 노동 그리고 임금 간의 관계는 인과론적으로 설정된다.

[그림 4-1] 임금향상에 관한 인간자본론적 이해의 도식화

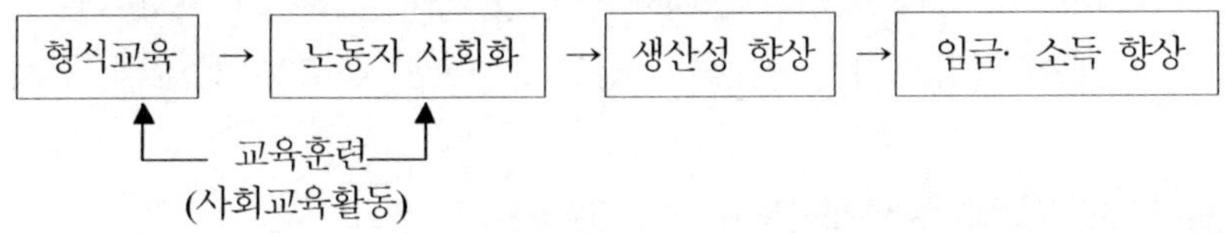

인간자본론에 의하면, 교육은 생산물의 분배구조뿐만 아니라 임금구조까지 결정하는 요소이다(참고: Denison, 1962). 즉, 인간자본론은 교육활동을 인간에게 생산성 향상을 야기시키는 투자활동으로 판단한다. 교육은 개인에게 사회가 필요로 하는 기술을 습득시켜 줌으로써 개인능력을 수정, 향상, 확인, 각인(刻印)시켜 주는 기능을 갖고 있다고 판단되기 때문에, 개인의 기술 향상을 위한 교육기회의 확대는 개인의 임금 향상을 위해서도 필요한 일이라고 간주된다. 업적주의 사회에서 마땅히 고려

되어야 할 점으로서 개인의 재능과 업적이라는 점이 강조되고 있다.

인간자본론자들은 두 가지 논리적 가정 위에서 학교교육 및 교육의 확장을 주장한다. 첫째, 생산성 정도와 인력자원의 질을 보장하는 문제 사이에는 기계적이며 도식적인 관계가 존재한다는 가정을 내세운다. 생산함수에 투입되는 인력자원의 질은 생산성을 결정하는 요소라고 강조된다. 둘째, 일반적으로 직업세계에서 나타나는 직업형태는 학교교육수준과 상응되고 있다는 가정도 주장된다. 학교교육의 수준은 직업수준을 결정할 뿐만 아니라 직업유형까지 결정하는 힘이 있다고 믿고 있다. 바로 이 가정은 이 사회가 전문가 지향적인 업적주의 사회임을 내세우기 위한 논지에서 비롯된다.

인간자본론자들의 두 가지 가정은 기존 학교교육체제와 직업세계 간에는 인과적인 상응관계가 있음을 시사한다. 만약, 두 가지 가정에 기초를 둔 교육정책이 제 기능을 발휘하지 못하고 있다면, 그것은 교육정책 자체에 문제가 있다는 것을 의미하게 된다. 따라서 개선방안으로 제시될 수 있는 것이 있게 된다. 그것은 보다 융통성 있는 교육제도의 창출에 관한 것이다. 즉, 경제적 직업시장 구조의 요구에 노동력을 순응·부응시키는 교육제도의 창출이 필요하게 된다. 인간자본론자들이 기존 교육제도의 개선방안으로 내세운 것이 바로 '사회교육지향적인 평생교육체제'이다(참고: Dave, 1976: Ahmed, 1975: 한준상, 1982).

3) 사회교육적 투자에 관한 인간자본론적 관점

인간자본론자들이 기존 교육의 개선방안으로 내세운 평생교육체제는 개인들의 교육적 요구 및 경제적 이득에 과연 얼마만큼 부응하는가? 이에 대한 대답은 사회교육에의 투자에 따른 손익에 관한 개인의 입장과 기업체의 입장 등을, 서로 각기 분리해서 논의할 때 보다 분명히 제시될 수 있다.

개인이 평생교육적인 관점에서 자기 자신을 위해 투자한다고 가정해 보자. 이때 그 개인 혹은 그 개인의 보호자는 최소한 한 가지 가정을 수용, 인정해야만 비로소 교육에 투자를 시도하게 된다. 즉, 학교교육 같은 활동에 투자할 때 마침내는 최상의 이익을 얻을 수 있다는 가정이 수용되어져야 한다. 초기 교육에의 투자 및 교육에의 투자가 최대의 이익을 보장한다는 가정을 도표화시키면 [그림 4-2]와 같이 제시될 수 있다.

[그림 4-2] 학교교육에의 투자에 따른 임금상승 효과

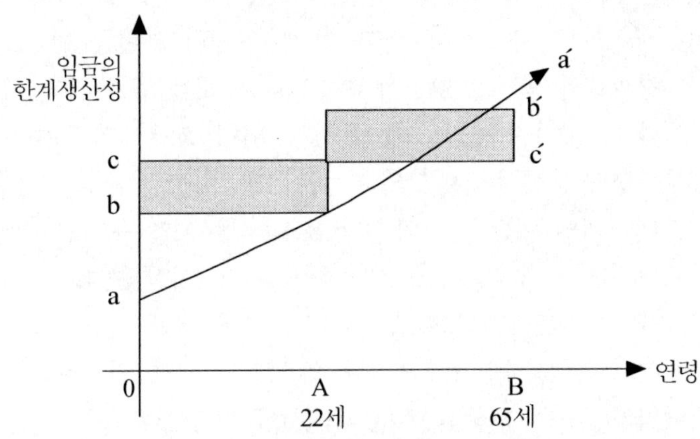

a a´ = 연령 증가에 따른 임금의 상승폭을 예시하는 곡선
b c = 연령(가)까지 교육· 훈련받을 때 생기게 되는 포기된 임금 혹은 교육비
b´ c´ = 교육받은 후 평생 동안 받을 수 있는 임금의 증가량
c c´ = 교육· 훈련을 전혀 받지 않은 근로자의 평생임금 수준
0 A = 훈련(교육)기간(즉, 학교교육기간)
0 B = 학교교육과 사회교육(훈련)이 합쳐진 총 교육기관
A B = 사회· 평생교육(훈련)기간

[그림 1]에 의하면, 학교교육이나 교육적 훈련을 받지 않은 사람은 궁극적으로 임금수준에 있어서 불리함을 예시받고 있다. 따라서 궁극적으로 교육적 투자가 선행되어 있어야 생산성과 임금이 향상된다는 논리가 가능해진다. 바로 이 점이 초기 교육에 대한 초기 투자의 중요성을 예시하고 있다. 한마디로, 인간자본론은 개인의 이득이 증가되기 위해서라도 해당 개인은 사회교육에 일정한 투자를 현실화할 필요가 있음을 시사하고 있다. 따라서 평생교육의 관점에서, 사회교육은 개인 임금

노동자의 이득을 위해 바람직한, 동시에 투자할 만한 가치가 있는 지적
(知的) 활동으로 인식되게 된다.

그러나 사회교육에의 개인투자에 관한 인간자본론적 관점에는 최소
한 몇 가지 설명되어야 할 문제가 있다. 첫째, 만약 인간의 능률이 연령
의 증가에 따라 계속 증가되지 않는다는 가정을 수용한다면, 사회교육
및 훈련에 대한 개인투자의 적절성, 투자의 시기, 투자기간의 실정에
대한 이론적 근거가 흔들리게 된다. 둘째, 일정한 훈련을 받은 후, 그
훈련받은 결과로서 생산성 향상이 촉진된다는 것을 인간자본론에 의해
서는 확인할 수 없다는 난점도 갖고 있다. 만약, 교육에의 투자가 높아
지면 높아질수록 생산성이 향상되고, 이에 상응하는 임금도 향상된다고
가정하더라도, 과연 어느 정도의 비용을 교육을 위해 투자할 것인가에
관한 문제제기는 언제나 개인을 괴롭히게 된다. 이런 문제를 해결하지
않은 채, 인간자본론은 근본적으로 현직훈련에 대한 투자가 고용이나
임금에 있어서 높은 기술이나 승진을 요하지도 않는 기계적 반복중심
의 무학력직업(참고: 그림 4-2의 cc'직선)의 임금보다 높은 임금을 보
장받는다고만 당위론적으로 내세우고 있다. 이런 것은 증명되지 않은
가정에 지나지 않을 뿐이다.

사회교육에 대한 고용주의 입장은 근로자 개인의 입장과는 질적으로
다르다. 사회교육훈련이나 현직교육에의 물적· 인적 투자가 다른 것에
의 투자에 비해 수익률이 높다고 판단되거나 입증될 때, 비로소 고용주
는 피고용자를 위한 사회교육 활동에 물적인 투자를 시도할 것이다. 다
시 말해서, 고용주는 사회교육에의 투자가 세 가지 조건을 만족시켜 줄
때에만 어느 정도의 물적 투자를 시도할 가치를 느낄 것이다. 첫째, 훈
련종료 후에라도, 교육· 훈련받은 근로자의 한계생산성보다도 낮은 임
금이 해당 개인에게 지불될 수 있다는 판단과 확증이 가능할 때에만 투
자할 것이다. 둘째, 피고용자가 훈련받은 후에도 오랫동안 해당 직장에
머물러 봉사함으로써 생산성을 향상시킬 것이라는 확신이 서게 될 때,
비로소 사회교육 활동에의 투자를 시도할 것이다. 즉, 투자한 것에 비

해 나타날 이득이 월등히 양호하다고 판단될 때, 물적인 투자를 시도할 것이다.

마지막으로, 고용주가 피고용자에게 제공한 사회교육의 결과로서 얻게 되는 개인에의 자격부여에 따른 권리나 이득이 궁극적으로 고용주의 독점권을 보장해 줄 때, 비로소 사회교육에의 물적인 투자를 시도할 것이다. 이런 마지막 경우에 해당되는 경우는 대체로 네 가지에 한한다. 즉, 첫째, 자격부여가 해당 회사에의 조직체계에 관계되는 것으로서, 해당 회사에만 해당되는 생산성 향상임을 보장받을 경우이다. 둘째, 자격부여가 다른 회사와의 유통은 가능하나 개인에게 부여받은 자격이 공인된 자격증으로서의 효력이 없거나 극히 자격증의 유효성이 제한되어 시장성이 없을 경우이다. 셋째, 자격부여나 시장성이 지역적 특수성에 의해 제한받거나 지역적 이동성이 결여되어 있을 경우이다. 마지막 경우는, 피고용자가 습득한 훈련과 자격이 다른 사업체 회사의 생산성을 향상시킬 수 있으나, 훈련받은 피고용자가 자기의 훈련의 조건이 분할불(deferred payment)이나, 매년마다 일정률로 늘어나는 호봉증가(seniority inclement)와 같은 고용계약으로 묶여 있을 때이다. 즉, 다른 회사에로의 이동이 일정기간 동안 법적으로 부자유스럽거나 궁극적으로 조건행동이 자신에게 큰 손해가 된다고 판단되는 경우이다.

결국, 고용주는 모든 조건이 동일할 때, 자기 회사에 의한 사회교육의 효과가 노동시장에서 다른 회사와의 경쟁이 적다고 판단될 때에만, 사회교육에 투자할 실질적인 가능성을 갖게 될 것이다. 고용주는 이미 논의한 이런저런 이유 때문에 전직률 및 이동률이 높은 청소년, 부녀자, 노령노동자 등을 위해 자기 회사에 사회교육을 위한 투자를 가능한 한 삼가게 될 것이다.

사회교육 및 사회교육에의 투자에 대한 고용주의 입장은 개인의 입장과는 사뭇 상반된다. 따라서 인간자본론은 자본주의 경제체제가 갖고 있는 노사간의 갈등과 입장을 평생교육체제에서도 조화된 형식으로 설명하거나 수렴해 주지 못하고 있을 뿐이다. 또한 인간자본론은 비형식적 현장중심 사회교육의 중요성을 현실적으로 기각시키고 있다는 이론과 현실 간의 괴리와 모순점을 갖고 있다.

4) 사회교육 활동과 인간선발론

인간선발론은 교육과 생산성 간의 관계에 관한 인간자본론을 비판한다. 첫째, 인간선발론에 의하면, 근로자의 임금은 노동자의 생산성이나 개인적 특성, 능력보다는 직업의 성격 그 자체 구조에 의해 결정된다. 둘째, 피고용자가 갖고 있는 중등교육 이상의 학력은 개인적 선발의 기준으로 고용주에게 활용될 뿐이다. 즉, 학력은 고용주에게 채용기준의 정보를 제공하는 증표로 이용된다. 고용주에게 있어서 학력만큼이나 값싼 채용기준의 정보도 없다. 셋째, 근로자들은 새로운 기술을 학교에서 획득하기보다는 오히려 고용된 후 작업장에서 그 기술을 익히게 되기 마련이다. 이런 세 가지 주장이 인간선발론을 정당화시킨다.

결국 인간선발론에 의하면, 형식적 교육은 경제성장을 결정해 주지도 못하며 형식적 교육 여부가 반드시 임금구조의 결정요인이 아니다. 동시에 인간선발론은 형식교육을 감축시켜야 할 필요성을 주장한다. 또한 평생교육 및 사회교육 활동을 생산활동 및 취업활동과 통합, 확장시켜야 한다고도 주장한다,

따라서 인간선발론의 주장으로부터 세 가지 함의가 도출되게 된다. 첫째, 생산성을 구성하는 기술관계를 개선·증진시킬 수 있는 수단으로서 교육 요인을 중요하게 여기는 일은 천진난만하다는 함의가 도출된다. 둘째, 형식적 학교교육이 직업·채용 구조로부터 교육을 덜 받은 사람을 배제시키는 수단으로 활용되고 있음도 예시받게 된다. 셋째, 학교교육이 임금·소득체계를 옳지 않게 근로자에게 재분배·사회화시키는 효과를 갖게 만드는 도구라는 함의도 발견해 낼 수 있다. 결국, 현행 고용구조는 일정한 학력을 갖고 있지 않은 사람들의 임금을 그들의 잠재적 생산성 이하의 수준으로 하락시키기 위해 학교교육을 활용하고 있다는 점을 공공연히 노출시키고 있다.

현행 고용구조 속에서 학력(學歷)이 개인을 선발하는 데 이용된다면, 학력은 교육을 통하여 얻게 되는 개인의 초과 임금 및 초과 소득은 근로자 개인의 개인적 특성(예: 순종적 태도, 영특함 등등)과 고용구조에로의 공급제한 전략의 효과의 상호작용이 빚어낸 수입재분배의 결과라는 의미를 갖게 된다.

자본주의의 변형으로 나타난 독점자본주의 경영체제는 비생산적 자격노동과, 생산노동력에 대한 과잉자격화라는 두 가지 상반된 일을 촉진시키면서 성장해 왔다. 즉, 서비스업종이나 공공기관의 관리직종 등 비생산직 직종에 종사하는 사람들에게 노동자격을 부여하는 식의 비생산적 자격노동을 분화시키면서 성장해 왔다. 반면, 생산적 노동력에게는 과잉자격화를 요구함으로써 일정 노동력에게 노동자격을 상실케 만들어 주는 식의 독점자본주의 체제를 성숙시켰다. 두 가지 상반된 일은 고용주들이 노동시장을 양극화시킬 수 있는 가능성을 높여 주고 있다. 동시에 그들에게 조정과 통제를 용이하게 만들어 주고 있다.

고용시장의 분할은 분열시키면서 지배한다는 원리를 고용주에게 실용하도록 만들고 있다. 예를 들어, 일차고용구조 및 고용시장은 근본적으로 근로자의 수요· 공급 조건에 의해 큰 영향을 받지는 않는다. 한마디로 일차고용구조는 안정성이 높은 직종에 속한다. 일차고용시장은 주로 높은 임금을 제공하는 관료주의적 기업, 관리· 행정직종으로 구성된다. 일차고용시장은 대학 졸업장, 연령, 성별, 지역적 특성, 사회적 출신배경과 같은 차별대우의 정표에 의해 내부적으로는 차등화되기도 한다. 그러나 외부 노동시장의 수요공급에 의해 큰 영향을 받지는 않는다. 반면, 최소량의 교육과 경험을 요구하는 직종이 주종을 이루게 되는 이차고용시장은 임금수준도 낮고 근로조건도 나쁘다. 승진기회는 거의 없다. 전직률도 높다. 외부노동시장에서 낮은 사회적 위치를 차지하고 있으며 이런 고용구조로 운영되는 기업은 대기업과 경쟁할 수 없는 기업조건을 자체적으로 지니고 있다. 결국 고용시장의 구조가 양분화되어 있기 때문에 분할시킴으로써 통제의 효과를 극대화시키는 독점자본주의 논리 아래에서는 학교교육이나 사회교육은 노동시장의 양극화현상을 촉진, 악화시키게 될 뿐이다.

따라서 인간선발론은 근본적으로 노동시장의 불완전성을 주장하게 된다. 왜냐하면 인간선발론은 생산성을 피고용자의 속성이 아니라 직업 그 자체의 속성으로 판단하기 때문이다. 인간선발론에 의하면, 근로자들은 그들의 한계생산성에 따라 임금을 받지 않는 피고용자들일 뿐이다. 게다가 학교교육이라는 요인은 시장에서 자유롭게 팔리는 자격증도 아니다. 인기상품도 아니다. 학교교육 그 자체가 직업·고용구조를 결정하지 못함에도 불구하고, 학교교육에의 접근은 시험, 경쟁, 졸업장 등과 같은 인위적인 요소에 의해 제도적으로 봉쇄되기마저 한다. 통제를 위해서이다. 단지 교육 수요와 공급의 문제는 정부 차원에서 결정되고 있을 뿐이다.

인간선발론은 교육기관을 향해 한 가지 시사점을 제공하고 있다. 즉, 고용주들이 근로자들을 선발할 때, 그들은 지원자의 실제 생산능력에 관하여 부적절하게 잘못 이해할 수도 있다는 점을 시사한다. 대체로 고용주들은 근로자들을 가려내기 위해 졸업장을 습관적으로 활용한다. 같거나 비슷한 수준의 졸업장을 갖고 있는 후보자들을 갈라내기 위해서 고용주들은 성별, 연령, 지방적 특성, 사회적 배경, 개인적 특성들을 임시방편적으로 고려할 뿐이다. 고용주들이 학력이나 졸업장을 그런 식으로 활용한다면, 이런 모순에 대비해서 각종 교육기관은 고용주들에게 지금보다는 훨씬 더 개선된 정보를 줄 수 있는 기제를 개발해야 한다. 생산성 향상이라는 경제적 측면에서뿐만 아니라, 사회·정치·윤리적 입장에서 고용주들에게 체계적이고 신뢰로운 근로자 선발용 정보를 제공해 줄 필요가 있다.

물론, 이미 논의했듯이 인간선발론이나 인간자본론들 모두가 자본주의 경제체제를 뒷받침하는 이론들이라는 속성을 갖고 있다. 따라서 인간선발론 역시 생산성 요인이 어떻게 획득되는지, 노동시장의 기능이 무엇인지, 생산체가 요구하고 있는 인간의 능력, 기능, 적성이 구체적으

로 무엇을 요구하는지 등등에 대해 구체적인 대답을 제공해 주고 있지
못하다. 그러나 인간선발론은 평생교육의 필요성을 인간자본론과는 원
천적으로 상이한 입장에서 역설하고 있기 때문에 평생교육의 확장을
위해 인간선발론을 고려해 볼 만하다. 어느 관점으로 평생교육활동을
진흥할 것인가에 대해서는 사회정치적 논란이 일어날 수밖에 없다.

즉, 자본주의 체제를 부정하는 입장으로 평생교육체제를 논의하는 사
람들은 이상주의적 무계급사회나 작업과 학습이 완전 일치하는 유토피
아적인 완전노작사회(完全勞作社會)구조가 필요하다고까지 역설(참고:
Vinokur, 1976)함으로써 평생교육의 이데올로기 논쟁을 가속화시키기
까지 하고 있다.

4. 학교교육과 평생교육 간의
수직적 통합을 위한 제도적 방안

인간선발론의 주장에 의하면, 학교교육기관의 교육활동은 궁극적으
로 낭비에 불과하다. 최소한 세 가지 이유가 있다. 왜냐하면 첫째, 학교
교육기관에서 가르치는 교과 내용이 사회적 지표성을 결여한 비사회적
인 것들이기 때문이다. 둘째, 학교교육이 무엇을 하고 있는지, 그 학습
과정이 무엇인지 분명히 알려지지도 않고 있으며, 모든 것이 적당히 처
리되는 암흑 상자와 비슷하기 때문이다. 셋째, 학교교육의 주요 기능은
개인선발과 개인분류로 집약되고 있기 때문이다.

학교교육이 비판받고 있는 실정으로부터 학교교육의 문제를 해결해
줄 수 있는 대안적 방안으로 네 가지 정책이 논의될 필요가 있다. 논
의·제시될 수 있는 첫째 방안은 복선형 교육체제를 마련하는 정책이
다. 즉, 교육을 계층화시킴으로써 학교 졸업장을 계층화시키는 방안이

다. 교육이 계층화되면 졸업장의 계층적 가치가 직업구조의 계층성과 동질화된다. 따라서 직업의 계층성과 교육의 계층성 간의 차이에 의해 야기되는 사회· 정치· 경제· 문화적 불일치가 최대한 감소되게 된다. 그러나 완전복선형 교육체제에 대한 구상은 민주주의 정치체제와는 사회정치적으로 어긋나는 교육방안이기 때문에 그 제도적인 실용성에는 의문이 갈 뿐이다.

둘째 방안은 산학협동체제의 실질화를 도모하는 연계체제를 구축하는 일이다. 즉, 교육제도를 시장고용구조, 산업구조의 요구에 체계적으로 부응하도록 개편시키는 일이다. 이때 학교교육행정 및 정책입안과정에 기업체 고용주의 참여와 실질적 영향권 행사를 보장하는 일이 필요하다. 그러나 산학협동체제의 실질화 방안 역시 두 가지 문제점을 갖고 있다. 그것은 교육제도의 자율성이 제도적으로 약화된다는 점과 학교교육제도가 고용주· 기업체 간의 이해관계로부터 빚어지는 실리확보 중심적인 갈등을 진정으로 수렴하기 어렵다는 문제점을 갖고 있다.

셋째 방안은 학교교육의 수요를 제도적으로 억제, 방해하는 방안이다. 예를 들어, 학교교육에 대한 사적 경비· 비용· 투자를 자율화시키거나, 혹은 기대 이상으로 증가시켜 놓음으로써 교육열을 억제시키는 대책을 고려해 볼 수 있다. 심지어 학위취득의 기간을 대폭 단축시키기 위한 각종 대책 마련도 가능한 한 방법이 될 수 있다. 즉, 입학 시험 및 졸업의 시기를 분기제로 실시한다든가, 공공기관에서 개인이 하는 국민적인 의무수행을 개인적 교육수혜기간으로 처리한다든가 하는 대책이 가능하다. 그러나 학교교육의 수요를 억제시키는 방안은 기존 고용구조의 확대와 개편이 시도되지 않는 상황에서는 무력할 뿐이다. 혹은 새로운 사회문제를 야기시켜 사회를 더욱더 복잡하게 만들어 놓을 위험도 있다. 즉, 새로운 직종의 개설이나 노동시장의 다변화가 이루어지지 않는 상태에서의 학위양산정책은 고등실업자군을 양산해 놓을 위험이 클 수밖에 없다.

마지막으로 고려될 수 있는 교육의 정책화 방안은 순환교육 및 현직

교육 등 사회교육으로서의 평생교육을 실질적으로 제도화시키는 대책
이다. 즉, 일정기간 동안의 형식적 교육기간이 끝난 근로자들에게 사회
교육을 체계적으로 확대시켜 주는 방안을 고려해 볼 수 있다. 이미 논
의했던 것처럼 노동자의 생산성 증가와 능력의 향상은 학교교육의 결
과이기보다는 실질적인 작업경험에서 얻어지는 결과이거나 혹은 고용
과정 동안 베풀어진 훈련의 결과이기 때문에 사회교육의 체계화가 우
선되어야 할 필요성이 있다. 사회교육의 실제화를 위해 일정기간 동안
근로자들에게 베풀어지는 학교교육은 최소화되어야 한다. 동시에 철저
해야 한다. 각종 각급 학교교육간의 연계는 융통성이 있어야 한다. 즉,
많은 사적 경비를 들여 졸업장을 얻기 위해 형식적 교육을 받을 필요가
상승되지 않도록 사회교육의 체계화가 실질화되어야 한다.

　학교교육은 근본적으로 근로자가 필요한 쓰기, 읽기, 조작하고 만들
기, 생각하기, 셈하기, 느끼기 등의 생존교육을 철저히 제공하는 교육이
되어야 한다. 마지막으로 고용상태에서 근로자가 형식적 교육이나 관련
된 졸업장을 받기 원한다면, 다시 학교교육을 받을 수 있는 기회가 제
도적으로 보장되어야 한다. 즉, 사회교육과 학교교육간의 연계가 가능
하도록 학교제도가 융통성 있게 조직화되어야 한다. 동시에 그런 일이
실질적으로 보상받을 수 있도록 사회·정치적 장치가 마련되어 있어야
한다. 평생교육이 실질적으로 정착화되는 데 도움을 줄 수 있는 평생교
육육성지향적 재정지원책도 마련되어야 한다.

5. 맺음글: 평생교육의 육성지원 방향

　과연 평생교육의 실체화를 위해 어떠한 지원방향이 가능한가? 특별
히 재정지원 방안으로 어떤 것이 제시될 수 있는가? 평생교육의 공영

화가 주장될 수 있다. 즉, 평생교육제도를 공공화시킴으로써 모두가 평생교육을 받게 만드는 의무교육적 평생교육제도를 구상할 수 있다(참고: Vinokur, 1976). 그러나 평생교육의 공영화 방안은 최소한 세 가지 위험성을 내포하고 있다. 첫째, 평생교육을 의무화시킴으로써 평생교육의 이념을 학교교육화시켜 버릴 수 있는 위험이 있다. 즉, 평생교육을 학교교육 이후의 또 다른 형식화된 교화체제로 화석화시킬 위험이 도사리고 있다.

둘째, 형식적 제도 교육은 상위계층용 교육이고, 사회교육은 대중적이며 하위계층용 교육이라는 도식에 의해, 의도하지 않은 사회적 복선형 교육제도가 계층적으로 고정화되어 형성될 위험도 있다.

셋째, 평생교육체제가 사회·정치적 통제수단으로 이용당할 가능성을 배제시키지 못한다(한준상, 1982). 즉, 노동력을 기존의 사회·정치·경제적 불평등 구조에 순응시키는 매체로 평생교육을 오용할 가능성도 배제시킬 수 없다(참고: Gorz, 1974: Ohliger, 1974: Illich & Verner, 1975). 이에 관한 몇 가지 주장을 열거해 보자.

> " (형식화된) 평생교육은 인간의 운명과 미래를 조작, 지배하는 기존의 사회 정치적 질서를 강화시켜 줄 것이다"(Frese in Gorz, 1974).
> " (기관화, 제도화된 평생교육은) 또 다른 위장된 학교교육의 형식으로 나타날 것이기 때문에, 평생교육의 정책은 탈학교사회를 위한 시도용 발판 그 외의 것과는 무관할 것이다"(Illich & Verner, 1975).

심지어 Ohliger(1974)는" 모든 국민에게 기회의 균등화를 도모해 준다는 미명 아래 각종 언론매체를 통해 기술공학적(technocratic) 관료주의의 통제를 강화할 정도로 평생교육의 기관화는 사악하다. 게다가 더욱더 사악한 것은 그런 일(평생교육의 기관화)을 전 세계를 향해 외쳐대는 일이다. 이미 이 점은 유네스코 산하 교육발전에 관한 국제기구(ICDE: Internation Commission on the Development of Education)가 소위' Learning to be:The World of Education Today and Tomorrow

(1972)'를 통해 강조한 바 있다"고 지적하면서, 유네스코를 격렬히 비판하며 평생교육의 정치적 악용을 경계하고 있다. 또한 Gorz(1974) 역시 " 순환교육은 노작과정의 급진적 변혁 및 생산의 사회적 관계와 일치되거나 혹은 기업체가 꾸며낸 책략과는 다른 것이 되어야 한다. 그런 것이 아니라면 결국 (기관화된 평생교육을 강조하는) 그런 사회 혹은 그런 기업은 이미 각본에 따라 짜여진 목표, 작업조건 및 공정과정에 노동자들을 보다 효과적으로 짜맞추려고만 할 것이다" 라고 강조함으로써, 평생교육에 대한 기업의 악용가능성을 경계하고 있다.

만약, 이런 주장이 타당성이 있다면 가능한 평생교육의 기관화를 배제시키는 중도적 방안으로서의 재정지원책은 어떠한 것이 있을 수 있는가?

학교교육과 사회교육 간의 연계를 도모하기 위해 어떠한 중도적이며 동시에 재정적인 지원방안이 모색되어야 하는가? 이런 문제에 대해 한국 사회교육계의 일부 관계자는 상식적인 입장을 견지하고 있다. 즉," 사회교육 분야의 일은 관권(官權)으로 성공하는 일보다는 민(民)의 자발적인 의지에 의해서 성공하는 일이 많기 때문에 재정적으로 관(官)의 도움을 받지 않고 민(民) 스스로의 절약으로 사업을 진행시키는 것이 영속적인 효과를 가져올 수 있을 것이다"(서명원, 1974: 285)라는 입장을 견지하고 있다. 그렇다면 납세를 하는 일반 성인들의 학습권과 교육권은 정치적으로 사장되어야 하는가?

사회교육과 학교교육간의 연계를 체계화시켜 줄 수 있는 중도적 평생교육 지원방안으로 고려해 볼 수 있는 재정지원책은 다양할 수 있다(참고: Kurland, 1980: Dahl, 1980). Kurland(1980)는 평생교육 재정지원책을 세 가지 방향으로 갈랐다. 즉, 첫째, 교육기관에 직접 전액 지원하는 방안 둘째, 교육기관을 부분적으로 지원하는 방안 셋째, 개인에게 지원하는 방안 등을 제시했다. 첫째 방안은 무상교육지원방안이 된다. 즉, 자격이 있는 모든 개인이 교육받을 수 있게끔 사회교육기관에 교육비를 직접적으로 전액 지원하는 방안이다. 그러나 이 방안은 교육지원

자수 증가에 따른 선정기준의 문제와 교육비의 절대액 확보라는 어려움을 갖고 있다. 또한 무상지급방안은 평생교육비용을 공영화(collectivization)시키는 일로 오해받을 소지가 크다. 평생교육비의 공영화는 노동자 훈련에 관한 사적 부담을 기업체들이 탕감받을 수 있는 효과를 가져올 수는 있다. 그러나 궁극적으로 기업체들은 세금부담 등으로 인해 총잉여가치의 감소를 경험할 수도 있다(참고: Vinokur, 1976)는 악순환을 갖게 된다.

교육기관을 향한 부분적인 지원방안은 피교육자나 교육기관이 지원받기를 원하는 부족된 자금을 재정적으로 지원하는 방안이다. 어떤 교육기관을 어떻게 보조할 것인가에 대한 결정권이 일차적으로는 국가나 행정부 수준에서 결정되기 때문에 평생교육기관의 자율성 위축이나 교육내용의 획일화를 불러일으킬 가능성이 크다는 것이 교육기관을 위한 부분적 재정적 지원책이 갖는 약점이 된다.

마지막으로 개인지원방안은 개인이 선택하는 교육기관, 교육내용, 교육목표에 관계없이 개인에게 교육보조금을 지원하는 방안이다. 이 방안은 자본주의 경제체제에서 학교교육과 사회교육의 융통성 있는 연계와 사회교육의 실체화를 위한 바람직한 방안 중의 하나이다. 예를 들어, 사회교육비 지불보증제(voucher system: 社會敎育費 支拂保證制)를 활용할 수도 있다. 즉, 개인의 사회교육비용, 수업료, 생활비의 일부, 사회교육기간 동안 유실·포기되는 소득 중 일부를 제도적으로 개인 학습자에게 제공, 보조할 수 있는 교육비 수혜 신용권제를 사회교육에 도입하는 방법이 있을 수 있다. 이런 제도는 교육비 수혜 신용권을 가진 현직 종사자인 학습자들은 자기의 사회경제적 처지, 조건, 감각에 맞는 사회교육이나 교육훈련 기회를 선택할 수 있다는 장점을 제공한다. 지불보증제와는 다르게 사회교육 학습자에게 교육수혜자격권(entitlement program: 敎育受惠資格權)을 제공할 수도 있다. 즉, 일정기간 동안 열심히 산업체에서 근무한 사람들에게 자기의 입장에 따라 교육받을 수 있는 교육권과 교육경비 수혜권을 의무적으로 제공하는 방안을 고려해 볼 수도 있다. 또한 정해진 일정 연령이나 정년퇴직 때까지 교육경비 수혜권이나 교육권을 행사하지 않은 사람들에게는 해당 교육비를 퇴직금, 연금 등에 포함시켜 지불해 줄 수도 있다. 보다 융통성 있게, 학습자들의 교육경비 마련을 위해 정부대여장학금(government loan)이나 장기 저리 은행융자를 무담보로 제공할 수도 있다. 즉, 교육수료 후 취업했을 때를 기준으로 일정기간 동안 분할 상환하게 만드는 사회교육 지원용 담보부 장기 저리 장학융자정책을 구상해 볼 수도 있다.

학교교육과 평생교육 간의 연계가 제도적으로나 재정적으로 융통성 있게 운영되어질 때 평생교육은 교육의 수직적 통합과 수평적 통합을 실질적으로 체계화시킬 수 있다. 이때 비로소 평생교육은 학습자 개인의 문화적 욕구와 경제적 욕구를 충족시키는 교육으로서의 가치를 갖게 될 것이다.

V. 사회교육법령과 사회교육 행정체제

1. 머리글

한국 역시 '사회는 교실이다' 라는 교육적 명제를 구체적으로 법리화· 법제화시켜 줄 사회교육법과 사회교육법 시행령도 공포해 놓고 있다. 사회교육법은 법률 제3648호(1982년 12월 31일)로 제정, 공포되었다. 사회교육법 시행령도 대통령령 제11230호로 공포되어 있어서 한국 사회교육계에 적용되고 있다.

사회교육법은 한 가지 평생교육적 목표를 구체화시키고 있다. 즉, 국민에게 평생을 통한 사회교육의 기회를 부여하여 국민의 자질을 향상하게 함으로써 국가사회의 발전에 기여함을 목적으로 삼고 있다(참고: 사회교육법 제1조).

사회교육법과 사회교육법 시행령은 국민의 평생학습권의 질적 보장을 위해 다양한 방법으로 교육적 노력을 시도하고 있다. 예를 들어 일반 사회교육기관은 영리성추구를 최대한 억제시키고 있다. 또한 학습자의 교육적 욕구에 대한 우선적인 고려도 강조하고 있다. 학습자의 실용적 이용가치에 합당한 교육과정 구성도 의무화시키고 있다.

한마디로, 사회교육법과 사회교육법 시행령이 선언적인 차원에서 실질보장적이며 실용적인 차원으로 구체화될 때, 이 사회는 하나의 교실이 될 수 있음을 사회교육법의 제정 공포로부터 유출해 낼 수 있다.

다음 절에서는 사회교육법령의 내용을 사회교육법, 사회교육법 시행령, 사회교육법 시행령 제정 이유, 사회교육법 시행규정을 각기 제시함으로써 구체적으로 살펴보고자 한다.

1982년 12월 31일 법률 제3648호로 제정, 공포된 사회교육법과, 대통령 제11230호(1983년 9월 10일 제정)로 공포된 사회교육법 시행령, 사회교육법 시행규정(문교부훈령 제420호, 1985년 10월 25일 제정 공포)의 전문은 각기 다음과 같다.

2. 사회교육법

제1장 총 칙

제1조 (목적) 이 법은 모든 국민에게 평생을 통한 사회교육의 기회를 부여하여 국민의 자질을 향상케 함으로써 국가사회의 발전에 기여함을 목적으로 한다.

제2조 (정의) 이 법에서 사용하는 용어의 정의는 다음과 같다.

1. '사회교육'이라 함은 다른 법률에 의한 학교교육을 제외하고 국민의 평생교육을 위한 모든 형태의 조직적인 교육활동을 말한다.

2. '사회교육단체'라 함은 사회교육을 주된 목적으로 하는 법인과 법인 아닌 단체를 말한다.

3. '사회교육시설'이라 함은 사회교육을 주된 목적으로 하는 시설을 말한다.

제3조 (적용범위) 사회교육에 관하여는 다른 법률에 특별한 규정이 있는 경우를 제외하고는 이 법을 적용한다.

제4조 (기회균등 및 자율성의 보장) ① 모든 국민은 사회교육의 기회를 균등하게 보장받는다.

② 사회교육은 학습자의 자유로운 참여와 자발적인 학습을 기초로 이루어져야 한다.

제5조 (사회교육의 중립성) 사회교육은 정치적·파당적, 기타 개인적 편견의 선전을 위한 방편으로 이용되어서는 아니 된다.

제6조 (사회교육의 실시) 누구든지 이 법과 다른 법령이 정하는 바에 의하여 사회교육을 실시할 수 있다. 다만, 다음 각 호의 1에 해당하는 자는 그러하지 아니한다.

1. 금치산자 또는 한정치산자

2. 파산자로서 복권되지 아니한 자

3. 금고 이상의 형을 받고 그 집행이 종료되거나 집행을 받지 아니

하기로 확정된 후 3년이 경과되지 아니한 자

4. 법원의 판결 또는 법률에 의하여 자격이 정지 또는 상실된 자

제 7 조 (교육과정 등) ① 사회교육은 교육의 과정·방법·시간 등에 관하여 이 법과 다른 법령에 특별한 규정이 있는 경우를 제외하고는 이를 실시하는 자가 정하되, 학습자의 필요와 실용성을 존중하여야 한다.

② 일정한 시간 이상 실시되는 사회교육과정에는 국민교양에 필요한 일정한 교육 내용을 포함하여야 한다.

③ 제2항의 규정에 의한 일정한 시간 이상 실시되는 사회교육과정 및 이에 포함하여야 할 국민교양에 필요한 교육내용은 대통령령으로 정한다.

제 8 조 (공공시설의 이용) ① 사회교육실시자는 사회교육을 위하여 그 본래의 용도에 지장이 없는 범위 안에서 공공시설을 이용할 수 있다.

② 제1항의 규정에 의하여 공공시설을 이용하고자 할 때에는 그 관리자는 특별한 사유가 없는 한 그 이용을 허용하여야 한다.

제 9 조 (영리의 제한) 사회교육은 영리를 목적으로 실시되어서는 아니 된다.

① 대통령령이 정하는 일정한 사회교육과정을 이수한 경우에는 그에 상응한 사회적 대우가 부여되어야 한다.

제10조 (이수자의 학력 등 인정) ① 대통령령이 정하는 일정한 사회교육과정을 이수하는 경우에는 그에 상응한 사회적 대우가 부여되어야 한다.

② 대통령령이 정하는 사회교육과정을 이수한 자에 대하여는 대통령령이 정하는 바에 의하여 그에 상응한 학교를 졸업한 자와 동등 이상의 학력이 있는 것으로 인정할 수 있다.

제 2 장 국가 및 지방자치단체의 임무

제11조 (국가) ① 국가와 지방자치단체는 이 법과 다른 법령이 정하는

바에 의하여 사회교육시설의 설치, 사회교육전문요원의 양성, 교육자
료의 개발, 경비의 보조 기타의 방법으로 모든 국민에게 평생을 통하
여 사회교육의 기회가 부여될 수 있도록 노력하여야 한다.

②국가와 지방자치단체는 그 소관에 속하는 단체 또는 시설· 사업장
등의 설치자에 대하여 사회교육의 실시를 적극 장려하여야 한다.

제12조 (사회교육정책조정위원회의 설치) ①사회교육에 관한 정책을
심의· 조정하기 위하여 문교부에 사회교육정책조정위원회를 둔다.

②제1항의 사회교육정책조정위원회의 조직· 기능· 운영 등에 관하
여 필요한 사항은 대통령령으로 정한다.

제13조 (사회교육협회) ①사회교육의 효율적인 실시를 위한 협의· 조
정 기타 사회교육실시자 상호간의 협력증진을 위하여 서울특별시·
직할시 및 도의 교육위원회(이하 '시· 도 위원회'라 한다)에 사회교육
협의회를 둔다.

②제1항의 사회교육협의회의 조직과 운영에 관하여 필요한 사항은
당해 지방자치단체의 조례로 정한다.

제14조 (지도 및 지원) ①시· 도 교육위원회는 사회교육단체 또는 사
회교육시설의 설치자의 요청이 있는 때에는 그 단체 또는 시설의 설
치자의 사회교육 활동을 지도 또는 지원할 수 있다.

②시· 도 교육위원회는 사회교육단체 또는 사회교육시설의 설치자
의 요청이 있는 때에는 그 단체 또는 시설에서 사회교육 활동에 종
사하는 자의 자질향상을 위하여 필요한 연수를 실시할 수 있다.

제15조 (경비보조) ①국가는 지방자치단체에 대하여 사회교육의 진흥
에 필요한 경비를 보조할 수 있다.

②국가와 지방자치단체는 사회교육단체 또는 사회교육시설의 설치
자에 대하여 예산의 범위 안에서 필요한 경비를 보조할 수 있다.

제16조 (자료제출의 요청) 문교부장관 또는 시· 도 교육위원회는 사회
교육단체 또는 사회교육시설의 설치자에 대하여 사회교육에 관한 조
사 연구 기타 계획 수립에 필요한 자료의 제출을 요청할 수 있다.

제3장 전문요원

제17호 (전문요원의 자격 등) ① 대통령령이 정하는 일정한 규모 이상
의 사회교육단체 또는 사회교육시설에는 사회교육과정의 편성· 진행
과 교육효과의 분석· 평가 등 사회 교육활동의 기획· 분석 및 지도
업무를 담당하는 사회교육전문요원(이하 '전문요원'이라 한다)을 두
어야 한다.

② 제1항의 규칙에 의한 전문요원의 자격 기타 필요한 사항은 대통령
령으로 정한다.

제18조 (결격사유) 제6조 각 호의 1에 해당하는 자는 전문요원이 될
수 없다.

제19조 (신분보호) 전문요원의 신분은 보장되어야 하며 이에 필요한
사항은 대통령령으로 전한다.

제20조 (전문요원 양성· 연수기관의 설립인가) ① 문교부장관은 대통
령령이 전하는 바에 의하여 전문요원을 양성하거나 연수할 기관의
설립을 인가할 수 있다.

② 제1항의 규정에 의하여 전문요원을 양성· 연수할 기관의 설립인
가를 받고자 하는 자는 전문요원의 양성 또는 연수를 위하여 필요한
시설· 설비를 갖추어야 한다.

③ 제2항의 규정에 의한 시설· 설비에 관하여 필요한 사항은 대통령
령으로 전한다.

제4장 사회교육시설

제21조 (사회교육시설의 설치) ① 사회교육시설을 설치하고자 하는 자
는 대통령령이 정하는 바에 의하여 그 목적을 실현하기 위하여 필요
한 시설· 설비를 갖추어야 한다.

② 제1항에 의한 사회교육시설의 설치자는 대통령령이 정하는 바에
의하여 관할 시· 도 교육위원회에 등록하여야 한다.

③사회교육시설의 설치자가 그 시설을 폐쇄하고자 할 때에는 대통령령이 정하는 바에 의하여 관할 시·도 교육위원회에 신고하여야 한다.

제22조 (사설강습소) 사인(私人)이 다수인에게 30일 이상 계속 또는 반복하여 사회교육을 실시하는 시설로서 다음 각 호의 1에 해당하지 아니하는 시설의 진흥·육성에 관하여는 따로 법률로 정한다.

1. 제21조의 규정에 의하여 설치된 사회교육시설

2. 사업장 등의 시설로서 소속직원의 연수를 위한 시설

3. 제26조의 규정에 의하여 학교에 부설한 시설

제23조 (도서관 및 박물관) ①도서관 및 박물관은 사회교육시설로 한다.

②도서관 및 박물관에 관하여 필요한 사항은 따로 정한다.

제5장 학교 및 대중매체와 사회교육

제24조 (학교와 사회교육) ①대학·사범대학·교육대학 및 전문대학은 당해 대학의 특성에 맞는 사회교육을 실시하여야 한다.

②제1항의 학교를 제외한 학교는 당해 학교의 시설상황을 고려하여 적정한 방법으로 사회교육에 기여하여야 한다.

제25조 (학교시설의 이용) 학교의 도서관·기타 시설은 학교교육에 지장이 없는 범위 안에서 사회교육을 위하여 이를 이용할 수 있다.

제26조 (사회교육시설의 부설) ①학교에 사회교육사업을 위하여 필요한 시설을 부설할 수 있다.

②학교의 설치경영자는 제1항의 규정에 의한 시설을 부설하거나 폐쇄하고자 할 때에는 감독청에 신고하여야 한다.

제27조 (대중매체와 사회교육) 신문·방송·잡지 등 대중매체를 경영하는 자는 당해 매체의 운영에 지장이 없는 범위 안에서 그 매체를 통하여 사회교육에 기여하여야 한다.

제6장 보 칙

제28조 (시정명령) ①시·도 교육위원회는 사회교육에 관한 활동이

제5조· 제7조 제2항 및 제9조의 규정에 위반된 때에는 대통령령이
정하는 바에 의하여 그 시정을 명할 수 있다.

②제1항의 규정에 의한 시정명령을 받은 자는 정당한 사유가 없는
한 지정된 기한 내에 이를 이행하여야 한다.

제29조 (벌칙) 제7조 제2항 및 제9조의 규정에 위반하여 제28조 제1항
의 규정에 의한 시정명령에 위반한 자는 100만원 이하의 벌금에 처
한다.

제30조 (시행령) 이 법 시행에 관하여 필요한 사항은 대통령령으로 정
한다.

부   칙

이 법은 공포 후 6월이 경과한 날로부터 시행한다.

3. 사회교육법 시행령

제정 1983. 9. 10. 대통령령 제11230호

제 1 조 (목적) 이 령은 사회교육법(이하 '법'이라 한다)에서 위임된 사
항과 그 시행에 관하여 필요한 사항을 규정함을 목적으로 한다.

제 2 조 (사회교육의 영역) 법 제2조 제1호의 규정에 의한 사회교육은
건전한 국민으로서의 자질향상에 기여할 수 있는 내용으로서 다음
각 호의 영역을 그 주요한 교육내용으로 한다.

1. 국민생활에 필요한 기초교육과 교양교육

2. 직업· 기술 및 전문교육

3. 건강 및 보건교육

4. 가족생활교육

5. 지역사회교육 및 새마을 교육

6. 여가교육

7. 국제이해교육

8. 국민독서 교육

9. 전통문화이해교육

10. 기타 학교교육 외의 조직적인 교육활동

제 3 조 (국민교양교육) ① 법 제7조 제2항의 규정에 의하여 다음 각 호의 1에 해당하는 사회교육과정에는 국민교양에 필요한 교육내용이 총 학습시간의 1할 이상 포함되어야 한다.

1. 10인 이상의 다수인에 대하여 실시하는 교육으로서 총 학습시간이 30시간 이상인 교육과정

2. 10인 이상의 다수인에 대하여 실시하는 교육으로서 학습기간이 30일 이상인 교육과정

② 제1항에서 '국민교양에 필요한 교육내용'이라 함은 국민정신교육을 위한 국사교육· 국민윤리교육· 환경교육· 경제교육· 통일안보교육· 새마을 교육 등을 말한다.

③ 사회교육실시자는 제2항의 교육 중 1과목 이상을 학습자의 특성과 능력을 고려하여 실시하여야 한다.

제 4 조 (공공시설의 이용) 사회교육실시자는 법 제8조의 규정에 의하여 공공시설을 이용하고자 할 경우 특히 필요한 때에는 당해 시설을 관리하는 직원 및 장비의 이용에 대한 협조를 요청할 수 있다.

제 5 조 (학습자 참가비) ① 사회교육실시자가 학습자에게 학습에 필요한 경비를 부담시킬 경우에는 다음의 구분에 따라 미리 관할 서울특별시· 직할시 및 도의 교육위원회(이하 '시· 도 교육위원회'라 한다)의 승인을 얻거나 신고를 하여야 한다. 다만, 국가 또는 지방자치단체가 운영하거나 법령에 의하여 국가 또는 지방자치단체의 허가· 인가 승인을 얻거나 등록· 신고 등을 하여 사회교육을 실시하는 경우에는 그러하지 아니하다.

1. 문교부장관이 정하는 학교형태의 사회교육실시자의 경우에는 승
   인을 얻어야 한다.
2. 제3조 제1항 각 호의 1에 해당하는 사회교육과정을 상설 운영하
   는 자는 미리 신고하여야 한다.

② 제1항에서 '학습에 필요한 경비'라 함은 명목여하를 불문하고 사회
교육실시자가 학습자로부터 받는 일체의 금액을 말한다.

제6조 (사회교육이수자의 대우) 국가, 지방자치단체, 기업체 기타 법
   인 및 단체 등은 다음 각 호의 1에 해당하는 사회교육과정을 이수한
   자에 대하여는 그에 상응하는 경력 또는 자격을 인정하는 등 적절한
   대우를 하여야 한다.
1. 총 학습시간이 60시간 이상인 교육과정
2. 학습기간이 3월 이상인 교육과정

제7조 (사회교육이수자의 학력인정) ① 중학교 또는 고등학교를 졸업
   하지 아니한 자로서 문교부장관이 지정하는 사회교육기관에서 중학
   교 또는 고등학교교육과정에 상응하는 교육과정을 이수한 자에 대하
   여는 고등학교 입학자격검정고시 또는 고등학교 졸업학력검정고시에
   있어서 고시과목을 면제하거나 고시방법을 달리하는 등 당해 교육을
   받은 자의 학력을 인정할 수 있다.

② 제1항의 규정에 의한 사회교육기관의 시설기준, 교육과정, 교원의
정수와 자격기준, 입학자격, 시설의 운영 및 이수자의 검정고시에 대
한 특례에 관하여 필요한 사항은 문교부장관이 정한다.

제8조 (사회교육정책조정위원회) ① 법 제12조의 규정에 의한 사회교
   육정책조정위원회(이하 '위원회'라 한다)는 위원장 1인 및 부위원장 2
   인을 포함한 위원 15인 이내로 구성한다.

② 위원장은 문교부장관이 되고, 부위원장은 공무원인 위원과 공무원
이 아닌 위원 중에서 각 1인씩 위원장이 지명하는 자가 된다.

③ 위원은 내무부차관 문교부차관 보건사회부차관 노동부차관 문화
공보부차관 및 총무처차관과 사회교육에 관한 학식과 경험이 풍부한

자 중에서 문교부장관이 임명 또는 위촉하는 자가 된다.

④위원장은 회무를 통할하며 위원회를 대표한다.

⑤부위원장은 위원장을 보좌하며, 위원장이 사고가 있을 때에는 위원장이 지명하는 부위원장이 그 직무를 대행한다.

⑥위원회는 다음 각 호의 사항을 심의· 조정한다.

1. 사회교육에 관한 기본계획 및 종합시책의 수립

2. 사회교육에 관한 관계행정기관의 시책의 종합조정 및 실시권고

3. 사회교육 실시를 위한 지원체제 확립

4. 기타 사회교육진흥에 관한 중요사항으로서 위원장이 부의하는 사항

⑦ 위원회의 회의는 위원장이 이를 소집하고, 재적위원과 반수의 출석으로 개의하며, 출석위원 과반수의 찬성으로 의결한다.

⑧위원회의 사무를 처리하기 위하여 간사 및 서기 각 1인을 두되, 문교부 소속 공무원 중에서 위원장이 임명한다.

⑨위원회의 회의에 출석한 공무원이 아닌 위원에 대하여는 예산의 범위 안에서 문교부장관이 정하는 바에 의하여 수당과 여비를 지급할 수 있다.

제9조 (사회교육전문요원의 자격) ①법 제17조의 규정에 의한 사회교육전문요원(이하 ‘전문요원’이라 한다)은 1급 전문요원과 2급 전문요원으로 구분한다.

②1급 전문요원이 될 수 있는 자의 자격은 다음 각 호와 같다.

1. 대학에서 교육학과 또는 문교부장관이 지정하는 사회교육분야의 학과를 졸업한 자로서 사회교육학에 관한 학점을 10학점 이상 취득한 자

2. 대학원에서 사회교육학 또는 문교부장관이 지정하는 사회교육분야의 학과를 전공한 자로서 사회교육학에 관한 학점을 10학점이상 취득하고 졸업한 자

3. 대학졸업자 또는 이와 동등 이상의 학력이 있는 자로서 대학 또는 문교부장관이 지정하는 기관에서 사회교육학에 관한 학점을

15학점 이상 취득하거나 사회교육에 관한 학습을 240시간 이상 받은 자

4. 전문대학 졸업자 또는 이와 동등 이상의 학력이 있는 자로서 대학 또는 문교부장관이 지정하는 기관에서 사회교육학에 관한 학점을 35학점 이상 취득하거나 사회교육학에 관한 학습을 560시간 이상 받은 자

5. 2급 전문요원으로서 사회교육 또는 그와 관련한 업무에 3년 이상 종사한 경력이 있거나 초·중등교원으로 3년 이상 근무한 경력이 있는 자로서 대학 또는 문교부장관이 지정하는 기관에서 사회교육학에 관한 학점을 10학점 이상 취득하거나 사회교육학에 관한 학습을 160시간 이상 받은 자

6. 기타 제1호 내지 제5호의 각 호의 1에 해당하는 자와 동등 이상의 자격이 있다고 문교부장관이 인정하는 자

③2급 전문요원이 될 수 있는 자의 자격은 다음 각 호와 같다.

1. 전문대학의 사회교육학과를 졸업한 자

2. 고등학교 졸업자 또는 이와 동등 이상의 학력이 있는 자로서 사회교육 또는 그와 관련된 업무에 3년 이상 종사한 경력이 있고 대학 또는 문교부장관이 지정하는 기관에서 사회교육학에 관한 학점을 20학점 이상 취득하거나 사회교육학에 관한 학습을 320시간 이상 받은 자

3. 공무원으로서 사회교육 또는 그와 관련된 업무에 2년 이상 종사한 경력이 있고 대학 또는 문교부장관이 지정하는 기관에서 사회교육학에 관한 학점을 15학점 이상 취득하거나 사회교육학에 관한 학습을 240시간 이상 받은 자

4. 기타 제1호 내지 제3호의 각 호의 1에 해당하는 자와 동등 이상의 자격이 있다고 문교부장관이 인정하는 자

④제2항 및 제3항의 규정에 의한 전문요원에 대한 자격증의 수여 등에 관하여 필요한 사항을 문교부장관이 정한다.

제10조 (사회교육전문요원의 배치) ①법 제17조 제1항의 규정에 의하여 사회교육전문요원을 두어야 할 사회교육단체 또는 사회교육시설은 다음 각 호와 같다.

  1. 단체 또는 시설의 종사자(단순노무에 종사하는 자를 제외한다)가 5인 이상이고, 동시에 50인 이상을 교습하거나 이용하게 하는 사회교육단체 또는 사회교육시설

  2. 연간 교육인원이 500인 이상인 사회교육단체 또는 사회교육시설

②제1항의 규정에 의한 사회교육단체 또는 사회교육시설 중 다음 각 호의 1에 해당하는 사회교육단체 또는 사회교육시설에는 반드시 1인 이상의 1급 전문요원을 두어야 한다.

  1. 단체 또는 시설의 종사자(단순노무에 종사하는 자를 제외한다)가 5인 이상이고, 동시에 100인 이상을 교습하거나 이용하게 하는 사회교육단체 또는 사회교육시설

  2. 연간 교육위원이 1천인 이상인 사회교육단체 또는 사회교육시설

제11조 (신분보장) ①전문요원은 징계 또는 법 제18조의 규정에 의한 결격사유에 해당하게 된 경우를 제외하고는 해고 기타 불이익한 처분을 받지 아니한다.

제12조 (전문요원의 양성· 연수기관의 설립인가) ①법 제20조의 규정에 의한 전문요원의 양성· 연수기관의 설립인가를 받고자 하는 자는 다음 각 호의 사항을 기재한 설립인가 신청서 및 서류를 갖추어 문교부장관에게 신청하여야 한다.

  1. 명칭
  2. 목적
  3. 소재지
  4. 대표자 및 간부의 성명· 주소
  5. 정관 또는 규약
  6. 교수요원에 관한 사항
  7. 시설 및 설비에 관한 사항

8. 교육과정에 관한 사항

9. 경비와 유지방법에 관한 사항

10. 설립자가 법인인 경우에는 그 정관, 재산목록, 등기부등본 및 설
    립재산에 관한 증명서류, 개인인 경우에는 그 이력서와 설립재산
    에 관한 증명서류

② 전문요원의 양성· 연수기관은 그 목적에 따라 다음의 시설 및 설
비를 갖추어야 하며, 그 위치는 교육환경 및 보건위생상 적합한 곳이
어야 한다.

1. 교사

2. 교육과정 운영에 필요한 교구 기타설비

③ 제2항 제1호의 교사에는 다음의 시설 및 설비를 갖추어야 한다.

1. 수업실· 세미나실

2. 자료실

3. 실험· 실습· 실기 등을 필요로 하는 교육과정에 있어서는 이에
   필요한 부속시설 및 설비

4. 기숙사· 양호실

5. 화장실, 급수시설, 채광시설, 조명시설, 환기시설, 냉· 난방시설
   기타 보건위생상 필요한 시설· 설비

6. 휴게실· 체육시설 기타 여가선용에 필요한 시설· 설비

7. 사무실· 숙직실 기타 운영· 관리에 필요한 시설

④ 전문요원양성· 연수기관의 교수요원 및 교육과정에 관한 사항과
시설 및 설비의 기준에 관한 사항은 문교부장관이 정한다.

제13조 (사회교육시설의 설치기준) ① 법 제21조의 규정에 의한 사회교
육시설에는 그 목적에 따라 다음의 시설 및 설비를 갖추어야 하며
그 위치는 교육환경 및 보건위생상 적합한 곳이어야 한다.

1. 회의 또는 집회에 필요한 시설

2. 자료보관 및 그 이용에 필요한 시설

3. 학습에 필요한 시설

4. 체육·오락시설

5. 방송·통신시설

6. 보건·위생시설

7. 숙박시설

8. 사무실 기타 사회교육시설의 운영·관리에 필요한 시설

②제1항의 규정에 의한 시설 및 설비의 기준에 관한 사항은 당해 시설의 설치목적·지역설정 등을 감안하여 문교부장관이 정한다.

제14조 (사회교육시설의 설치등록증) ①사회교육시설을 설치하고자 하는 자는 다음의 사항을 기재한 설치계획서를 관할 시·도 교육위원회에 제출하여야 한다.

1. 명칭

2. 목적

3. 위치

4. 운영규칙

5. 경비와 유지방법(학습자 참가비에 관한 사항을 포함한다)

6. 시설·설비명세

7. 개설 연월일

8. 설립자가 법인인 경우에는 그 정관·재산목록·등기부등본 및 설립재산에 관한 증명서류, 개인인 경우에는 그 이력서와 설립재산에 관한 증명서류

②시·도 교육위원회는 제1항의 규정에 의한 설치계획서를 받은 때에는 이를 검토하여 15일 이내에 그 결과를 통보하여야 한다.

③제2항의 규정에 의한 통보를 받은 자는 설치계획서에 의한 시설·설비를 갖추어 개설예정일 30일 전까지 등록신청을 하여야 한다.

④시·도 교육위원회는 제3항의 규정에 의한 등록신청을 받은 때에는 15일 이내에 시설기준 및 설치계획에의 적합여부를 조사·확인하고 이에 적합한 때에는 등록증을 교부하여야 한다.

⑤사회교육시설의 설치자가 제1항 각 호의 사항을 변경하고자 할 때

에는 미리 시· 교육위원회에 신고하여야 한다.

⑥ 사회교육시설의 설치자의 지위를 승계하고자 하는 자는 제1항 제8호의 규정에 의한 서류를 갖추어 시· 도 교육위원회에 신고하여야 한다.

제15조 (사회교육시설의 폐쇄신고) 사회교육시설의 설치자가 그 시설을 폐쇄하고자 할 때에는 그 사유, 연월일, 잔여업무의 처리방법 등을 기재한 서류를 갖추어 폐쇄예정일 30일 전까지 관할 시· 도 교육위원회에 신고하여야 한다.

제16조 (시정명령) ① 시· 도 교육위원회는 법 제28조 제1항의 규정에 의한 시정명령을 하고자 할 때에는 시정에 필요한 상당한 기간을 정하여 서면으로 하여야 한다.

② 제1항의 규정에 의한 시정명령을 받은 자가 그 시정명령을 이행한 때에는 지체 없이 시· 도 교육위원회에 이를 보고하여야 한다.

부   칙

이 령은 공포한 날로부터 시행한다. 다만, 제10조, 제13조 및 제14조의 규정은 1985년 3월 1일부터 시행한다.

(참 고)

◇ 사회교육법 시행령 제정 이유

사회교육법이 제정(1982. 12. 31. 법률 제3648호)됨에 따라 동법에서 위임된 사항과 그 시행에 관하여 필요한 사항을 정하려는 것임.

◇ 주요골자

가. 사회교육의 주요내용을 명시하여 사회교육영역을 명백히 하고, 10인 이상의 다수인에 대하여 실시하는 사회교육과정으로서 총 학습시간이 30시간 이상이거나 학습기간이 30일 이상인 교육과

정에는 국민교양에 필요한 교육내용이 총 학습시간의 1할 이상 포함되도록 함(령 제2조 및 제3조).

나. 문교부장관이 지정하는 사회교육기관에서 중학교 또는 고등학교 교육과정에 상응하는 교육과정을 이수한 자에 대하여는 고등학교 입학자격 검정고시 또는 고등학교 졸업학력 검정고시의 고시과목을 면제하거나 고시 방법을 달리하여 검정할 수 있도록 함(령 제7조).

다. 사회교육 진흥에 관한 중요사항을 심의· 조정하기 위하여 문교부에 설치된 사회교육정책조정위원회의 구성 및 운영에 관한 사항을 집합(령 제8조).

라. 사회교육 전문요원을 1급 전문요원과 2급 전문요원으로 구분하여 자격기준을 정하고, 사회교육단체 또는 사회교육시설의 규모 등에 따라 이들의 배치의무를 달리하도록 함(령 제9조 및 제10조).

마. 기타 사회교육시설의 설치기준과 사회교육 전문요원의 양성· 연수기관의 설립인가 및 사회교육시설의 등록절차 등에 관하여 필요한 사항을 정함(령 제12조 내지 제16조).

(법제처 제공)

4. 사회교육법 시행규정

◎ 문교부훈령 제420호
제정 공포 1985. 10. 25.
관보 제 10173 호 게재

제 1 조 (목적) 이 규정은 사회교육법(이하 '법'이라 한다) 및 사회교육법 시행령(이하 '령'이라 한다)에서 위임된 사항과 그 시행에 관하여

필요한 사항을 규정함을 목적으로 한다.

제 2 조 (학습자 참가비) ① 령 제5조 제1항의 규정에 의하여 학습자에게 학습에 필요한 경비(이하 '학습비'라 한다)를 부담시킬 경우에는 별지 제1호 서식에 의거 승인을 얻거나 별지 제2호 서식에 의거 신고를 하여야 한다.

② 령 제5조 제1항 제1호의 규정에서 '문교부장관이 정하는 학교형태의 사회교육실시자'라 함은 제4조의 규정에 의하여 문교부장관의 지정을 받은 학력인정 사회교육시설을 설치· 경영하는 자를 말한다.

제 3 조 (학력인정 사회교육시설의 지정기준) 령 제7조의 규정에 의한 학력인정 사회교육시설의 지정기준은 다음 각 호의 사항이 각각 그 정도에 따라 중학교에 준하는 3년제 각종 학교 또는 고등학교에 준하는 3년제 각종 학교의 기준과 동등 이상이어야 한다.

다만, 체육장 기준면적은 350제곱미터 이상으로 하되, 그 정도의 옥내체육장으로 대체할 수 있다.

1. 목적

2. 시설(체육장을 제외한다) 및 설비에 관한 사항

3. 입학자격에 관한 사항(고등학교과정의 학력인정 사회교육시설의 입학자격에는 중학교과정의 학력인정 사회교육시설에서 졸업한 자를 포함한다)

4. 교육과정과 수업일수 및 수업시간에 관한 사항

5. 학급편성과 학생정원에 관한 사항

6. 수업 연한, 학년, 학기에 관한 사항

7. 수료 및 졸업에 관한 사항

8. 교원의 자격 및 정수에 관한 사항(다만, 시설규모에 따라 교감은 두지 아니 할 수 있다)

9. 교과서 및 교재에 관한 사항

제 4 조 (학력인정 사회교육시설 지정신청) ① 령 제7조 제1항의 규정에 의하여 고등학교 입학자격검정고시 또는 고등학교 졸업학력검정고시

의 고시과목을 면제받을 수 있는 사회교육시설(이하 '학력인정사회교육시설'이라 한다)로 지정을 받고자 하는 자는 다음 각 호의 사항을 기재한 학력인정지정신청서(별지 제3호 서식) 및 서류를 갖추어 관할 서울특별시· 직할시 및 도의 교육위원회(이하 '시· 도교육위원회'라 한다)를 거쳐 문교부장관에게 신청하여야 한다.

1. 목적· 명칭 및 위치
2. 학칙(중학교학칙준칙 또는 고등학교학칙준칙을 준용한다)
3. 교육과정편성표(별지 제4호 서식)
4. 교원의 정수표
5. 시설현황(시설배치도, 시설평면도, 지적도 첨부), 시설확충계획서(향후 3년간) 및 기타 시설에 관한 사항
6. 교구, 기타 설비현황 및 확충계획서(향후 3년간)
7. 소요경비조달계획서(수익사업을 하는 경우에는 향후 3년간의 사업계획서 첨부)
8. 재산목록, 재산의 소유권증명 기타 경비지불능력 및 유지방법에 관한 서류
9. 설립자가 자연인인 경우에는 인사기록서, 신원증명서, 인감증명서, 호적등본 및 신원진술서
10. 설립자가 법인인 경우에는 그 정관, 등기부등본 및 이사회 회의록
11. 개학 연월일

② 문교부장관은 제1항의 규정에 의거 학력인정지정신청서를 받은 때에는 시설· 설비 등의 확보여부를 조사· 확인하여 지정요건 및 기준에 맞는 때에는 지정을 한다.

제5조 (학력인정 사회교육시설의 지정사항 변경) 제4조 제2항의 규정에 의하여 학력인정 사회교육시설의 지정을 받은 자가 제4조 제1항 제1호 내지 제3호의 사항이나 설립자를 변경하고자 할 때에는 학력인정 사회교육시설 지정사항변경신청서(별지 제5호 서식)에 다음 각 호의 서류를 첨부하여 시· 도 교육위원회를 거쳐 문교부장관에게 신

청하여 승인을 받아야 한다.

1. 학칙 신·구 대조표(학칙변경의 경우에 한한다)

2. 위치를 변경하고자 할 경우에는 제4조 제1항 제5호 및 제8호의 서류

3. 설립자를 변경하고자 할 경우에는 인계인수서(별지 제6호 서식), 인수자의 제4조 제1항 제8호 및 제9호(법인인 경우에는 제10호) 의 서류, 인계자의 인감증명서(법인인 경우에는 이사회 회의록)

제6조 (사회교육분야의 학과 등) ① 령 제9조 제2항의 규정에서 '문교부장관이 지정하는 사회교육분야의 학과'라 함은 별표 1의 학과를 말한다.

② 령 제9조 제2항 및 제3항의 규정에 의한 '사회교육학'의 영역은 별표 2의 과목을 말한다.

③ 령 제9조 제2항 및 제3항의 규정에서 '문교부장관이 지정하는 기관'이라 함은 령 제 12조의 규정에 의하여 설립된 사회교육전문요원의 양성·연수기관(이하 '전문요원연수원'이라 한다)을 말한다.

제7조 (전문요원의 자격증 수여 등) ① 대학·사범대학·교육대학·개방대학 및 전문대학(이하 '대학'이라 한다)의 졸업자와 대학원에서 석사학위를 취득한 자로서 령 제9조 제2항 및 제3항의 규정에 의한 사회교육전문요원(이하 '전문요원'이라 한다)의 자격증을 받고자 하는 자는 전문요원자격증 발급신청서(별지 제7호 서식)에 다음 각 호의 서류를 첨부하여 당해 학교의 장에게 제출하고, 당해 학교의 장은 전문요원자격증 발급 신청자 명부(별지 제8호 서식)를 첨부하여 문교부장관에게 일괄하여 신청한다.

1. 학적부 사본

2. 신원증명서

② 제9조 제9항의 규정에 의하여 인가 받은 전문요원연수원에서 령 제9조 제2항 및 제3항의 규정에 의한 사회교육학에 관한 학습을 받은 자로서 전문요원자격증을 받고자 하는 자는 전문요원자격증 발급

신청서(별지 제7호 서식)에 다음 각 호의 서류를 첨부하여 당해 전문
요원연수원의 장에게 제출하고, 당해 연수원의 장은 전문요원자격증
발급 신청자명부(별지 제8호 서식)를 첨부하여 문교부장관에게 일괄
하여 신청한다.

1. 신원증명서
2. 이수증명서 사본
3. 령 제9조 제2항 제5호 또는 령 제9조 제3항 제2호 및 제3호에 해
   당하는 자는 관련업무에 종사한 경력증명서
4. 졸업 증명서

③ 문교부장관은 제1항 및 제2항의 규정에 의하여 전문요원자격증
발급신청을 받은 때에는 이를 검토하여 전문요원 자격요건에 맞는
경우에는 전문요원자격증 발급대장(별지 제9호 서식)에 등재하고 전
문요원자격증(별지 제10호 서식)을 발급한다.

제 8 조 (전문요원자격증의 재교부 및 정정) ① 전문요원 자격증을 분실
또는 훼손하였거나 자격증의 기재사항에 변동이 있을 때에는 그 사
유를 갖추어 전문요원자격증을 재교부 또는 정정 받아야 한다.

② 제1항의 규정에 의하여 전문요원자격증의 재교부 또는 기재사항
을 정정 받고자 하는 자는 전문요원자격증재교부(정정) 신청서(별지
제11호 서식)에 다음의 서류를 첨부하여 문교부장관에게 신청하여야
한다.

1. 전문요원자격증(훼손, 기재사항 정정 신청의 경우에 한한다)
2. 호적초본(성명 정정의 경우에 한한다) 또는 주민등록초본(주민등
   록번호 정정의 경우에 한한다)

제 9 조 (전문요원연수원의 설립인가) ① 전문요원연수원의 설립자는
국가· 지방자치단체· 학교법인(대학을 설치· 경영하는 학교법인에
한한다) 또는 재단법인이어야 한다.

② 전문요원연수원을 설립하고자 하는 자는 전문요원연수원 설립계
획승인신청서(별지 제12호 서식)에 다음 각 호의 서류를 첨부하여 문

교부장관에게 제출하여야 한다.

1. 설립취지서
2. 원칙(목적, 명칭, 소재지, 연수과정, 수강자 정원을 포함한다)
3. 교수요원 채용계획(별지 제13호 서식)
4. 시설· 설비계획서(토지매입계획, 교사배치도, 도면지적도 등 첨부)
5. 교육과정편성표(별지 제14호 서식)
6. 사업계획서 및 수지예산서
7. 설립자가 기존 학교법인 또는 재단법인인 경우에는 그 정관, 재산목록, 등기부등본,
8. 학습비징수액신고서(별지 제2호 서식)

③ 재단법인을 새로이 설립하는 경우에는 제2항의 신청서 및 구비서류 외에 재단법인 설립허가 신청서를 별도로 제출하여야 한다.

④ 제3항에 의한 재단법인 설립 절차 및 지도· 감독은 문교부소관 비영리법인의 설립 및 감독에 관한 규칙에 따른다.

⑤ 문교부장관은 제2항에 의거 설립계획승인신청서를 받은 때에는 이를 검토하여 그 승인여부를 통보하여야 한다.

⑥ 제5항의 규정에 의하여 전문요원연수원의 설립계획을 승인 받은 자는 동 계획에 따라 1년 이내에 시설· 설비 등을 갖추어 전문요원 연수원 설립인가 신청서(별지 제15호 서식)에 다음 각 호의 서류를 첨부하여 문교부장관에게 제출하여야 한다.

1. 시설· 설비현황(별지 제16호 서식)
2. 재산소유권을 입증하는 서류

⑦ 제5항의 규정에 의하여 설립계획의 승인을 받은 자가 부득이한 사유로 제6항의 기한까지 승인 받은 설립계획에 따른 시설· 설비 등을 갖출 수 없을 경우에는 그 사유를 증명할 수 있는 자료를 첨부하여 제6항의 기간 내에 설립인가 연기신청서(별지 제17호 서식)를 문교부장관에게 제출하여야 한다.

⑧ 문교부장관은 제7항의 설립인가 연기신청서를 받았을 때에는 그

사유를 검토하여 타당하다고 인정할 경우에는 1년의 범위 안에서 설립인가신청서 제출기간을 연기할 수 있다.

⑨ 문교부장관은 제6항의 규정에 의하여 설립인가신청서를 받은 때에는 시설·설비 등의 확보여부를 조사·확인하고 설립요건 및 기준에 맞는 때에는 설립인가를 한다.

제10조 (인가사항변경 등) 전문요원연수원의 설립인가를 받은 자가 제9조 제2항 제2호의 사항과 설립자를 변경하고자 할 때에는 전문요원연수원 인가사항 변경승인신청서(별지 제18호 서식)에 다음 각 호의 서류를 첨부하여 문교부장관에게 제출하여 승인을 받아야 하며, 동조 제6항 제1호 및 제2호의 사항을 변경하였을 때에는 문교부장관에게 지체 없이 보고하여야 한다.

1. 원칙 신·구 대조표(원칙변경의 경우에 한한다)

2. 위치를 변경하고자 할 경우에는 제9조 제2항 제4호 및 제6항 제2호의 서류

3. 설립자를 변경하고자 할 경우에는 인계인수서(별지 제6호 서식), 인수자의 제9조 제2항 제7호 및 제6항 제2호의 서류

제11조 (교수요원 및 교육과정 등) ① 전문요원연수원의 설립자는 교수요원을 채용(그 자격을 증명하는 서류를 첨부한다) 또는 해임한 때에는 10일 이내에 문교부장관에게 보고하여야 한다.

② 전문요원연수원의 교수요원자격 및 정수와 교육과정은 별표 3과 같다.

제12조 (전문요원연수원의 시설·설비기준) ① 전문요원연수원의 시설·설비기준은 별표 4와 같다.

② 국가 지방자치단체 또는 대학을 설치·경영하는 법인이 설립한 전문요원연수원은 국가·지방자치단체 또는 대학의 기존 시설·설비를 겸용하여 사용하거나 교수요원을 겸임할 수 있다.

제13조 (사회교육시설의 범위 및 설치기준) ① 법 제21조의 규정에서 '사회교육시설'의 등록범위는 사설강습소에 관한 법률에 의하여 인

가 등록 또는 신고대상이 아닌 사회교육시설을 말한다. 다만, 다음 각 호의 1에 해당하는 시설은 사설강습소에 관한 법률의 적용대상일지라도 사회교육시설에 포함된다.

1. 일반 사회교육시설

   학습비가 무료이거나 사회봉사를 목적으로 운영하는 시설로서 시설강습소에 관한 법률의 적용대상이 아닌 사회교육시설

2. 학교형태 사회교육시설

   교육과정 및 시설·설비 등이 중학교 또는 고등학교와 유사한 시설로서 불우청소년 등을 대상으로 사회봉사를 목적으로 하는 사회교육시설

3. 종합 사회교육시설

   대규모 사회교육시설로서 직업교육, 위탁교육, 연수교육 등 교육과정을 종합적으로 운영하는 사회교육시설

② 령 제13조 제2항의 규정에 의하여 제1항 제1호 및 제2호의 시설·설비 기준은 별표 5와 같고 제1항 제3호의 시설·설비 기준은 별표 6과 같다.

제14조 (사회교육시설의 설치등록 등) ① 령 제14조 제1항의 규정에 의하여 사회교육시설을 설치하고자 하는 자는 사회교육시설 설치계획서(별지 제19호 서식)에 다음 각 호의 서류를 첨부하여 시·도 교육위원회에 제출하여야 한다.

1. 운영규칙(명칭, 목적, 위치, 과정, 정원을 포함한다)

2. 소요경비조달계획서 및 수지예산서, 사업계획서

3. 학습비징수액신고서(별지 제2호 서식) 또는 승인신청서(별지 제1호 서식)

4. 시설·설비계획서(위치도, 시설배치도, 시설평면도 등 첨부)

5. 설치자가 법인인 경우에는 그 정관, 재산목록, 법인등기부등본, 설립에 관한 이사회 회의록

6. 설치자가 개인인 경우에는 인사기록서, 신원증명서, 인감증명서

호적등본 및 신원진술서

②령 제14조 제3항의 규정에 의하여 등록신청을 하고자 하는 자는
사회교육시설 등록신청서(별지 제20호 서식)에 다음 각 호의 서류를
첨부하여 신청하여야 한다.

1. 시설· 설비현황

2. 재산소유권을 입증하는 서류

3. 사회교육시설의 재산이 다른 사람의 소유인 경우에는 그 재산의
   사용에 관한 전세 또는 임대차계약서 사본 및 소유주의 인감증
   명서

③령 제14조 제4항의 규정에 의하여 등록증(별지 제21호 서식)을 교
부할 때에는 사회교육시설등록대장(별지 제22호 서식)에 등재하여야
한다.

④령 제14조 제5항의 규정에 의하여 사회교육시설 등록사항을 변경
하고자 할 때에는 사회교육시설등록 변경신고서(별지 제23호 서식)
에 필요한 구비서류를 첨부하여 10일 전에 시· 도 교육위원회에 신
고하여야 한다.

⑤령 제14조 제6항의 규정에 의하여 사회교육시설의 설치자의 지위
를 승계하고자 하는 자는 사회교육시설 설치자 지위승계신고서(별지
제24호 서식)에 제10조 제3호의 서류를 첨부하여 시· 도 교육위원회
에 신고하여야 한다.

제15조 (학교부설사회교육시설 신고 등) ①법 제26조의 규정에 의하여
학교에 사회교육시설을 부설하고자 할 경우에는 다음 각 호의 서류
를 첨부한 학교부설 사회교육시설신고서(별지 제25호 서식)를, 국민
학교, 중학교 및 고등학교에 부설하는 경우에는 각 시· 도 교육위원
회에, 대학에 부설하는 경우에는 문교부에 제출하여야 한다. 다만, 대
학에 전문요원연수원을 설립 운영하고자 할 경우에는 제9조 내지 제
12조의 규정을 따라야 한다.

1. 제9조 제2항 제1호· 제2호· 제5호 및 제6호와 동조 제6항 제1호

의 구비서류

2. 학습비징수액신고서 또는 승인신청서

②시·도 교육위원회 및 문교부는 제1항의 규정에 의한 신고서를 받은 때에는 이를 검토하고 요건에 맞는 때에는 학교부설 사회교육시설 신고대장(별지 제26호 서식)에 등재하고 신고증(별지 제27호 서식)을 교부한다.

③제1항의 규정에 의한 학교부설 사회교육시설의 신고사항을 변경하고자 할 때에는 제14조 제4항의 규정에 의한다. 다만, 대학부설 사회교육시설인 경우에는 문교부에 신고한다.

제16조 (직인등록) ①제4조 제2항 및 제9조 제9항의 규정에 의거 학력인정사회교육시설로 지정을 받거나 전문요원연수원의 설립인가를 받은 때에는 10일 이내에 문교부에 직인을 등록(별지 제28호 서식)하여야 한다.

②직인을 분실하거나 갱신할 필요가 있을 때에는 그 사유서를 첨부하여 재등록을 하여야 하며 직인을 폐기한 때에는 소각하여야 한다.

③직인은 정사각형으로 하되 그 일변의 길이는 2.4센티미터로 하며 한글 전서체로 가로로 새긴다.

제17조 (광고 및 안내서) ①사회교육시설의 광고 또는 안내서는 시행예정일로부터 10일 전에 시·도 교육위원회에 그 문안을 제출하여야 한다. 다만, 대학부설 사회교육시설 및 전문요원연수원인 경우에는 문교부에 그 문안을 제출하여야 한다.

②문교부 또는 시·도 교육위원회는 제1항의 규정에 의하여 제출된 광고 또는 안내서의 문안내용이 부적합할 때에는 배포 또는 게재를 중지하거나 이의 시정을 명한다.

부　칙

①(시행일)　이 규정은 공포한 날로부터 시행한다.

②(사회교육이수자의 학력인정)　령 제7조의 규정에 의한 학력인정은

1986학년도 신입생부터 적용한다.

③(경과조치) 령 제9조 제2항 및 제3항의 규정에 의한 전문요원자격에 필요한 이수학점 인정은 별표 2의 과목을 기이수한 경우 모두 인정한다.

[표 5-1] 령 제9조 제2항의 규정에 의한 문교부장관이 지정하는
사회교육 분야의 학과

사회교육분야의 학과
사회교육과, 산업교육과, 공업교육과, 상업교육과, 특수교육과, 유아교육과, 교육공학과, 교육행정과, 국민윤리(교육)학과, 사회학과, 사회사업학과, 사회복지학과, 지역사회개발학과.

[표 5-2] 령 제9조 제2항 및 제3항의 규정에 의한 사회교육학의 영역

구 분	사회교육학의 영역(교과목)		비 고
1. 공통필수	사회교육개론, 사회교육방법론		2과목 필수
2. 사회교육학	사회교육학 사회교육행정론 사회교육법규 사회교육통계 사회교육과 여가 사회교육과정 및 평가 사회교육과 커뮤니케이션 사회교육과 사회문제	사회교육자료개발 사회교육과 특수교육 성인·청소년지도 평생교육론	1과목 이상 필수선택
3. 사회·심리학	사회학개론 사회사업론 사회복지론 사회조사방법 산업사회학 농촌사회학 도시사회학 사회정책 아동심리학 지역사회개발론 교육사회학 도서관학 박물관학	사회심리학 산업심리학 청년심리학 성인심리학 노인심리학 교육심리학 상담심리학	1과목 이상 필수선택

	여성학 노인학	
4. 직업교육학	산업교육론　　　　직업윤리 산업교육방법론　　인력개발론 산업교육과정론　　인간자원개발론 직업기술교육　　　조직이론 직업교육방법　　　레크리에이션지도 직업교육과정 및 평가	1과목 이상 필수선택
5. 사회교육실습	교육실습 또는 실무실습	필수과목(비학점:4주)

주) 1. 사회교육학의 영역 교과목의 과목당 학점은 2학점 이상(또는 32시간 이상)으로 하
　　　되, 15학점 이상(또는 240시간 이상)을 취득하여야 되는 경우에는 7과목(사회교육실
　　　습은 제외) 이상을 이수하여야 한다.

[표 5-3]　령 제12조 제4항의 규칙에 의한 전문요원 연수원의 교수요원의
　　　　　　자격 및 교육과정

교 수 요 원 자 격	교 육 과 정 (교과목)	교수요원정수
가. 대학 및 전문대학 이상 　　의 전임강사 이상의 교 　　원으로서 당해 과목 전 　　공자 나. 당해 과목에 관한 석사 　　학위 이상 소지자	가. 전공과목 　　별표 2의 사회교육학의 영 　　역과목 나. 교양과목 　　령 제3조의 규정에 의한 　　국민교양교육과목 다. 기타 연수원이 설정하는 　　과목	가. 전임교수요원　2인 　　이상

[표 5-4]　령 제12조 제4항의 규정에 의한 전문요원 연수원의 시설· 설비
　　　　　　기준(200인 기준)

구　　　분	시 설· 설 비 기 준
1. 수업실, 　　세미나실	가. 수업실 및 세미나실(강당 포함)의 연면적은 840제곱미터 이상으 　　로 하되, 세미나실은 최저 3실 이상으로 한다. 나. 시청각실 95제곱미터 이상 다. 설 비 　　1. 칠판, 교탁, 게시판, 패도걸이, 책걸상, 세미나용탁자 및 의자 　　2. 시청각기재: 앰프시설, 영사기, 오버헤드, 슬라이드, 사진기, 녹

구 분	시 설 · 설 비 기 준
	음기, 라디오, 전축, 비디오시스템, 기타 시청각 기자재 라. 기타 필요한 시설· 설비
2. 사무실, 숙직실, 기타 관리실	가. 사무실, 숙직실, 교수휴게실 및 기타 관리실의 연면적 209제곱미 터 이상 나. 사무실, 집기류 등 기타 운영· 관리에 필요한 시설· 설비
3. 자료실	가. 자료실 176제곱미터 이상 나. 도서 5,000권 이상, 전문분야 정기간행물 10종 이상
4. 양호실	가. 양호실 33제곱미터 이상 나. 설비 　1. 침대 및 가구 　2. 약품 및 의료기구 등 다. 기타 필요한 시설· 설비
5. 휴게실	가. 휴게실은 66제곱미터 이상
6. 화장실 및 급수시설	가. 화장실은 연수기관의 규모에 따라 적절한 것이어야 하되, 남· 여별로 구분되어야 한다. 나. 급수시설은 상수도를 제외하고는 그 수질이 관할 보건소에서 보건위생상 해가 없다고 증명된 것이어야 한다.
7. 채광시설, 환기 시설, 냉· 난방 시설 및 조명 시설	가. 채광시설, 환기시설 및 냉· 난방시설은 보건위생상 적절한 것이 어야 하고, 조명시설은 책상면과 흑판면의 조도가 150룩스 이상 이 되어야 한다.
8. 방음시설 및 소방시설	가. 환경보전법의 규정에 의한 생활소음규제기준에 적합한 방음시설 나. 소방법의 규정에 의한 방화 및 소방에 필요한 시설
9. 기숙사	가. 기숙사 연면적 2,100제곱미터 이상, 기숙사에는 수용인원에 필 요한 침실, 식당, 욕실, 화장실, 휴게실을 둔다. 나. 설 비 　1. 주방 및 식당설비 　2. 수용인원에 필요한 취침용구 및 옷장 　3. 앰프시설 다. 기타 필요한 시설· 설비

구 분	시 설· 설 비 기 준
10. 실험· 실습 · 실기실	가. 실험· 실습· 실기 등을 필요로 하는 교육과정에 있어서는 이에 필요한 부속시설 및 설비
11. 체육장	가. 체육장은 1,650제곱미터 이상으로 하며, 이에 따른 여가선용시 설 및 설비를 구비하여야 한다.
12. 기 타	가. 용지는 교사(기숙사 제외) 총면적의 3배 이상(체육장 포함) 나. 기타 연수과정별로 필요한 시설· 설비

[표 5-5] 일반 및 학교 형태의 사회교육시설의 시설·설비기준

구 분	시 설·설 비 기 준
1. 학습시설	가. 수업실 1실 이상(실당 기준면적 49.5제곱미터 이상) 나. 학습에 필요한 시설·설비
2. 자료실	가. 도서 및 자료 500권 이상 나. 관리실과 겸용할 수 있음
3. 관리실	가. 관리실은 사회교육시설의 규모에 따라 적절한 것으로 1실 이상
4. 기 타	가. 기타 필요한 시설·설비

[표 5-6] 종합사회교육시설의 시설·설비기준

구 분	시 설·설 비 기 준
1. 회의(집회)실	가. 회의(집회)실 연면적 189제곱미터 이상 나. 회의(집회)에 필요한 탁자 및 의자 등 시설·설비
2. 학습시설	가. 수업실(세미나실 포함) 연면적 588제곱미터 이상 나. 시청각실 66제곱미터 이상 다. 설 비 　　1. 칠판, 교탁, 게시판, 패도걸이, 책·걸상 등 　　2. 시청각기재: 영사기, 오버헤드, 슬라이드, 사진기, 녹음기, 라디오, 전축, 비디오시스템, 기타 시청각기자재 라. 기타 학습에 필요한 시설·설비
3. 사무실, 기타 운영 시설	가. 사무실, 숙직실, 교수휴게실 및 기타 관리실의 연면적 148제곱미터 이상 나. 사무실 집기류 등 기타 운영관리에 필요한 시설·설비
4. 자료실	가. 자료실 132제곱미터 이상 나. 도서 3,500권 이상, 전문분야 정기간행물 7종 이상
5. 방송·통신 시설	가. 앰프시설 1세트 이상
6. 보건·위생 시설	가. 양호실 23제곱미터 이상 나. 설 비 　　1. 침대 및 침구 　　2. 약품 및 의료기구 다. 기타 필요한 시설·설비
7. 오락시설	가. 휴게실 49.5제곱미터 이상 나. 기타 오락에 필요한 시설·설비

8. 숙박시설	가. 기숙사 1,470제곱미터 이상 기숙사에는 수용인원에 필요한 침실, 식당, 욕실, 화장실, 휴게실을 둔다. 나. 설 비 　1. 주방 및 식당설비 　2. 수용인원에 필요한 취침용구 및 옷장 　3. 앰프시설 다. 기타 필요한 시설· 설비
9. 체육장	가. 체육장은 1,150제곱미터 이상으로 하며, 이에 따른 여가선용시설 및 설비
10. 기　타	가. 용지는 교사(기숙사 제외) 총면적의 2배 이상(체육장 포함) 나. 기타 과정별로 필요한 시설· 설비

이 글에서는 사회교육법 시행규정 중 표 5-1에서부터 표 5-6까지의 종합사회교육시설· 설비기준까지만을 게재하고, 나머지 각종 서식에 관한 별표는 생략했다. 다음 장에서는 사회교육법과 사회교육법시행령에서 다루고 있는 교육과정 및 몇 가지 문제점을 논의한다.

5. 사회교육법의 문제와
평생교육지원체제의 활성화 방안

평생교육체제가 교육제도 속으로 통합되기 위해서는 사회교육행정지원체제의 보장과 평생교육을 강조하는 헌법의 개정이 필요하다(참고: 진원중, 1983: 한국사회교육협회, 1986).

제5공화국의 헌법 제29조 5항 및 6항은 평생교육의 중요성을 명료화시키고 있다. 즉, 대한민국의 국민은 학교교육뿐만 아니라, 사회교육을 통하여 개인의 일생 동안 교육받을 권리가 있음을 명시하고 있다. 동시에, 평생교육제도의 실제화와 운영의 실제화를 위해 국가가 평생교육제도의 발전과 운영을 적극적으로 지원할 것도 명시하고 있다.

그러나 헌법 제29조 6항은 학교교육과 평생교육을 이원화시켜, 학교교육과 평생교육 이념이 교육적으로 대등한 위치에 있게 만들어 놓았다. 즉, '학교교육과 평생교육을 포함한 교육제도와 그 운영에 관한 기본적인 사항은 법률로 정한다'고 규정함으로써 평생교육의 개념이 학교교육개념보다 상위개념임을 법적으로 부정해 놓았다. 이런 법률적 오류 때문에 교육당국자나 학자들 간의 개념적 논쟁과 개념적 혼란이 야기되고 있고 교육제도 전반의 개혁도 제 갈피를 잡고 있지 못한 실정이다.

따라서 첫째, 헌법 제29조의 조문은 한국사회교육협회(1986. 8)가 건의한 대로 현행 헌법의 평생교육조항을 계승하되 '학교교육과 사회교육을 포함한 평생교육제도 및 그 운영에 관한 기본적인 사항은 법률로 정한다'라고 개정될 필요가 있다.

둘째, 현행 한국의 사회교육관계법령, 규정들 속에 삼투되어 있는 일본 사회교육행정관계법령의 흔적을 제거하는 작업 역시 과감히 시도되어야 한다. 현행 한국의 사회교육관계법령과 일본의 사회교육관계법령은 조문의 자구나 내용상 상당한 차이가 있음에도 불구하고(참고: 한국사회교육협회, 1985), 두 나라 사회교육법의 본질적 차이보다 유사한 공통점이 많이 있음을 지적하는 비판의 소리가 사회교육계 일각에서 높아지고 있음에 각별히 신경을 써야 된다. 이런 비판의 소리는 한국에서의 사회교육 활동이 일제 36년 동안 일본 군국주의의 사회교화적 잔재를 깨끗이 청산하지 못하고 있다는 비판과 아울러 더욱더 고조되고 있다. 사회교육의 한국화를 위해서는 사회교육법령뿐만 아니라 각종 사회교육시설, 사회교육기관에서 전개되는 사회교육 활동 그 자체 속에서도 일본색의 요소가 과감히 제거되어야 함을 시사하고 있다.

셋째, 현행 사회교육법시행령 제9조 제2항 및 제3항에 규정된 사회교육 전문요원의 자격취득요건도 재조정될 필요가 있다. 왜냐하면 이론 위주로만 공부하고 1급 및 2급 전문요원 자격증을 취득한 학사, 석사가 일반 사회교육단체나 산업교육 관계부서에서 제 기능을 발휘하기 어려울 뿐만 아니라, 각 기업들이 그들을 고용하려고 하지도 않기 때문이다. 따라서 사회교육 전문요원 자격취득은 이론적인 총론 습득위주보다는, 현장중심 각론 및 실습위주로 전환되어야 할 것이다. 따라서 현재 규정되어 있는 4주의 사회교육실습은 현실여건을 감안하여 최소한 10주 이상으로 확대되어야 한다.

넷째, 또한 사회교육 전문요원이 되기 위해 이수해야 될 '사회교육학' 관계 학문으로 제시된 (참고: 사회교육법시행령 제9조 제2항, 3항의 규정에 의한 사회교육학의 영역: 표 5-2) 과목들 간의 조정도 필요하다. 예를 들어, '사회교육방법론'과 '사회교육자료 개발' 간의 차이나, 사회교육학의 학문적 성격이 어떤 것인지, 교과목을 사회교육법시행령에 규정한 그것만으로 경직되게 고정시키는 것이 타당한지 어떤지의 여부도 학문적으로 검토되어야 한다. 왜냐하면 사회교육관계 행정부처는 사회교육법시행령을 근간으로 사회교육 관계 교과목을 개설하거나 학점취득을 결정한 각 대학들에게 사회교육 전문요원 배출을 위한 정확한 지침을 제공해야 될 학문적 책임뿐만 아니라, 행정적 책임도 있기 때문이다.

마지막으로, 문교당국은 사회교육법의 정착과 사회교육 전문요원의 실질적인 배출을 위해서 사회교육법시행령 제10조에 명시된 사회교육 전문요원의 배치 규정이 실질적인 구속력을 갖도록 만들 필요가 있다.

일반기업체, 산업체, 학교 등지에서 배출된 사회교육 전문요원을 기피하거나 사회교육 전문요원의 배치가 유명무실화되어지면 사회교육법의 효력도 유명무실화되어질 것이기 때문이다. 따라서 사회교육의 활성화는 공염불로 끝날 위험도 있기 때문이다.

6. 맺음글: 사회교육행정체제의 강화 방안

평생교육의 이념에 맞추어 헌법조문의 수정뿐만 아니라, 평생교육의 이념을 실현하기 위해서는 사회교육지원체제가 보다 구체화되어야 한다. 이 절에서는 이를 위해 사회교육행정조직 체계에 대한 역사적 논의와 사회교육행정체계의 현실을 논의한다.

1) 문교부 사회교육행정의 역사

문교부의 사회교육행정 변천사는 미군정 시기부터 제5공화국 현재에 이르기까지, 다양한 양식으로 다양하게 전개되어 왔다(참고: 총무처, 1980: 문교부, 1986: 양열모, 1987: 한국사회교육협회, 1983). 마치 사회교육행정은 인체의 맹장처럼 취급되기도 했으며, 문교부의 국이 개편될 때마다 사회교육관련과는 이리저리 뒹굴림을 당해도 무방하다는 식의 행정적 취급을 받아 왔다. 이런 식의 행정은 사회교육의 진흥이나 사회교육의 활성화를 위해 아무런 도움도 주지 못했다고 볼 수 있다.

미군정기(1945~1948) 동안 미군정청은 일본의 총독부 행정기구를 답습하여 행정장관 밑에 학무국 학무과 성인교육계를 두었다. 1946년 1월에 학무과 안의 성인교육계를 성인교육과로 승격시켰다. 그러나 미군정청은 다시 1946년 3월 중앙집행부서의 국제를 부제로 개정하면서 학무국을 문교부로 승격 개편하였다. 이에 따라 같은 해 4월 성인교육과가 성인교육국으로 승격되면서 밑에 재교육과와 계몽과를 두게 되었다. 이어 미군정청은 정부수립 바로 전인 1948년 7월 교화국과 성인교육국을 사회교육국으로 통합하고, 성인교육과, 지도과, 문화시설과, 예술과 및 체육과 등 다섯 개의 과를 두었다.

정부수립부터 제2공화국(1948. 8~1961. 5)에 이르기까지 한국 정부는 다양한 사회교육행정체계를 강화하였다. 즉, 1948년 7월 헌법 및 정부조직법(법률 제1호)이 제정 공포되고 같은 해 8월 15일에 문교부가 창설되었다. 이어 같은 해 11월에 1실 5국(보통교육국, 고등교육국, 문화국, 편조국, 과학교육국)의 문교부 직제가 대통령령 제22호로 신설되었다. 문화국 안에는 체육과, 예술과, 교도과, 성인교육과 및 생활개선과를 두게 되었다.

제3공화국에서 제4공화국(1961. 5~1981. 3)에 이르기까지 한국 정부는 1961년 10월 문교부 직제를 4국(학무국, 학교관리국, 체육국, 문예국) 1과(총무과)로 전면 개정하면서 문예국 안에 사회교육과, 문화교류과, 예술과를 두었다. 이때 문화재 관리업무를 관장하기 위하여 문교부 장관 소속 아래 외국(外局)으로 문화재관리국이 설치되었다. 그러나 1963년 12월 2실 4국 14과로 문교부 직제를 전면 개편(각령(閣令) 제1937호)되면서 문예국과 체육국이 통합되어 문예체육국으로 개편되고, 문예체육국에 사회교육과, 국제교육과, 예술과, 체육과가 설치되었다. 또한 정부는 1968년 7월 정부조직법을 개정(법률 제2041호)하여 공보부를 문화공보부로 개편하고, 문교부의 문화예술업무를 문화공보부로 이관하게 되었다. 이에 따라 문교부 직제도 개편(대통령령 제3512호)되었다. 이때 문예체육국이 사회교육국으로 개편되고 사회교육국에 사회교육과, 국제교육과, 체육과가 소속되었다.

1970년 1월 정부조직법의 개정(법률 제2148호)에 따라 문교부 직제도 계를 폐지하고 담당관제도를 신설하게 되었다. 사회교육국도 사회교육과, 체육과, 교포교육담당관으로 개편하게 되었다. 1970년 8월에 체육국(국민체육과, 학교체육과, 학교급식과)을 신설하고, 사회교육국에 사회교육과와 국제교육과를 두었다. 1975년 5월에는 사회교육국에 재외국민교육과를 신설하게 되었다. 1978년 3월 사회교육국을 사회국제교육국으로 개정하고 유학생과를 신설하게 되었다. 1980년 2월 방송통신교육의 활성화를 위해 사회국제교육국에 방송교육과를 신설하게 되었다.

제5공화국(1981. 3~)이 출범하고 난 후, 1981년 11월 정부조직의 대국대과(大局大課)의 원칙에 따라 문교부 직제도 3실 6국 16과로 개편(대통령령 제10535호)되었다. 이때 산업교육국, 사회국제교육국 및 체육

국을 사회직업교육국, 체육국제국으로 개편되었다. 사회직업교육국에
사회교육과, 청소년과, 전문대행정과, 전문대학학무과를 두게 되었다. 1982
년 3월 정부조직법 개정으로 체육부가 신설됨에 따라 체육국제국이 폐
지되고 교직국제국으로 개편되었다.

　1986년 8월 문교부직제가 3실(기획관리실, 장학편수실, 대학정책실),
5국(보통교육국, 교직국, 과학교육국, 사회국제교육국, 교육시설국) 21담
당관 25과로 전면 개편되었다. 사회직업교육국을 사회국제교육국으로

[표 5-7] 문교부의 사회교육 행정변천사

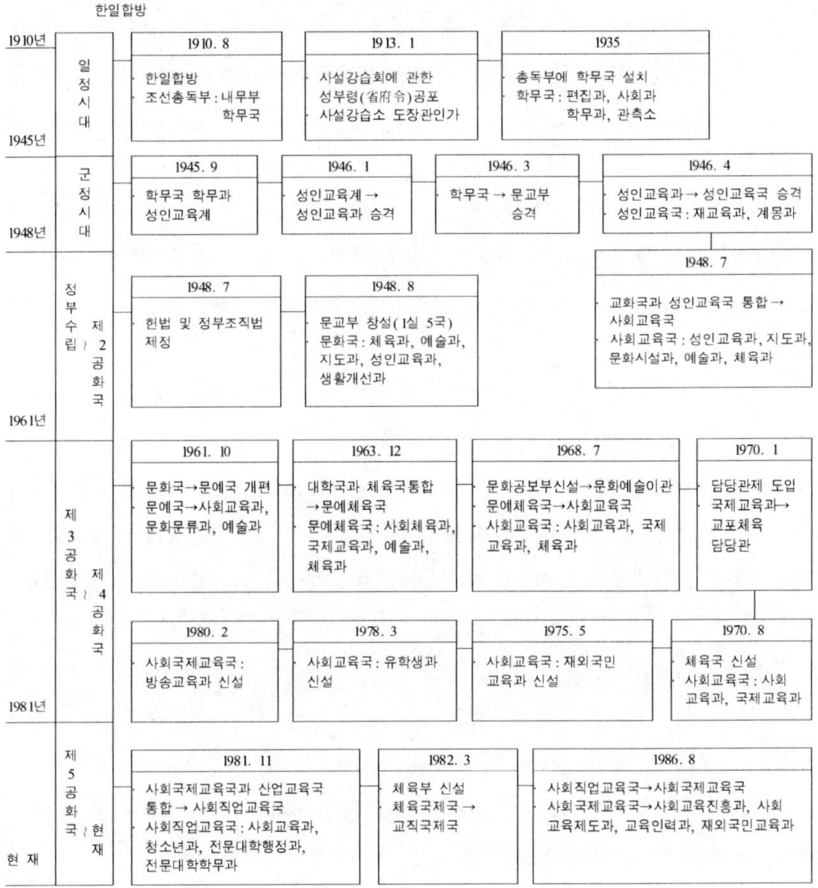

개편하고, 사회교육과와 청소년과를 사회교육진흥과와 사회교육제도과로 개편하였다. 또한 교육국제국에서 교육협력과와 재외국민교육과가 이관되어 사회국제교육국에는 사회교육진흥과, 사회교육제도과, 교육협력과, 재외국민교육과가 설치되게 되었다(참고: 표 5-7).

사회교육진흥의 업무는 첫째, 사회교육진흥계획의 수립, 조정 및 시행 둘째, 사회교육시설의 지도· 감독 셋째, 사설강습소의 지도· 감독 넷째, 문교부소관 공익법인 및 비영리법인의 설립, 폐지 및 그 운영의 지도· 감독 다섯째, 문교부소관 사회단체의 설립, 폐지 및 그 운영의 지도· 감독 등으로 대분된다.

사회교육제도과는 첫째, 방송통신대학 및 방송통신고등학교의 설치, 폐지 및 그 운영의 지도· 감독 둘째, 개방대학의 설치, 폐지 및 그 운영의 지도· 감독 셋째, 공민학교 및 고등공민학교의 지도· 감독 넷째, 도서관의 지원 및 그 운영의 지도· 감독하는 일을 담당하고 있다.

지방사회교육행정 역시 체계성을 결여하고 있기는 마찬가지이다. 시교육위원회나 각 교육(구)청에 설치된 학무국(과) 소속 사회교육과(계), 사회체육과(계) 역시 관련 사회교육기관에 대한 설치, 폐지 및 운영의 지도· 감독을 주요 업무로 삼고 있다(참고: 표 5-8).

한마디로, 제한된 예산과 제한된 인력으로 사회교육을 육성 지원하는 방안을 마련하기보다는 기존 사회교육단체에 대한 지도· 감독기능 강화만으로는 사회교육의 진흥과 이에 대한 평생교육의 이념이 실현되기 어렵다. 보다 필요한 것은 사회교육의 진흥을 위한 전문인력 투입과 적절한 예산확보이다. 예산확보와 사회교육전문 행정인력이 보장, 충원되지 않으면 사회교육행정은 지원행정보다는 지도나 감독의 기술행정으로 퇴락할 뿐이다. 즉, 사회교육의 육성과 활성화를 위해서는 그것에 상응하는 전문행정인력의 확보와 양성, 효율적 지원행정체계와 재정적 지원책도 마련되어야 한다. 평생교육의 이념을 학문적으로 논하는 일과 같은 차원의 연장선 위에서 사회교육 행정체제의 전문화와 효율화가 병행, 연계되어 구체적이고 실질적으로 추진되어야 한다.

[표 5-8] 문교부 산하 사회교육 행정기구표

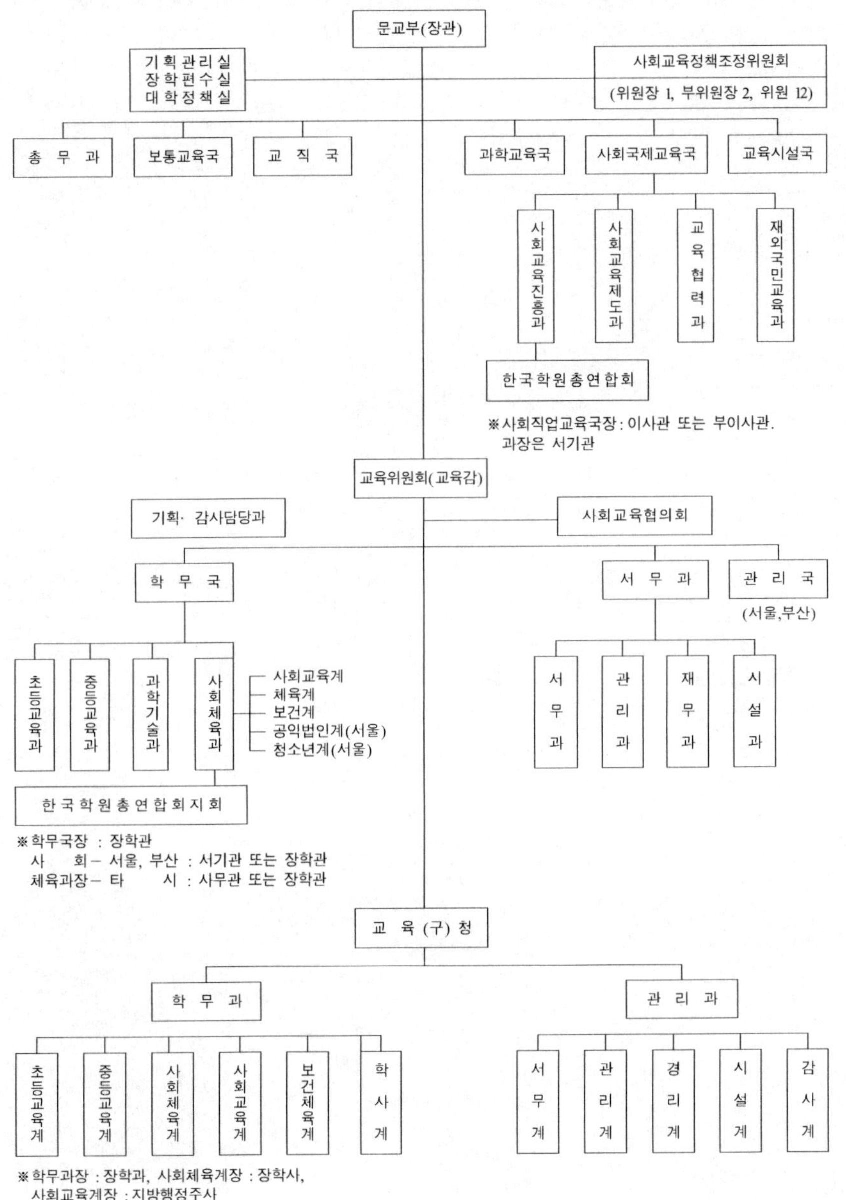

VI. 사회교육의 교육과정

사회교육의 내용과 사회교육의 교육과정을 계획· 선정하는 데 사회교육법 시행과 관련하여 고려해야 할 것들은 무엇인가? 한국 사회에서 사회교육의 진흥을 위해 특별히 사회교육과정으로 고려되어야 할 점들은 무엇인가? 이 글에서는 이 두 가지 문제를 중심적으로 논의한다.

한국 사회에서 체계적으로 발전시켜야 될 사회교육의 교육과정 선정의 문제를 논의하기 위해 이 글에서는 네 가지 점을 논의의 주제로 다룬다.

첫째, 사회교육이 기본적으로 추구하는 교육목표· 목적을 논의한다.

둘째, 사회교육 교육과정 내용에 관한 사회교육법과 사회교육법시행령의 내용을 논의한다. 특별히 사회교육의 내용에 관한 사회교육법의 규정 내용과 사회교육의 내용 선정에 관한 서구 학자들의 논의를 대비하고 종합한다.

셋째, 1980년대 초기부터 한국사회에서 산발적으로 등장하고 있는 민간주도형 사회교육기관에 의해 실시되는 교육과정과 관련된 문제점을 논의한다.

넷째, 사회교육의 교육과정 선정을 위한 몇 가지 기준을 사회교육기관의 조직의 관점에서 논의한다.

1. 사회교육의 교육목표

한국교육학계는 아직까지 사회교육의 개념 파악에 관해 통일된 의견을 갖고 있지 못하다. 사회교육에 대한 개념은 1945년 이래 인습적으로 학교의 교육, 자발교육, 혹은 정규 학생신분을 소유하지 않는 학습대상자 교육 등으로 편의에 따라 서로 다르게 이해되어 왔다(한준상, 1982, 1983). 한국교육학계에서 논의되고 있는 사회교육에 대한 일반적인 개념 파악들(참고: 이영덕, 1983: 김종서, 1983: 김승한, 1981: 김종서, 정지웅, 남정걸과 이용한, 1982: 진원중, 1974)은 성인교육에 관한 몬트리올(Montreal)선언서의 내용 속에서 와해되게 된다. 즉, 한국 사회에서 제 나름대로 주창, 이해되어 오던 사회교육에 대한 각종 개념은 생존과 행복의 추구 및 보장이 사회교육의 핵심임을 강조한 몬트리올 성인교육선언서의 주장을 넘어서지 못하고 있다. 몬트리올 성인교육선언서는 성인교육이 인간의 생존, 행복의 추구 및 보장을 위한 교육활동이어야 함을 이렇게 주장하고 있다.

"우리의 첫번째 관심은 생존문제에 집중되어 있다. 적자생존의 문제를 의미하고 있는 것이 아니다. 우리 모두가 생존하지 못한다면 우리 모두에게는 오로지 멸망만이 남아 있다. 인간이 배워 생존할 수 있는 그런 기회가 보장된다면 그것은 전에는 결코 제공된 적이 없었던 개인적 복지나 사회발전에 관해 봉사할 수 있는 기회를 한 인간에게 제공하는 것이다.

……, 인간은 다양한 면모를 갖고 있는 존재이다. 따라서 욕구도 다양하다. 다양한 욕구는 조각조각인 채의 분절적인 상태로 인간에게 충족되게 하여서는 안 된다. 욕구들은 성인교육 프로그램 속에 총체적으로 반영되어야 한다. …… 우리는 믿는다.

성인교육은 인간의 생존과 행복을 위해 중요하다는 점을 믿는다. 따라서 성인교육에 대한 새로운 태도가 요청되는 것이다. 어떤 곳에든 모든 인간에게 있어서 성인교육의 제공은 정상적인 것이라는 점은 더 말할 나위도 없다. 또한 정부 역시 성인교육을 사회적인 차원에서 교육의 한 영역으로서 대우해야 한다. 꼭 필요한 부분으로 대우해야 한다는 검도 더 이상 재론할 필요가 없다"(성인교육에 관한 세계 제2차 회의, 성인교육에 관한 몬트리올 세계협의회의 선언서 1963. 11.).

사회교육 지원에 관한 국가적 의사표시는 한국에서도 1982년 12월 31일 법적으로 구체화된 바 있다. 사회교육법 통과는 사회교육진흥의 필요성에 대한 국가적 차원에서의 인정을 의미했던 것이다.

과연 사회교육법은 사회교육의 교육과정 구성을 어떤 식으로 규정하고 있는가? 사회교육법과 사회교육법시행령에 의해 명시되고 있는 사회교육의 교육과정에 대한 규정은 사회교육의 진흥에 있어서 중요할 수밖에 없다. 왜냐하면 각종 사회교육기관이나 단체는 사회교육법과 이 법이 규정하는 시행령의 테두리 안에서 합법적인 사회교육의 활동을 전개해 나가야 하기 때문이다.

2. 사회교육법이 규정한 사회교육의 내용

사회교육법(참고: 제7조 1항 및 2항, 제9조)은 사회교육의 교육과정에 관한 세 가지 원칙을 명시하고 있다.

첫째, 사회교육과정 구성의 원리를 제시하고 있다(참고: 7조 1항). 사회교육의 교육과정은 두 가지 원리에 의해 조직되어야 한다. 즉, 첫째, 학습자의 필요와 둘째, 학습자에게 구체적인 도움을 제공하는 실용성 유무에 따라 구성되어야 한다.

사회교육법이 제시하고 있는 (참고: 제7조 2항) 사회교육의 교육과정 구성의 두 번째 원칙은 국민교양을 함양하기 위한 과목의 설치에 관한 것이다. 즉, 모든 사회교육단체는 사회교육을 일정시간(기간) 이상 실시할 경우, 의무적으로 국민교양의 함양을 위한 교과목을 학습자들에게 가르치도록 규제받고 있다. 셋째, 사회교육법은(참고: 제9조) 사회교육 기관의 영리추구의 제한을 법률적으로 규정하여 규제하고 있다.

사회교육의 교육과정 구성의 원리, 국민교양과목 설치, 사회교육기관의 영리성 추구 제한은 사회교육법 시행령에 의해 보다 구체화되고 있다. 예를 들어, 사회교육의 영역 및 교육내용은 10가지로 명시되고 있다(참고: 사회교육법 시행령 제2조). 즉, 기초교육과 교양교육, 직업·기술 및 전문교육, 가족생활교육, 지역사회교육 및 새마을교육, 여가교육, 국민독서교육, 국제이해교육, 전통문화이해교육, 기타 학교교육 외의 조직적인 교육활동 등 10개 영역으로 세분되어 있다.

국민교양교육은 10명 이상의 피교육자들에게 집단적으로 30시간 이상 및 30일 이상의 교육과정을 투입할 때, 각 사회교육기관은 의무적으로 국사교육, 국민윤리교육, 환경교육, 경제교육, 통일안보교육, 새마을교육의 여섯 과목 중 한 과목 이상을 총 학습시간의 10% 이상으로 조정, 투입시켜야 함을 규정하고 있다(참고: 사회교육법시행령 제3조 1항, 2항, 3항).

사회교육법시행령 제5조는 사회교육기관의 영리성 추구가 사회교육 관련 행정부처(서울특별시, 직할시 및 시·도 교육위원회)의 승인, [표 6-1] 사회교육법과 사회교육법시행령이 제시한 사회교육과정 선정 기준 및 내용 간의 대비 혹은 신고에 의해 처리됨으로써 사실상 제한되도록 규정하고 있다. 즉, 사회교육기관에 어떤 형식이든지 학습자가 지불하게 되는 이른바 학습에 필요한 경비 및 액수의 상한·하한선은 행정부처의 판단에 의해 행정적으로 처리되도록 규정되어 있다(참고: [표 6-1]).

[표 6-1] 사회교육법과 사회교육법시행령이 제시한 사회교육과정 선정기준 및 내용 간의 대비

법률 내용	사 회 교 육 법	사 회 교 육 법 시 행 령
사회교육 선정기준	1. 사회교육기관 운영자에 의한 사회교육과정 구성원칙주의(7조 1항) 2. 학습자의 욕구 우선주의(7조 1항) 3. 학습자의 실용적 이용가치우선주의(7조 1항)	1. 기술교육 및 교양교육, 직업기술교육 및 보건교육, 가족생활교육, 지역사회교육 및 새마을교육, 여가교육, 국제이해교육, 국민독서교육, 전통문화이해교육(제2조)
특수교육 과정 설치	1. 국민교양 촉진용 교육과정설치 의무화(7조 1항) 2. 국민교양 촉진용 교육과정의 교육내용은 대통령령에 의해 규제(7조 3항)	1. 10인 이상의 학습자에게 총 학습시간·기일이 30시간 이상 혹은 30일 이상 투입시 총 학습시간의 10% 이상 의무적으로 실시(제3조 1항) 2. 국사, 국민윤리, 환경, 경제, 통일안보, 새마을교육 중 1과목 이상 실시(제3조 2, 3항)
영리추구의 제한	1. 사회교육기관의 영리성추구 억제주의(9조)	1. 학습경비는 관계 행정부처의 사전 신고 및 승인제(제5조 1항) 2. 학습에 필요한 경비는 명목여하를 불문하고 학습자로부터 받아내는 모든 금액(5조 2항)

  결국 사회교육법은 사회교육기관 운영자들의 판단에 의해 기초교양 과목에서부터 한국전통 이해를 위한 과목까지 학습자들의 욕구와 실용적 가치 추구를 위한 것이라면, 그 어느 것이든 사회교육의 교육과정 내용으로 선정할 수 있다고 규정하고 있다. 국민교양 함양을 위한 특수 분야의 과목에 대한 경시와 사회교육기관의 영리성이 무절제하게 추구· 보장되지 않는 범위 안에서 모든 교과목은 사회교육의 교육내용, 교육과정으로 채택될 수 있게 되었다. 한국의 사회교육법이 제시하고 있는 사회교육의 교육과정은 한국 사회교육계에서 그동안 인습적으로 제시· 제안해 온 각양각색의 제언들을 포괄적으로 흡수하고 있다.

  그러나 사회교육법이 규정한 교육내용뿐만 아니라 한국 사회교육계에서 거론되어 온 다양한 사회교육의 내용들은 Liveright와 Haygood (1969), Prosser(1969), Knowles(1970) Coles(1968), Lowe(1975), Dave (1981) 등이 서로 다르게 제시해 온 사회교육에 관한 내용 선정의 범주를 벗어나지 못했다. 또한 한국 사회의 실정에 적합하게 수정· 보완해 왔다는 인상이나 증거를 제시해 오지도 못했다는 점에 주목해 둘 필요가 있다.

  1983년 현재 한국의 사회교육계에 회자되고 있는 각양각색의 사회교육내용, 교육과정 등을 집약· 체계화해 보면(참고: [표 6-2]), 세 가지 교육내용이 사회교육과정의 핵심이 되어야 함을 알 수 있다.

  즉, 첫째, 개인능력 신장에 관한 교육내용 둘째, 사회 및 지역사회, 공동체에 공헌하는 교육내용 셋째, 자아만족· 여가향유에 관한 교육내용이 필수적으로 고려되어야 할 세 가지 요소가 되고 있다(참고: Lowe, 1975).

  한국 사회교육법이 강조하는 교육과정의 특징은 세 가지 특색을 갖고 있다.

  첫째, 한국의 사회교육법은 사회· 지역사회 반전에 공헌할 수 있는 내용으로 지역사회에 관한 내용, 국제이해에 관한 내용, 전통문화 이해에 대한 세 가지 내용을 특별히 강조하고 있다. 특히, 한국적 상황에서 고려해 두어야 할 내용이 공민생활 신장 교육 내용으로 강조되고 있는 점에 주목해 둘 필요가 있다.

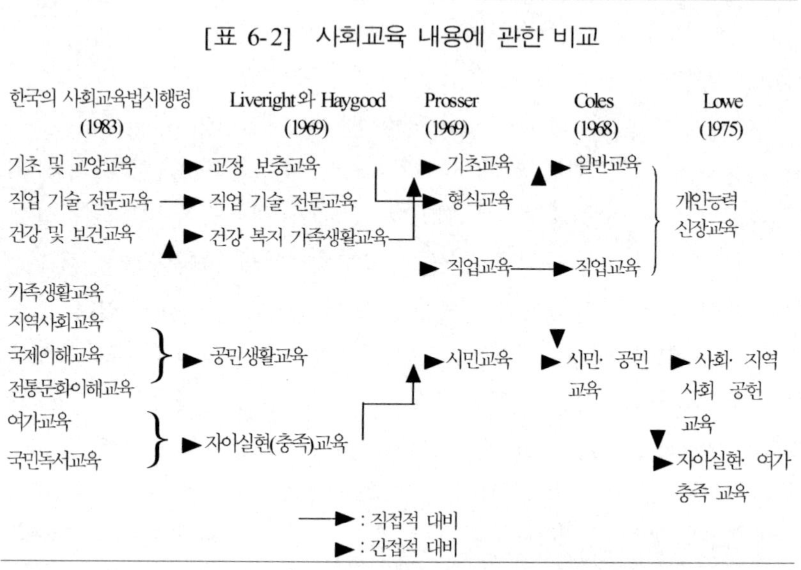

[표 6-2] 사회교육 내용에 관한 비교

둘째, 지역사회 발전, 국제이해, 전통문화에 대한 이해에 대한 내용이 무엇이 되어야 할는지에 관한 판단은 각종 사회교육기관(장)의 전문적 양식에 의존하고 있다는 인상이 현행 사회교육법에 강하게 노출되고 있다.

셋째, 사회교육법과 사회교육법시행령은 사회·지역사회 공헌교육으로서의 공민생활 향상 교육을 두 가지 입장에서 조직적으로 강화하고 있다. 즉, 공민생활교육이 소극적인 자유방임적 차원과 적극적인 간섭·통제의 차원 등 이차원에서 조직적으로 실시되도록 제도적 장치를 마련해 놓고 있다. 첫째로 일선 사회교육기관의 개별적인 양식과 둘째로 국가 최고 행정부 수준에서의 결정에 의해 공민생활교육이 강화될 것으로 요구되고 있다.

전자는 각종·각급 사회교육 기관이 각 나름대로 지역사회 발전· 국제이해· 전통문화 이해 등에 걸친 공민생활교육임을 임의적으로 제공하도록 사회교육법에 명시되어 있음을 의미한다. 반면, 후자는 각종· 각급

사회교육기관이 10명 이상의 학습자에게 30시간 혹은 30일 이상 반복·
실시하는 사회교육과정에 의무적으로 총 수업시간의 10% 이상을 국사,
통일안보, 국민윤리, 환경, 새마을, 경제 등 정해진 교과목 중 한 가지 과
목 이상을 의무적으로 제공, 실시하도록 규정(참고: 사회교육법시행령
제3조)하고 있음을 의미한다. 교육내용 간의 차이, 갈등에 관해서는 아
무런 언급이나 논의가 없음으로 해서 의도적으로 배제되어 있다.

3. 사회교육기관의 교육과정 현황

우리나라에는 네 가지 유형의 사회교육기관이 산재해 있다(참고: Lowe,
1982: 한준상, 1982).
　행정부주도형 사회교육기관, 기업식 민간 사회교육기관, 법인식 비영
리 민간 사회교육기관, 자선사업 위주의 사회교육기관도 한국 사회에서
상당하게 발견된다.
　이 절에서는 자선사업 위주의 사회교육기관에 대해서는 논의를 생략
한다. 단지, 행정부주도형, 비영리 법인식 사회교육기판, 기업식 민간주
도형 사회교육기관을 개별적으로 논의한다.
　행정부주도형 사회교육기관은 최소한 다섯 가지 특성이 두드러지게
나타나고 있다. 첫째, 모든 교육내용, 교과목은 무상으로 제공된다. 즉,
국민의 세금으로 사회교육기관이 운영된다. 둘째, 국민정신교육을 조직
적으로 제공, 강화한다. 따라서 교육과정은 주로 정신계발· 안보· 경
제· 새마을· 군사교육 등으로 구성되게 된다. 셋째, 교육내용이 집단·
집약적으로 일정 시간 동안 제공된다. 예를 들어, 각종 교육내용은 3박
4일, 5박 6일 등과 같은 주 단위 혹은 일정시간 단위로 제공된다. 이때
학습자는 일방적으로 일정시간 동안 가정으로부터 격리되게 된다. 넷

째, 교육과정에는 학습자들의 욕구나 실용성이 의도적으로 배제된 상태의 것들이 주종을 이룬다. 다섯째, 교육의 효과를 높이기 위한 각종 학습기재 등이 체계적으로 투입된다.

비영리 법인형 민간 사회교육기관 역시 최소한 네 가지 특징을 갖고 있다.

첫째, 수익자부담 원칙 아래 최소 경비를 학습자로부터 받아 내고 있다.

둘째, 정신교육 과목 제공을 무리하게 실시하지 않고 있다. 그러나 사회발전이나 사회봉사에 관한 민주시민교육은 강화된다. 이에 대한 민간주도적 관심은 오히려 체계적이다.

셋째, 직업교육 및 정규 학교교육에 대한 관심 역시 집약적으로 표시된다.

넷째, 여가 및 자아실현교육도 부분적으로 제공된다.

행정부주도형 사회교육기관과 비영리 민간주도형 사회교육기관의 차이를 사회교육과정 구성과 조직의 기능면에서 대비하면 [표 6-3]처럼 제시될 수 있다.

[표 6-3] 행정부주도형 사회교육기관과, 비영리 민간주도형 사회교육기관 간의 사회교육과정 편성 및 조직운영 특성 비교

기 관 내 용	행정부주도형 사회교육기관	비영리 민간주도형 교육기관
일반적 분위기	과업중심적, 기계적	인간본위적, 비형식적
조직구조	위계적, 역할분담적, 경직적인 업무분담적	유동적, 역할확산적, 변화지향적
운영방식	권위와 힘에 의한 서열식 통제, 과오회피적, 위험부담회피적, 개인 선발주의, 일벌백계주의	업무지원을 위한 권위행사 및 통제, 실험적, 과오로부터 새로운 대안을 모색하기 위한 지원 사용주의
정책결정 유형	하향식 전달, 정책결정과 정책수행 간의 엄격한 분리주의, 법률적 의사결정주의	관여자 참여주의, 정책결정과 수행 간의 조화주의, 문제해결식 의사결정주의
의사소통 유형	상부하달식, 일방주의, 감정억제주의	구성원 간의 개방적 의사소통, 감정표현주의

한마디로 비영리 민간주도형 사회교육기관은 사회교육 교육과정편성
과 조직 구성운영에 있어서 변화지향성을 갖고 있다. 반면, 행정부주도형
사회교육기관은 사회교육 교육과정 운영에 있어서 안정과 합리적인 지
침 준수를 사회교육 실시의 기본전략으로 채택하고 있다(참고: [표 6-4]).
물론, 이런 식으로 분류하는 것 이외에도, Darkenwald와 Merrian(1982)
은 사회교육기관을 성인교육 전담기관, 일반교육기관, 준교육기관, 비교
육기관 등으로 나누어 설명하고 있다(참고: [표 6-5]).

[표 6-4] 설립 및 운영주체별 분류에 따른 사회교육기관의 특성

기 관	특 성
행정부주도형 사회교육기관	○ 과업중심적, 기계적 분위기 ○ 안전과 합리적인 지침 준수 위주 ○ 국민의 세금에 의한 운영 ○ 국민정신교육의 조직적 제공 및 강좌(안보, 경제, 새마을 교육 등) ○ 집중식 합숙교육 ○ 교육과정에 있어서 학습자의 요구나 실용 등의 의도적 배제
법인형 비영리 민간주도형 사 회교육기관	○ 최신 학습기재의 다양한 활용 ○ 인간본위적 비형식적 분위기 ○ 변화지향적 ○ 최소 교육경비의 수익자 부담 ○ 사회발전 및 사회봉사를 위한 민주시민교육의 강조 ○ 직업관련 교육이 주종
기업식 민간 사회교육기관	○ 묵시적 형태의 영리추구성 ○ 학습자의 개인적인 욕구충족을 위한 다양한 프로그램을 제공 ○ 도시중심적·소비중심적 교과목 ○ 교육과정 구성의 체계화 미흡(외국 프로그램의 모방 및 차용) ○ 특정 연령층의 특정 신분 소유자를 위한 특정 교과목 운영중심

다음 절에서는 사회교육기관의 세 번째 유형인 기업식 민간 사회교
육기관의 속성과 기업식 민간주도형 사회교육기관의 사회교육과정 구
성의 문제를 집중적으로 논의한다. 왜냐하면 기업식 민간 교육기관은
학습자에게 다양한 경로를 통해 가장 큰 사회교육적 영향을 끼칠 가능
성을 갖고 있기 때문이다.

[표 6-5] 성인교육 기능 수행 정도에 따른 성인교육기관의 유형과 특성*

유 형	기 관 의 특 성	대 표 적 사 례
성인교육전담 기 관	ㅇ 기관의 주된 기능은 성인교 육 실시	ㅇ 지역사회교육센터 ㅇ 성인교육센터 ㅇ 성인을 위한 특수 대학 ㅇ 독립적으로 운영되는 연수
일반교육기관 (정규학교)	ㅇ 일차적 목표: 아동 및 청소년 대상 정규 학교교육 실시 ㅇ 이차적 목표: 성인교육 실시	ㅇ 일반 초·중·고·대학생 교육 ㅇ 일반 정규학교 부설 계속교육 센터
준교육기관	ㅇ 지역사회의 교육적·교육외적 요구를 동시에 충족시키기 위 한 기능 수행	ㅇ 문화시설(도서관, 박물관) ㅇ 대중매체 ㅇ 문화원, 여성회관, 노인협회 ㅇ 종교기관
기타교육기관 (비교육기관)	ㅇ 특정 집단의 이익이나 특정 목적 달성을 위한 교육훈련 실시	ㅇ 병원, 노동조합 ㅇ 교도소, 군대, 정부기관, 산업체

자료: 1) W. L. Schroeder(1970)." Adult Education Defined and Described, *Handbook of Adult Education*, Edited by Robert M. Smith. New York: MacMillan, pp. 37~38"
2) G. G. Darkenwald & S. B. Merrian(1982), *Adult Education: Foundations of Practice*. New York: Harper & Row, pp. 151~184.
* 최운실(1986). 성인교육유형에 따른 교육참여 특성 분석. 이화여대 박사학위청구논문, 19쪽, [표 2-3] 재인용.

4. 기업식 민간 교육기관의 사회교육과정

한국 사회에서 나타나는 기업식 민간 사회교육기관의 원초적인 형태는 현재 각종 학원, 각종 문화센터 등으로 분류될 수 있다. 한국에는 1980년 현재 약 6,000여 개의 학원이 전국적으로 산재되어 있는 것 같다(참고: 한국사회교육협회, 1980). 각종 문화센터도 전국적으로 산재되어 있다. 그러나 문화센터류의 사회교육기관의 수는 아직 정확하게 파악되지 않고 있다.

기업식 민간주도형 사회교육기관은 사회교육 교육과정 구성상 아홉 가지의 특징을 갖고 있다. 첫째, 영리를 목적으로 한 사회교육의 교육과정을 제공한다. 그러나 기업식 민간주도형 사회교육기관은 결코 교육목표보다 영리성 추구를 앞에 내세우지는 않는다. 왜냐하면 현행 사회교육법과 시행령에 의해 영리추구가 강력하게 규제되어 있기 때문이다. 사회교육법은 사회교육기관의 영리성 추구를 법률로써 규제하고 있다(참고: 제9조).

그러나 사회교육법시행령(참고: 사회교육법시행령 제5조)이 학습경비에 대한 산출의 근거 및 영리성 추구의 한계에 대해 일정한 대책을 마련해 놓고 있다고 판단할 수는 없다. 영리성 추구에 대한 사회교육적인 제한 규정에도 불구하고 기업식 사회교육기관은 그들의 영리성 추구를 포기할 수는 없을 것이다. 영리성 추구에 대한 포기가 불가능하다는 판단은 기업식 사회교육기관의 두 번째 속성에 의해 두드러지게 암시된다. 왜냐하면 기업식 사회교육기관의 두 번째 특징으로 사회교육 교육과정의 철저한 소비성과 다양성이 지적되어야만 하기 때문이다.

기업식 사회교육기관의 사회교육의 교육과정은 철저하게 각양각색이다. 예를 들어, 요리강습 과목으로부터 사교춤 교습까지 학습자의 개인적 욕구 충족 과목 등으로 다채롭게 구성되어 있다. 셋째, 기업식 사회교육기관이 제공하는 사회교육과정은 학습자의 소비지향성을 극대화시키는 취미생활 중심적이다. 넷째, 기업식 사회교육기관은 개인의 능력개발, 자아실현 지향적 교과목을 다른 여타 사회교육기관보다 더 의도적· 영리적으로 제공하고 있다. 결국 학습자의 욕구나 수요가 없는 교과목은 의도적으로 조정· 폐기되게 된다(참고: 조미옥, 1983). 다섯째, 따라서 기업식 사회교육기관의 사회교육의 교과과정에는, 국민정신교육 과목은 어떤 형식이든 의도적으로 폐기되거나 방기되어지는 특성을 갖고 있게 된다.

결국 기업식 사회교육기관의 교육과정 구성이 비체계화되어 있음을 여섯 번째 주요 특성으로 지적할 수 있게 되었다. 여기에는 두 가지 이유가 있는데, 대체로 한국 사회에 등장하고 있는 각종 사회교육기관으로서의 문화센터는 일본의 각종 문화센터가 실시하는 사회교육과정을 모방하고 있기 때문이며(참고: 한준상, 1983: 조미옥, 1983), 기업지식 사회교육기관이 제공하는 사회교육의 교육과정이 비체계화· 비이론화되어 있음은 각종 사회교육 과목을 수강한 학습자들의 반응에서 더욱더 뚜렷하게 지적되고 있기 때문이다(조미옥, 1983).

'기업식 사회교육기관의 사회교육 내용 및 교과목은 도시 중심적이다'라는 속성 역시 기업식 사회교육기관이 갖고 있는 일곱 번째 특징이 되게 된다. 예를 들어, 외국어 회화, 사교춤 강좌 등의 교과목은 농촌문화 중심적 사회교육 교과목이 될 수는 없다. 여덟째, 기업식 사회교육기관은 보다 소비자 편의위주로 봉사의 속성을 갖고 있다. 예를 들어, 학습자들에게 주어지는 교통편의 제공 등은 보다 많은 학습자를 사회교육기관에 유인하기 위한 봉사체제 운영의 일환으로 판단해 볼 수 있다.

아홉 번째, 기업식 사회교육기관의 사회교육과정은 특정 연령층의 [표 6-6] 'A' 문화센터 참여자의 직업별 분류 특정 신분 소유자들을 위한 특정 교과목 운영 중심적이다. 예를 들어, 'A' 문화센터의 경우, 모든 교과목은 여성, 주부 중심의 21~50세 연령층을 대상화하고 있다(참고: [표 6-6]과 [표 6-7]).

[표 6-6] ' A' 문화센터 참여자의 직업별 분류

직 업 별	여 성	비 율	남 성	비 율	전 체	비 율
주부· 가사일	2,685 명	64.8 %	455 명	22.1 %	3,140 명	50.6 %
회 사 원	546	13.2	571	27.7	1,117	18.0
학 생	653	15.7	608	29.6	1,261	20.5
교 사	91	2.2	4	2.2	136	2.5
공 무 원	63	1.5	86	4.2	106	1.8
무 직	106	2.6	293	14.2	399	6.6
기 타	2	0.0	0	0.0	2	0.0
계	4,146 명	100.0 %	2,058 명	100.0 %	6,204 명	100.0 %

[표 6-7] ' A' 문화센터 학습자의 연령별 분류

연 령 별	여 성	비 율	남 성	비 율	전 체	비 율
0 ~ 10	83 명	2 %	124 명	6.0 %	207 명	3.3 %
50~60	143	3.4	153	7.4	296	4.8
61~70	27	0.7	46	2.3	73	1.3
71~80	0	0.0	7	0.4	7	0.1
81~90	0	0.0	1	0.0	1	0.0
계	4,146 명	100. 0%	2,058 명	100.0 %	6,204 명	100.0 %

[표 6-6]에 의하면, 학습자 절반의 직업이 주부 및 가사를 조력하는 사람이었다. 무직을 주부·가사조력이라는 직종에 포함시킨다면, 전체 응답자(N=6,204) 중 57%가 특정류의 생산적 직업성이 결여된 상태의 학습자였다. 그 가운데서도 여성 학습자는 남성 학습자보다 2배 정도가 더 많았다. 특별히 여성 가운데서 주부, 가사, 무직자는 여성 학습자 중 67%를 점유하고 있었다.

[표 6-7]에 의하면, 학습자의 연령 중 가장 많은 빈도수를 갖고 있는 연령층은 21세부터 50세 정도의 연령층으로 나타나고 있다. 21세부터 50세 연령층은 전체 학습자(N=6,204) 중 80%를 점유했다. 여성의 경우 이 연령층은 총 여성 학습자(N=4,146) 중 86%를 점유했다(참고: 조미옥, 1983).

기업식 사회교육기관이 제공하는 사회교육과정에 관한 아홉 가지 속성을 논의했을 때, 한 가지 강한 인상을 갖게 되었다. 아홉 가지 속성은 대체로 사회교육법과 사회교육법시행령에 제시되어 있는 사회교육과정 구성의 원리와 이상을 충실하게 수렴하고 있지 않다는 인상을 가질 수밖에 없었다. 예를 들어, 도시중심적·소비중심적·영리추구 지향적일 뿐만 아니라 정신교육 내용에 대한 의도적인 방기 등은 한국사회교육법이 제시·강조하고 있는 사회교육과정 구성의 원리에 논리적·윤리적으로 부합되지 않고 있다. 또한 사회교육의 기본 정신을 인간의 생존과 행복의 추구와 신장에 두고 있는 몬트리올 성인교육선언과도 괴리되어 있는 실정에 있다.

5. 사회교육과정 선정에 고려되어야 할 점

사회교육이 개인의 생존과 번영, 집단의 생존과 행복, 지역사회 및 국가사회의 생존과 행복의 추구 및 성숙을 기본 목표로 두고 있다면, 한국의 사회교육과정은 최소한 다섯 가지 점을 중점적으로 고려해 두어야 한다.

첫째, 행정부주도형 사회교육기관, 법인형 사회교육기관, 기업식 사회교육기관이 각기 서로 특징적으로 제공하고 있는 사회교육과정은 어떠한 형식이든 상호 조정되어야 한다. 즉, 행정적으로 교육과정 운영상의 효과와 효율을 기하기 위해 일정한 형식의 민간주도형 조정기구가 상설화될 필요가 있다. 통제를 위해서가 아니라 사회교육과정상의 조정을 위해서이다.

둘째, 사회교육과정 구성은 사회교육법이 규정한 사회교육 교육과정의 구성원리와 특수 과목을 성실하게 준수해야 한다.

다시 말해서, 학습자의 개인적 욕구와 실용적 가치를 우선적으로 고려해야 하고 국민교양에 관한 정신교육 과목도 법률적으로 교육과정 구성에 반영되어야 한다.

개인의 욕구를 만족시키기 위해서는 사회교육에 대한 욕구사정방법이 검토될 필요가 있다(참고: 전윤진, 1984). 그러나 욕구사정방법만이 사회교육 교육내용 선정의 주요 방법 및 기준이 될 수는 없다. 왜냐하면 욕구사정은 최소한 욕구사정 방법이 갖고 있는 세 가지 문제점을 말끔하게 해결해 놓고 있지 못하기 때문이다. 즉, 첫째, 교육과정 구성자가 사전에 교육과정의 목표로 설정해 놓고 있는 교육과정의 목적이나 목표가 응답자에게 제대로 전달되었는지 어떤지 불확실하기 때문이다. 예를 들어, 시민교육, 민주교육, 여가선용교육 등과 같은 내용에 대한 응답자의 선호도는 과연 일반 응답자에게 일반성을 갖고 있는가? 정말로 응답자는 여가선용을 사회교육의 목표로 선정하고 있는가 등에 대해 불확실하기 때문이다. 둘째, 확실성을 기하기 위해 대단위 목표를 세분화할 때, 세분화되는 내용의 종류는 수적으로 많아지게 된다. 소목적, 목표, 욕구 등이 수적으로 많아질 경우 응답자들이 우선순위를 결정하는 데 어려움을 겪게 된다. 셋째, 일반적으로 학습자들은 다양한 목표, 욕구를 갖고 있게 마련이다. 다양한 욕구와 다양한 목표가 서로 섞여 있을 때, 일반 응답자의 판단 능력은 저하된다. 예를 들어, 일반 응답자는 최대한 7개 정도의 항목을 체계적으로 상호 평가, 비교할 수 있다는 실험적 연구결과도 있다.

결국 사회교육과정 구성 역시 일반 교육과정 구성처럼 일반성의 원리, 일관성의 원리, 목표 도달 가능성, 실용성의 원리를 염두에 두는 합리주의적 교육과정 구성모형이나 세목을 현장실습과 관련시켜 결정하는 훈련중심 교육과정 모형, 전문가의 입장을 선호하는 미래 지향적 교육과정 모형 등이 연계되어 상호의존적으로 동원될 필요가 있는 것이다(참고: McNeil, 1977).

셋째, 우리나라 학습자의 발달과업에 대한 고려가 사회교육과정 구성에 구체적으로 적용, 논의되어야 한다. 한국 사회교육계에는 한국인의 발달과업에 대한 구체적인 목록작성이나 연구결과가 없는 형편이다.

제시되고 있는 한국인의 발달과업이 명목론적· 기계론적· 가설적인 성격을 갖고 있음에도 불구하고 우리는 두 가지 작업을 포기할 수는 없다. 체계적으로 제시된 한국인의 발달과업의 타당성을 이론적· 경험적으로 검토하는 일과 적절한 발달과업 영역을 사회교육과정 구성에 응용시키는 적용· 평가작업을 말한다.

넷째, 사회교육의 교육과정은 사회교육기관이 운영하는 모든 교육의 과정(敎人間의 課程) 체제를 총체적으로 고려하면서 체계적으로 검토·

구성되어야 한다(참고: [그림 6-1]).

예를 들어, [그림 6-1]은 사회교육의 효율적 운영을 위한 사회교육체제 모형 중의 한 가지 유형이다. [그림 6-1]에 의하면, 사회교육의 과정은 학습목표 설정, 실시대상 선정, 교수-학습과제 선정, 학습보조운영 기재 동원, 수업목표 도달 수준 세분화, 교육현장 동원 인력의 훈련 및 배치, 교수평가, 절차 구상 및 계획, 실험적 운영, 학습평가, 환류(feedback) 작업으로 구성된다. 결국 사회교육의 교육과정은 다른 사회교육의 과정들과 분리된 채, 개체적으로 운영되어질 수는 없는 것이다.

[그림 6-1] 사회교육의 교육과정에 관한 사회체제적 이해

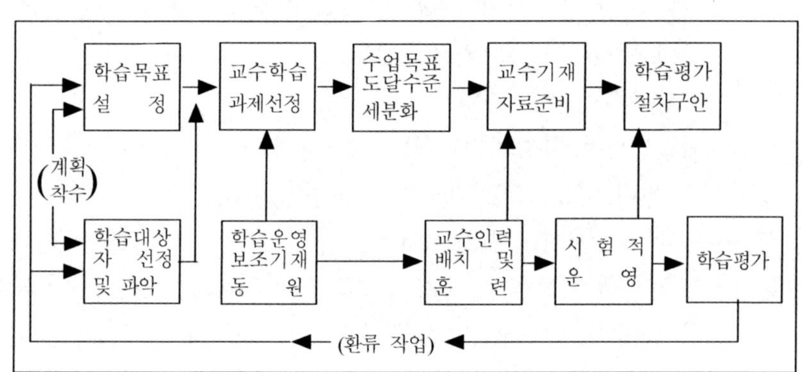

사회교육의 교육과정을 사회체제적인 관점에서 이해한다면 우리는 사회교육의 교육과정이 다음의 다섯 가지 일반원리를 반영하고 있어야 함을 시사받게 된다.

첫째, 선정되는 교육내용과 교과는 교육평가를 염두에 둔 것이어야 한다. 둘째, 해당 사회교육 내용은 교과목의 효과를 집약적으로 경험하게 될 학습대상자 단위별로 체계적으로 구성되어 있어야 한다. 셋째, 개별적 참여뿐만 아니라 집단공동의 적극적 참여를 염두에 두고 있는 것이어야 한다. 넷째, 단기적인 효과보다는 장기적인 효과가 학습자에게 기대되는 것이라야 한다. 다섯째, 각 교과 내용의 효과를 극대화시

키기 위해 동원, 보조되어야 할 기재의 상황이 세부적으로 파악, 기술 되어 있어야 한다는 것이다. 이 다섯 가지 원리는 사회교육학의 이론 체계 속에서 구체화되어야 한다.

아직 한국의 사회교육계는 사회교육법시행령이 제시한(제8조)' 사 회교육학'의 성격이 무엇이어야 하는지도 제대로 밝혀 놓고 있지 못하 다.' 사회교육의 이론정립이 가능한 것인가' (참고: Suttle, 1982)에 대한 질문에 체계적인 대답을 시도해 볼 기미조차 보여지고 있지 않다. 이론 정립의 결여 상태에서 실천체계 성립, 기술개발에 관한 갓가지 묘방 제 시만이 활기를 띠고 있을 뿐이다. 물론 교육개발원이나 김수일(1983) 등이 사회교육내용으로 제시한 자질향상, 자기충족과 건전한 사회관계 개선, 사회적 활동 같은 것을 참고삼아(참고: [표 6-8]) 성인· 사회교육 과정의 주요 내용을 논의해 볼 수도 있다. 그러나 성인· 사회교육의 체 계화를 위해 계속해서 사회교육법이 규정한 사회교육의 내용, 교육과정 의 체계와 사회교육학의 성격에 관한 이론적 탐구와 논의가 선행되어야 한다.

[표 6-8] 목적별· 영역별 사회교육의 내용(안)*

목적 / 영역		기 초 및 보충교육	직업· 기술 전 문 교 육	건강· 복지· 가족생활교육	시민생활교육	자기충족교육	목적별 통합
자질의 향상	일에 직접활용		• 취업을 위한 기술(기능) 교육 • 현직연수 • 전문직교육				• 취업을 위한 기술(기능) 교육 • 현직연수 • 전문직교육
	일에 간접활용	• 성인기초교육 • 기능문맹교육 • 기초학문교육 • 언어(화법) 교육				• 제2외국어 교육 • 도서관활용 교육	• 성인기초교육 • 기능문맹교육 • 기초학문교육 • 언어(화법)교육 • 제2외국어교육 • 도서관활용교육
				• 가정위생 • 모자건강 • 건강관리방법 • 영양식품 • 직업병 예방 • 응급치료 및 구급약품			• 가정위생 • 모자건강 • 건강관리방법 • 영양식품 • 직업병 예방 • 응급치료 및 구급 약품

목적＼영역		기 초 및 보충교육	직업·기술 전 문 교 육	건강·복지· 가족생활교육	시민생활교육	자기충족교육	목적별 통합

자기충족과 건건한 사회적 관계의 증진	생활 일반 및 복지			• 노인복지
				· 노후의 취업
				  직종 개발
				· 노후의 건강
				  관리
				· 노후의 경제
				  자립
				• 소비자 보호
				· 현명한 구매
				  활동
				· 소비자의
				  권리보호
				· 상거래의
				  질서
				• 환경교육
				· 환경오염
				· 인체에 영향
				  주는 오염된
				  환경
				· 오염된 환경
				  의 개선방안
				• 바람직한
				가족생활
				· 가정문제의
				  해결
				· 가정관리
				· 가족생활
				  관리
				• 효율적인
				가정경제
				· 가정경제생
				  활의 과학화
				· 가정의 부업
				· 가계에서의
				  재산증식
				• 가족계획
				· 출산 및
				  양육계획
				· 부부생활과
				  수태조절
				· 영구불임
				  시술
				• 자녀교육
				· 자녀교육의
				  일반
				· 자녀의
				  성교육
				· 자녀의 진학
				  혹은 진로
							• 노인복지
							· 노후의 취업
							  직종 개발
							· 노후의 건강
							  관리
							· 노후의 경제
							  자립
							• 소비자 보호
							· 현명한 구매
							  활동
							· 소비자의
							  권리보호
							· 상거래의
							  질서
							• 환경교육
							· 환경오염
							· 인체에 영향
							  주는 오염된
							  환경
							· 오염된 환경
							  의 개선방안
							• 바람직한
							가족생활
							· 가정문제의
							  해결
							· 가정관리
							· 가족생활
							  관리
							• 효율적인
							가정경제
							· 가정경제생
							  활의 과학화
							· 가정의 부업
							· 가계에서의
							  재산증식
							• 가족계획
							· 출산 및
							  양육계획
							· 부부생활과
							  수태조절
							· 영구불임
							  시술
							• 자녀교육
							· 자녀교육의
							  일반
							· 자녀의
							  성교육
							· 자녀의 진학
							  혹은 진로

목적＼영역	기초 및 보충교육	직업·기술 전문교육	건강·복지·가족생활교육	시민생활교육	자기충족교육	목적별 통합
여가선용					• 취미오락교육 • 예술생활 • Club활동	• 취미오락교육 • 예술생활 • Club활동
조직발전과 자기성장		• 직업상담교육 • 직업관교육 • 직업윤리			• 교양교육 • 종교교육 • 정신능력 　계발교육	• 직업상담교육 • 직업관교육 • 직업윤리 • 교양교육 • 종교교육 • 정신능력 　계발교육
사회적 활동에의 적극 참여 — 국가사회에 봉사				• 국가발전과 　사회질서 　유지 • 국민의 의무 　와 권리 • 정치참여 • 사회적 문제 　에의 관심 　제고 • 민주시민의 　자질 함양		• 국가발전과 　사회질서 　유지 • 국민의 의무 　와 권리 • 정치참여 • 사회적 문제 　에의 관심 　제고 • 민주시민의 　자질 함양
사회적 활동에의 적극 참여 — 지역사회적응		• 생산과 소비 　의 이해 • 노사관계의 　이해		• 지역사회 　참여 · 지역사회 　활동에 참여 · 공무관리의 　이해 · 지역사회 　주민간의 　인간관계 • 한국고유의 　문화유산 • 국제이해교육		• 생산과 소비 　의 이해 • 노사관계의 　이해 • 지역사회 　참여 · 지역사회 　활동에 참여 · 공무관리의 　이해 · 지역사회 　주민간의 　인간관계 • 한국고유의 　문화유산 • 국제이해교육
영역	• 성인기초교육 • 기능문맹교육 • 기초학문교육 • 언어(화법) 　교육	• 취업을 위한 　기술(기능) 　교육 • 현직연수 • 전문직교육 • 직업상담교육 • 직업관교육 • 직업윤리	• 가정위생 • 모자건강 • 건강관리방법 • 영양식품 • 직업병 예방 • 응급치료 및 　구급약품	• 국가발전과 　사회질서 　유지 • 국민의 의무 　와 권리 • 정치참여 • 사회적 문제 　에 관심 제고	• 제2외국어 　교육 • 도서관활용 　교육 • 취미오락교육 • 예술활동 • Club활동 • 교양교육	

목적＼영역	기초 및 보충교육	직업·기술 전문교육	건강·복지· 가족생활교육	시민생활교육	자기충족교육	목적별 통합
별 통 합		• 생산과 소비의 이해 • 노사관계의 이해	• 노후복지 · 노후의 취업 직종 개발 · 노후의 건강 관리 · 노후의 경제 자립 • 소비자보호 · 현명한 구매 활동 · 소비자의 권리 보호 · 상거래의 질서 • 환경교육 · 환경오염 · 인체에 영향 주는 오염된 환경 · 오염된 환경의 개선방향 • 바람직한 가족생활 · 가정문제의 해결 · 가정관리 · 가족생활 관리 • 효율적인 가정경제 · 가정경제 생활의 과학화 · 가정의 부업 · 가계에서의 재산증식 • 가족계획 · 출산 및 양육계획 · 부부생활과 수태조절 · 영구불임 시술 • 자녀교육 · 자녀교육의 일반 · 자녀의 성교육 · 자녀의 진학 혹은 진로	• 민주시민의 자질 함양 • 지역사회 참여 · 지역사회 활동에 참여 · 공무관리의 이해 • 지역사회 주민간의 인간관계 • 한국고유의 문화유산 • 국제이해교육	• 종교교육 • 정신능력계발 교육	

* 교육개발원은 사회교육의 내용별 하부 영역을 목적별로 세분하고 있다.
이와 함께 김수일(1983)을 참고하시오.

VII. 사회교육의 교육욕구 분석

사회교육을 위한 교육과정은 학습자의 학습욕구를 충족시켜 주는 것으로 구성되어야 한다(참고: 2장). 사회교육에 있어서 학습자의 욕구가 파악되지 않으면 사회교육의 목표는 제대로 달성될 수 없다. 물론 학습자의 욕구파악만이 사회교육의 질을 결정하는 요소는 아니다.

사회교육의 질은 세 가지 요소에 의해 결정된다(참고: [그림 7-1]). 사회교육의 목표도달을 위해서는 [그림 7-1]에 제시되어 있는 것처럼 교사의 자질이 향상되어야 하며, 교수방법의 효율화도 제고되어야 한다. 아울러 교육과정 운영의 내실화도 체계화되어야 한다. 교수자의 자질, 교육과정의 향상을 보완해 주는 것이 학습자의 교육욕구이다. 따라서 학습자의 교육욕구 분석작업이 시도되어야 한다.

[그림 7-1] 사회교육의 질 결정의 세 요인

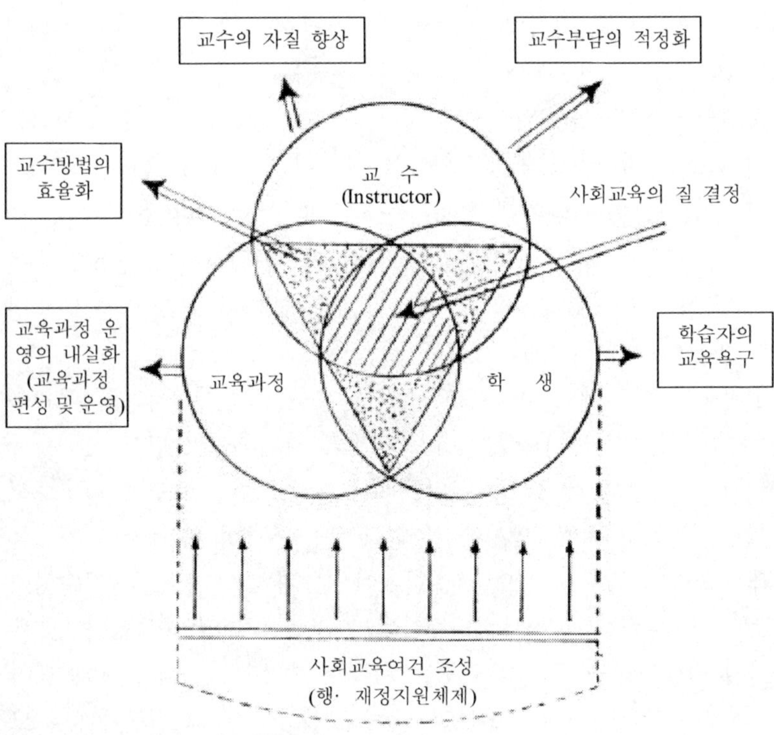

1. 교수의 자질과 사회교육 활동

사회교육 활동에 있어서 교수의 자질 향상 문제는 아무리 논의해도 부족할 만큼 중요하다. 그러나 교수의 자질 향상을 위한 만병통치적인 묘방이 있는 것은 아니다. 결국 성인학습자에게 교육적 관심과 교육욕구를 충족시켜 주는 교수방법을 제대로 구사할 수 있는 사람은 훌륭한 사회교육 전담 교수자라고 보아도 무방하다.

사회교육 활동을 위해 응용되는 교수활동 역시 일반 교육활동에서처럼 두 가지 유형으로 구분될 수 있다(참고: Knowles, 1981). 첫째 유형은 교수자 중심 교수활동 형태이고 둘째 유형은 학습자중심 교수활동 형태이다. 앞의 것은 교수목표를 교수 자신이 결정하는 교수활동으로 구성되며, 뒤의 것은 학습자집단 전체의 결정으로 교수활동이 전개된다(참고: McKeachie, 1963).

교수자중심의 교수는 학습자간의 교섭(交涉: interaction)을 무시하는 속성이 있으나 학습자중심 교수활동을 전개하는 교수는 학습자들의 느낌이나 교섭현상을 지나치게 고려하는 약점도 갖고 있다. 물론 어느 한 가지 교수활동만이 유일한, 동시에 최적의 교수활동이라고 규정할 수는 없다. 교육상황과 학습자들의 지적 호기심 등에 따라 서로 다른 교수방법이 요청된다(참고: [표 7-1]).

교수활동의 차이에도 불구하고 모든 교수는 성인학습자들의 학습욕구를 충족시켜 주기 위해 여섯 가지 기능을 발휘해야만 한다.

첫째, 교수는 전문가의 기능을 발휘해야 한다. 둘째, 교수는 교수로서의 인간적 품위를 지켜야 한다. 셋째, 교수는 사회화 대행자의 기능을 수행해야 한다. 즉, 사회인으로서 알아야 할 가치 규범 등을 전수하거나, 잘못 배운 것을 교정시키는 재사회화 대행자가 되어야 한다. 넷째, 학습자의 학습활동을 촉진시켜 주는 학습의 촉매인의 기능을 발휘해야 한다. 다섯째, 해당 분야의 전문인 또는 권위자로서 그 전문세계의 모범이나 귀감이 되어야 한다. 여섯째, 한 인간으로서 학습자들에게 스승인 동시에 사표(師表: mentor)가 되어야 한다.

[표 7-1] 교수중심 교수활동과 학습자중심 교수활동 간의 차이

유형 내용	교수자중심 교수활동	학습자중심 교수활동
수 업 목 표	· 교수가 결정한다 · 학습자의 지적 발달에 관심이 있다	· 전체집단이 결정한다 · 학습자의 정의적 계발에 관심이 있다
수 업 과 정	· 교수가 수업의 전부를 주도한다 · 교수와 학습자간의 교섭이 중시된다 · 교수는 학습자의 잘못을 교정한다 · 교수가 모든 활동을 결정한다 · 토의는 정해진 내용에 국한된다 · 전통적인 방법으로 시험과 성적이 활용된다 · 평가는 교수의 고유활동이다 · 교수는 느낌을 해석하지 않는다 · 교섭현상의 결과가 무시된다	· 학습자가 수업의 상당한 부분을 차지한다 · 학습자 상호 간의 교섭이 중시된다 · 학습자가 잘못을 인정하도록 한다 · 전체 학습자가 자신들의 활동을 결정한다 · 학습자 개개인의 토의를 존중한다 · 기존 방식의 시험과 성적에 큰 비중을 두지 않는다 · 학습자들도 평가에 책임이 있다 · 서로의 느낌이나 생각이 존중된다 · 교섭현상을 존중한다

2. 욕구와 학습욕구 사이의 관계

욕구(欲求: need)란 개인이 느끼고 있는 무엇인가의 결핍상태(deficiency)를 충족시키기 위하여 필요로 하거나 원하는 상태나 상황을 의미한다. 욕구는 필요(necessity), 흥미(interest), 욕망(desire), 동기(motive) 등과 유사한 개념으로 혼용되고 있다. 그러나 정확하게 말하면, 각각은 서로 다른 의미를 갖고 있다. 즉, 욕구란 유기체가 느끼고 있는 감정의 결핍 상태를 말할 뿐이다. 이것만을 강조할 때는 욕구는 단순하게 필요와

같은 의미를 갖게 된다. 인간은 필요에 의해 관심과 흥미를 갖게 된다. 이것을 충족시키기 위하여 욕망(desire)이 생기며, 이것이 동기(motive)로 발전된다. 다시 말해서, 결핍은 관심을 일으키고, 관심은 다시 욕망을 야기시키며, 욕망은 무엇을 구체적으로 추구하게 만드는 동기의 근원이 된다. 이때 협의로서 결핍상태만을 욕구로 간주하며, 광의로는 결핍상태에서 동기에 이르기까지의 전체 과정과 결과를 통칭하게 된다.

인간의 일반적 욕구에 관한 이론은 다양하다(참고: Maslow, 1954: Knowles, 1980). 여러 이론 중에서도 사회교육적으로 흔히 거론되는 것이 Maslow의 욕구위계이론이다. Maslow는 인간의 기본적인 욕구를 저차원에서 고차원에 이르기까지 다섯 단계로 분류하였다. 즉, 생리적 욕구, 안전에의 욕구, 소속에의 욕구, 자기존중에의 욕구, 자아실현에의 욕구 등으로 나누고 인간의 기초·기본적인 욕구를 생리적 욕구로 보았다.

Maslow가 제시한 인간의 고차원적 욕구인 자아실현에의 욕구는 학습의 욕구와 비슷한 속성을 갖고 있다. 그러나 자아실현에의 욕구를 학습의 욕구와 동일시할 때는 자아실현에의 욕구가 인간에 있어서 언제나 가장 지고(至高)한 욕구로 간주되지만은 않는다. 예를 들어, Jarvis(1983)는 인간의 욕구 중 학습욕구를 자아실현에의 욕구보다 낮은 욕구로 보고, Maslow가 이야기한 식의 자아실현에의 욕구와 학습욕구를 분리시켜 생각하고 있다(참고: [그림 7-2]).

욕구의 종류나 수준의 상이함에도 불구하고 이들이 주장하는 인간의 욕구는 최소한 네 가지 특징을 갖고 있는 것으로 요약될 수 있다. 첫째, 인간의 욕구 충족은 저수준의 욕구로부터 고차원 수준의 욕구충족으로 발전되어 나간다. 둘째, 인간에게 있어서 완전한 욕구충족이란 있을 수 없다. 욕구 충족은 상대적이며 누적적이다. 인간은 항상 무엇인가를 갈구하고, 그 갈구 때문에 행동의 동기가 생기게 된다. 셋째, 인간의 욕구들은 서로 연관되어 있다. 따라서 인간의 태도나 행동은 몇 가지 욕구들이 서로 복합적으로 작용할 결과로 이해되어야 한다. 마지막으로 일단 충족된 욕구는 그 강도가 약해지기 마련이다. 따라서 충족된 욕구는

동기유발의 요인으로서는 그 강도와 욕구로서의 의미를 상실하게 된다
는 다섯 가지 공통적 속성을 갖고 있다.

[그림 7-2] 욕구체계 간의 공통점과 상이점

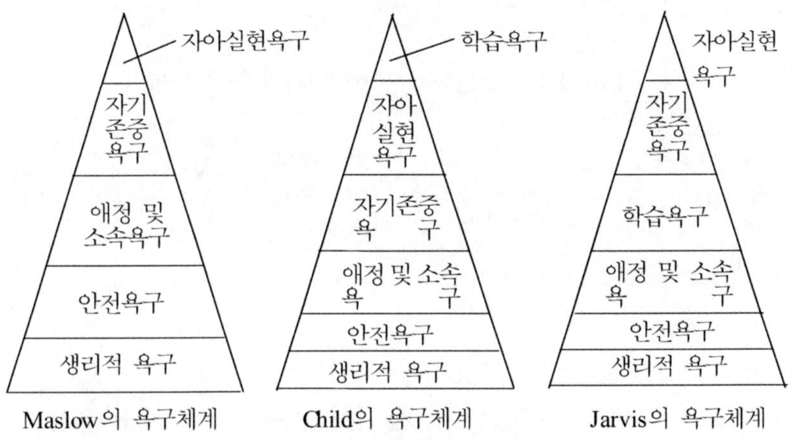

※출처:Peter Jarvis(1983). *Adult and Continuing Education: Theory and
    Practice*. Canberra: Croom Helm, pp. 14~18.

3. 교육욕구에 대한 개념 파악

욕구란 개인이 느끼고 있는 결핍상태를 충족시키기 위한 희망사항이
나 조건을 의미한다. 욕구는 넓은 의미로는, 개인의 필요, 흥미, 소망,
충동, 동기 등의 개념을 내포하고 있는 포괄적인 개념이다. 즉, 욕구는
개인이 무엇인가 필요함을 느끼고 있는 결핍상태로서 필요의 개념을
내포하는 개념이다. 필요로 인하여 관심이나 흥미가 초래된 후 결핍상
태를 충족시키기 위하여 충동과 욕망이 생긴다.

이어 욕망은 필요를 충족시키고자 하는 동인이나 동기로 발전된다. 필요로부터 관심·흥미·욕망·동기가 구체화된 상태가 욕구의 상태이다. 따라서 욕구는 필요로부터 흥미를 거쳐 원망이나 동기로 발전해 가는 모든 과정을 포함한다. 욕구에 대한 이해는 [그림 7-3]처럼 도식화될 수 있다.

[그림 7-3]　욕구개념에 관한 개념체계의 도식화

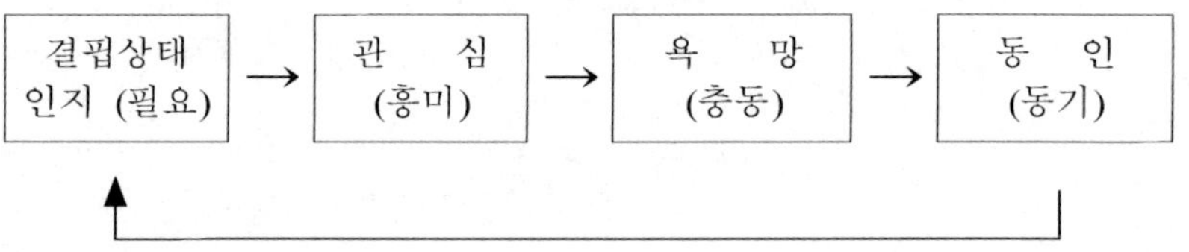

결국, 교육욕구(educational needs)는" 한 개인이 자신이나 조직, 사회를 위해 학습해야 하는 일로서 그가 갖고 있는 현재의 능력수준과 조직체 및 사회의 규정에 의해 요구, 기대되는 기대능력 수준간의 학습적 간극상태를 의미한다" (Knowles, 1981:88).

다시 말해서, 교육욕구란 현재는 교육에 있어서 무엇인가 부족·결핍한 상태에 있지만 그 언젠가 바람직한 자기이해관계 충족을 위해 동시에 그 상태에 도달하기 위해 절대적으로 필요한 태도, 기능과 같은 것을 학습해야 되는 교육적 총체를 의미한다.

즉, 교육적 욕구는 학습자가 느끼는 학습에 대한 필요를 중심으로 학습자에게 배움의 동기를 충족시켜 주기를 바라는 상태나 조건으로서 교육적 결핍상태에 있지만 보다 바람직한 상태의 달성을 위하여 갈구되고 있는 배움에 관한 이해, 태도 및 필요 상태가 교육욕구라고 이해될 수 있다.

Knowles(1979)에 의하면, 교육적 욕구는 다음과 같이 조직적으로 정의될 수도 있다. 즉, 교육적 욕구란 현재의 학습, 배움에 관한 능력수준이나 상태와 개인 및 사회적으로 기대되는 바람직한 학습에 관한 능력

수준 및 상태 사이의 관념적· 실제적 간격과 차이를 뜻한다. 교육적 욕구는 [그림 7-4]처럼 도식화될 수 있다. [그림 7-4]는 교육적 욕구란 현재의 부족한 능력수준이나 상태에서 부족함을 학습, 충족시키고자 할 때 발생되는 상태나 조건을 의미함을 예시해 주고 있다.

[그림 7-4] 교육적 욕구의 도식화

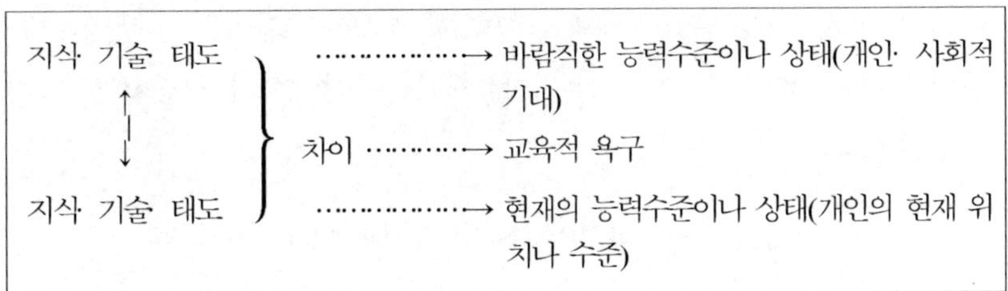

Knowles는 교육적 욕구를 결정하는 데에 필요한 네 가지의 조건과 상태를 제시한 바 있다. 첫째, 학습자에 의해서 지각되는 욕구를 파악해야 한다. 둘째, 직장· 사회 등이 기대하거나 처방하는 기대수준을 파악해야 한다. 셋째, 학문이나 현장 등 해당 분야의 발전을 위하여 그 분야의 전문가에 의해서 인정되는 요구사항과 수준을 파악해야 한다. 마지막으로 학습자 스스로에 의해 소망스럽게 인정되는 욕구이어야 함을 제시한 바 있다.

교육적 욕구는 사회교육의 관점에서 개인 수준, 조직 수준, 국가· 사회 수준으로 각기 나뉘어질 수 있다. 특별히 학습자의 개인적 수준에 의한 교육적 요구는 네 가지 정도로 세분되고 있다(참고: Smith & Dowling, 1978).

첫째, 사회생활 영역으로 포함되는 다양한 정치· 경제· 사회· 문화적 욕구 등이 있다. 둘째, 정신적· 정의적 욕구가 있을 수 있다. 셋째, 지적 욕구가 있을 수 있다. 넷째, 신체보존에 관한 기본적 욕구가 있다.

노인의 교육적 욕구는 노인 스스로 학습에 대한 흥미가 전개되면서 더욱더 구체화된다. 노인의 교육적 흥미는 얻고 싶어하는 것, 되고 싶

어하는 것, 아끼고 싶어하는 것 등 네 가지 영역으로 확대되면서 더욱
더 세분화된다. 세분화된 교육적 흥미를 교과내용으로 묶어보면 크게
여덟 가지로 대별된다. 첫째, 직업관련 교과와 기능 둘째, 취미와 오락
셋째, 종교· 도덕· 윤리 넷째, 일반 교과 다섯째, 가정 및 가정생활 교
과 여섯째, 개인 발달 교과 일곱째, 시사 일반의 관심사· 시민정신 여
덟째, 농업· 기술 등으로 대별된다(참고: 김수일, 1983: 192~194).
　이러한 교육욕구는 특히 사회교육의 맥락에서는 원하는 주체의 수준
(차원)에 따라 개인 수준, 조직(기관) 수준, 국가 사회 수준으로 나뉘
어진다(참고: [그림 7-5]).

[그림 7-5]　욕구의 수준별 유형과 목표설정

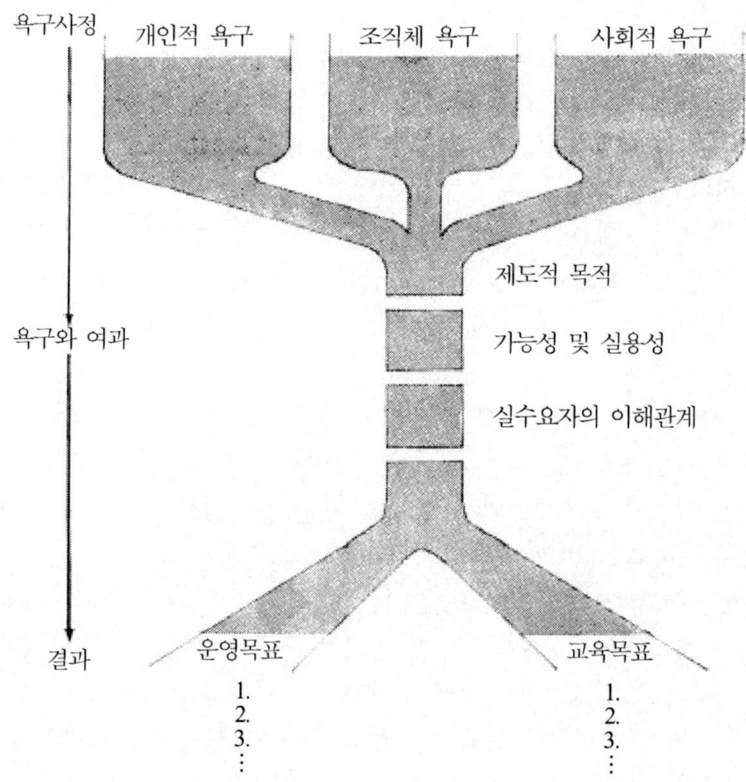

4. 교육욕구와 인간 발달단계별 과업

교육욕구는 개인의 발달단계에 따라 다르다. 다시 말해서, 인간의 발달단계에 따라 원하는 내용과 정도(want to gain)가 다르고 존재의 양식(want to be)도 다르고 행하고자 하는 내용(want to do)도 다르며 구하고자 하는 내용(want to save)이나 정도도 다르다(참고: Knowles, 1981, 88~89).

한국인의 발달단계에 관한 몇 가지 실험적인 시도가 있었으나(참고: 김종서와 그의 동료들, 1982), 아직까지 한국인의 발달단계를 대표할 만한 자료는 없는 설정이다. 특히 성인기에 관한 발달 단계적 연구나 이해는 아직까지도 비체계화되어 있다. 따라서 어떤 시기에 어떤 종류의 욕구가 있는지도 불분명하다. 외국에서 연구된 연구결과를 토대로 논의한다면(참고: Murphy, 1983: 최운실, 1986), 성인기 그 자체가 교육욕구의 충족을 가장 원숙하게 느끼는 평생학습의 시기가 되는 것으로 이해될 수 있다(참고: [표 7-2]).

[표 7-2] 성인기의 발달단계별 특성*

발달 단계		해당연령	발 달 과 업 및 특 성
대분류	하위분류		
성 인 초 기	성인 초기로의 전환기	18 ~ 22 세	· 청소년시기로부터 벗어나 성인으로서의 생활을 영위하고자 이에 관련된 예비적 초기 가능성을 타진하기 시작함 · 청소년기와 성인기의 경계· 과도기적 상황
	성인 초기	23 ~ 28 세	· 가족본위· 가정단위의 유친적 생활유형에서 벗어나 성인으로서의 독립적 생활의 가능성을 탐색하고자 하는 욕구 증대 · 성인기로서의 동료관계· 직업생활· 애정문제 등에 있어서의 초기 선택을 시도 · 선택의 가능성과 최대한의 대안적 가능성을 통해 변화지향적· 유동적 삶을 추구 · 보다 안정된 생활구조의 창출 요구 · 전· 후자 사이의 상호모순 대립· 대조를 극복해야만 하는 어려운 과제 지님

발 달 단 계		해당연령	발 달 과 업 및 특 성
대분류	하위분류		
전 환 기	30대로의 전환	29 〜 32 세	· 20대까지의 장래준비적· 예비적 성격의 상황으로부터 현실 　지향적 삶으로 전환 · 성인기의 구조적 특성과 취약점, 한계를 보완하려는 과제를 　지님
	정착기	33 〜 40 세	· 자기 자신을 일· 가정· 우정관계· 여가생활· 지역사회 등의 　사회환경 속으로 노출시키자 함 · 자신의 청년기의 이상을 실현하고자 의미있고 중요한 목적 　달성에 자신을 투입 · 자신이 선택한 삶의 목표를 성취하고 사회에서 상대적인 우 　위를 차지하고자 노력하는 인생의 결정적인 시기 · 새로운 형태의 보상과 부차적인 책임 및 사회적 압력이 계속됨 · 자신의 내부에 존재하는 아동적 성향을 완전히 청산하게 됨
	중년에로의 전환	41 〜 45 세	· 인생에 대한 문제의식이 제기됨 　: 내가 진정 내 인생에서 해야 할 일은 무엇인가? 　: 내가 내 자신에 대해 진정으로 원하는 것은 무엇인가? 　: 내가 가족과 사회로부터 진정 얻을 수 있는 것은 무엇이며, 　 줄 수 있는 것은 무엇인가? 　: 나 자신과 외부세계에 대한 투쟁과 위기인식의 시기 　: 나 자신에 대한 재평가의 시기 · 기존의 나 자신의 삶의 방식에 대한 변화와 대안적 창출구의 　모색
성 인 중 기	중년초기	46 〜 50 세	· 자신의 대사회적 적합성· 가능성에 대한 타진· 인식 · 물질적 성취에의 애착이 감소하고 자신의 감정· 경험· 인지 　과정 등에 보다 큰 관심을 지니게 됨
	중년기	51 〜 60 세	· 경제의식의 감소와 내부지향성(inner-directed orientation) 　의 증가 · 안정된 생활구조를 지님 · 신체적 노쇠 등의 위기를 겪기도 함 · 은퇴에의 압력 · 가까운 친구의 죽음을 경험하기도 함

* B.B. Murphy(1979). *Motivational Orientation of Adults in Technical-vocational and Postsecondary Institutions*, New Mexico University, EIRC ED 109291.
　최운실(1986). 성인교육유형에 따른 교육참여 특성 분석, 43쪽에서 재인용했음.

5. 욕구분석에 대한 이해

욕구분석은 인간의 욕구에 관련된 자료를 수집하여, 수집된 자료를 분석하는 기법을 의미한다. 사회교육에 있어서 교육욕구분석은 학습자가 익히고 싶어하는 교육욕구를 조사, 분석, 조정하는 전체 과정을 의미한다. Kaufman과 English(1979. 8)는 욕구분석이란 개념을 보다 조작적으로 정의했다. 즉, 욕구분석이란 현재의 산출과 기대되는 바람직한 산출 및 목표간의 차이를 결정한 후, 그런 차이를 우선순위에 따라 위계를 결정한다는 교육결정에 있어서 가장 중요한 내용부터 차례차례 선정해 나가는 과정으로 간주했다. 다시 말해서, 현재의 산출내용과 기대되는 산출 및 목표간의 간극이 가능한 일치되도록 기대되는 차이로서의 욕구를 확인, 수집, 정당화, 선정하는 과정을 의미한다.

욕구분석모형에는 Kaufmann과 English(1979)가 내세운 6단계체제접근 모형과 Martha(1978)의 욕구분석 과정, Mocker와 Spear(1979)의 욕구분석방법 등이 사회교육계에서 주로 논의되고 있다. 이 중에서 보다 사회교육 욕구분석용으로 적절한 것으로 논의되고 있는 욕구분석모형(참고: Mocker & Spear, 1979)이 다음에서 논의된다(참고: 한국교육개발원, 1982: 21).

Mocker와 Spear(1979)는 욕구분석을 기술─ 처방적 차원(descriptive - prescriptive dimension)과 주관─ 객관적 차원(Subjetive - objective dimension)으로 나누었다.

Mocker와 Spear의 욕구분석에서 기술적인 욕구분석(descriptive needs assessment)은 개인이나 집단이 그들 자신의 개인적 요구를 밝히거나 학습되어져야 할 것을 결정하는 데 관련된 과정을 의미한다. 처방적 욕구분석(prescriptive needs assessment)은 개인이나 집단이 다른 사람들이 학습해야 할 것을 결정할 때 나타난다. 동시에 Mocker와 Spear의 욕구분석은 각각 주관적이거나 객관적인 욕구결정 과정을 갖게 된다. 따라서 각각 두 가지 유형으로 된 기술— 처방 차원과 주관— 객관적 차원이 상호관계로 이루는 네 개의 영역이 생기게 된다. 즉, 기술적— 주관적, 기술적— 객관적, 처방적— 주관적, 처방적— 객관적이라는 네 가지 영역별 범주가 설정된다. Mocker와 Spear는 각기의 내용을 하나의 욕구분석모형(needs assessment matrix)으로 제시, 각 유형의 특징을 서술한 바 있다.

첫째, 서술적— 주관적 유형은 한 개인이 자발적인 학습계획을 갖고 있을 때 해당되며 그 자체가 개인적이고 자발적이다. 개인의 생활에 어떤 교육적 욕구가 가장 중요한 것인가를 결정하는 책임을 학습자가 스스로 감당한다.

둘째, 서술적— 객관적 유형은 서술적— 주관적 유형과 거의 같으나 계획에 대한 책임을 학습자와 사회교육 담당자(facilitator)가 나누어 담당한다.

셋째, 처방적— 주관적 유형은 지역사회 교육프로그램의 관리자와 전문기관에서의 계속교육 활동의 계획 수립자들이 활용한다. 교육적 욕구가 학습자 자신에 의해서가 아니라 교육주관자에 의해서 결정된다.

[표 7-3] Mocker와 Spear의 욕구분석

분석유형	결정내용 및 요소(자료)	평 가 방 법
서술— 주관적 서술— 객관적 서술— 주관적 서술— 객관적	개인적 이해, 직관, 여론 검사결과· 조사결과 등 2차적 자료 일반적인 집단 여론 및 주관적 조언 집단적 여론이나 조언에 관한 객관적 　　조사결과	자아성찰적 분석 형식· 비형식적 여론 분석 질문지법 및 비지시적 분석 표준화된 검사기법 활용

넷째, 처방적— 객관적 유형은 본질적으로 가장 형식적이며, 따라서 증명서 발급이나 학점 부여 등에 관련된 것과 같이 가장 구조화된 프로그램에 의한 결과로서 활용된다[참고: 표 7-3]. 욕구분석의 결과는 사회교육 프로그램, 교육과정 개발의 수정이나 변화에 기초 자료가 된다.

VIII. 사회교육의 방법과 기술

1. 머리글

한국의 사회교육기관들은 사회교육의 방법이나 기술 개발에 있어서 거의 포기상태에 가깝다고 볼 수 있다. 이런 현상은 사회교육학계에서도 마찬가지이다. 한국 사회교육기관이 활용하는 사회교육방법이나 기술은 주로 강의, 분임토의, 실습, 견학, 세미나, 워크숍 정도이다. 다시 말해서, 학교교육기관이 사용하고 있는 교수-학습 방법을 그대로 차용하고 있는 형편에 불과하다.

사회교육방법 개발의 필요성은 산업교육관계 기관에서 더욱더 절실하다. 일반 사회교육기관에서 전개하는 사회교육 내용은 주로 소비자, 즉 내방한 학습자의 욕구에 맞는 것들이다. 따라서 궁극적인 학습결과는 개인의 사정에 따라 다르며 개인의 만족 정도에 따라 다르게 평가된다. 일반 사회교육기관의 사회교육 목적이나 내용과는 달리, 산업체의 산업교육은 개인의 사회교육적 욕구보다는 산업체의 생산성 향상 욕구(참고: 제4장)가 우선하기 때문에 일차적으로는 기업의 생산성 증가와 이차적으로는 개인의 지적·정서적 호기심 만족이라는 두 가지 서로 관련된 혹은 서로 상반된 욕구를 충족시켜야 될 이중성을 갖고 있다.

산업체에서는 기업의 생산성 향상을 위해 기업·산업교육에 막대한 경제적 투자를 시도하고 있다. 그럼에도 불구하고 생산성 향상을 도모할 수 있는 사회교육방법이나 산업교육방법의 개발은 외국의 방법, 특히 일본에서 개발된 사회교육방법(예: 지옥훈련) 등을 그대로 도입, 적용하는 선에 머무르고 있는 실정이다.

산업교육 기술시장을 겨냥하여 한국에서도 지난 1960년대부터 각종 산업교육전문 기업체가 등장했다. 일본이 오늘날과 같은 산업반전을 기록한 이유 중의 하나가 산업교육의 강화였다는 사실에 주목한 한국의 대기업들은 산업교육에 관심을 갖기 시작했고, 이 때문에 현재의 산업교육시장은 약 1천억원대에 이를 것으로 추산되고 있다. 그럼에도 불구하고 1천억원 정도의 자금을 제대로 소화시킬 수 있는 사회교육방법이 나오고 있지 못한 실정이다.

70년대 들어서면서 기업규모가 급격히 커지고 국제화 및 정보화시대를 맞게 되자 기업들의 산업교육에 대한 관심 고조와 함께 자체 연수원 설립 붐이 크게 일게 됐다. 그리하여 70년대 말에서 80년대 초에 걸쳐 주요 기업그룹들의 5대 연수원이라 할 수 있는 선경그룹의 워커힐 연수원, 현대그룹의 현대인력개발원, 대우그룹의 부천연수원, 삼성그룹의 삼성종합연수원, 쌍용그룹의 중앙연수원 등이 문을 열게 됐다.

이러한 기업연수원 설립 붐과 함께 80년대 들어 민간교육단체가 급격히 늘어나게 되었고 1천억원대로 추산되는 시장을 놓고 각축전을 벌이는 가운데, 하나의 산업분야로 기반을 다져가고 있는 현실이다.

그러나 산업교육단체의 이 같은 양적 팽창에도 불구하고 그 질적 수준에 있어서는 기업의 발전속도를 따르지 못하고 있는 실정이다. 대부분의 단체들이 전문성을 결여하고 있는 데다 영세성을 면치 못하고 있는 것이 가장 큰 문제점으로 지적된다. 또 산업교육을 담당할 수 있는 전문가가 절대수 부족하고 기업실정에 맞는 프로그램 개발도 미흡한 실정이다.

외국에서 오래 전에 개발된 교육프로그램을 무분별하게 도입, 이를 교육내용으로 하는 경우가 많다는 것이 기업체 교육담당자들의 지적이다(매일경제신문, 1985. 9. 23.).

한마디로 한국기업체, 한국의 사회교육 현실에 맞는 사회교육방법과 기술의 개발이 시급한 형편이다.

이 장에서는 한국 사회교육기관에서 활용되고 있는 사회교육방법에 대한 비판보다는 사회교육기관이 독자적인 사회교육방법과 기술을 개발하는 데 도움이 될 기초 지식이 논의된다. 특별히 사회교육현장에서 다뤄지고 있는 각종 토의방법의 기법을 자세하게 논의한다. 또한 개인의 학습을 위한 학습방법도 논의된다.

2. 사회교육방법의 속성과 조직원리

사회교육방법은 사회교육에 참여하는 사람들의 학습능력, 학습관심, 학습의욕을 불러일으켜 학습자로 하여금 학습과정과 학습결과에 있어서 성취감을 맛보게 하기 위하여 동원되는 교수-학습적인 기술이나 내용을 포함한 학습과정을 의미한다.

사회교육방법은 세 가지의 특징을 지니고 있다. 즉, 첫째, 사회교육방법은 학습자를 학습활동에 유인해 줄 수 있는 분위기, 환경 등을 제공한다(참고: Knowles, 1970, 1977).

둘째, 사회교육방법은 사회교육 활동에 참여하는 학습자가 직면하고 있는 문제들을 풀어나가는 데 필요한 여러 가지 방안이나 기술들을 제공한다(참고: Morgan et al, 1976).

마지막으로, 사회교육방법은 학습자들의 학습욕구를 만족시켜 줄 수 있는 학습태도, 학습자료들을 제공한다(참고: Jarvis, 1983, 1985).

사회교육 활동을 효율적으로 전개하기 위하여 동원되는 사회교육방법은 최소한 학습자에 관해 네 가지 사항을 고려해 둘 필요가 있다.

물론 네 가지 고려점은 사회교육방법 선정에만 필요한 것은 아니다. 네 가지 고려점은 모든 교수방법에 다 적용되는 것임에도 불구하고, 특히 사회교육방법 선정을 위해서는 무엇보다도 첫째, 사회교육 활동 참여와 학습에 대한 유인요소와 장애요소가 무엇인지를 파악해야 한다.

둘째, 사회교육학 활동에 참여하는 사람들의 가정·사회·직업생활에 있어서 그들이 경험한 내용과 그 속성이 무엇인지를 고려해 보아야 한다.

셋째, 학습자 자신의 학습에 대한 능력과 책임이 어느 정도인지를 파악해야 한다.

넷째, 학습자들은 자기가 사용할 수 있는 여가시간을 어떻게 실제로 활용하는지에 대해서도 검토해 보아야 한다.

학습자가 사회교육 활동에 참여하는 유형과 속성을 파악한 후, 이에 적절히 대처할 수 있는 사회교육방법을 선정할 때, 그 사회교육방법은 학습자를 위하여 다시 네 가지 원리를 반영하고 있어야 한다(장진호, 1979: Verner et al, 1967: Morgan et al, 1976).

첫째, 실용성이 있어야 한다. 즉, 각자가 요구하는 실제적 필요, 관심, 취미, 경험 등이 구체적으로 고려될 수 있는 것이어야 한다.

둘째, 균등성이 반영되어야 한다. 즉, 아무런 제약 없이 모든 기회와 시설과 기재를 이용할 수 있는 철저한 기회균등이 보장되어 있어야 한다.

셋째, 협동성도 반영되어 있어야 한다. 즉, 동일한 지위에서 상호보조, 상호학습 경험분담 등을 통한 협동적인 학습이 이루어져야 한다(참고: Dave, 1976: Knowles, 1970).

마지막으로, 창조적 경험이 반영되어 있는 것이어야 한다. 즉, 자아실현을 주체적· 자발적으로 이룰 수 있도록 사회교육방법을 활용함으로써 창조의 즐거움을 경험할 수 있도록 되어야 한다. 한마디로 사회교육방법은 학습자들의 학습욕구를 충족시켜 주기 위하여 다양해야 할 뿐만 아니라, 상호학습의 동기화를 끊임없이 자극해 주는 것이어야 한다(London, 1960: Knowles, 1977: Morgan et al. 1976: Kleins. 1976: Jarvis, 198)

3. 사회교육방법의 유형과 기술

사회교육방법의 유형은 학습자 개인에 의한 자기학습방법과 학습자들의 상호학습방법으로 대분될 수 있다.

자기학습방법은 학습자 개인이 자기학습을 돕기 위해 사회적으로 제공되는 학습매체를 이용하여 자기 스스로 배우게 만드는 방법이다. 여기서 특별히 강조되어야 할 점은 사회교육방법이 학습자로 하여금 자기주도적

(自己主導的) 학습자로서 학습하는 방법을 배우게끔 만들어야 한다는 점이다. 자기학습방법의 학습에서 강조되어야 할 것은 학습의 자세를 가다듬는 일이다. Freire(한준상, 1986: 36~40)는 자기학습의 방법에서 필요한 학습의 자세, 독서의 자세를 다섯 가지로 간추려 논의한 바 있다.

첫째, 독자는 학습행위의 주체로서의 역할을 인식해야 한다. 독자가 저자의 언어에 매혹된 듯이, 또 어떤 마술적 힘에 의해 최면 걸린 듯이 교재와 대면할 때, 독자가 단지 저자들의 사상을 암기하려고만 하면서 수동적으로 행동하거나 '길들여지게' 될 때, 독자가 저자가 확언하는 것들에 의해 스스로를 '침범당하도록' 방치할 때, 독자가 교재 속에 내재되어 있는 지식들을 담는 '용기'로 변환될 때, 진지하게 학습하는 일은 불가능해진다.

교재를 진지하게 학습한다는 것은 학습을 통해서 저자의 학문에 대한 학습과 분석에 대한 요청을 필요로 한다는 것이다. 즉, 지식의 사회(학)적· 역사적 조건을 이해할 것을 요구한다. 그리고 진행되는 학습의 내용에 대한 탐구를 비롯해서 지식의 또 다른 차원에 대한 탐구도 요구한다. 학습이란 일종의 재발명· 재창조· 재저술이며, 또한 객체적 작업이 아니라 주체적 작업이다. 이렇게 볼 때, 독자는 교재로부터 자기 자신을 분리시킬 수 없다. 왜냐하면 분리될 때 독자는 교재에 대한 비판적 태도를 포기하는 것이기 때문이다.

이러한 비판적 학습태도는 세계(즉, 진정한 세계, 일반적으로 삶)와 관계 맺는 태도와 동일하다. 즉, 사실 뒤에 가려진 원인들을 점차 깨닫도록 만드는 근원적인 의문제기가 그러한 태도이다.

우리가 보다 철저하게 학습하면 할수록 우리는 총체적인 관점을 취하려고 노력하게 되며 구성적 차원과 이런 관점을 구분하여 교재에 적용하게 된다. 책을 다시 읽으면서 이처럼 구분 짓는 일은 책의 전체적인 가치가 갖는 의미를 보다 중요하게 만든다.

그러한 상호작용 속에서 교재의 통일성을 구성하는 중심 쟁점들의 범위를 설정하는 데 있어 비판적인 독자들은 책의 찾아보기가 늘 불분명한 주제들을 나열하고 있는 데 놀랄 것이다. 그래서 이들 주제들의 범위는 독자의 주체적 준거 틀을 고려하여 설정되어야 하는 것이다.

책을 읽을 때 학습의 주체인 독자는 비록 그 책의 주제는 아니지만, 어떤 문제든 깊이 생각하게 하는 문장들을 예리하게 이해해야 한다. 이미 읽은 문장과 우리의 선입관간에 있음직한 관계를 인지함으로써 훌륭한 독자는 집중적으로 교재를 분석해야 한다. 또한 주된 아이디어와 우리 자신의 관심을 연결 지음으로써 집중적으로 교재를 분석해야 한다. 그럼에도 불구하고 여기엔 한 가지 전제가 있다. 즉, 우리는 저자의 총체적인 사고에 어긋나지 않도록 전후관계에 유념하면서 문장의 내용을 분석해야 하는 것이다.

일단, 우리가 학습하고 있는 문장과 우리 자신의 관심간의 상대적인 차이점을 분간하게 되면, 우리는 특정한 연구문제를 나타내는 제목을 카드에 기입해야 한다. 쓰여진 교재가 이 같은 생각의 범위를 넓히기 때문에 이들 문장을 곰곰히 생각할 시간을 가져야 한다. 그리고 나서, 우리는 어떤 다른 문장들이 더 깊은 고찰을 요구할 것인지에 초점을 맞추면서 책을 계속 읽어 나갈 수 있다.

마지막으로, 논설문을 따져보듯이 한 권의 책을 진지하게 학습한다는 것은 단순히 책의 기본 내용에 대한 비판적 통찰뿐 아니라, 날카로운 감수성, 영구적인 지적 관심, 연구 성향 등에 대한 통찰 등을 포함한다.

둘째, 학습이란 세계에 대한 태도, 즉 세계관의 문제이다. 학습이 세계에 대한 태도이기 때문에 학습은 독자의 책에 대한, 또는 독자의 교재에 대한 관계로 환원될 수 없다.

사실, 한 권의 책은 그 저자가 세계를 대하는 대결을 반영하고 있다. 책은 이런 대결을 표현한다. 그리고 한 저자가 현실을 구체화시키는 데 주의를 기울이지 않을 때라도 저자는 자기 자신의 세계와 대결하는 독특한 방법을 표현하고 있는 것이다. 학습이란 무엇보다도 경험적으로 사고하는 것이며 경험적으로 사고한다는 것이 정확하게 사고하는 최선의 방책이다. 학습자는 타인과 현실에 대해 결코 호기심을 잃어서는 안

된다. 현실에는 묻는 사람들이 있고, 대답을 찾으려 하는 사람들이 있으며, 늘 철저히 따져보는 사람들이 있다.

탐구열을 유지함으로써 우리는 아주 능숙하게 될 수 있으며 호기심으로부터도 이득을 얻을 수 있다. 이런 방식으로 우리는 이미 일상경험과 대화와 맞부딪쳐 학습하고 있다.

길을 걸어갈 때 자주 우리에게 찾아드는 아이디어의 섬광들은 라이트 밀즈(C. W. Mills)가 말한‘ 생각의 자료철’(file of ideas)이라 불릴 수 있다. 이런 섬광들이 올바르게 정리될 때, 그것은 우리가 취급해야 할 진정한 자극이 된다. 이들 섬광들이 보다 심오한 깊은 사고로 바뀔 때 그것들은 거의 언제나 책을 읽는 동안 더욱 깊은 성찰을 하게 하는 수단이 되어 준다.

셋째, 특정한 주제를 학습할 때라도 가능하면 언제나 일반적인 주제에서, 또는 진행중인 탐구영역에서 기존의 참고문헌과 긴밀히 연관될 필요가 있다.

넷째, 학습이란 저자가 취급하는 주제 안에서 그의 성찰을 발견하는 독자와 저자간의 변증법적인 관계라 할 수 있다. 이 변증법적 관계는 독자의 것과 대체로 동일하지 않은 저자 자신의 역사적· 사회(학)적· 이데올로기적 조건을 포함한다.

다섯째, 학습은 겸허함을 요구한다. 겸허한 태도와 비판적 태도는 양립하는 것이라고 가정한다면 교재로부터 깊은 의미를 판별해 내려고 할 때 뒤따르는 상당한 어려움에 직면하게 될지라도 좌절할 필요는 없다. 한 권의 책이라 해도 늘 이해하기에 쉬운 것이 아니다. 겸허하고도 비판적일 때, 우리들은 교재란 하나의 지적 도전이기 때문에 종종 대응하기에는 우리의 즉각적인 능력이 미치지 못할 때도 있을 수 있다는 것을 깨닫게 된다.

이런 경우, 우리가 알아야 할 것은 보다 철저하게 준비할 필요가 있으며 준비가 된 후에 교재에 다시 되돌아가야 한다는 것이다. 사실상, 방금 읽은 페이지가 이해되지 않는다면 다음 페이지로 넘어가 봐야 별

도움될 것이 없다. 그보다는 오히려 그 모호성을 밝혀내려고 전력을 기울여야 할 것이다. 교재를 이해한다는 것은 누군가가 제공하는 선물이 아니다. 그것은 의심스러운 점을 밝혀 내려는 인내와 책임을 요구한다.

학습이란 하루 밤에 읽어낸 페이지수로 측정되는 것이 아니며, 한 학기 동안 읽어낸 책의 양으로 측정될 수도 없는 것이다. 학습이란 생각을 소비하는 것이 아니라, 오히려 창조하거나 재창조하는 것이다.

반면, 후자, 즉 상호학습방법은 집단적 활동을 통하여 불특정 다수로 학습하는 형태를 촉진하는 학습방법이다. 여기서는 집단적 학습을 촉진하는 사회교육방법의 유형이 구체적으로 논의된다.

집단적 사회교육방법은 다양하다. 즉, 학급편성, 토론집단 형성, 회합, 공개토론 등이 있다. 학급편성은 제도적 학교기관에서 행하는 것처럼 미리 정해진 학습방법을 동원함으로써 일련의 학습을 계획된 순서에 따라 학습을 촉진하는 학습유형이다.

토론집단의 편성은 집단 구성원의 교섭을 통하여 학습이 집단성원 단위로 일어나는 학습유형이다.

회합은 정보전달을 목적으로 행해진다. 학습자에게 정보를 전달하고, 전달된 내용에 대한 질의를 받으며, 정보전달의 실제성 유무를 확인하는 학습유형이다.

공개토론은 임의적인 집단편성을 통하여 정보제공, 사실확인, 문제인식 등을 시도하는 학습유형이다.

각기 방법에는 듣기, 보기, 말하기, 행하기라는 네 가지 요소가 각각 다른 정도로 작용하게 되며 그 효과 역시 다르게 된다.

일반적으로, 강의식 교육이나 토론은 듣기와 말하기에는 효과가 있으나 실행이나 관찰에는 약하기 마련이다. 관찰방법은 듣기, 보기에는 강하나 실행에는 약세에 있게 된다.

반면, 실습은 말하기 활동에는 약하나 듣기, 보기, 행하기 활동에는 강하다.

일반적으로, 실습식 교육은 1시간당, 약 10분 정도의 강의와 30분 정도의 실습, 5분 정도의 정리교육으로 구성되는 것이 바람직하다. 각 방법을 통해 전달되는 내용 역시 어떤 교육방법을 동원하느냐에 따라 그 효과의 정도가 다양해진다(Morgan, 1976: Etheridge, 1978). 예를 들어, 성인기초교육은 학급중심의 강의교육이 유용하다. 토론으로 성인기초교육의 효과를 거두기에는 미흡하다. 영상매체는 시민교양교육이나 정치적 선전을 위해 효과적이나, 성인기초교육을 위해서는 재원을 낭비하는 결과를 초래한다. 신문이나 인쇄매체로는 직업기술과 같은 내용을 효과적으로 가르칠 수는 없다(참고: [표 8-1]).

[표 8-1] 내용별 교육방법 사용의 효과 정도

방법유형 교육내용	강 의	토 론	통 신 교 육	영 상 매 체	인 쇄 매 체	공 개 회 합	연 극
기 초 교 육							
초 등 수 준	+ + +						
중 등 수 준	+ +		+				
고 등 수 준	+ +	+	+	+	+	?	
직 업 기 술 교 육	+	+ +	+	?	?	+	
시 민 교 양 교 육	+	+ + +	+	+ +	+ +	+ +	+ +
정 치 교 육	+	+ + +	+	+ +	+ +	+ +	+ +

+ : 보통
+ + : 양호
+ + + : 매우 양호

　사회교육 특히, 성인중심 사회교육을 활성화시키는 여러 가지 기술이 있을 수 있다. 즉, 정보제공의 유형이나 현장활동 유형에 따라 강의, 연설, 토론, 심포지움, 대화, 배심토론, 견학, 세미나, 공개토의, 대담, 침묵학습, 사례연구, 콜로키움, 역할연기학습, 소시오드라마, 향연, 영상학습, 연극 등등 여러 방법이 있을 수 있다(장진호, 1979: Verner et al, 1967: Bligh, 1972: Beal et al, 1962: [표 8-2], [표 8-3]).
　사회교육방법의 효과를 높이기 위한 여러 가지 방법 중, 토의학습을 사회교육 활동에서 자주 활용해 볼 필요가 있다. 왜냐하면 토의학습방법은 민주적 학습활동뿐만 아니라 집단사고를 강조함으로써 모두가 가르치고, 모두가 배우는 일을 실현시키는 학습방법이기 때문이다. 즉, 토의 학습에서는 교사와 학생이라는 이분법적인 구획보다는 교사학생, 학생교사라는 일원적, 통합적 학습을 촉진시켜 주기 때문이다.

나시 말해서, 토의학습은 집단상호간의 자기의견을 자유로이 발표, 수용함으로써 상호협력의 의미를 구체화시키는 민주주의의 원리를 반영하는 교육방법이다. 동시에 학습집단 협동문제에 대해 각자는 근거 있는 내용을 다른 집단구성원과 동등한 입장에서 상호비판, 상호보완해 줌으로써 대립보다는 집단사고와 집단결론을 이끌어 내주기 때문이다.

토의학습을 촉진하는 사회교육방법의 기술 중(참고 [표 8-2], [표 8-3]) 사회교육 활동에 유용한 토의 학습 유형으로 원탁토의(round table discussion), 배심토의(panel discussion), 공개토의(forum), 단상토의(symposium), 허들(huddle) 방법이나 버즈집단토의(buzz group discussion) 등을 지적해 볼 수 있다.

물론, 각 방법은 토의내용, 참석자, 회의 규모에 따라 다양하게 될 수 있다. 이 글에서는 Beal과 그의 동료들(1962)이 제시한 소집단토의, 허들방법 및 버즈집단토의, 배심토의, 단상토의 등의 운영방법을 다룬다. 이어, 집단토의의 성과를 평가하는 집단의 평가방법도 제시된다.

[표 8-2] 정보습득형 기술(information-type technique)

기　　술	집단의 크기	적　용　상　황
강　　의 (lecture)	어떤 집단에도 적용	한 전문가가 고도의 관심과 지식을 가진 집단에 지식 전달을 할 경우
장치를 수반한 강의 (lecture with devices) 레 코 드 테 이 프 T　V 필　름 스 킷 트 챠트· 지도 등 라 디 오	어떤 집단에도 적용	한 전문가가 고도의 지식이나 정보를 전달할 경우, ① 내용을 보조기재에 의해서 예시할 필요성이 있거나, ② 집단이 주제에 대해 잘 이해하지 못할 경우

기　　술	집단의 크기	적　용　상　황
연　　설 (speech)	어떤 집단에도 적용	특정 분야에 조예가 깊은 연사의 연구 결과나 발견을 알려 주는 등의 특정한 견해의 제시를 목적으로 하는 경우
토　　의 (debate)	중집단에서 대집단	전문가에 의하여 각기 천명된 상반된 견해를 서로 토론함으로써 그 주장들을 명료하게 할 경우
단상토의 (symposium)	중집단에서 대집단	그 집단에서 관심이 있는 주제에 관해 상이한 권위 있는 의견들을 진술할 경우
대　　화 (dialogue)	중집단에서 대집단	어떤 문제에 대해 상이한 견해가 제시되고 최종적 해결이 나지 않을 때, 모든 문제 국면을 드러내서 절충이나 타협을 모색할 경우
배심토론 (panel)	중집단에서 대집단	주어진 주제에 관해서 여러 견해와 태도와 평가들이 제시되고 아무런 최종 결론도 얻지 못했을 때, 여러 토론자들의 생각이 배심과정에 따라 전개되는 경우
강의- 공개토론 (lecture- forum) 장치를 수반한 강의 - 공개토론(lecture with devices- forum) 연설- 공개토론 (speech- forum) 토의- 공개토론 (debate- forum) 심포지움 - 공개토론 (symposium- forum) 대화 - 공개토론 (dialogue- forum) 배심토론 - 공개토론 (ranel- forum)	각각 위에 지적한 집단(공개토론이 없는) 과 동일	청중의 참여가 학습분위기를 형성하고 있을 때, 청중 각자에게 자기들의 생각과 경험으로 여러 정보를 통합해 가는 기회를 마련해 줄 경우
현장견학 (field trips)	소· 중집단	실제 현장에서 이루어지는 과정을 견학· 관찰함으로써 산 지식을 얻게 하는 경우
학습지침 (study guide)	개인적	학습자가 직접 공적 모임에 참석할 수 없을 때 학습지침은 체계적 지식을 요약해 주는 데 도움을 준다

* 여기에서 말하는 집단의 크기는 다음과 같다.
　소집단: 20명 이하, 중집단: 20명에서 50명, 대집단: 50명 이상

[표 8-3] 지식적용형 기술(application-type techniques)*

기　　술	집단의 크기	적　용　상　황
버즈집단토론 (buzz group discussion)	어떤 집단에도 적용 (약 200명 규모까지)	강의자가 자기 주제에 관해 청중의 흥미를 제고시키기 원할 때, 버즈집단을 형성해 질문을 유발케 하거나, 또는 상이한 내용들을 각기 자기들의 생각이나 경험에 연결시킬 수 있는 기회를 제공한다.
집단토의 (group discussion)	소집단	관련된 문제나 학습과제를 처리하는 데 있어서 집단 구성원이 최대한으로 참여하고 유기적 관계를 가질 수 있다.
원탁토의 (round table discussion)	소집단	모든 참여자의 공통경험에 관련된 특정 문제를 집중적으로 분석하고, 바람직한 결론을 얻고자 할 때
세 미 나 (seminar)	소집단	특정 연구 문제에 관해 앞선 학생들의 한 집단을 선정하여 다른 사람들과의 토의과정을 통해서 학습할 기회를 주려고 할 때
콜로키움 (colloqium)	소집단	한 연구집단끼리 연구 계획의 설계와 진척 과정의 평가 등을 토의할 때
콜 로 키 (colloquy)	소집단	높은 수준의 참가 청중과 전문가의 전문적인 지식과를 연결시켜 전문적 지식과 집단의 문제해결과의 높은 상관도를 성취시키고자 할 때
역할놀이 (role-playing)	소집단	참여자로 하여금 소정의 주제가 의도하는 바의 생각이나 사상이나 감정에 충분히 몰입될 수 있게 할 때
사 회 극 (socio-drama)	소집단	사회극은 집단 자체가 의도하고 구성한 사회적인 문제를 특별히 취급하는 역할놀이이다. 이것은 사회문제에 대한 보다 넓은 이해를 돕는 데 사용된다.
사례연구 (case study)	소집단	참가자로 하여금 전에 학습한 원리나 지식을 특정한 경우에 적용할 수 있도록 하는 방법으로서, 원리를 실제에 적용하는 이해력을 도와 준다.
감독을 수반한 연구 계획의 구성과 실천 (setting up and ca- rrying out projects under supervision)		전에 학습한 원리와 지식을 교육적으로 통제된 방법으로 특정 연구과제에 적용시키고 계속적인 경험을 쌓아가게 한다.

기　　술	집단의 크기	적　용　상　황
감독을 수반한 현장 연구 (fieldwork under supervision)	개인 혹은 소집단	전에 학습한 원리와 지식에 관련되는 실제적 상황에서 현장연구에 참여시키는 방법으로, 여기에는 같은 실제적 문제 상황에서 고도로 훈련된 사람의 감독과 조언을 받게 한다.
과정시범 (process- demonstration)	어떤 집단에도 적용	구두설명이나 또는 시범을 통해서 과정을 순차적으로 설명하여 줌으로써 집단은 같은 과정을 재연하기 전에 사전 이해를 도모할 수 있다.
연　　습 (practice)	개인, 소· 중집단	개인이나 혹은 집단이 주재자의 교정을 받으며 실제 행동을 취해간다.
연습과 중복학습 (drill or over- learning)	개인, 소· 중집단	반복연습을 통해 자동적 반응과 기억의 회상을 도모할 수 있다.
모의연습 (simulated perfor- mance or dry run)	소· 중집단	실제 상황에서는 학습자나 장비 등에 위험이 수반되는 경우, 실제와 가장 근사한 상황 아래에서 경험을 쌓게 하며, 여러 분리된 학습과제를 종합해 가는 효과가 있다.
청　취　팀 (listening team)		비판적인 청취능력을 발전시키고자 할 때나 또는 주제에 대한 집중적인 주의를 환기시키고자 할 때에 사용한다.

* 장진호(1979). 사회교육의 방향 : 평생교육의 관점에서. 서울 : 정익사, 210~212쪽에서 재인용.

1) 원탁집단토의

원탁회의 중심의 소집단 토의 방법은 비교적 소수의 집단(보통 5~20명)이 직접 대면하여 서로 생각과 의견을 교환하는 방법이다. 그러나 이것은 작은 집단들이 모일 때마다 볼 수 있는 비조직적인 대화와는 다르다. 원탁회의는 공식적이고 민주주의적이다.

가. 원탁집단토의의 특징

(1) 회원들 사이에 교섭과 상호자극을 가능하게 한다.

(2) 모든 회원들에게 참여에 대한 공동책임을 부여한다.

(3) 회원들로 하여금 하나의 집단으로서 협동적·집단적으로 생각
    하는 것을 가르쳐 주며 회원간의 동질감을 불러일으킨다.
(4) 지도성이 발생할 수 있는 환경을 조성한다.
(5) 모든 회원들이 자기들의 견해를 넓히고, 이해력을 기르게 만
    든다.
(6) 공헌하는 사람 전부가 지도의 책임을 공유하도록 만든다.

나. 선택하는 목적
(1) 공통되는 관심, 논쟁점, 또는 문제들을 확신 또는 탐색하기 위
    하여.
(2) 제안, 논의점 및 문제들에 대한 관심을 일으키기 위하여.
(3) 정보와 지식을 제공, 공급하기 위하여.
(4) 문제해결과정에 회원들을 적극적으로 관여시키기 위하여.
(5) 집단으로서의 의견 또는 합의를 형성하기 위하여.
(6) 회원들이 자기들의 생각을 집단에서 표현할 수 있도록 돕기 위
    하여.
(7) 지도성을 목적으로 한 집단원을 양성하기 위하여.

다. 이 방법이 유용한 사례
(1) 누구나 토의에 참여할 수 있을 정도로 집단이 작을 때.
(2) 회원들이 문제에 대하여 충분한 관심을 가지고 있으며 공개적
    토의를 통하여 그것을 더 알기를 원하거나 그것을 해결하고자
    할 때.
(3) 집단의 회원들이 생각과 의견을 교환하며, 문제를 깊이 탐구하
    고자 하는 용의를 갖게 할 수 있는 집단기준이 되어 있을 때.
(4) 회원들이 좋은 토의를 촉진시키기에 적당한 인간관계 기술을
    가지고 있을 때.
(5) 허용성과 유쾌한 감정이 지배할 수 있는 집단분위기가 조성되

어 있을 때.
(6) 집단 전체를 통하여 참여가 분산, 공유되어 있을 때.

[그림 8-1] 원탁집단토의의 운영방식과 좌석배치

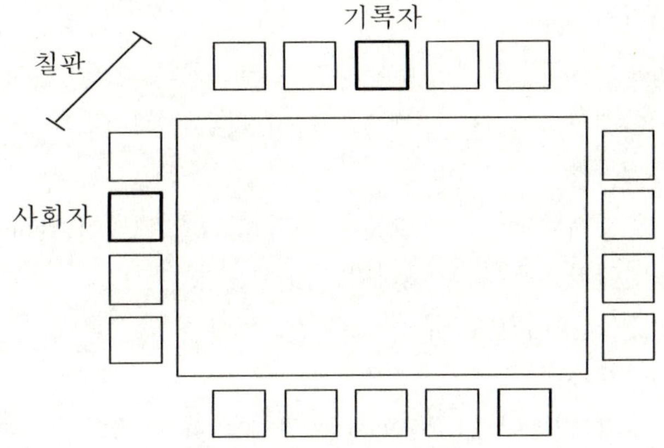

라. 사회자의 임무
(1) 집단이 그들의 문제 또는 목적을 분명히 인식하도록 돕는다.
(2) 집단의 모든 회원이 의견교환을 하도록 적극적으로 격려한다.
(3) 질문을 받으면 집단 구성원들에게 돌린다.
(4) 개인적 견해를 삽입하는 일 없이 질문을 하고 결론을 내린다.
(5) 집단이 편견으로부터 또는 개인적 의견으로부터 사실과 건전한
    논의를 구별할 수 있도록 도와 준다.
(6) 비공식적이며 협조적이며 허용적인 집단분위기를 형성하고 유
    지하도록 한다.
(7) 집단으로부터 결론적 서술을 이끌어 냄으로써 기록자가 기록을
    잘 할 수 있도록 도와 준다.
(8) 토의가 제목과 주제에서 벗어나지 않도록 하며 집단에 의해서
    설정된 목적을 향하여 체계적· 실질적으로 진전하도록 한다.
(9) 필요시에는 분위기를 활기 있게 할 수 있는 적절한 농담을 한다.
(10) 잘못 표현된 발언을 잘 알아들을 수 있는 분명한 서술로 고쳐

서 말한다.

마. 회원의 임무

(1) 토의가 잘 되도록 협조하며 집단이 충족시켜야 할 역할을 수행
한다.
(2) 참여를 서로 격려하며 허용적인 분위기가 유지되도록 힘쓴다.
(3) 개인중심적인 역할수행은 피하며 경우에 따라서는 자기의 잘못
을 솔직하게 시인한다.
(4) 다른 회원들이 무슨 말을 하는지 그리고 그들이 말하려는 뜻이
무엇인지 충분히 이해하려고 노력한다.
(5) 집단을 격려하며 의식적으로 '우리'라는 감정을 형성하도록 노
력한다.
(6) 집단의 결론이 민주주의적 절차에 의해서 도달된 것이라면 그
것을 흔쾌히 받아들인다.
(7) 발언은 짧은 시간 안에 하도록 한다. 발언은 2, 3분이 최장의
시간이다.
(8) 지도자나 다른 회원들에 의해서 재촉 받기를 기다리는 일 없이
의견과 생각을 발표한다.

바. 기록자의 임무

(1) 사람들이 하는 말을 전부 기록하는 것이 아니라 토의의 요점만
을 기록한다.
(2) 토의된 안건과 문제, 도달한 결정, 합의에 있어서의 집단의 찬
반 균형 및 중요한 소수의 의견을 기록한다.
(3) 어떤 제안이나 발언을 기록을 하여야 할지 판단이 안 갈 때는
사회자에게 집단의 집약된 의견을 물어보도록 요청한다.
(4) 토의 도중에 지도자나 집단회원들에 의해서 요청을 받았을 때
는 토의진행을 보고한다. 회의 끝에 가서는 중요한 점, 합의점,

합의가 안 된 점 및 결정한 사항 등을 요약하여 보고한다.
  (5) 집단 구성원의 일원으로서 토의 지도자와 더불어 보조를 맞추
      어 활동한다.
  (6) 될 수 있는 대로 속히 토의된 사항을 정리하여 기록으로 남긴다.

사. 주의할 점
  (1) 해결할 문제로서의 논의의 주제와 회원들의 토의 사이에는 상
      응관계가 있어야 한다.
  (2) 토의의 결과 또는 성취는 집단 구성원들이 사실 및 일반적 정
      보, 토의되고 있는 문제에 대한 의견에 있어 얼마나 준비하였
      는가에 달려 있다.
  (3) 충실한 토의는 객관적 사고를 기초로 한다.
  (4) 듣는다는 것은 토의에 있어 대단히 중요하다. 각 회원은 다른 회
      원들이 말하는 것을 듣고 그에 관해 충분히 생각해 보아야 한다.
  (5) 지명된 사회자는 집단토의를 성공적으로 이끄는 데 필요한 경
      험과 훈련을 갖고 있어야 한다.

2) 허들집단토의

토의를 활발히 하기 위하여 큰 집단을 작은 단위로 나누는 이 방법은
미시간 주립대학의 **J. Donald Phillips** 교수에 의해서 보편화되었다. 허
들(Huddle)집단토의는 일명 66토의, 필립스 66이라고 불리기도 한다.
이 별명은 6명이 6분 동안 문제를 토의한다는 데서부터 나온 것이다.
기본적으로 허들집단토의는 어떤 집단을 토의목적을 위해 회원을 4명
내지 6명의 소집단으로 구분하여 주어진 주제를 토의하는 방법이다.

가. 허들집단토의 방법의 특징
  (1) 아무리 큰 집단에 있어서도 비공식적인 분위기를 조성할 수
      있다.

(2) 참석한 사람 전원이 참여할 수 있다.

(3) 신속하게 합의에 도달할 수 있게 한다.

(4) 민주적 과정에 대한 개인적 확신을 격려한다.

(5) 토의와 건의사항이 독재적 지도자나 토의를 주름잡는 소수인에 의해서 지배되는 것을 제한한다.

(6) 개인들이 그들의 생각을 작은 집단과 일치시킴으로써 — 그 집단은 그의 생각의 주창자가 될 수도 있다 — 참여에 대한 억압감으로부터 해방될 수 있다.

(7) 이 방법은 흔히 큰 집회들이 빠지기 쉬운 피곤, 권태 및 단조로움으로부터 해방감을 갖다 준다.

나. 허들방법의 활용 목적

(1) 프로그램, 활동, 평가의 절차 및 정책과 회원들의 관심, 요구, 문제, 희망 및 제안에 대한 정보를 얻기 위하여 사용된다.

(2) 프로그램을 착수할 때, 청중의 관심을 일으키기 위하여 집단취미, 집단적 관심이 이 방법에 의해서 형성되며, 듣고 배우는 정신적 자세가 수립될 수 있다.

(3) 여러 가지 형태의 발제 뒤에 오는 참여를 증가시키기 위하여 사용된다.

다. 허들방법이 유용한 사례

(1) 의사소통과 참여의 기반을 확대시키고자 하는 욕망이 있을 때.

(2) 토의제목을 위하여 집단의 전체 인적자원을 동원하기를 원할 때.

(3) 각 회원의 참여를 확보함으로써 책임을 넓히는 것이 바람직하다고 생각될 때.

(4) 비공식적이고, 허용적이며, 민주주의적인 분위기를 조성하는 것이 중요하다고 생각할 때.

(5) 큰 집단에서 전체의 의견들을 빨리 모을 필요가 있을 때.

(6) 문제해결과 민주적 과정에 대한 개인들의 안정감과 확신을 발전시키려고 하는 것이 가치 있는 일로 생각될 때.

(7) 민주주의적 과정을 강화시킬 필요가 있을 때.

(8) 개인적 요구와 흥미가 큰 집단상황에서 개인적 의견이 잘 표현되지 못하거나 충족되지 못한 것 같이 보일 때.

(9) 큰 집단에서 집단기준과 사회통제가 부적당하며, 적당한 수준의 사고와 토의를 유지하기가 곤란할 때.

(10) 집단의 이질성을 충분히 활용하기를 원할 때.

(11) 큰 집단에서 전달과 인간관계 기술이 잘 분배되어 있지 않음이 명백할 때.

[그림 8-2] 허들집단토의 방법의 회의구성 방식과 좌석배치

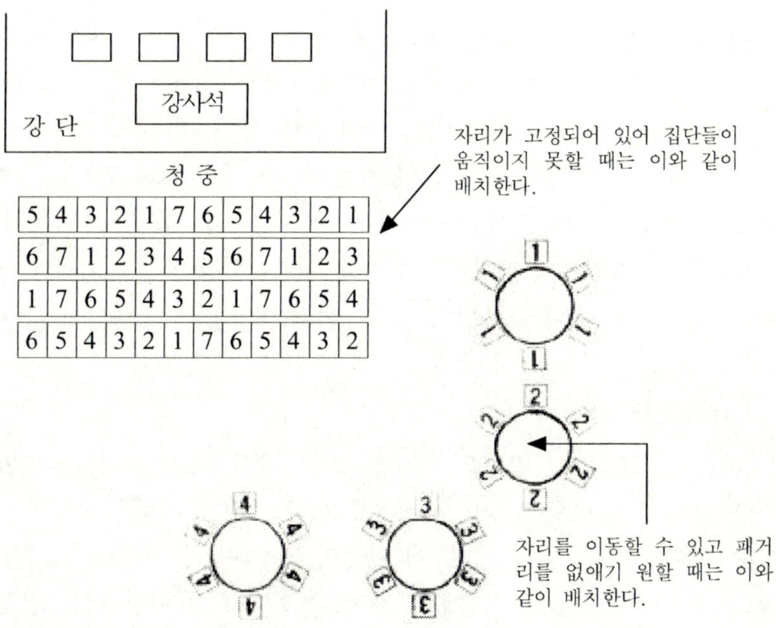

라. 사회자의 임무

 (1) 전체집단을 소집단으로 나눈다. 흔히 이것은 이미 앉은 좌석을
     배치함으로써 되어진다. 그러나 때로는 '수를 세게' 하거나 또
     는 다른 방법을 사용할 필요가 있다. 그것은 패거리를 분산시
     키는 효과적인 방법이다.
 (2) 다음과 같은 지시를 준다: 상호간에 소개하여 서로 알게 할 것.
     소그룹 안의 교섭을 격려하기 위하여 조장을 선택할 것. 토의
     를 기록하고 전체회의에 보고할 서기를 선정할 것. 이런 절차
     를 진행시키기 위하여는 2분 정도의 시간을 사용한다.
 (3) 이 지시가 분명히 이행되도록 하기 위하여 각 조장과 서기는
     손을 들게 하여 확인한다.
 (4) 되도록이면 토의할 문제들을 복사한 것을 배부한다.
 (5) 허용된 시간을 다시 한 번 말하여 주며 각 회원이 다 의견을
     말해줄 것을 당부한다.
 (6) 불분명한 점에 대하여 대답하고 진행과정을 살피기 위하여 집
     단들 사이를 순회한다. 필요하다면 시간을 좀 연장할 수 있다.
     끝나는 시간 1분 전에 알려 주어야 한다.
 (7) 만일, 소집단의 수와 시간의 제한으로 완전한 보고접수가 어려
     울 때는 집단들에게 2분 동안 그들의 생각을 정리하도록 한다.
 (8) 각 그룹으로부터 보고를 수집한다. 여기에서의 절차는 회의의 크
     기, 토의된 문제의 종류, 보고의 사용목적에 따라 다양성이 있다.

3) 버즈집단토의

버즈(Buzz) 집단토의 방법은 토의를 활발하게 하기 위하여 큰 집단
을 작은 집단들로 나누는 방법이다. 이 방법은 때로는 '허들' 집단토의
방법과 혼용되어 사용되고 있다. 이 방법의 특징과 기본 요소의 대부분
은 허들방법과 같으므로 여기에서는 허들과 비교적 특이한 다른 면만
을 논의한다.

가. 버즈집단토의 방법의 특징

  (1) 매우 비공식적인 방법이다.

  (2) 허들방법보다 개인 참여를 강조한다.

  (3) 보통 50명 또는 그 이하의 집단에 적합하다.

  (4) 진행시키기가 쉽다.

나. 버즈집단 방법이 선택되는 목적

  (1) 비공식적인 분위기에서 개인적 참여를 최대한 마련하기 위하여.

  (2) 개인들이 전체 집단과정에 참여하는 것을 조장하기 위하여, 아
울러 그들에게 가능한 모든 지원을 해주고자 할 때.

  (3) 배경, 지식, 또는 견해 등등, 회원들이 갖고 있는 이질적인 특
징을 가장 폭넓게 표현할 수 있는 기회를 마련하기 위하여.

다. 버즈방법의 사용법

  (1) 단순히' 수를 세는' 절차가 보통 소집단을 만드는 데 필요한
일의 전부이다. 사람들을 이동시키는 일은 하지 않는다.

  (2) 위원장은 필요 없으나 누가 토의의 결과를 보고할 것인가에 대
하여는 합의 논의, 선정하여야 한다.

  (3) 허들방법에 비하여 지시나 절차가 크게 단순화된다.

라. 주의할 점

  (1) 많은 사람들이 한꺼번에 이야기하기 때문에 높은 음성이 나타
날 수 있다. 이 점을 미리 경고하거나, 필요에 따라 물적 환경
을 변경시킬 필요가 있다.

  (2) 버즈집단의 2명 중 한 사람이 다른 회원을 지배하여 그 사람의
참여를 말살시킬 가능성이 항상 존재한다.

  (3) 각 버즈집단마다 문제를 토의하는 데 소요되는 시간이 서로 크
게 다를 수 있다. 시간배당은 6명이 서로 의견을 교환할 때보

다 약간 짧게 하는 것이 바람직하다.

[그림 8-3]   버즈집단토의의 운영방침과 좌석배치

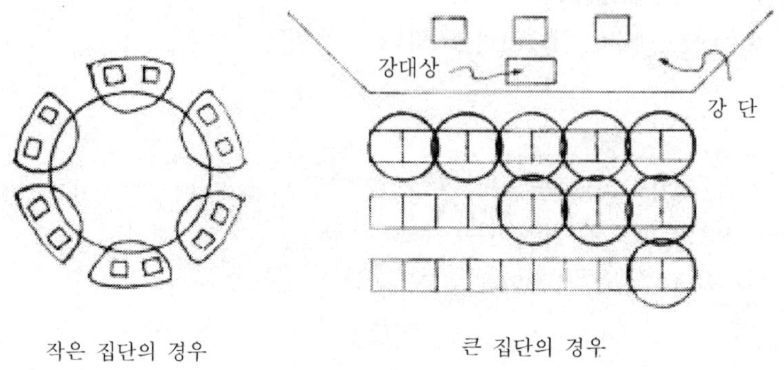

작은 집단의 경우   큰 집단의 경우

4) 단상토의

단상토의(symposium)는 약간 명의 사람들이 한 가지 주제를 여러 가지 입장으로 논의하는 일련의 담화, 강연, 또는 강의를 의미한다. 흔히 사회자가 시간과 주제를 통제한다. 강연들은 20분을 초과하지 않도록 제한되어야 하며 전체 시간은 한 시간을 초과하지 않아야 한다.

가. 단상토의 방법의 특징

(1) 비교적 형식적인 발제방법이며, 비교적 쉽게 조직할 수 있다.

(2) 연속적인 발제를 통하여 생각을 조직적으로 비교적 완전하게 표현할 수 있게 하여 준다.

(3) 복잡한 주제와 문제들이 부문별로 쉽게 나뉘어질 수 있다.

(4) 참가자들 사이에 합의를 하게 함으로써 발제의 구성을 쉽게 해 준다.

(5) 중복과 반복은 최소한으로 축소되어야 한다. 시간배정은 정확하고 논리적인 발제로 이끌도록 하여야 한다.

(6) 청중의 관심과 참여를 일으키게 하기 위하여 강사 또는 문제에

대한 감정이입(empathy)이 있거나 경쟁적인 의견의 차이가 있
어야 한다.
(7) 참가자들 사이의 교섭이 극히 적다.

나. 단상토의의 목적
(1) 기본적 정보— 사실 또는 견해— 를 제시하기 위하여.
(2) 중단되는 일 없이 조직적인 생각을 표현할 수 있게 하기 위
하여.
(3) 비교적 복잡한 주제를 논리적 요소, 상이한 견해 등으로 나눌
수 있을 때.
(4) 주제의 논리적 분할, 토의될 문제 및 시간 사용에 있어 비교적
철저한 통제를 필요로 할 때.
(5) 여러 가지 다른 견해를 모아서 집중시키기 위하여.

다. 단상토의가 유용한 경우
(1) 집단의 목적 또는 특수한 회의나 회의의 한 부분의 목적이 정
확하게 강사들에게 전달될 수 있을 때.
(2) 강사들이 사용하는 전달방식이 집단에게 이해될 수 있다고 확
신할 수 있을 때.
(3) 여러 사람에 의해서 여러 가지 다른 부분으로 나누어 제시되는
강연의 상관적인 생각들을 집단회원들이 받아들여서 그것을
의미 있게 통합시킬 수 있는 능력과 기술을 가지고 있을 때.
(4) 이질적 집단에 나타나 있는 견해를 발표하게 하는 것이 필요하
다고 생각될 때.
(5) 강사들 사이의 교섭이 필요하지 않을 때.
(6) 집단의 크기가 커서 전체집단의 참여가 힘들며, 여러 다른 견
해를 듣고자 하는 욕망이 있을 때.

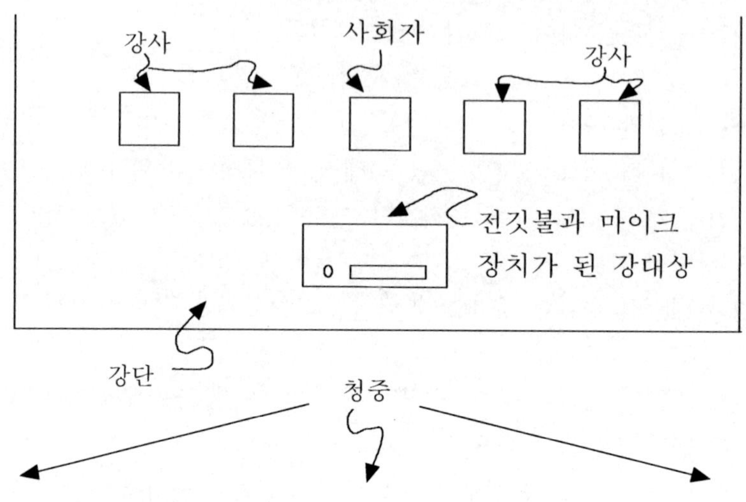

[그림 8-4] 단상토의의 운영방법과 좌석배치

라. 사회자(의장)의 임무

(1) 회의에 훨씬 앞서서 단상토의의 강사들과 같이 주제의 논리적 분할을 합의하고 단상토의의 참가자가 다룰 전반적 분야를 대강 설명하며 발제의 순서를 합의하고 시간배정을 결정한다.

(2) 회의 직전에 위에서 지적한 점들을 재확인하기 위하여 단상토의의 강사들과 다시 만난다.

(3) 회의에서는 토의될 주제의 일반적 배경을 말하고 그 중요성을 지적한다. 주제가 강사들에 의해서 논의될 소주제로 분할이 되어 있는 것을 청중들에게 설명한다.

(4) 간단하게 강사들의 약력을 소개한다.

(5) 단상토의에서 각 강사의 차례가 올 때마다 자세하게 그를 소개해야 한다. 청중들이 한 강사로부터 다음 강사에게로 논리적으로 이동할 수 있게 하기 위하여 필요한 말을 진술해야 한다.

(6) 결론내리기 또는 다음의 몇 가지 추수기술(follow techniques)

의 하나를 시도하여 전달한다.

① 각 강사에게 보충설명 또는 반박할 수 있는 진술을 간단히 하도록 시간을 허용한다.

② 각 강사들로 하여금 다른 강사 중 한 사람에게 한두 가지의 질문을 할 수 있는 기회를 준다.

③ 공식적 단상토의를 배심토의(panel)로 전환시킴으로써 토의를 계속할 수 있다.

④ 청중들로 하여금 청중석에서 직접 질문을 하게 하거나 공개 토론에 참여시킨다.

마. 강사들의 임무

(1) 위에서 말한 준비회의에 참석한다.

(2) 배당된 시간 안에 할 수 있는 간결하면서도 잘 조직된 발제를 준비한다.

(3) 배당된 시간 안에 준비한 자료를 분명하고 요령 있게 발표한다.

바. 주의할 점

(1) 주제를 선정하는 일과 그 주제를 의미가 있으면서도 다루기가 쉬운 소주제로 나누는 데에 특별한 주의를 기울인다.

(2) 사회자와 단상토의의 강사들을 지정하는 데 있어 신중한 선정이 중요하다. 맡은 문제를 논리적으로 잘 다룰 수 있고, 지나친 감정이나 편견이 없는 사람들일 것이 중요하다. 사회자도 역시 마찬가지이다. 즉, 연설을 하거나 반박을 하거나 단상토의의 강연들을 다시 해석하는 일 등은 없어야 할 것이다.

(3) 강연에 소요되는 시간을 제한하고 시간엄수를 강요해야 한다. 단상토의는 질질 끄는 경향이 있다. 이것을 억제해야 한다.

(4) 논리적인 간결한 발제가 중요하지만 단상토의가 그 목적을 달성하려면, 청중들의 흥미를 자극하고 유지할 수 있는 주제를

선택해야 한다.

5) 배심토의

사회자의 인도 아래 선정된 3명에서 6명의 강사들이 청중 앞에서 토의를 하는 것을 배심토의(panel discussion)라고 부른다. 토의 형식은 대화적이다. 즉, 참가자들이나 사회자가 연설하는 것이 허용되지 않는다.

가. 배심토의의 특징
  (1) 분위기는 공식적일 수도 있고 비공식적일 수도 있다.
  (2) 토의범위와 방법에 대한 통제와 배심토의 직전에 청중들에게 설명될 토의윤곽을 참가자들이 사전에 의논한다.
  (3) 배심토의의 참가자들이 질문과 지시를 무시해 버릴 수 있기 때문에 사회자에 의한 완전한 통제는 있을 수 없다.
  (4) 주제에 관한 여러 가지 의견, 여러 가지 사실 및 다른 태도가 나타난다.
  (5) 배심토의 참가자들 사이에 최대한의 교섭과 상호자극을 가능하게 하여 준다.
  (6) 주제에 대한 활발하고 짜임새 있는 극적인 발제, 의견의 차이, 경쟁 등이 청중들의 관심을 증가시켜 준다.
  (7) 배심토의 참가자들로부터 개별적으로 회의 전에 충분한 논의와 사실의 수집을 요구함으로써 책임을 분배할 수 있다.

나. 배심토의의 사용목적
  (1) 집단과의 의사소통을 위한 비공식적인 분위기를 창조하기 위하여.
  (2) 고려될 문제 또는 논의점을 밝히고 그것을 체계적으로 모색하기 위하여.
  (3) 청중들에게 그 문제의 구성요소에 대한 이해를 돕기 위하여.
  (4) 문제의 논쟁점에 대한 사실과 의견을 제공하기 위하여.

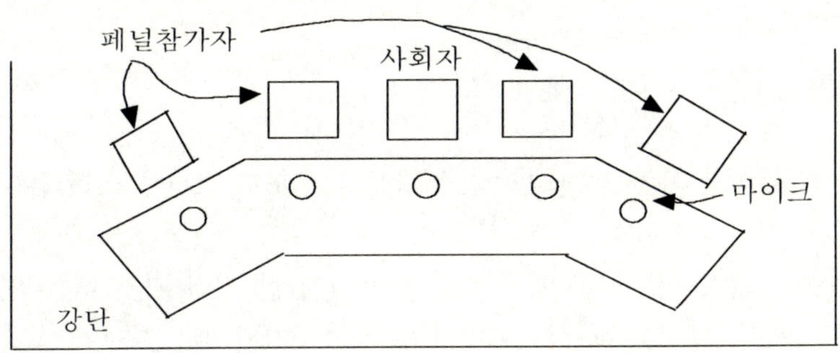

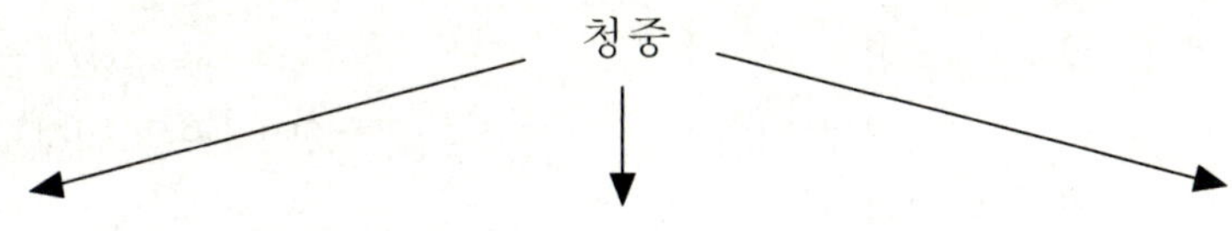

(5) 큰 집단을 건설적인 사고와 행동으로 적극적으로 자극하기 위
하여.

(6) 집단으로 하여금 어려운 문제를 직면하여 문제해결 과정에 참
여하도록 하기 위하여.

다. 배심토의가 유용한 사례

(1) 모든 사람들이 다 참여하기에는 집단이 너무 큰 경우.

(2) 회원들이 토의문제에 대한 서로 다른 의견을 듣고 합의 또는
일치를 위하여 노력할 용의를 가지고 있을 정도의 집단적인 수
준을 갖고 있을 때.

(3) 회원들이 다른 회원들과 서로 관점과 의견을 교환하고 문제를
깊이 파고들어갈 정도의 집단적인 수준을 갖고 있을 때.

(4) 참가자들이 집단의 다른 사람들과 더불어 서로 의사소통을 할
용의와 능력을 갖고 있을 때.

(5) 토의범위, 진행방법 및 사회자와 배심토의 참가자의 역할에 대
    하여 정하여 놓은 규칙을 배심토의가 지킬 수 있을 정도로 사
    회통제가 강할 때.

(6) 배심토의 참가자들의 인간관계 및 의사소통 기술의 수준이 훌
    륭한 토의를 촉진시키기에 적당한 때.

(7) 토의를 가치 있게 만들기에 충분한 정도로 관심과 의견의 다양
    성이 있을 때.

(8) 집단 안의 이질성에 비추어 주제에 관한 여러 가지 다른 의견
    또는 사실을 제공하는 것이 좋다고 생각될 때.

라. 배심토의의 사용법

(1) 집단이 배심토의에 적합한 적절하고도 중요한 제목을 택하도록
    권고하고 확인한다.

(2) 배심토의 참가자 선정에 있어 신중을 기한다. 가능하면 그 문
    제 또는 논쟁점에 대하여 관심을 가지고 있고 사실 또는 의견
    을 가지고 있으며 서로 다른 견해를 나름대로 대표하고 있으
    며, 또한 다양하고 충분한 경험을 가진 사람이 선택되어야 할
    것이다.

(3) 사회자로는 배심토의자를 존중할 줄 아는 사람, 한쪽 편을 들
    지 않는 사람으로서 신속하고 분명하게 생각할 줄 알며, 적절
    한 사색을 요구하는 질문을 할 줄 알며, 결론을 잘 내릴 즐 아
    는 사람으로 택한다.

(4) 배심토의 참가자 및 사회자를 훨씬 일찍 선택하여 그들에게 발
    제하기 전에 충분히 연구하고 생각할 수 있는 기회를 주어야
    한다.

(5) 배심토의 참가자를 토론용 탁자 앞에 앉힐 때는 그들이 서로
    보고 이야기할 수 있으면서도 청중을 쉽게 볼 수 있도록 한다.

마. 사회자의 임무

(1) 회의 전에 배심토의 참가자들과 만나서 계획된 프로그램을 사전에 재조정한다. 즉, 토의의 범위에 대한 합의를 얻으면서도 전체문제를 충분히 토의할 수 있는 분야로 구분하며, 제안된 토의의 각 부분에 대한 시간제한을 대강 정한다. 필요한 부분에 대하여는 특수한 개인적 책임을 배당하며 진행 윤곽의 양식 또는 토의 계획서를 준비한다. 보통 2회의 준비회의가 필요하다.

(2) 같은 견해를 가진 사람들을 나란히 앉히지 말아야 한다. 활발한 강사들은 끝에 앉히고 조용한 강사들은 중앙에 배치한다.

(3) 배심토의 참가자들을 동료강사와 청중들에게 소개한다.

(4) 주제를 청중에게 소개하여 흥미를 미리 확보하도록 한다.

(5) 다음의 경우에는 사회자도 토의에 참여해야 한다.

　① 뜻을 분명히 말해 주도록 요청해야 할 때.

　② 불분명한 뜻을 해석해야 할 때.

　③ 빗나간 토의를 중심주제로 되돌아 오게 할 때.

　④ 결론을 내릴 때.

　⑤ 토의의 한 부분을 끝맺고 다음으로 넘어갈 때.

　⑥ ‘다음 단계’로 가는 질문을 할 때.

　⑦ 연설하는 사람을 중단시킬 때. 그러나 사회자는 자신의 의견을 표현하지는 않는다.

(6) 깊이 생각할 수 있는 사색적 질문을 물어야 한다. 즉, ‘예’ 또는 ‘아니오’로 대답하는 질문이 아니어야 한다.

(7) 추가적인 토의를 할 수 있도록 토의 또는 합의되지 않은 점을 찾아내야 한다.

(8) 참여는 가능한 한 자유스럽고 자발적이 되도록 노력한다.

(9) 최후의 결론을 제시한다.

바. 배심토의 참가자의 임무
  (1) 토의주제에 대하여 자료를 준비하고 토의할 생각을 정리한다.
  (2) 사색적이며 합리적 사고의 표본을 보여 준다.
  (3) 다른 배심토의 참가자들의 발언을 주의 깊게 들으며 그들의 견
      해와 그 뒤에 숨어 있는 뜻을 파악하도록 노력한다.
  (4) 관점과 견해를 힘차고 분명하며 간결하게 표현한다.
  (5) 자기 생각을 표현할 적절한 시기를 살핀다.
  (6) 토의되고 있는 문제에 한해서만 말을 한다.
  (7) 말은 짧은 시간 안에 하도록 한다. 2, 3분이 최장 시간으로 고
      려되어야 한다.
  (8) 토의의 분위기가 비공식적이고 대화적이며 우호적으로 유지되
      도록 한다.
  (9) 다른 사람의 견해를 보다 분명히 반복함으로써 과잉발언을 감
      소시켜야 한다.

사. 주의할 점
  (1) 이 방법의 성공은 대부분 사회자와 약정토의자에게 달려 있다.
  (2) 토의가 한두 회원에 의해서 독점되어서는 안 된다.
  (3) 회의 전의 계획은 절대로 필요하다.
  (4) 제목에 대한 토의의 예행연습은 해서는 안 된다. 만일 이것을
      하면 배심토의는 흔히 흥미를 상실하며 지루하고 연극적이 되
      고 만다. 다룰 문제점에 대한 간단하고 짧은 윤곽만을 준비한다.
  (5) 충분한 시간을 허용한다. 30분보다 짧은 배심토의는 성공하기
      어렵다. 그러나 일반적으로 집단의 흥미가 고조되어 있을 때
      공개적인 배심토의를 끝마친다.

6) 회의 운영평가

지금까지 논의한 여러 가지 토의 진행의 방법과 기술 중, 어느 한 가지라도 사용한 후에는 집단운영이 얼마나 성과를 가져왔으며, 효과적이었는지에 대한 평가작업을 시도해야 한다. 집회 후 시도되는 평가작업의 형태는 다양하다. 집단의 성격과 회의 주제, 청중들 사이의 교섭의 폭과 깊이가 내용에 상응하는가를 청중과 회의 운영 및 참가자들을 대상으로 시도해야 한다(참고: [표 8-4], [표 8-5], [표 8-6], [표 8-7], [표 8-8]). 필요에 따라 각종 연구기법(참고: 한준상, 1985)도 사용해야 한다.

[표 8-4] 집회 후 평가(안) : 가

1. 오늘 회의에 대해 각 항목의 전반적 평가는 무엇인가? (해당한 번호에 ○표를 해주십시오.)

	매우 낮다	대체로 낮다	보통 이다	대체로 높다	매우 높다
1. 장소준비 및 편안함	1	2	3	4	5
2. 사전안내	1	2	3	4	5
3. 집단의 분위기	1	2	3	4	5
4. 흥미와 동기	1	2	3	4	5
5. 참여	1	2	3	4	5
6. 생산성·효율성	1	2	3	4	5
7. 방법의 선택	1	2	3	4	5

2. 다음 질문에 대답해 주십시오.

  1. 이 모임을 어떻게 평가하는가? (∨표 해주십시오.)

아주 나쁘다＿＿＿　　나쁘다＿＿＿　　보통이다(그저 그렇다)＿＿＿

좋다＿＿＿　　아주 좋다＿＿＿

  2. 잘된 점은 어떤 점인가? 간단히 써주십시오.

  3. 부족한 점은 어떤 점인가? 간단히 써주십시오.

  4. 더욱 향상을 위하여 제안하고 싶은 것을 간단히 적어주십시오.

[표 8-5] 집회 후 평가(안) : 나

1. 이 모임이 재미 있었는가?	대단히 재미 있었다	상당히 재미 있었다	약간 재미 있었다	재미 없었다
2. 집단이 이모임을 재미있다고 여긴다고 보는가?	대단히 재미 있었다	상당히 재미 있었다	약간 재미 있었다	재미 없었다
3. 새로운 사실 또는 새로운 개념을 얻었는가?	많다	상당히 많다	약간 있다	적다
4. 이 모임의 결과로 전에 가졌던 의견을 변경할 것이 많은가?	많다	상당히 많다	약간 있다	적다
5. 전에 가졌던 의견이 재확인 또는 강화되었는가?	대단히 그렇다	상당히 그렇다	약간 그렇다	그렇지 않다
6. 이 모임의 결과로 집단이 무엇인가를 성취하였다고 여겨지는가?	분명히 있다	아마 있을 것이다	있었는지 의심스럽다	있지 않았다
7. 회의를 위한 충분한 준비가 있다고 보는가?	필요 이상으로	필요한 것은 전부	좀더 필요했다	더 많이 필요했다
8. 토의를 위한 기회가 충분히 있었는가?	필요 이상으로	필요한 것은 전부	좀더 필요했다	더 많이 필요했다
9. 차라리 없었더라면 오히려 더 잘되었으리라고 생각되는 부분이 있었는가?	분명히 그렇다	그럴 수도 있을 것이다	아마 그럴 지도 모른다	그렇지 않다
10. 회의의 사교적 분위기가 친숙하고 즐길 만한 것이 있다고 보는가?	아주 좋았다	상당히 좋았다	괜찮다	그렇지 못했다

11. 다음에 이런 모임을 더욱 향상시키는 데 도움이 되는 제안이 있는가?(기술, 재료 등) 간략하게 제안해 주십시오.

[표 8-6] 협의회 목적의 성취에 관한 평가(안)

1. 기본적인 개인의 요구와 동기에 대한 이해의 증진은 잘 되었는가?

기대 이상의   대단히 좋은   좋은   받아들일 수 있을   노력이   더욱 큰 노력이
진보   진보   진보   만한 진보   필 요   필요

2. 집단의 내적 역동성에 대한 이해의 증진은 잘 되었는가?

기대 이상의   대단히 좋은   좋은   받아들일 수 있을   노력이   더욱 큰 노력이
진보   진보   진보   만한 진보   필 요   필요

3. 집단과정에 내포된 인간관계 기술에 대한 이해의 증진은 어떠했는가?

기대 이상의   대단히 좋은   좋은   받아들일 수 있을   노력이   더욱 큰 노력이
진보   진보   진보   만한 진보   필 요   필요

4. 집단의 목표 및 역동성을 고려한 기술의 선정에 대한 이해의 증진은 괜찮은가?

기대 이상의   대단히 좋은   좋은   받아들일 수 있을   노력이   더욱 큰 노력이
진보   진보   진보   만한 진보   필 요   필요

5. 집단목표의 중요성과 그것을 어떻게 설정하고 표현하고 평가하는가에 대한 이해의 증진은 잘 되었는가?

기대 이상의   대단히 좋은   좋은   받아들일 수 있을   노력이   더욱 큰 노력이
진보   진보   진보   만한 진보   필 요   필요

6. 집단회원 및 지도자의 책임에 대한 이해의 증진은 어떠한가?

기대 이상이   대단히 좋은   좋은   받아들일 수 있을   노력이   더욱 큰 노력이
진보   진보   진보   만한 진보   필 요   필요

7. 목적성취에 대한 진보를 향상시키는 데 대해 제안하고 싶은 것을 적어 주십시오.

[8-7] 기초적인 집단평가(안)

집단의 내적 역동성이 얼마나 잘 활용되었는가에 관해 해당란에 ○표 해주십시오.

내적 역동성 〳 정 도	대단히 잘 되었다	잘 되어졌다	받아들일 수 있다	노력이 필요하다	노력이 더욱 필요하다
1. 궁극목적(목표 및 목적)					
2. 수단(프로그램 및 활동)					
3. 분위기와 풍토					
4. 의 사 소 통					
5. 참 여					
6. 이 질 성					
7. 인간관계 기술					
8. 운영의 기술					
9. 사회통제					
10. 역할규정					
11. 집단생활을 위한 역할					
12. 동일시(동료의식)					
13. 지도성(유형)					
14. 집단의 크기					
15. 집단평가					

(후기) 아울러 집단생산성을 향상시키기 위하여 이런 역동성을 어떻게 향상시킬 수 있는
가에 대한 의견을 진술해 주십시오.

[표 8-8] 집단의 성숙도 평가(안)

각 항목의 해당란에 ∨표를 함으로써 집단의 성숙도를 평가해 주십시오.

평가 기준 정 도	대단히 잘 되었다	잘 되었다	받아들일 수 있다	노력이 필요하다	노력이 더욱 필요하다
1. 민주적 절차의 가치와 제한성을 인정한다.					
2. 모든 감정과 견해를 표현할 수 있는 심리적 자유의 분위기를 마련한다.					
3. 효과적인 상호 의사소통을 고도로 성취하였다.					
4. 목적 및 단기적·장기적 목표에 대한 분명한 견해를 가지고 있다.					
5. 효과적이고 논리적인 문제해결을 시작하고 집행하며 행동으로 이르게 할 수 있다.					
6. 수단이 목적과 일치되어야 한다는 것을 인정하여야 한다.					
7. 현실을 직면하고 환상보다는 사실을 기초로 하여 일한다.					
8. 지도적 책임의 분산과 할당이 있게 한다.					
9. 회원들의 각기 다른 능력을 현명하게 사용하며, 외부인사들을 활용할 필요성을 인정한다.					
10. 집단생산성(사회집단 기능)과 자아요구의 만족(심리적 집단기능) 사이의 적절한 균형을 잡는다.					
11. 회원의 가치, 요구 및 목표를 공통적 집단가치 요구 및 목표와 만족스럽게 통합시키도록 한다.					
12. 집단 자체의 기능에 대하여 객관적이며 자체에 관하여 적절한 과정과 지식을 수집하고 사용하며, 절차상의 문제와 감정적인 문제에 직면할 수 있으며 필요한 조정을 현명하게 할 줄 안다.					
13. 집단의 변화, 피로, 긴장, 속도, 장소, 감정적 분위기 등의 리듬을 발견하여 처리한다.					

평가 기준　＼　정　도	대단히 잘 되었다	잘 되었다	받아들일 수 있다	노력이 필요하다	노력이 더욱 필요하다
14. 내용과 과정의 사이에 적절한 균형을 이룬다.					
15. 이미 설정된 일하는 방법과 현존하는 또는 새로 오는 상황에서 절차적 유형을 변경시킬 용의 사이에 적절한 균형을 이룬다.					
16. 고도의 판단력과 유대감을 가지고 있으면서도 생각, 인간성 또는 개성의 말살에 이를 정도로 배타적은 되지 않는다.					
17. 회원들 간에 협력적 태도와 경쟁적 태도 사이의 건전한 균형을 이룬다.					

(후기) 아울러 집단이 보다 생산적이 되도록 돕기 위하여 집단성숙도를 어떻게 향상시킬 수 있는가를 적어 주십시오.

IX. 사회교육과 소비주의

1. 머리글

상업광고물은 사회교육을 위해 활용될 수 있는가? 상업광고물의 사회교육적 의의와 사회교육적 활용 가능성을 진단하는 일은 이 글(하나의 독립된 연구물임)의 성격을 결정한다. 상업광고물의 사회교육적 성격과 활용 가능성을 파악하기 위해 이 글에서는 세 가지 연구문제로서의 질문을 제기한다.

첫째, 광고에 대한 속성은 개념적으로 어떻게 파악되어 왔는가?

둘째, 광고는 교육적 기능을 갖고 있는가?

셋째, 한국의 광고는 사회교육적 기능을 촉진하는 내용을 갖고 있는가?

첫째 질문은 광고의 속성과 개념을 역사적으로 파악하기 위해 제기되었다. 광고의 속성과 개념은 다양하게 논의되어 왔다. 그러나 다양한 개념 파악 중에서도 잠식, 포기되지 않았던 한 가지 광고의 특성이 있었다. 그것은 판매촉진 기능이었다. 광고란 판매촉진을 위한 것이다라는 주장은 타당성 있는 견해인 것 같다. 왜냐하면 광고연구에 관한 역사적 문헌들의 대부분이 광고의 판매촉진적 성격을 지적해 왔기 때문이었다(참고: Cox, 1969: Hotchkiss, 1940, 1951: Dunn & Barban, 1978: Aaker & Myers, 1975: Pearce, Cunningham & Miller, 1971: Burton, 1955: Tipper & Hotchkiss, 1914: Cohen, 1972: Kirkpatrick, 1959: Starch, 1925: Devoe, 1956: McMahan, 1954: 김동기, 1971: 문춘식, 1978: 상무달, 1968: 김원수, 1980: 유붕노, 1973, 1981). 판매촉진을 위한 광고는 한국의 근대 신문광고의 역사에서도 발견된다. 예를 들어, 1886년 2월 22일자 한성순보에 한국 최초의 광고가 등장했다. 광고는 세창양행에 관한 것이었다. 일용품 수출입상 세창양행(世昌洋行)의 광고는 판매촉진을 위한 것이었다. 내용도 상업적으로 꾸며져 있었다. 즉, 세창양행이 주로 취급하는 호랑이 가죽, 등잔, 염색약, 말가죽 등을 사러 오라는 광고였었다

(참고: 김원수, 1980). 1896년에 창간된 독립신문도 주로 판매촉진의 상업광고를 게재하고 있었다. 한마디로 알림으로써 해당 상품을 판매하려는 광고가 대종을 이루었었다. 1920년 4월 14일자 동아일보에 게재된 청심보명단의 광고문구에 의하면, 딸과 어머니 사이의 대화가 판매촉진을 유도하고 있었다. 광고 줄거리는 이렇게 시작하고 있었다.

> " 복희야 그 꽃은 왜 따느냐…… 어머니 이 꽃에 향기가 대단해요. 그러면 그보다 더 향기로운 것을 사주랴…… 그것이 무엇이야요. 그런 것을 사주세요. 청심보명단이란다. 가서 사줄게. 일어나거라……."

요약하면, 한국 근대 상업광고 역시 판매촉진을 위한 것이었다. 판매촉진의 기법은 사설조, 고지적(告知的) 문구 나열이 대종을 이루고 있었다.

따라서 경영학자나 광고업자들에게는 광고효과 극대화 전략만이 중요한 논제였다. 즉, 광고업자들은 광고의 교육적 목적을 위해서 광고에 투자하지 않았다. 또한 그런 식으로 제작하지도 않는 것 같았다.

예를 들어, 이 연구에서는 광고의 교육적 기능 여부의 일반적 타당성을 알아보기 위해 일차적 사전조사를 한 바 있다. 즉, 20여 명의 광고전문가들을 면담했었다. 이들은 광고대행회사 광고제작 담당자들과 유명 제품회사 광고담당자들이었다. 결과는 간단했다. 20명 중 45%만이 광고의 교육적 기능을 단정적으로 부정했었다. 따라서 피상적으로 광고의 교육적 기능에 대한 광고업자들의 찬·반의 의견은 양에 있어서 비등한 것으로 나타났었다. 그러나 광고의 교육적 기능을 주장했던 담당자들과의 계속적인 면담 결과, 두 가지 새로운 사실을 알아냈다. 즉, 첫째, 이들은 광고의 교육적 기능에 대해 뚜렷한 견해가 없었다. 단지 '그럴걸?'이라는 추측의 차원에서 광고의 교육적 기능을 인정했었다.

둘째, 이들은 광고의 교육적 기능을 사회 윤리적 입장에서 수긍하려고 했었다. 즉, 광고가 교육적인 기능을 갖고 있어야 하지 않겠느냐 하는 당위적 입장이 지배적이었다. 따라서 이들의 견해는 모호했었다. 다시 말해서, 사회적 비난을 극소화시켜 보겠다는 의지의 발로에서 광고의 교육적 기능을 인정한 데 지나지 않았다.

따라서 이들은 전체적으로 광고가 사회교육의 목적이나 사회교육적인 효과를 위한 매체가 아님을 분명히 노출하고 있는 셈이었다.

이러한 주장은 타당성을 결여하고 있지 않는 것 같았다. 왜냐하면 광고관계 일반 연구들도 광고의 교육적 성격 주장에 관한 논의는 연구대상에서 제외한 것 같기 때문이었다. 예를 들어, 1945년부터 1977년까지 한국 잡지, 논문, 학술지, 신문 등에 게재된 광고 관계 논문은 총 322편에 달했었다(참고: 차배근, 리대용, 정진석, 박정규, 1977). 그러나 322편 가운데서 단 한편도 광고의 교육적 성격, 기능에 관한 것을 다루지 않았다. 학위논문에서도, 광고의 교육적 성격에 관한 논의는 제외되어 왔다. 왜냐하면 발표된 57편의 광고관계 박· 석사학위 논문 중 단 한편도 광고의 교육적 성격에 관해 연구한 것이 없었기 때문이었다(참고: 차배근, 리대용, 정진석, 박정규, 1977). 대부분의 광고관계 연구서들은 판매촉진전략, P. R. 등에 관한 것들을 연구주제로 다루었었다.

그러나 광고가 교육적 목적을 위해 활용되어 오지 않았을 것이라는 경영학자, 광고학자들의 입장은 조금은 과장되어 있는 것 같다. 다시 말해서, 광고의 기능이 판매촉진을 위한 경영학적인 방향에서만 거론되어야 한다는 논제는 광고학자의 관점에서 올바른 판단이 아닌 것 같다. 왜냐하면 소수의 학자들이나마(예: Borden, 1937: Bridge, 1955: Burtt, 1938: Dygert, 1957: Krugman, 1972: Weilbacher, 1972: Yeoll, 1972: Ward, 1976), 광고의 교육적 기능 파악에 관한 학문적 관심을 게을리 하지 않았기 때문이었다. 이들 소수의 학자들에 의한 이론적 제언이나 연구 결과는 경영학자, 광고학자들에게 광고의 교육적 기능, 효과 등을 체계적으로 검토하는 데 도움을 줄 수도 있었다. 그러나 대부분의 광고학자, 경영학자들은 광고를 사회교육적으로 파악해 온 사람들의 연구 결과를 사회교육적인 이론적 안목에서 이해해 온 것 같지는 않았다. 오히려 광고의 교육적 성격을 거부해 온 것 같다. 따라서 대부분의 경영학자, 광고학자들이 갖고 있는 광고의 사회교육적 성격에 관한 이해 정도는— 만약, 그들이 갖고 있었다면— 개념적 수준에 머무르고 있다고 볼 수밖에 없는 실정이었다.

광고를 사회교육적인 관점에서 논의하는 일은 광고의 기능을 확대시키는 일에 해당된다. 즉, 경영학적 부문의 판매촉진 영역에서 교육부문으로 광고의 기능을 확산시키는 일과 같다. 따라서 광고의 사회교육적 기능을 검토한다는 말은 기존 사회교육 영역에 새로운 의미를 부여하는 작업이다. 왜냐하면 광고가 사회교육을 효과적으로 실시하는 데 동원될 수 있는 방법 중의 하나로서 고려될 수도 있기 때문이다. 다시 말해서, 광고가 사회변화에 능동적으로 대처하기 위한 학습자의 사회성 계발을 학교 이외의 현장에서 촉진시키는 교수- 학습매체로서 활용될 수 있기 때문이다. 사회교육(한준상, 1981) 촉진매체로서 활용될 수도 있기 때문이었다.

따라서 광고의 개념 파악에 관한 첫번째 질문은 광고의 사회교육적 성격에 관한 개설적 분석(exploratory analysis)을 요구한다.

광고의 사회교육적 기능 파악에 관한 두 번째 질문은 광고의 효과에 관한 연구문헌들을 분석함으로써 응답하게 된다. 광고를 사회교육적인 관점에서 파악하는 소수의 경영학자, 사회학자들에 의하면, 광고의 교육적 기능은 세 가지 정도로 추론된다. 즉, 광고는 첫째, 지식전달 둘째, 정의적 태도 변화 촉구 셋째, 사회발전 참여 기능을 갖고 있다고 추론된다. 이들의 추론이 옳다면 광고의 세 가지 기능은 광고의 내용에 의해 좌우된다. 따라서 광고의 어떤 내용은 지적· 정의적· 사회참여적 기능 중 어느 기능을 보다 의도적으로 더 잘 전달· 촉진한다고 예측할 수 있다. 왜냐하면 첫째, 광고의 내용은 사회적인 진공상태에서 만들어질 수 없기 때문이다. 광고의 내용은 기업주의 양식, 상품의 성격, 소비자의 욕구간의 묵시적 상호작용 결과를 반영하기 때문이다. 둘째, 광고의 내용은 광고주들이 설정한 일정한 전략을 다루기 때문이다. 즉, 광고의 내용이 소비자에게 의도적으로 전달되기를 의도하기 때문이다.

따라서 광고는 교육적인 관점에서 학습전략을 갖고 있는 셈이다. 광고의 내용과 전략의 다양성에 따라 소비자의 인식세계는 왜곡당할 수도 있다. 사회교육을 통한 현실세계 왜곡의 가능성은 여러 학자들에 의해 지적되어 왔다(참고: Adelman, 1981: Janne, 1976: Labelle, 1976: Illich, 1972). 이들은 사회교육을 교화(indoctrination)· 물상화 과정(reification process), 지위집단(status group) 형성 과정이라고 비판하기도 한다. 따라서 둘째 번 질문은 광고의 지식전달, 정의적 태도촉진, 사회발전 참여 기능을 문헌분석으로 파악할 것을 요구한다. 또한 광고의 학습전략을 파악할 것도 요구한다.

이 글의 셋째 번 질문, 즉 광고의 세 가지 사회교육적 기능 여부에 대한 논의는 이 글의 서술적 가설(descriptive hypothesis)이 된다. 광고가 세 가지 사회교육적 기능을 발휘하기 위해서는 해당되는 적절한 내용을 소비자들에게 전달해야 한다. 다시 말해서, 소비자 스스로 광고의 내용을 접할 때 최소한 그 광고가 전달하고자 하는 내용이 지식, 정의적 호소, 사회참여 중 그 어느 한 가지라도 교육적인 성격을 갖고 있다고 인식되어야 할 것이다. 따라서 광고내용의 지식적 성격, 정의적 성격, 사회발전 참여적 성격에 관한 타당성은 검증되어야 한다. 이 글에서 광고내용의 교육적 타당성은 내용분석(content analysis)으로 검증되게 된다.

이 글에서는 매스 미디어의 사회교육적 의의나 영향에 관한 논의가 제외된다. 왜냐하면 이 글은 세 가지 전제를 받아들이기 때문이다. 즉, 첫째, 광고는 매스 미디어를 통해 소비자에게 전달되는 것이 상례이다. 둘째, 광고는 매스 미디어의 적극적인 후원체제(support system)이다 (참고: Wells, 1972). 셋째, 광고의 효과는 매스 미디어의 일반적인 교육적 효과에 편승되어 확대 혹은 감소될 것이다라는 세 가지 전제를 받아들이기 때문이다.

2. 광고의 사회교육적 의미

광고는 어떠한 사회교육적 속성과 기능을 갖고 있는가? 광고의 사회교육적 속성과 기능을 구체적으로 논의하기 위해 이 장은 세 가지 문제를 개설적으로 제기한다. 즉, 첫째, 광고는 지식을 전달하는가? 둘째, 광고는 인간의 감성을 변화하게 만드는가? 셋째, 광고는 소비자로 하여금 사회발전에 참여하게 만드는가? 세 가지 질문의 정당성이 문헌 분석을 통해 차례로 응답되게 된다.

1) 광고홍수: 정보· 지식의 전달기능

미국의 일반 가정은 하루 약 1,500여 개의 광고매체에 노출된다 (Wright & Warner, 1966). 한 가정이 평균 8시간 취침한다고 가정해 보자. 이때 그 가정은 매 분마다 2개 정도씩의 광고를 접촉하게 되는 셈이다. 따라서 사람들은 아침에 일어나서 밤에 잘 때까지 광고의 홍수 속에서 생활하게 된다고 볼 수 있다.

광고의 홍수라는 용어 속에는 한 가지 중요한 사실이 숨어 있다. 즉, 정보(information)전달의 의미가 숨어 있다. 정보는 일정류의 지식(facts or knowledges)을 소유하고 있는 현상이다. 지식전달, 정보전달은 사회교육적으로 의미 있는 교육목표이다(참고: Bloom et al, 1956). 예를 들어, 한국에서의 광고의식 조사에 의하면(참고: 김원수, 1981, p. 117), 응답자(N=643)의 88%는 광고가 상품에 대한 정보를 준다고 지적했다. 즉, 광고정보는 소비자의 생활에 기여한다고 반응한 바 있다. 따라서 광고의 정보전달 현상은 교육적 행위에 속한다고 가정해 볼 수 있다.

그러나 광고학자들은 광고의 지식이나 가치 전달 현상을 사회교육적으로 다루어 오지는 않았다. 이들은 광고의 정보전달 현상을 판매촉진 현상에만 국한시켜 논의해 왔었다. 따라서 광고의 지식전달 기능을 사회교육적으로 파악하는 일은 광고의 사회적 기여도를 논의해 보는 일과 마찬가지가 된다.

2) 광고설득: 취사선택, 정의적 판단 함양기능

광고는 라틴어로 Adertere라고 불린다. 단어적 의미로는, 광고는 인간의 마음을 돌리게 만드는 행위인 것이다. 인간은 접촉한 광고의 내용에 따라 무엇인가 취사선택하게 된다. 택할 것인가, 버릴 것인가, 아니면 보류할 것인가를 결정한다. 취사선택하는 행위는 마음을 움직일 의사가 있음을 의미한다. Cherington(1928)은 소비자가 광고를 접한 후 취사선택하는 과정을 투표에 비유한 바 있다.

> " 매일이 투표일이다. 소비자는 그 어디를 가든 기표해야 되는 셈이다. 기표된 투표지는 대체로 오차 없이 즉석에서 계정된다. 금전계산기는 투표계산기, 투표함과 같은 기능을 담당한다. 투표함 관계자들은 투표계산기, 즉 금전계산기에 신경을 안 쓸 수 없다. 왜냐하면 계산기에 찍혀 나오는 것은 유권자의 선택, 기호를 즉각적으로 정확하게 반영하고 있기 때문이다."(p. 58)

선거의 입후보자가 유권자의 감정에 호소하듯이 광고 역시 소비자의 감정에 호소하게 된다(Burton, 1955). 광고가 인간의 감성에 호소한다는 사실은 광고가 교육학적으로 거론될 수 있음을 시사한다. 왜냐하면 교육의 현장에서 다뤄지고 있는 내용은 인간의 지식뿐만 아니라 인간 내면의 심미적 세계도 있기 때문이다(참고: Krathwohl, David, Bloom & Masia, 1964). 따라서 광고의 내용은 사회교육의 내용이 될 수 있다. 그러나 대부분의 광고학자들은 광고의 설득기능을 판매촉진의 입장에서만 거론해 왔었다(참고: Bogart, 1967: Kelley, 1959: Kirkpatrick, 1959: Crawford, 1960: Burton, 1955: Tipper, 1914: Packard, 1961: Dunn & Barban, 1978). 이들은 광고의 설득기능이 교육적으로 활용될 수 있다는 사실을 거의 무시해 왔다. 따라서 광고의 설득기능을 사회교육적으로 파악, 이해해 보는 일은 광고기능론의 확대를 위해 시도해 볼 수 있는 일이 된다.

3) 광고의 구매력 호소: 사회발전 참여 유도기능

광고는 상품구매력을 증대시킴으로써 기업 및 노동고용의 확대를
촉진한다(참고: Hotchkiss, 1940: Dunn & Barban, 1978: Aaker &
Myers, 1975: Pearce, Cunningham & Miller, 1971: Yang, 1965: 상무달,
1968: 문춘식, 1978). 광고의 노동고용확대 기여론을 주장하는 사람들은
광고행위가 투자 및 소득의 증대를 촉진하는 행위라고 간주한다. 따라서
광고는 사회· 경제발전의 긍정적인 요인이 되는 셈이다.

예를 들어, Hotchkiss(1940)는 광고가 갖는 소득증대 기여현상을 다
음과 같이 역설한 바 있다.

> " ……(광고)는 개인의 야망과 사기(morale)를 촉진한다. 개인의 야망과 사기
> 앙양은 개인의 수입능력이 증대될 때 나타난다. 바로, 광고는 개인의 수입능력
> 의 욕망을 일깨워 줌으로써 개인의 사기(morale)를 진작시켜 준다.
>   더군다나 광고는 지역마다 서로 다르게 나타나는 생활양식의 차이를 불식시
> 킨다. 따라서 광고는 국민을 하나의 문화권으로 묶는 힘을 갖고 있다. ……광고
> 의 국민통합적 힘은 사회구성원의 정신적· 영적(mental and spiritual) 차원에
> 예외 없이 작용하는 것이다."(p. 90)

Hotchkiss가 지적한 광고의 경제발전, 국민통합기능은 경험적으로 입
증되기도 했다. 예를 들어, Yang(1965)은 1950년부터 1963년까지 광고
가 국민총생산(GNP or business cycle)에 끼친 영향관계를 조사한 바
있다. 획기적인 연구결과가 노출되지는 않았다. 그러나 한 가지 주목할
만한 사실이 발견되었다. 즉, 광고투자에 1달러씩 할애할 때마다 16달
러의 수익이 보장된다는 결론이 도출되었다. Yang의 결론은 한국에서
도 타당성 있는 것으로 평가될 수 있었다.

왜냐하면 광고비 투자와 국민총생산(GNP) 간에는 정적인 상관관계가
있을 수 있다는 연구보고도 있었기 때문이다. 예를 들어, 황창규(1979)는
1970년부터 1978년까지 한국의 광고비 투자율 증가와 GNP 증가 간의
관계를 분석했었다. 그에 따르면, 한국의 국민총생산은 9년간(1970~

1978) 약 8.6배로 증가되었다. 광고비의 투자율 역시 약 11.3배로 증가했다. 따라서 GNP와 광고비 투자간에는 그 어떤 관계가 있을 수 있다는 추론이 유출될 수 있다(참고: 김원수, 1981). 물론 황창규의 연구가 광고비 투자와 GNP 간의 절대적인 인과관계를 규명해 주지는 못했다. 그러나 한 가지 사실은 분명하다. 즉, 광고비 투자와 GNP 증가 간에는 그 어떤 관계가 있을 것이라는 가정을 충분히 가능하게 해주었다.

White(1950)는 광고를 국가의 사회· 정치적 통합촉진 요소라고 간주한다. White에 의하면, 광고는 사회통합을 위한 사회공학적 도구(social engineering)이다. 그러나 White는 광고가 어떤 식으로 사회· 정치적인 통합을 시도하는지는 분명하게 밝혀 주지 못했다. White, Hotchkiss, Yang, 황창규 등의 견해를 요약하면 간단하다. 즉, 광고는 최소한 개념적인 수준에서 국민통합적 힘과 경제발전 촉진기능을 갖고 있다고 볼 수 있다. 결국 광고는 사회발전 촉진기능을 갖고 있다고 볼 수 있다. 심지어 광고는 '국민을 위한 경제활동의 한 분야로서 민족문화를 형성하고 창달하는'(김용원, 1981, p. 50) 공기이어야 한다고 주장되기도 한다.

지금까지 논의한 것을 요약하면, 한 가지 추론이 가능하다. 즉, 광고의 사회발전 촉진기능은 사회교육적 의미가 있다는 추론이 가능하다. 왜냐하면 연구문헌들에 의해 광고는 국민을 사회의 경제· 사회· 정치 발전에 기여하게 하는 기능을 갖고 있다고 요약되기 때문이다. 사회교육 역시 국민통합의 기능을 갖고 있다(참고: 한준상, 1981). 집단의식화 촉진을 위한 시민교육, 소비자교육, 저축교육 등은 사회교육의 중요 교육활동 영역이다.

광고학자들은 광고의 집단의식화 촉진기능을 사회교육적으로 이해하려고 노력한 흔적이 적었다. 따라서 광고의 국민통합적 기능, 즉 사회발전 참여 기능을 사회교육적으로 논의하는 일은 광고의 교육적 활용 가능성을 적극적으로 모색하는 일에 해당된다.

이제 요약해 보자. 세 가지의 문제제기가 가능했다. 광고는 사회교육적 의의를 갖고 있다. 또한 광고의 사회교육적 의의를 밝히기 위해, 첫째, 광고의 지식전달 기능이 논의되어야만 했다. 둘째, 광고의 정의적 태도변화 기능이 논의되어야만 했다. 셋째, 광고의 사회발전 참여기능이 논의되어야만 했다.

광고의 사회교육적 기능에 관한 구체적인 연구문헌들을 분석하기 전에 광고의 경영학적 정의를 이해해야 할 필요도 있다. 왜냐하면 광고의 역사적 전개과정은 판매촉진 기능과 분리될 수 없기 때문이다. 일반적으로 광고에 대한 경영학자들의 개념 파악은 세 가지 방향으로 제각기 논의되어 왔다. 즉, 첫째, 단순한 상업활동을 촉진하기 위한 고지(告知)로서의 광고 둘째, 판매촉진을 다양화시키기 위한 의사소통 과정으로서의 광고 셋째, 판매촉진을 심층화시키기 위한 의식화촉진으로서의 광고 등으로 각기 학자들의 이론적 준거들에 따라 다양하게 파악되어 왔을 뿐만 아니라 광고 발달에 연관된 이 세 가지 성격은 다음 장에서 구체적으로 논의된다.

4) 단순판매 촉진 수단으로서의 광고

" 대부분의 광고업주들은 비누 따위에서부터 대통령선거에 나선 후보에 이르기까지 뭐든지 팔아먹을 수 있다고 주장한다. 그래서인지, Paul Steven 같은 이는 아예 자기 책의 제목을' 뭐든지 팔 수 있어요(I can sell you anything)' 라고 붙여 버렸다. 좌우간, 담배, 화장품, 맥주, 비누 따위를 팔아먹기 위해 신문, 텔레비전 광고에 쏟는 돈은 연간 수십 억에 달한다.…"(Diamond, 1978, p.224)

Diamond(1978)에 의하면, 상업광고는 기본적으로 판매촉진을 위한 것이었다. 광고를 판매촉진의 수단으로 이해하는 입장은 광고학자, 경영학자들의 기본적인 관점파악 방법인 셈이었다(참고: Argunov, 1969: Burton, 1955: Tipper & Hotchkiss, 1914: Cohen, 1972: Kirkpatrick, 1959: Starch, 1925: Devos, 1956: Dunn, 1956, 1961: 김동기, 1971).

판매촉진 광고론자들은 상업광고의 성격을 세 가지로 요약한다. 첫째, 광고는 소비자와 생산자간의 만남이다(참고: Cherington, 1928). 둘째, 광고는 알리는 행위이다. 셋째, 광고는 대량소비 촉진을 위한 것이다. 다시 말해서, 광고는 소비자가 필요하다고 생각되는 상품이나 용역을 일정 생산자가 준비하고 있다고 알림으로써 대량소비를 유도하는 수단으로서 파악되고 있는 셈이다. 따라서 상업광고는 무엇인가를 팔기 위한 행위인 것이다. '광고 없이 판매 없고, 판매 없이 장사 없다'는 어귀(김동기, 1971)는 광고의 성격을 있는 그대로 잘 묘사해 주고 있다고 볼 수 있다.

판매촉진 수단으로서의 광고는 기원전 1450년경의 씨족·부족사회 시대부터 시작되었다(Starch, 1925). 씨·부족사회에 있어서 광고의 기능은 단순했다. 생산품 및 호사품의 구매처를 귀족들에게 알려 주는 행위였다. 또한 판매함으로써 대량소비를 촉진하기 위한 수단이기도 했다.

판매촉진을 위한 광고의 성격은 중세기에 있어서도 변화될 수 없었다. 그러나 중세기부터는 광고주, 광고자(매체)의 개념이 보다 분명히 구별되기 시작했다. Sampson(In Starch, 1925)에 의하면,

" 중세기의 광고인(the medival criers)은 뿔고동(horn)을 갖고 다녔다. 대중에게 무엇인가를 매력적으로 알리기 위해서였다. 12세기쯤, 프랑스에서는 이들 광고인들이 일종의 광고회사(well-organized body)를 차렸던 것으로 나타난다. 프랑스 황제 루이 7세의 광명에 의거, 프랑스 Berry지역에서 이들 광고인의 기득권이 인정되게 되었다. 이때가 1141년이었다. Berry지역에는 약 12명의 광고인들이 있었다. 이들 중 5명은 선술집을 돌아다니며 광고하도록 규정되어 있었다. 광고할 때에는 그들이 선전하는 물품의 견본으로 포도주를 갖고 다니도록 규정되어 있었다. 이 물품은 만약의 경우, 손님의 맛보기용 견본이었다. 한번 뿔고동을 불고 광고할 때마다 이들은 광고주로부터 동전 한 닢씩을 받도록 규정되어 있었다. 말하자면, 이 수수료가 광고비였던 셈이었다."(p. 44)

중세기식 판매촉진 강화수단으로서의 상업광고 정신은 1950년대에도 일관된다. 즉, 1950년대 미국마케팅협의회(American Marketing Association)의 광고의 개념정의에서도 판매촉진의 개념이 재현되고 있다. 미국마케팅협의회(In Report for the Definitions Committe, 1948)에 의하면,

　" 광고는 신분이 확실한 광고주가 의도하는 바의 생각, 물품, 용역을 소비자에게 제공하기 위해 유료형식으로 된 기재를 통해 비인격적으로 표시(nonpersonal presentation)하는 모든 형식이다."(p. 205)

　요약하면, 상업광고는 광고주의 이익을 도모하기 위해 어떤 형식으로든지 소비자에게 무엇인가를 알리고 전달하는 행위인 것이었다. 따라서 판매촉진은 광고에 있어서 기본 목적이 되는 것이다.

5) 의사소통 수단으로서의 광고

　DeVoe(1956), Dirkin Kroeger & Nicosia(1977), Dunn(1956, 1961), Dunn & Barban(1978), 김원수(1980), 상무달(1968) 등은 상업광고의 성격을 의사소통과 설득의 현상으로서 규정하고 있다. 그러나 이들은 상업광고의 판매촉진 기능을 전면적으로 부정하지는 않는다. 단지, 광고의 판매촉진 기능보다는 소비자와 생산자간의 의사소통을 보다 더 강조하고 있을 뿐이다.

　의사소통을 광고의 주요기능으로 파악하는 이해방법은 1940년대의 광고학자, 경영학자보다 진일보한 방법이다. 왜냐하면 의사소통촉진으로서의 광고는 판매촉진의 다양성을 다각도로 보장하고 있기 때문이었다. 따라서 의사소통 수단으로서의 광고개념은 광고의 성격을 복잡하게 분석, 규정하게 만드는 계기를 만들었다.

　White(1950)는 광고가 갖는 의사소통의 기능을 의사소통공학(communication engineering)이라고 불렀다. Dunn과 Barban(1978)은 광고를 비인격적 대화(non-personal communication)기법이라고 불렀다. Dunn과 Barban에 의하면 광고는,

　" 유료형식에 의한 비인격적 의사소통이……(광고하고자 하는 단체나 사람들은) 어떤 형식이든지 전하고 싶은 메시지를 통해 (소비자에게) 정보를 주거나, 혹은 일정한 방향으로 설득(persuade)시키기 원하는 사람들이다."(p. 8)

Dunn과 Barban의 광고에 대한 개념정의는 설득론이라고 볼 수 있다. 광고자가 피광고자를 설득시키기 위해 지성이나 감정에 호소할 수도 있다. 매체도 다양할 수 있다. 내용이나 전략도 다양할 수 있다. 따라서 광고는 노동조합적인 성격을 갖고 있다고도 볼 수 있다(McMahan, 1954).

McMahan은 TV 광고 운영방법을 미식축구에 비교하여 묘사한 바 있다. McMahan에 의하면, 광고를 제작하기 위한 최전진 공격수들은 제작자, 감독, 배우, 성우, 촬영기사, 실험실 기사, 편집자 등이다. 반면, 광고주, 경리담당자, 극작가, 광고대행업자 등은 후진공격수 혹은 방어 팀으로 비유되었다.

한마디로 의사소통기능 강화를 위해 광고주는 소비자를 광고주의 의사에 조건화시키는 방법을 사용한다고 볼 수 있다.

6) 의식변화 수단으로서의 광고

Denney(1956), Crawford(1960), Dygert(1957), Jackson(1956), Kirk-patrick(1959), Martineau(1971), Nelson(1962), Wright, Warner & Winter(1971), 김규(1971) 등은 광고의 본질을 소비자의 의식변화로서 이해한다. 의식변화론자들은 광고의 설득기능과 이미지부각(imprinting of image)기능 파악에 광고의 초점을 맞추고 있다.

예를 들어, Denney(1956)에 의하면, 소비자는 광고를 통해 자기 자신을 팔아 버린다(self-sold consumer). 자기 자신을 판다는 말은 광고가 주는 이미지 혹은 멋(taste)에 자기 자신이 통제당함을 의미한다. 다시 말해서, 광고는 소비자의 의식세계를 형성해 준다. Jackson(1956)은 Life지의 사시(editorials)를 분석한 바 있다. Jackson에 의하면, Life지는 의도적으로 소비자의 의식세계나 멋을 바꾸는 의도를 사시로 삼고 있었다. 따라서 Denney나 Jackson의 주장에 의하면, 광고는 소비자의 의식세계를 (철학적 또는 사회적인 의미에 있어서) 형성·변형하는 수단인 것이다.

Nelson(1962)은 광고의 이미지 구축 전략을 소개한 바 있다. 그의 이미지 부각론의 기초는 단순했다. Nelson에 의하면, 인간은 비이상적인 존재인 동시에 지위충족의 존재이다. 따라서 Nelson에 의하면, 성공적인 광고는 인간의 지위욕을 충족시켜야 한다. 즉, 지위충족의 이미지를 부각시킬 수 있는 광고가 성공적인 광고로서 인정되게 되었다.

Wright와 그의 동료들(1971)에 의하면, 광고는 ' 광고주의 의사가 피광고자에게 전달되어 (그 결과가) 확인 가능한 설득' (p. 10)이다. 그러나 확인 가능한 설득방법으로서의 광고 개념은 광고에 대한 새로운 이해방법은 아니었다. 왜냐하면 이미 Dygert(1957)는 광고를 의식화조장(styleconscious) 수단이라고 정의했었기 때문이다. 또한 Crawford(1960)도 광고를 설득의 기교(the art of persuading)라고 정의했었다.

김규(1976)는 의식화촉진 과정으로서의 광고 개념을 지지한다. 김규에 의하면, 광고의 이미지부여에 둔감한 소비자는 새로운 환경에 적응 못하는 사람일 수밖에 없다.

요약하면, 상업광고는 기본적으로 판매촉진의 기능을 갖고 있다. 판매촉진의 기능은 광고학자, 경영학자들의 이론적 준거들에 따라 다양하게 파악되어 왔다. 어떤 이들은 광고의 고지(告知)기능 확대를 통한 판매촉진을 논의했었다. 어떤 이들은 의사소통 기능 강조 속에서 광고의 판매촉진 기능을 논의하기도 했다. 또 어떤 이들은 소비자의 의식변화를 극대화시킴으로써 판매촉진을 시도하기도 했다. 한마디로 광고주의 이윤극대화를 위한 광고관은 광고학자, 경영학자들의 철학이라고 볼 수 있었다. 단지, 광고학자, 경영학자들은 자기들의 입장을 보강하기 위해 광고에 과장스런 신화를 첨가해서 광고의 기능을 이리저리 서로 다르게 강조해 왔을 뿐이었다(참고: Seiden, 1976). 광고는 어떤 기법을 통해 소비자에게 광고내용을 전달하고 있는가? 이 질문은 다음 절에서 논의된다. 왜냐하면 광고의 판매촉진전략은 사회교육적으로 의미 있는 교수기법일 수도 있기 때문이다. 즉, 사회교육에서 활용하고 있는 교수전략이 광고의 판매촉진전략과 유사했기 때문이었다.

3. 광고의 사회교육적 교수 - 학습전략

이 절에서는 광고의 판매전략을 광고의 교수기법(teaching strategy) 일 수 있다고 유사교육학적 용어로 대체한다. 왜냐하면 광고의 전략이나 수업전략은 유사성이 있기 때문이다.

전략은 일정한 조건 아래 설정된 목표를 달성시키기 위해 동원되는 수단이다. Woods(1980)에 따르면, 전략은 몇 가지 특성을 갖고 있다. 첫째, 전략은 다양한 형태로 나타난다. 그러나 목표달성에 대한 집념은 전략 속에 일관되게 숨어 있게 된다. 둘째, 전략은 환경, 분위기, 조건 등에 따라 특정의 제약을 받는다. 따라서 전략은 목표달성을 위해 교묘히 위장되어 있어야 한다. 셋째, 전략은 최소한 습속화된 경로나 형식(routinized mode)을 취하게 된다. 요약하면, 광고의 전략을 논할 때, 한 가지 추론이 가능하다. 즉, 광고의 도달점이나 목표의 성질상 사회적인 제약(예: 윤리적, 정치적 조건)을 받으면 받을수록 혹은 그런 경향이 높으면 높을수록 광고의 전략은 높은 위험부담률(extension of risk)을 갖게 될 것이다. 따라서 위험률을 가능한 줄이기 위해 광고의 전략은 극도로 교묘해질 것이다. 그러나 광고의 전략이 아무리 교묘해도 광고의 전략은 일정한 형식을 갖고 나타날 것이다. 그 일정한 형식을 파악하는 일은 광고의 본질을 파악하는 것과 상응한다.

이 장에서는 일정한 형식을 갖고 나타나는 광고의 전략이 논의된다. 광고는 세 가지의 전략을 갖고 있다. 다시 말해서, 광고는 소비자를 피교육자로 간주한 세 가지 교수전략을 갖고 있다. 세 가지 교수전략은 재간교수(trick teaching)전략, 신호교수(sign teaching)전략, 잠재적 교수(latent teaching)전략으로 간추릴 수 있다.

1) 재간교수전략 : 선전의 세계

재간교수(trick teaching)전략은 결과의 중요성만을 일깨우는 광고전략이다. 재간교수전략은 행동주의적 교수-학습이론에 기초를 두고 있다. 말하자면, 자극을 주면 반응할 것이라는 논제(proposition)가 재간교수전략에 숨어 있다. 동기유발과 행동변화가 재간교수전략의 성패를 좌우한다. 따라서 재간교수전략은 동기화의 결정인자를 찾는 데 큰 관심이 있다. 찾아진 동기화의 결정인자는 일반적으로 조작되어 소비자에게 주입된다. 동기화는 이론적 정당성이나 실제성을 가질 수 있다. 그러나 갖지 않을 수도 있다. 한마디로 정당성은 상황에 따라 다양해질 수 있는 셈이다.

광고의 재간교수전략은 사회정치적으로 교화, 선전학습이라고 볼 수 있다. 왜냐하면 광고주는 광고내용의 타당성이나 근거보다는 소비자의 행동변화를 중요하게 여기기 때문이다. 즉, 소비자의 구매현상에 더 큰 관심을 갖고 있기 때문이다.

광고는 관습적으로 선전과 구별되는 개념으로 사용되어 왔다(참고: Dunn, 1961: 김원수, 1980). 그러나 광고와 선전간의 엄격한 구별론은 일반성을 결여하고 있다. 왜냐하면 첫째, 그러한 구별이 이상주의적이기 때문이다. 둘째, 또한 광고와 선전은 이론적으로나 실제에 있어서 명확히 구별되어 있지도 않기 때문이다(상무달, 1968).

현실적으로 광고는 일상생활에서 선전이라는 말과 혼용되어 사용되고 있다. 선전은 또한 교화, 교육이라는 말과 혼용되어 사용된다. 사회·문화·정치적 조건에 따라 강조되는 범위만이 다를 뿐이다. 선전, 교화, 교육 등을 일직선상으로 비교했을 때, 동일 차원의 뜻을 서로 공통적으로 내포한다. 단지, 가치판단의 부하량과 정치적 의미의 경감에 따라 용어의 사용범위, 용도가 달라질 뿐이다. 예를 들어, Doob(1935), McGarry(1958), Kercher(1942), Snook(1972), Piere(1935) 등에 의하면, 선전, 교화, 교육간의 차이를 의미 있게 명확히 구별하는 일은 학문적으로 용이한 일이 아니다(참고: 공보부, 1963).

교육이라는 말을 문화적으로 교화, 선전과 구별하기 위해 혹자는 '참교육(true education)이라고 쓰기도 한다. 그러나 이때 '참'이라는 말에 따옴표 혹은 강조 표시를 부가하고 있음에 유의할 필요가 있다. 즉, 강조점 부가는 특수한 입장에서 교육과 교화, 선전이 구별된다는 것을 의미하기 때문이다.

2) 신호교수전략 : 물상화(物象化)의 세계

광고의 신호교수(sign teaching)전략은 소비자로 하여금 광고를 감각적으로 느끼게 만드는 전략이다. 즉, 보면 느끼고, 느끼면 어떤 식으로든지 변화할 것이라는 가정이 숨어 있다.

신호교수전략의 특징은 소비자에게 물상화된 광고내용을 전달하는 데 있다. 물상화(reification)는 일반적으로 뜻이 모호한 개념, 생각 등을 마치 구체적인 사물인 양 물질화(materialize), 구체화시키려는 행위이다. 다시 말해서, 물상화는 추상적인 관념이나 생각이 사회의 정치· 사회· 문화적 조건 아래 구체적인 것, 실체적인 것으로 변화해 가는 현상을 말한다(참고: Larson, 1973: Mann, 1979: Wolman, 1973).

광고는 물상화전략을 중요하게 여긴다. 예를 들어, '뜨거운 태양 아래 깨끗한 여름피부'를 호소하는 'P'화장품회사의 광고(중앙일보, 1981. 6. 18. p. 12)나 '…… VIP보험 덕분에 이렇게 느긋합니다'라고 주장하는 어떤 보험회사 광고(중앙일보, 1981. 6. 18. p. 8) 등은 물상화된 내용을 소비자들에게 전달하고 있다고 볼 수 있다. 왜냐하면 '여름피부', 'VIP보험' 같은 용어는 물상화된 상태에서 사용된 용어이기 때문이다. 이런 광고를 통해 소비자는 '여름피부는 곧 P화장품', 'VIP보험은 곧 느긋함 보장'이라는 공식을 전달받게 되는 것이다. 김규(1976)는 광고의 물상화된 광고내용 전달을 사회심리적 의미 소비의 촉진과정으로 풀어 설명한 바 있다. 김규에 의하면,

" …… 피부용 크림은 청결이나 위생을 파는 것이 아니고, 아름다움과 사랑을 약속하는 것이며, 오렌지는 과일이 아니고 신선한 활력이고, 자동차는 교통수단이라기보다는 특권이나 사회적 지위가 된다. 따라서 대중은 물건을 사는 것

이 아니고 물건에 부여된 사회심리적 의미를 소비하고 있는 것이다. 광고는 이
렇게 각 상품에다 이미지를 창조, 부가시킴으로써 새로운 생활환경을 끊임없이
제공하고 있으며, 이 새로운 환경에 적응 못하는 사람, 즉 상품구매를 통해 이
미지 변화에 참가 못하는 사람에게 불안과 초조와 때로는 욕구불만을 유발하
기도 한다.”(p. 218)

김규의 주장이 옳다면, 광고의 신호교수전략은 소비자에게 소비자 스
스로를 현실로부터 괴리시키는 힘을 갖고 있는 셈이다. 왜냐하면 소비자
는 소비자가 주체적으로 구매행동을 하고 있지 못하기 때문이다. 오히려
소비자는 광고의 물상화된 이미지에 의해 통제당하고 있기 때문이다.

3) 잠재교수전략: 지위집단형성의 세계

후기 산업사회는 인간에게 어느 정도의 재화(wealth)를 소유하게 만
드는 특징을 갖고 있는 사회이다(참고: Lenski, 1966). 따라서 돈 주고
살 수 있는 것은 소비자에게 큰 값어치가 없게 된다. 그러나 돈 주고도
구하기 어려운 것들이 인간에게 큰 의미를 주게 된다(참고: Lenski,
1966: Schaar, 1967: Maslow, 1971). 돈 주고 손쉽게 구매할 수 없는 것
들은 흔하지 않다(예: 지위, 권위, 명예, 교양 등등). 따라서 광고는 소비
자의 희귀재 소유 심리를 판매전략으로 삼을 수밖에 없는 셈이다. 광고
의 잠재교수(latent teaching)전략은 소비자의 희귀재 획득 욕망을 성취
시켜 주려는 판매전략이다. 잠재교수전략은 소비자가 구매행위 시작부
터 주어진 상황과 조건을 충분히 의식하고 광고내용을 접한다는 가정
을 전제로 한다. 즉, 소비자는 의도적으로 자기가 추구하는 바를 자기
의 위치와 조건에 맞게 지적으로 결정한다고 간주한다. Packard(1957,
1959), Martineau(1957), Barber & Lobel(1952) 등은 인간의 희귀재 획
득 욕망을 지위구매행위라고 이해했다. 이들의 견해에 따르면, 광고의
잠재교수전략은 소비자를 일정 ‘문화집단’으로 묶는 전략이다. 광고는
일정한 집단으로 묶어진 소비자 집단을 대상으로 판매촉진을 강화한다.

즉, 문화집단 혹은 지위집단 형성을 의도적으로, 비의도적으로 촉진한다. 지위집단(status group)이란 조작적 정의에 의하면, 끼리끼리의 문화, 경제적 개성, 멋, 취향, 이해관계에 의해 정서적으로 묶여 있는 의도적 혹은 비의도적 가치체계지향 집단이라고 정의할 수 있다(Aron, 1980). 따라서 지위집단의 특색은 동질의 태도, 성향, 취향을 갖고 있는 무리라고도 볼 수 있다. 따라서 소비자의 연령(참고: Gilbert, 1957), 성별(참고: Parckard, 1957: 광고정보, 1981. 5.), 종교, 지역(참고: 광고정보, 1981. 4.), 직업(참고: 김규, 1976: 홍부길, 1980), 계층(참고: 박광성, 1977) 같은 요소들은 지위집단을 형성시키는 변인들이다.

결국, 광고의 잠재교수전략은 지위집단을 형성하는 전략이다. 또한 형성된 지위집단의 소양을 판매전략의 결정인자(determinants)로 활용하는 전략인 셈이다. 예를 들어, '××칼라 비디오테이프는 우주공간의 진공상태에서 만드는 것과 같은 정밀도 100%에 도전하는 초정밀 기술의 결정이다'라는 문구를 상용하는 'A'광고가 신문에 자주 등장한다. 이 광고는 지위집단을 의식한 광고의 한 예라고 볼 수 있다. 또한 이 광고는 지위집단의 소양을 강조하는 광고, 즉 잠재교수전략을 사용하는 광고의 실례이다. 왜냐하면 첫째, 이 비디오테이프 제조, 판매 광고의 관심대상자는 최소한 칼라 TV와 비디오 장치를 갖고 있는 사람이어야 한다. 즉, 경제적으로 문화적인 생활을 할 수 있는 사람에 속한다. 다시 말해서, 이 광고는 최소한 칼라비디오를 생활의 한 영역에서 즐길 수 있는 사람들에게 보다 큰 의미를 주고 있다고 볼 수 있다. 둘째, 이 광고에 동원된 단어도 특수 계층을 의식하고 쓰여진 용어이다. 즉, 비디오, 테이프, 우주공간, 진공상태, 초정밀 등과 같은 용어는 최소한 도시의 교양집단층이 일상적으로 의식하고 이해할 수 있는 정도의 기술적 용어인 것이다. 따라서 광고전략에서 쓰이는 용어 자체도 몰가치적일 수가 없는 셈이다. 셋째 예로는 ××비디오광고는 소비자의 지위지식을 부추기고 있다. 왜냐하면 광고의 내용 자체가 주는 이미지에 의하면, 현대인이라고 자처할 수 있는 사람이면 칼라 TV 정도는 소유하고 있어야 한다는 함의가 노출되고 있기 때문이다. 현재의 한국 경제적 실정에 비추어 보아, 칼라 TV 그 자체는 문화소양적 지위, 경제적 지위를 상징화하고 있다. 왜냐하면 1978년 현재 한국의 흑백 TV 수상기 보급률은 1.5가구당 1대였다. 물론 국민 7.7인당 1대의 TV 수상기 보급률은 놀라운 숫자이다(황창규, 1979). 그러나 칼라 TV 수상기 보급률은 흑백 TV 보유율보다 낮다. 왜냐하면 전체 국민의 16.5%만이 칼라 TV 수상기를 보유하고 있는 것으로 조사, 보고되기 때문이었다(참고: 윤숙, 1981, p. 54).

재력이 있다는 말은 문화적 가치가 있는 것들을 소유할 수 있음을 시사한다. 따라서 일반 소비자는 칼라 TV가 주는 재력, 소양, 문화적 지위를 연상하게 된다고 볼 수 있다. 예를 들어, 홍부길(1980)은" 갑자기 돈을 벌어 벼락부자가 된 사람의 경우 자신도 이제는 문화인으로서의 역할을 해야겠다는 생각을 가질 것인데, 이러한 때에는 문화인의 역할이 무엇인지를 강조하는 광고(예:' 문화인이라면 ×× 백과사전쯤은 구비하고 있어야 합니다' 라는 식의 캐치프레이즈)에 영향받기 쉽다"(p. 186)고 주장한 바 있다. 홍부길의 주장은 경험적으로 타당성 있는 견해라고 입증된다. 왜냐하면 광고는 소비자의 문화적 지위획득, 멋 등을 사회계층적으로 반영하고 있다는 연구결과가 눈에 띄고 있기 때문이다. 예를 들어, 박광성(1977)은 한국의 주간지에 게재된 광고의 내용을 분석한 바 있다. 박광성에 의하면, 주간지에 실린 광고의 대부분은 한국 중산층의 심리와 그들의 기호에 맞는 내용을 선전하는 데 주력했다. 예를 들어, 의상(패션), 화장법, 보석, 호화가구 구매하기 등 중산층의 소비성향과 지위에 맞는 광고를 중점적으로 게재했었다.

Packard(1957, 1959) 역시 광고가 소비자의 문화적 지위를 형성하여 소양, 멋을 판매하는 도구임을 입증한 바 있다. 멋은 어떤 사물을 보고 가장 좋다고 하는 것(excellent), 사물간의 유사성, 질서, 아름다움 등을 가려내는 힘이다(참고: Jackson, 1956). 따라서 멋있는 사람은 자기의 지위, 능력, 위치 등을 자기의 환경에 적용, 이해, 판별할 수 있는 사람이다. 결국, 멋을 파는 광고는 첫째, 소비자의 환경(environment)과의 조화 여부를 결정하는 미학적인(esthetic) 분위기를 소비자로 하여금 직감하게 만든다. 둘째, 멋을 파는 광고는 멋의 사회학적인 의미를 강조하게 된다. 왜냐하면 멋의 기준은 자기가 속한 집단, 사회 속에서 형성되기 때문이다(참고: Denney, 1958). 요약하면, 광고는 소비자에게 사회계층의 차이에 따른 상이한 의식화를 촉진시키는 수단이 되는 셈이다. 한마디로 광고는 소비자에게 지위가(status-enhancement value)를 부여한다. 따라서 광고는 의도적으로 소비자의 지위의식을 고취시키는 상징을 광고내용에 삽입할 수밖에 없는 것이다.

Martineau(1957, 1958)는 광고의 지위부여 기능을 보다 구체적으로 지적한 바 있다. Martineau에 의하면, 광고의 내용은 소비자의 생활, 소양, 멋(style of life)을 반영한다. 생활의 멋은 집단의식과 직결되고 있다. 집단의식은 친구, 직장동료, 지역사회, 사회계층에 의해 통제된다. 따라서 같은 제품, 같은 내용을 소개하는 광고라고 할지라도 제품이나 광고 내용에 붙어 있는 의미는 집단에 따라 서로 다르게 이해되게 된다. 예를 들어, Martineau는 '아기'라는 용어가 크게 부각된 광고를 소비자에게 제시했다. 소비자가 그것을 본 다음 가장 먼저 떠오르는 생각들을 차례로 적게 하는 실험을 실시했다. 나타난 결과는 사회계층에 따라 서로 달랐다. 즉, 중산층 주부들에게 '아기'라는 광고의 낱말은 '귀여운 것', '모성애' 등의 생각을 먼저 떠오르게 했었다. 반면, 근로자계층, 즉 사회경제적으로 낮은 지위의 주부들은 '목이 뻐근함', '부담', '귀엽지만 일덩어리감' 등으로서 아기에 관련된 광고의 낱말을 풀어쓰고 있었다.

Barber와 Lovel(1952)은 광고의 내용과 사회계층에 따른 여성들의 취향간의 관계를 연구한 바 있다. Barber와 Lobel에 의하면, 상류층 여성들은 유행에 둔감한 광고내용을 좋아했다. 반면, 우아함, 영국풍의 귀족스러움 등을 상징하는 의상을 소개하는 광고에 사로잡혔다. 중산층 부인들은 상류층 아낙네들이 즐겨 입는 영국풍의 귀족스런 의상보다는 유행에 민감한 파리풍(Paris-consciousness style)의 의상을 즐겨 입었다. 따라서 파리풍의 의상을 소개하는 광고에 높은 선호도를 주었다.

중산층 부인들은 귀족스럽다는 말보다 '세련된'이라는 광고의 형용사에 호감을 갖고 있었다. 그러나 매혹적(glamour)이라는 단어는 기피했었다. 왜냐하면 매혹적이라는 말은 육감적인 의미를 내포하고 있다고 믿어졌기 때문이었다. 결국, 육감적이라는 형용사는 싸구려(cheap)라는 맛을 풍겨 주게 되었다. 따라서 매혹적이라는 말이 담긴 옷이나 광고를 기피하게 되었다.

하위 근로계층 아낙네들은 귀족스럽다든가, 파리풍의 광고를 기피했다. 왜냐하면 파리풍이나 영국풍이라고 지적되는 의상은 자기들의 격에 어울리지 않는다고 믿고 있었기 때문이었다. 하위계층 부인들은 '참하다'(smart)는 형용사가 붙어 있는 의상을 찾았다. 왜냐하면 참하다는 말은 모두에게 어울린다는 뜻을 갖고 있기 때문이었다. 따라서 이들은 참하다, 존경스럽다는 형용사가 부각된 의상 광고 내용을 친근하게 대했다.

요약하면, 홍부길, Packard 등의 주장이나, Martineau, Barber와 Lobel, 박광성 등의 연구는 광고가 지위집단형성의 수단임을 시사하고 있다. 즉, 사회계층과 신분의 차이에 따라 광고의 내용, 종류에 대한 의식적 선호도가 차이가 있음을 시사하고 있다. 따라서 이들의 견해에 의하면, 광고의 잠재교수전략은 의도적으로 집단 의식, 사회계층의 멋을 잠재적으로 부과, 부각시키는 교육수단임을 시사받을 수 있다.

광고의 교수전략은 재간교수, 신호교수, 잠재교수 등으로 요약될 수 있다. 이 세 가지 교수전략은 판매촉진을 위한 것이었다. 판매촉진을 위해 광고는 소비자에게 일정한 내용을 선전, 교화할 수도 있었다. 또한 광고내용을 물상화된 양식으로 전달할 수도 있었다. 또한 멋, 소양 등을 결부시켜 집단 간의 문화적 이해관계를 결부시키는 판매전략을 활용하기도 했다.

지금까지 논의한 광고의 세 가지 기능, 광고의 세 가지 교수전략은 판매촉진을 위한 것들이었다. 또한 광고의 세 가지 판매전략은 사회교육적인 교수전략으로도 활용될 수 있다는 점을 시사했다. 다시 말해서,

어떤 광고 내용은 지역사회의 문화적 차이, 개인의 사회적 경험의 차이, 지식소유 정도, 경제생활 참여 정도에 적합한 교수전략을 필요로 하고 있었다. 사회교육적으로 이런 주장은 타당성이 있다. 왜냐하면 어떤 피교육자는 시각적인 교수법에 의해 보다 더 교육적 효과를 경험할 수 있기 때문이다. 반면, 어떤 피교육자는 대화기법에 의해 보다 더 교육적 경험을 풍부히 맛볼 수도 있기 때문이다. 또한 어떤 피교육자는 집단의식의 촉진 속에서 성공적인 교육경험을 누릴 수도 있는 것이다(참고: Coles, 1977: Lovell, 1981). 따라서 사회교육이 실지 전투적인 비정형 (Krugman, 1965: 이홍우, 1979)의 교육내용, 교수방법을 활용하는 한, 다양한 광고의 교수전략은 사회교육적 교수전략 구축에 도움을 줄 수 있다고 볼 수 있다. 그러나 세 가지 광고의 교수전략이 구체적으로 광고현장에 어떻게 작용하고 있는지는 자세히 알 수 없다. 왜냐하면 광고의 세 가지 기능과 서로 다른 교수전략에 관한 경험적인 연구가 구체화되어 있지 않았기 때문이다.

다음 절에서는 광고가 갖는 교육적 성격을 논의하게 된다. 광고의 교육적 성격 파악은 경영학자, 광고학자들이 크게 문제삼지 않았던 영역이었다. 따라서 광고의 교육적 성격이나 효과 파악은 교육적으로 논의해 볼 가치가 있다.

4. 광고의 사회교육적 효과와 사회교육적 기능 발휘에 대한 비판

광고의 교육적 기능, 교육적 효과에 관한 논의는 경영학자보다는 매스컴 관계 사회학자들에 의해서 보다 활발히 전개되어 왔다. 반면, 교육학자들은 거의 광고의 교육적 성격에 관해 논의한 적이 없었다. 따라서 매스컴 관계 학자들이 밝힌 광고의 교육적 기능과 효과는 교육학 분야에서 거의 다루어오지 않은 셈이었다. 이 장에서는 소수의 경영학자들이 피력한 광고의 교육적 기능론과 매스컴 관계 사회학자들의 광고의 교육적 기능에 관한 연구들을 종합, 분석한다.

1) 경영학적 관점에서 파악한 광고의 사회교육기능론

Boden(1937)은 광고의 메시지와 정보(information)는 교육내용일 수밖에 없음을 표명한 바 있다. Boden은 광고의 교육적 성격을 1934년대 육류업자들이 벌인 광고 캠페인에서 찾은 바 있다. Boden에 의하면, 신문광고는 단순한 판매촉진만을 위한 것이 아니었다. Boden은 육류업자들의 광고 내용에 교육적인 내용이 삽입되어 있음을 발견했다. 교육적 내용은 요리법, 조리법, 육류저장법 등으로 간추려졌다. 이런 내용은 육류보존에 관한 최신의 지식에 관한 것들이었다. 결국, 육류조리, 저장법에 관한 최신 내용에 대한 광고는 소비자들의 조리법을 바꾸게 만들었다.

Burtt(1930)도 광고의 다면적인 교육적 성격을 주장했었다. Burtt에 의하면, 1930년대 광고의 내용은 소비자의 복지(consumer's welfare) 증진에 기여했다. Burtt는 그 당시 유포되었던 광범위한 광고내용을 분석했었다. 분석 결과 세 가지 사실을 발견할 수 있었다. 첫째, 약품광고는 소비자에게 일반 질병예방 및 정신건강에 관한 지식을 소개해 주었다. 둘째, 어떤 광고의 내용은 소비자의 감성· 예술· 음악적 잠재성을 일깨워 주는 것들이었다. 셋째, 일반적으로 광고는 소비자의 소비감각, 생활의 지혜 등을 제공, 생활의 멋을 세련되게 도와 주었다. 결국 Burtt에 의하면, 광고가 준 방대한 양의 단편적 사실과 지식은 소비자들의 생활개선에 크게 기여했던 셈이었다(예: 최신의 기계정보지식, 역사적 사실 제공).

Borden과 Burtt가 논한 광고의 교육기능론은 Hotchkiss(1940)에 의해 보다 정선되었다. Hotchkiss에 의하면, 광고의 내용은 특수 교수- 학

습(instruction) 기제였다. Hotchkiss에 따르면, 광고에 나타난 내용을
접한 소비자는,

> " 새로운 제품이나 개량된 제품, 옛날 제품을 새로운 감각으로 사용하는 법을
> 배우게 된다(learn). 소비자는 어떤 음식물에 어떤 비타민(vitamin)이 함유되어
> 있으며, 이 비누는 어떤 기름으로 만들어지며…… 등등에 관해 배우게 된다."
> (p. 80)

한마디로 Hotchkiss가 지적한 광고의 교육기능론은 광고 내용의 교
수-학습론으로 요약될 수 있다. 즉, 광고 내용을 눈으로 보면서 귀로
들으면서 익히는 과정은 곧 가르침과 배움의 과정이라는 것이다(참고:
Dygert, 1957).

Bridge(1955)는 광고가 갖는 사회문제 해결능력 촉진 기능을 논의한
바 있다. Bridge에 의하면, 광고의 표제(headline)는 교훈적인, 시사적
인 내용을 담고 있다. 이런 내용은 피광고자의 문제해결의 실마리로서
활용될 수 있다고 보았다. 예를 들어, '감기가 들었을 때는 영양식, 휴
식, 비타민 C를 복용하십시오' 하는 광고의 표제를 본 소비자는 건강
의 비결을 배운 거나 다름이 없다. 따라서 이것은 교육의 한 장면이
되는 것이었다. 그러나 Bridge의 광고가 주는 교수효과론은 Hotchkiss
의 즉각적인 '귀에' 호소, '눈에' 호소된 광고의 교수이론의 연장에 불
과했다.

Dygert(1957)는 Hotchkiss나 Bridge가 생각했던 광고의 소비자 중심
적인 교육기능론을 사회중심의 교육기능론으로 확대시켰다.

Dygert에 의하면, 광고는 사회교육적인 봉사(educational service)성
격을 갖고 있다고 판단된다. Dygert는 자기의 논지를 분명하게 하기
위해 1930년대 미국에 만연되었던 디프테리아(diphtheria) 전염병예방
과 광고의 교육기능과의 관계를 예증으로 들고 있었다. 왜냐하면 디프
테리아 박멸은 광고의 교육적 기능에 의한 것이었기 때문이다. Dygert

의 관찰에 의하면,

> " 최근에 나타난 놀랄 만한 일은 질병박멸운동이다. 어느 굴지의 보험회사는 경악할 만한 전염병의 위험과 이에 대치할 수 있는 영양섭취법을 대중에게 고지시켰다. 이것은 질병박멸운동의 핵심인 것이다. 이런 사실을 (재삼) 지적하지 않을 수 없다. 이미 지난 10년간 지지부진해 왔던 디프테리아 박멸운동에 한 보험회사가 참여했다. 이 보험회사는 디프테리아 박멸운동을 효과적으로 수행할 수 있는 유익한 정보를 집대성 출간했었다. 이어 일간신문들에 재공개, 광고하기 시작했다. 한편, 해당 지역의 보건국으로 하여금 디프테리아 박멸·예방사업에 적극 참여할 것을 호소도 했었다. 디프테리아 박멸운동은(광고에 의해) 1926년, 1929년, 1931년도에 이어 계속적으로 전개되었다. 그 결과 이 보험회사에 가입한 산업체 종사자 가운데서 디프테리아로 인해 사망하는 인명피해는 83.5%나 감소되게 되었다."(p. 4)

요약하면, 1930년~1950년대 경영학자들이 생각한 광고의 교육적 성격은 두 가지로 요약할 수 있었다. 첫째, 광고는 소비자에게 무엇인가를 가르칠 수 있다. 또한 그러한 내용을 전달한다. 배움의 현상은 많은 양의 정보전달에서 자동적으로 일어나게 된다. 둘째, 광고는 사회적 계도성(guidance)의 역할도 담당하고 있다. 따라서 광고는 사회발전, 사회복지에 기여하고 있다고 판단된다.

1960년대 이후 간헐적으로 문헌에 나타나는 광고학자, 경영학자들에 의한 광고의 교육기능론은 Borden, Burtt, Hotchkiss, Dygert 등의 주장을 극복하지는 못한 것 같았다. 또한 경험적인 연구도 체계적으로 구체화되지 못한 것 같았다. 그 이유가 무엇인지는 여타 광고연구에서 구체적으로 밝혀지지 않은 상태에 있다. 그러나 한 가지 분명했던 것이 있다. 그것은 경영학자, 광고학자들의 광고교육론이 함축적으로 사회학자들의 광고효과 연구에 반영되고 있다는 사실이다. 1960년대부터 사회학자들은 광고의 교육적 기능과 효과에 관해 실증적인 연구결과들을 제공하기 시작했다.

2) 사회학적 관점에서 파악한 광고의 사회교육적 기능

사회학자들은 광고의 교육적 성격과 효과를 보다 경험적으로 연구, 분석했다. 이들은 광고의 판매촉진 기능에 관해 실증적· 이론적인 논의를 기피하는 경향이 있었다. 그 대신 광고의 효과를 매스 미디어의 교육적 기능과 연결시켜 연구하려고 했다.

Lazarsfeld와 Merton(1948)은 광고의 교육적 성격을 소비자통제에 있다고 보았다. Lazarsfeld와 Merton이 논의한 광고의 교육적 기능론에 의하면, 광고는 소비자에게 새로운 태도나 새로운 행동양식을 창출시켜 주지는 못한다. 단지, 광고는 '전형적으로 피광고자가 갖고 있는 기존 행동양식이나 태도에 통로를 제공해 줌으로써 일정한 방향으로 유도(canalizing)시켜 줄 뿐이다. 한마디로 광고는 거의 새로운 태도를 창출시켜 주거나, 새로운 양식을 의미심장할 정도로 야기시키지는 않는다'(Lazarsfeld & Merton, 1948, p. 114).

그러나 Lazarsfeld와 Merton이 광고의 교육적 성격을 전면적으로 부정하는 것 같지는 않았다. 단지, 그들은 광고의 교육적 성격이 미약한 것으로 해석한 듯했다. 왜냐하면 Lazarsfeld와 Merton에게 있어서 중요했던 것은 광고에 의한 새로운 행동양식 창출의 크기(magnitude)에 관한 것 같기 때문이었다. 또한 Merton(1946)은 이미 광고의 교육적 성격을 강조한 바 있었다. Merton은 광고의 교육적 성격을 참여와 기동화 촉진으로 피력했었다. Merton은 자기 견해의 타당성을 마라톤 중계와 더불어 방송되었던 2차 세계대전 중 군비조달을 위한 전시공채 판매광고에서 이끌어 냈었다. Kate Smith라는 마라톤 중계자에 대한 전시공채(war bond)매도 광고는 설득력이 있었다. Kate Smith의 방송광고를 계기로 많은 국민들이 호응해 왔다. 전시공채가 발행되었다는 광고는 국민이 기존적으로 갖고 있었던 전시공채의 사회적 중요성을 인식시켰던 것이다. 그러나 보다 중요했던 사실은 국민들이 공채를 사회적 목적에 유용하도록 구매했다는 사실이었다. 따라서 Merton은 마라톤 중계방송에 곁들인 전시공채 판매광고가 유도기능(canalizing)뿐만 아니라, 행동변화, 사회목적에 참여하는 기능(convert an intention to a commitment)도 갖고 있음을 보여 주었던 것이다.

Krugman(1965)은 광고의 교육적 성격을 '참여 없이도 배우게 만들어 주는 학습'(learning without involvement)이라고 주장한 바 있었다. Krugman이 생각한 광고의 교육기능론은 무의식적 학습효과론(unconscious learning)이라고 요약할 수 있다. Krugman은 자기의 주장을 세계 2차 대전을 종결하게 만들었던 연합군의 노르망디(normandy beach) 상륙작전에 동원되었던 각종 광고, 선전 효과로 뒷받침하고 있었다. Krugman에 의하면, 의미 없고 두서 없는 광고물이라도 전달하고자 하는 내용을 계속적으로 노출시키면, 피광고자는 무의식적으로 광고 내용을 수용하게 된다는 것이었다. 따라서 Krugman의 주장이 옳다면, 광고 그 자체는 이미 교육의 수단이 되는 셈이었다.

Merton, Krugman 등의 주장은 Weilbacher(1970), 이신복(1980) 등의 광고교육기능론에서도 재연된다. 그러나 Weilbacher는 반복되는 광고의 메시지가 주는 교육적 효과의 크기는 일률적으로 측정할 수 없다고 주장한다. 왜냐하면 광고의 교육적 효과는 소비자의 지적·문화적 상황에 따라 다르게 수용되기 때문이다. 이신복은 TV광고의 교육적 기능론을 논한 바 있다. 이신복에 의하면, TV는 집단(예: 가족)을 대상으로 영상, 음향, 동작을 종합해서 독자에게 일정 내용을 전달한다. 이 전달로 시청자는 배우게 된다. 따라서 TV광고는 교육적 성격을 갖고 있다고 판단되는 것이다. 그러나 Weilbacher, 이신복 등은 자신들의 주장을 경험적 연구(hard data)로 뒷받침하지는 않았다. 따라서 Merton, Krugman, Weilbacher, 이신복 등의 견해는 광고의 교육적 기능론을 강화시키기 위한 일련의 가정들(assumptions)이라고 볼 수 있다.

Merton, Krugman, Weilbacher 등의 견해는 Bucklin(1965), Blatt, Spencer와, Ward(1971), Ward(1976), Ward, Wackman과 Wartella(1977), 유붕노(1980), 박봉래(1980) 등에 의해 경험적으로 혹은 개념적으로 보완, 연구되기 시작했다. 이들 연구의 대부분은 광고가 아동의 지

적·정서적 태도 형성 등에 미치는 영향에 관한 연구들이었다. 각종 사회학적 연구들이 광고가 아동에게 미치는 영향에 관해 중점적으로 논의하는 이유는 단순했었다. 첫째, 기존 연구문헌들이 후속연구를 촉진했었기 때문이다. 둘째, 아동을 상대로 한 광고의 윤리성에 대한 논의가 사회적으로 중요한 논제로 부각되곤 했었기 때문이다. 셋째, 광고의 교육적 기능 및 효과에 관한 해석·분석 등이 보다 뚜렷하게 부각되어 있었기 때문이다. 넷째, 이러한 연구들은 성인보다는 아동을 상대로 한 판매촉진전략만을 구상했던 경영학자들(예: Gilbert, 1957)의 주장을 경험적으로 비판, 검증하는 계기를 만들어 주었기 때문이었다. 따라서 이 연구에서는 일반 아동, 혹은 학생 대상으로 연구한 결과를 중심으로 광고의 사회교육적 효과를 검토한다.

Bucklin(1965)은 광고의 정보전달 기능이 교육적인 효과가 있는지 여부에 대해 연구했었다. Bucklin의 연구초점은 소비자들이 광고의 메시지를 어떻게 활용하는가에 있었다. Bucklin은 미국 California 주 Oakland 지역에서 506명의 주부를 우선적으로 뽑았다. 주부들에게 던졌던 질문은 물건을 사러가기 전에 광고를 읽는지의 여부에 관한 간단한 것들이었다. Bucklin은 모든 광고가 소비자에게 교육적인 정보를 준다는 결론을 내리기에는 자기 연구결과가 미흡함을 보고했었다. 그러나 Bucklin은 한 가지 단서를 붙여 놓고 자기연구의 미흡함을 스스로 노출했다. 그것은 소비자들이 광고의 내용을 소비생활에 유익한 정보원으로 활용한다는 단서였다. 즉, 광고의 내용은 소비자에게 구매판단의 근거를 마련해 준다는 것이다. 결국, Bucklin은 광고가 사회교육적 성격을 갖고 있음을 부분적으로 시인했던 셈이다.

경영학자인 유붕노(1987)는 270명의 소비자를 상대로 광고의 상품지식의 보급 효과에 관해 조사 연구했다. 유붕노에 의하면, 응답자의 63%(116명)가 광고의 내용이 지식적 가치가 있는 것으로 응답했다. 따라서 유붕노는 광고가 교육적 효과가 있음을 주장했다.

Bucklin이나 유붕노의 연구들은 광고내용이 소비생활, 상품선택을 위한 지식으로서 활용됨을 시사하고 있다고 볼 수 있다. 이들의 연구결과는 타당성이 있는 것 같다. 왜냐하면 최창섭과 임종원(1981)이 행한 TV시청 형태 및 TV광고에 대한 수용자의 의견조사에서도 동일한 결과가 보고되고 있기 때문이다. 최창섭과 임종원은 서울 거주 3,000명을 상대로 광고효과에 관해 조사 연구했다. 연구결과에 의하면, TV광고, 신문광고 등은 소비자의 신제품 지식보급원으로 활용되고 있었다.

Blatt, Spencer와 Ward(1971), 김동철과 송유재(1981)는 광고가 아동에게 끼치는 교육적 효과에 관한 개설적(exploratory) 연구를 시도한 바 있었다. 특히, Blatt와 그의 동료들의 연구초점은 TV광고물에 대한 아동들의 반응과 지적 발달단계(the stage of cognitive Development) 간의 관계 규명이었다.

Blatt, Spencer와 Ward는 TV광고에 대한 아동들의 지적 발달단계 간에 여덟 가지 영역에 걸쳐 일정한 차이와 공통점이 있음을 발견했다(참고: [표 9-1]). 그러나 Blatt와 그의 동료들의 연구가 시사하는 점은 한 가지뿐이었다. 즉, 매스컴 광고는 아동들에게 일정한 영향을 준다는 것이다. 왜냐하면 아동들이 광고에 대해 발달단계 별로 서로 다르게 반응하고 있었기 때문이다. 그러나 Blatt와 그의 동료들은 광고의 영향이 구체적으로 어떠한 것인지에 대해서는 분명하게 밝히지 못했다. Blatt의 연구결과에서 나타난 약점은 김동철과 송유재의 연구에도 해당된다. 그러나 김동철과 송유재의 연구는 한국 아동들이 학년 수준에 상관없이 광고와 일반 TV프로그램과 확실하게 구별하고 있음을 분명히 제시하고 있었다.

Ward(1976)는 광고가 아동에게 끼치는 영향을 종합, 분석하고자 했다. 특별히 교육적 효과를 유형화하기 위해 기존 연구결과들(예: Ward, 1971: Ward, Beal & Levinson, 1971: Ward, Levinson, & Wackman, 1971: Ward & Wackman, 1971: Blatt, Spencer & Ward, 1971)을 종합 분석하고자 했다. 분석결과는 Blatt, Spencer와 Ward의 연구가 보여 주었던 결과 그 이상의 것은 아니었다. 그러나 Ward가 분명히 밝힐 수 있

었던 사실이 두 가지 있었다. 그것은 단순했다. 즉, 첫째, 국민학교 6학년 이후가 되어야 광고는 아동에게 일정한 교육적 효과를 끼칠 수 있다는 것이었다. 둘째, 그러나 아동은 소비자로서의 소비생활을 위해 광고의 지식을 부정적이든 긍정적이든 활용한다는 것이었다. Blatt와 그의 동

[표 9-1] 지적 발달단계에 따른 아동들의 광고에 대한 인식도 비교

영 역	발달된 공통점과 차이점
1. 광고라는 현상에 대한 이해	(1) 유치원 아동들은 광고와 현실을 혼동했다. 광고와 실제와의 관계를 우발적으로 파악했다.
2. 광고의 목적에 대한 이해	(1) 유치원 아동들은 광고의 목적을 전혀 이해하지 못했다. (2) 2학년 아동들은 광고가 물건을 위한 것임을 분명하게 파악했다. (3) 4~6 학년 아동들은 광고기법, 동원된 광고 내용 등을 비판하기 시작했다.
3. 제품과 광고에 대한 차이점 구별	(1) 유치원 아동은 광고에 나타난 신제품 간의 차이를 구별하지 못했다. (2) 2학년 아동들 중 어떤 아동들은 실제품과 광고품과 차이를 바르게 구별하기도 했다. 그러나 대부분의 아동들은 차이점을 바르게 구별하지 못했다. (3) 4학년 아동들은 실제품과 광고품 간의 차이점을 바르게 구별했다. (4) 6학년 아동들은 유머방송을 즐겨 보았다. 그러나 대체로 그러한 프로그램을 비꼬는 형식으로 경청했다.
4. 광고에 대한 정서적 반응	(1) 유치원 아동들은 상업방송의 오락적 기능에 긍정적 반응을 보였다. (2) 2학년들은 부정적이었다. 그러나 강한 부정은 아니었다. (3) 4학년들은 불신했다. 그러나 조소적인 유머를 즐기는 경향이 있었다. (4) 6학년들은 유머방송을 즐겨 들었다. 그러나 대체로 조소적인 입장에서 받아들였다.

영 역	발달된 공통점과 차이점
5. 광고에 대한 제품 기억 하기	(1) 유치원 아동들은 식품에 관한 광고를 막연하게나마 기억해 냈다. (2) 2학년 아동들은 자기들이 식별, 이해할 수 있는 제품에 관한 광고나, 자기들이 스스로 갖고 놀 수 있는 제품의 광고(예: 자동차, 인형이름) 등만을 주로 기억해 냈다. (3) 4학년 아동들은 집안살림에 필요한 제품의 광고 이름을 자주 기억해 냈다. (4) 6학년 아동들은 특정 상품보다도 독특하게 표현하는 메시지의 특징을 고려, 특정 광고를 기억해 냈다.
6. 광고에 대한 신뢰도	(1) 유치원 아동들은 광고의 신뢰성 그 자체가 무엇인지를 이해하지 못했다. (2) 2학년 아동들은 광고물을 신뢰하지 않았다. 그런 불신은 실제로 광고된 제품들을 구입, 사용해 본 후 얻어진 경험에 의한 결론이었다. (3) 4 학년 아동들은 광고의 '사기술' 에 민감했다. 특정 광고에는 극단적인 불신을 표시했다. (4) 6학년 아동들은 대체로 광고를 불신했다.

료들의 연구나 Ward의 분석 연구결과는 Moore(1976)에 의해, 부분적으로 타당성 있는 것으로 밝혀졌다. Moore는 매스 미디어를 통해 전달되는 광고의 내용이 청소년의 소비사회화 과정에 끼치는 영향을 조사, 분석했었다. 연구대상은 미국 North Dakota 주 Grand Park 지역의 한 고등학교 재학생들이었다. 사례수는 300명이었다.

　Moore의 연구에 의하면, 소비자가 갖출 소비지식의 소유정도와 광고에 나타난 특정 상품에 관한 취사선택(혹은 구호를 기억) 간에는 그럴 듯한 (moderate) 상관관계가 있었다($r = .30$). 그러나 특정 상품의 취사선택과 광고구호 활용간에는 비교적 높은 정적 상관관계가 포착될 수 있었다($r = .54$). 또한 소비자보호 활동에의 가담 여부는 소비자 역시 광고에 대한 많은 활용지식을 갖고 있지 않다는 사실도 발견되었다($r = .14$). 따라서 Moore의 연구결과(참고: [표 9-2])로부터 두 가지 사실을 시사받을 수 있었다. 첫째, 광고의 구호기억은 소비자 지식확보 정도에 영향을 준다고 볼 수 있다. 둘째, 고등학교에서 조장하는 소비자 자질향상 과정, 즉 사회화 과정은 광고에 의해서도 부분적으로 영향 받게 된다. 따라서 Moore의 연구는 광고의 교육적 기능과 효과를 인정하고 있다고 평가할 수 있었다.

[표 9-2] 소비자 활동, 지식, 상품선호도, 광고기억 간의 상관관계

	1	2	3
1. 소비자 활동 참여			
2. 소비자 지식 소유	.14		
3. 특정 상품 선호도	.16	.39	
4. 특정 광고 기억	− .13	.39	.54

Ward, Wackman과 Wartella(1977)는 아동들의 광고매체 접촉과 소비자 행동양식 획득에 관해 연구했었다. Ward와 그의 동료들은 한 가지 중요한 사실을 발견했다. 그것은 광고를 접촉한 아동들은 일정한 정보분류 학습능력을 갖는다는 것이었다. 다시 말해서, 아동들은 자기가 접하는 광고의 정보를 필요에 따라 분류하면서 소비생활에 활용할 수 있는 능력을 배운다는 것이었다. 즉, Ward와 그의 동료들은 아동들이 광고를 통해서도 소비자로서의 소견을 학습하고 있음을 시사하고 있다. Ward와 그의 동료들은 자기들의 연구결과에 기초하여 아동들의 소비자적 권익을 옹호할 사회교육과 TV광고에 의한 바른 소비자교육을 뒷받침할 교육정책의 필요성을 역설하기도 했다. 그러나 Ward, Wackman과 Wartella는 광고가 아동에게 어떤 교육적 효과를 미치고 있는지는 구체적으로 밝히지 못했었다.

박봉래(1980)는 한국 아동잡지의 광고문안이 아동에게 미치는 영향을 연구했었다. 박봉래의 분석에 의하면, 한국 아동잡지의 광고내용은 '어린이를 기만하고 좌절시킴으로써, 기성세대에 대한 불신감을 조장시키는 과대 및 허위광고'(p. 39)로 점철되어 있었다. 따라서 박봉래는 광고가 아동에게 끼치는 부정적 교육효과를 시사한 셈이었다. 그러

나 박봉래의 주장은 재고될 필요가 있었다. 왜냐하면 박봉래의 연구는 자료해석, 연구분석, 결론도출 간에 연계성이 결여되어 있기 때문이었다.

이환의(1979)도 광고의 부정적 사회교육기능을 열거한 바 있다. 이환의는 상업방송의 상업광고가요나 선전은 국민의 위화감을 조장시킨다고 주장했다. 즉, 광고는 빈부격차에 관한 국민의 상대적 박탈감(relative deprivation)을 심화시킨다고 주장했다. 예를 들어, 광고의 내용에 담긴 제품 등을 구매하지 못하는 빈민층의 아동들은 일반적으로 자기들의 부모가 갖고 있는 가난을 단죄하게 된다는 것이었다. 그러나 이환의는 자기의 주장을 뒷받침할 아무런 증거나 경험적 자료(hard data)를 갖고 있지 못했었다. 따라서 이환의의 주장은 단순한 추측에 의한 부정적 교육론에 불과했던 셈이었다. 그럼에도 불구하고, 이환의나 박봉래 등이 피력한 신문사설식 논조의 광고에 관한 부정적 교육효과론 역시 시사하는 점은 단순했다. 즉, 광고는 어떤 식으로든지 소비자에게 영향을 준다는 것이었다. 예를 들어, 광고는 광고 스스로 허위를 노출시킴으로써 소비자가 광고를 기피할 수도 있다는 점이다. 그러나 사회의 불평등 구조, 더 잘 살아야겠다는 동기유발 등도 때에 따라 부여할 수 있다는 가능성은 여전히 있다. 한마디로 소비자는 광고에 의해 영향을 받는다는 것이었다.

요약하면, 경영학자들이나 사회학자들이 논의한 광고의 교육적 기능 및 효과론은 몇 가지 합의적인 사실을 제공하고 있다. 첫째, 매체를 통해 전달되는 광고내용은 어린이와 성인에 이르기까지 일정한 교육적·비교육적 영향력을 발휘하고 있다. 둘째, 광고의 교육적 성격과 기능은 세 가지 영역에서 각기 서로 다른 양식으로 논의될 수 있다. 예를 들어, 지적 영역(예: 정보와 지식 제공), 정의적 영역(예: 태도변화), 사회생활 영역(예: 소비자 활동) 등에서 각기 논의될 수 있다. 즉, 어떤 광고는 소비자에게 일정한 정보나 교양에 관한 사실을 제공함으로써(참고: Rotzoll, 1978), 교수-학습활동을 촉진할 수 있다는 것이다(참고: Borden, 1937: Hotchkiss, 1940: Bridge, 1955). 또한 어떤 광고는 소비자에게 심리적 능력 확장, 판단능력을 촉진시킴으로써 소비자의 태도를 변화시킨다는 것이다.

다시 말해서, 광고의 어떤 내용은 소비자의 심리적 행동 판단의 준거로서 활용된다는 것이었다(참고: Burtt, 1938:Krugman, 1965:Bucklin, 1965: Ward, Wackman & Wartella, 1977). 예를 들어, 한 광고의 선전노래에 곁들인 화면에 감격한 어떤 소비자(박선애: 1981)는 광고의 선전용 노래를 한 편의 예술작품으로 받아들이고 있었다. 박선애는 광고노래의 시적 분위기를 이렇게 받아들이고 있었다.

> " 하늘에서 별을 따다/하늘에서 달을 따다/두손에 담아드려요(소녀가 창가에 무릎을 세우고 생각에 잠긴 듯한 표정으로 앉아 있다) 아름다운 날들이여/사랑스런 눈동자여…… 신선한 화면처리, 강조하지 않는 듯한 광고노래 문구, 이 동요 같은 C.M.송이 포근한 친근미를 자아낸다. 그래서 기분 좋을 때는 흥얼대게 만든다.…… 가끔씩 이런 예쁜 광고를 접할 땐 문득 한숨 같은 행복감마저 든다.……"(p. 22)

소비자인 박선애는 이미 광고의 내용이 주는 분위기, 호소에 정서적인 반응을 예술적으로 처리하고 있는 셈이었다. 따라서 박선애에게 있어서 C.M.송 광고는 상품판매만을 위한 수단이 아니었다. 그녀에게 있어서 C.M.송 광고는 한 폭의 예술작품이었던 셈이다.

마지막으로 어떤 광고의 내용은 소비자로 하여금 공민생활에의 참여를 촉진한다고 볼 수 있다는 것이다. 예를 들어, 전염병 박멸운동 참여(Dygert, 1957), 전시채권공매운동 참여(Merton, 1946) 등은 광고가 소비자로 하여금 공민생활에 적극적으로 참여하게 만든 사례였던 것이다. 셋째, 광고의 교육적 성격을 사회교육적인 관점에서 파악할 때 세 가지 시사점을 얻게 된다. 즉, 첫째, 광고는 무형식체제의 교육현상(non-formal education system)이라는 점을 지적할 수 있다. 예를 들어, '참여 없이 일어나는 학습'(learning without involvement), '표류 중에 익혀지는 학습(unanchored learning)' 등의 비유(Krugman, 1965) 등은 광고가 형식

을 갖추지 않은 교육 체제임을 간접적으로 시사하고 있다. 둘째, 학습대
상자(target population)의 관점에서, 광고는 특정 피교육자층만을 학습
대상으로 삼지 않고 있다는 점이다. 따라서 어른으로부터 아동에까지 모
든 사회인이 교육대상이라는 점이다. 따라서 광고의 효과는 대상에 따라
다양할 수밖에 없는 것이다. 셋째, 광고를 교수-학습 체제의 관점에서
파악했을 때, 광고는 집약적인 성격을 갖는다. 광고의 내용 선정 과정은
예술의 과정이며 노동집약적인 과정이다(참고: 이신복, 1980: McMahan,
1954). 또한 광고는 하나의 문학작품과도 견줄 수 있다. 예를 들어, 정공
채(1981)는 광고의 문학적 예술성을 다음과 같이 강조한다.

> " 준의 집은 철로가에 있었다. 소년 준은 어머님의 꾸지람을 난생 처음으로
> 몹시 듣던 날, 가출을 결심하였다. 흐르는 눈물, 마냥 목메이게 흐르는 눈물. 그
> 러나 소년 준은 이 눈물을 참으며 집을 나선다. 사랑하는 어머니를 영영토록
> 작별하기 위한 감상적 가출이다. 집을 마악 떠나기에 앞서 잠시 — 소년 준은
> 마지막으로 편지 한 장을 그의 어머니에게 써 놓는다. 사랑하는 어머니! 저는
> 어머니 곁을 떠납니다. 앞으로 몇 시간 뒤면 저는 달리는 열차편으로 멀리멀리
> 떠나고 있을 겁니다. 그러나 어머니! 만일 당신께서 저를 다시는 꾸중치 않으
> 시겠다면, 저는 기꺼이 어머님 품 안으로 돌아올 것입니다. 그 약속으로 어머니
> 께서 우리 집 담장 위로 하얀 손수건을 걸어 두신다면, 저는 달리는 차창으로
> 이것을 보고 되돌아오겠습니다. 자아, 어머님 안녕! 아들 준 올림. 이 편지를 읽
> 은 준의 어머니는 하얀 손수건도 아주 큰 하얀 손수건을 깃발처럼 장대에 높이
> 매어 담장 위에 걸어 두었다. 사랑하는 내 아들아 부디 돌아오라고—. 이 하얀
> 손수건을 눈물 속에 바라본 소년 준이 다음 역에서 내려 집으로 돌아온 것은
> 두말할 나위도 없다."(정공채, 1981: 14~15)

열거된 광고 논문은 손수건 제품회사의 광고문안이었다. 하얀 손수건
이라는 광고문안은 단순한 호객용 광고문만의 경지를 넘어섰다. 이미
하얀 손수건은 한 편의 문학작품의 성격을 갖고 있는 것이다. 따라서
광고 내용은 체계 없는, 그러나 다양한 특수 교육과정의 한 형식인 셈
이었다. 또한 TV광고의 경우, 광고는 음악적 형태(musical mode)로서,

영상적 형태(iconic mode)로서 전달되기 때문에(참고: Arnheim 1968: Meyer, 1956: 이해성, 1981), 기계공학을 활용하는 교육과정의 한 형태일 수도 있는 것이다. 예를 들어, 원우현(1979)의 연구에 따르면, 광고노래에 대한 한국 시청자의 태도는 긍정적이었다. 원우현의 연구결과는 응답자 중 16%(N=1,200)가 광고에 나오는 노래의 음악성(즉, 가사와 곡)을 인정함을 보고하고 있었다.

5. 광고의 사회교육 목표 분류에 관한 논의

한국의 광고는 사회교육적 기능을 촉진하는 내용을 갖고 있는가? 이 질문은 이 연구의 마지막 연구문제였다. 이 연구문제는 세 가지 서술적 가설을 기초로 한다. 즉, 첫째, 한국의 상업광고는 지적 능력 촉진의 내용을 갖고 있다. 둘째, 한국의 광고는 정의적 태도 변화를 촉진하는 내용을 갖고 있다. 셋째, 한국의 광고는 사회발전 참여에의 유도를 촉진하는 내용을 갖고 있다는 세 논제가 이 연구의 서술적 가설이었다. 세 가지 가설은 두 가지 이유 때문에 상정되었다. 즉, 첫째, 광고가 교육적 기능을 발휘하기 위해서는 최소한 교육적 성격(예: 지적· 정의적 기능, 사회발전 참여)을 반영하는 내용을 담고 있어야 하기 때문이었다. 둘째, 경영학자뿐만 아니라 사회학자들도 광고의 지적· 정의적 기능, 사회발전 참여 촉진 기능을 이론적으로 혹은 경험적으로 인정했기 때문이었다.

물론, 지지하는 정도(degree)나 의미도의 크기(magnitude of significance)는 연구마다 조금씩 달랐다. 그러나 이들은 광고의 교육성을 인정하고 있었다.

이 연구에서의 세 가지 서술적 가설은 광고의 교육목표 분류모형(참고: [표 9-3]) 속에서 이론적으로 설명된다. 광고의 교육목표 분류모형은 Bloom과 그의 동료들(1956)이 제시한 교육목표분류학 중 지적 영역을 참조했다. Krathwohl과 그의 동료들(1964)이 제시한 교육목표분류학 중 정의적 영역 역시 참조되었다. 마지막으로, Derr(1973)가 제시한 학교교육의 사회목표분류학도 이 연구에서 참조되었다. 한마디로 세 가지 모형은 광고의 교육목표분류를 시도하기 위해 참조되던 것이다(참조: Gregy, 1954).

[표 9-3] 광고의 교육목표 분류모형*

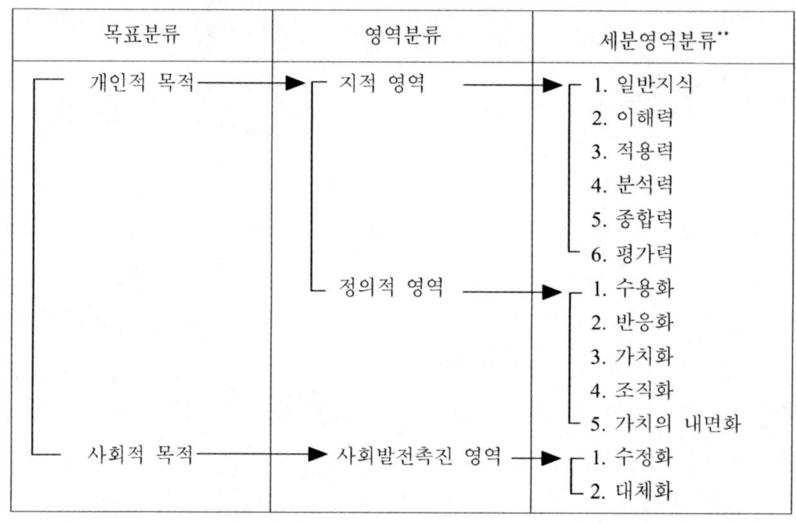

* 광고의 교육목표 분류모형은 Bloom과 그의 동료들이 체계화한 교육목표분류학 중 지적 영역(1956), Krathwohl과 그의 동료들이 체계화한 교육목표분류학 중 정의적 영역(1964), Derr(1973)의 학교의 사회목표분류학을 요약, 광고의 교육적 성격 파악에 응용시킨 것이다.

** 각 세부 영역에서 나타나는 더 작은 유목들은 편의상 이 광고 교육목표 분류모형에서 제외되었다.

광고의 교육목표 분류모형은 시안적인 성격을 갖는다. 이 연구에서 제기된 광고의 교육목표 분류모형의 타당성은 기존 경영학자들이 갖고 있는 광고의 교육관에 의해 이론적으로 지지받을 수 있다. 왜냐하면 Lavidge와 Steiner(1961)의 광고기능 모형은 광고의 지적· 정의적· 행동적 기능을 중시하고 있기 때문이었다. Lavidge와 Steiner에 의하면, 광고의 기능은 일정한 순서에 의해 소비자의 행동을 변화시킨다. 즉, 지적 기능이 발휘되면(예: 지식인지, 지식습득), 이어 정의적 기능이 발휘되게 된다(예: 좋고 나쁨 판단, 선호도). 지적 기능, 정의적 기능이 발휘되면, 마지막으로 광고의 구매행위(예: 확신, 구매)가 발휘되게 된다. 따라서 이 연구에서 제기된 광고의 교육목표 분류모형은 광고내용의 교육적 성격을 파악하는 데 도움을 줄 수 있을 것 같다.

광고의 교육목표 분류모형(참고: [표 9-3])은 두 가지 성격을 갖고 있다. 첫째, 광고의 교육적 효과를 통한 개인적 교육목적의 달성을 판단하도록 조력한다. 둘째, 교육적 효과로서의 사회적 목표의 달성 정도를 파악하게 해준다. 개인적 교육목적은 지적 영역, 정의적 영역으로 나뉘어진다. 각 영역은 세부항목으로 구성된다. 세부항목의 목표는 내용, 기능의 정도에 따른 서열적 분류에 기초하고 있다. 예를 들어, 광고의 내용 중 그 어떤 것은 일반지식만을 제공할 수도 있다. 반면, 어떤 내용은 평가력을 요구하는 지식을 제공할 수도 있다. 이 경우 평가력을 요구하는 지식은 일반지식보다 기능적으로 높은 서열에 있는 지식항목으로 판단된다(참조: Bloom, 1956). 광고의 정의적 교육목표도 지적 영역 분류법과 같은 논리에 의해 분류된다. 예를 들어, 어떤 광고 내용의 가치를 내면화하는 차원은 일반적으로 그 내용을 단순히 받아들이는 수용의 차원보다는 우위에 있게 된다(참고: Krathwohl et al, 1964).

사회적 교육목적은 사회발전에의 참어 정도, 촉진 정도를 의미한다. 사회발전 참어의 영역은 수정화(modification)와 대체화(replacement)의 두 차원으로 분류된다.

수정화 항목은 광고의 내용이 피광고자로 하여금 기존 행동을 수정하거나 변경할 것을 강조하는 교육목표 유형이다. 반면, 대체화 항목은 사회발전을 위해 기성 세대보다는 새로운 세대(next generation)를 의도적으로 만들어 내자는 교육목표 유형이다. Derr(1973)에 의하면, 수정화의 교육목표는 대체화의 교육목표와 다음과 같이 구별된다.

" 수정화(modification)의 사회목적: 기존 사회체제에서 바람직하지 못한 방향으로 인식되고 있는 가치규범, 신념 등을 내면화하고 있는 사회구성원들에게 (사회가 바라는) 바람직한 방향으로 기존의 가치, 규범, 신념 등을 바꾸도록 권장, 제시해 주는 교육적 사회목표이다.

대체화(replacement)의 사회목적: 기존 사회체제에서 바람직하지 못한 방향으로 인식되고 있는 가치, 규범, 신념 등의 사용을 제한하거나 새로운 가치규범 등을 체계적으로 변화시키기 위해 의도적으로 (무엇인가를) 주입시키는 교육의 사회목표이다."(p. 88).

따라서 수정화와 대체화 간에는 두 가지 개념적 차이가 있다. 첫째, 기존 사회가치의 활용가능성 대(對) 제한성에 있다. 둘째, 권장제시성 대(對) 주입변화성의 차이가 있다. 결국, 수정화는 학습자에게 사회적으로 기대되는 가치의 방향을 제시함으로써, 학습자의 능동적 사회건설 참여를 호소한다고 볼 수 있다. 그러나 대체화는 학습자에게 사회적으로 기대되는 가치를 새로이 주입시킴으로써 학습자를 의도적으로 변화시키는 교육목표인 것이다. 반면, 대체화나 수정화의 목표간에는 서열성이 없다. 두 목표는 기술상 상호 배타적인(mutually exclusive) 성격을 가질 뿐이다.

이 글에서 활용된 연구방법은 부록에 자세히 나타나 있다(참고: 부록 1).

6. 광고의 사회교육적 효과

1) 광고문안에 나타난 지적 내용 분류

세 종류의 광고문안이 내용분석되었다. 첫째, 의약품류 중 소화제에 관한 광고문안이 분석되었다. 1955년 6월 12일부터 1981년 4월 12일까지 조선일보에 게재된 총 50건의 소화제 광고문안이 분석되었다. 둘째, 가

전제품류 중 'K'사의 총 60건의 광고문안이 분석되었다. 이 60건은 1960년 3월 4일부터 1981년 1월 29일자까지 동아일보에 게재된 것이었다. 셋째, 식품류 중 청량음료에 관한 57건이 분석되었다. 이 57건의 청량음료 광고는 동아일보 1954년 5월 10일부터 1980년 11월 29일까지에 게재된 것이었다.

모든 분석대상 광고(N＝167)는 3단 이상 크기의 광고표제와 문안에 국한되었다. 총 167건의 광고문안은 광고의 교육목표 분류모형의 관점에서 일반지식으로 분류될 수 있었다. 다시 말해서, 소화제 광고, 가전제품 광고, 청량음료의 광고 문안은 특수사상(事象)에 관한 사실(예: 소화제 이름, 가전제품, 청량음료)과 그러한 사실을 다루는 방법 등에 관한 것들이었다(참고: [표 9-4]).

총 167건의 일반지식 중 166건(99%)의 광고문안은 특수 사상(事象)에 관한 사실을 상기하도록 하는 내용을 강조하고 있었다. 다시 말해서, 각 제품들에 대한 구체적·단편적인 정보를 담고 있었다. 예를 들어, 청량음료들은 각 제품의 명칭, 속성 등을 부각시키기 위해 '형용사＋명사' 등의 표제(예: ×××사이다)를 상용하고 있었다. 소화제 광고문안 역시 '건위자는 건강자!! 신한방 보위제, ××산 ─ 식욕이 왕성해져서 위와 몸이 건강해진다' 식으로 제품의 이름과 속성을 소비자에게 고지(告知)하고 있었다. 특히, 가전제품의 광고문안은 새로운 용어나 특수 가전제품에 관한 지식을 강조하고 있었다. 예를 들어, '트랜지스터', 'FM', 'Es-carator', '애프터 서비스', '완전 즉각 명시 브라운관', 'Quick start', '토스터', '새회로 IC-TR' 등의 전기공학적 용어 등이 광고문안에 삽입되고 있었다.

[표 9-4]에 의하면, 특수 사상을 다루는 수단과 방법에 관한 지식의 내용을 담고 있는 광고문안은 단지 1%에 불과했다. 즉, 1건(1%)만이 가전제품 광고문안에서 돌출되었다. 청량음료나 소화제 광고문안은 단 한 건도 특수사상을 다루는 수단과 방법에 관한 지식을 포함하고 있지 않았다.

[표 9-4] 광고문안의 지적 목표분류

영역	큰 유목들	작은 유목들	소화제 광고문안 (N=50)	가전제품 광고문안 (N=60)	청량음료 광고문안 (N=57)	계
지식	1. 일반지식	○ 특수 사상(事象)에 관한 지식 ○ 특수사상을 다루는 수단과 방법에 관한 지식	50 건 (100 %)	59 건 (98 %) 1 건 (2 %)	57 건 (100 %)	166 건 (99 %) 1 건 (2 %)
	2. 이해력 3. 적용력 4. 분석력 5. 종합력 6. 평가력					
계			50 건 (100 %)	60 건 (100 %)	57건 (100 %)	167건 (100 %)

특수사상을 다루는 수단과 방법에 관한 지식은 더 세분될 수도 있었다. 형식에 관한 지식, 경향과 순서에 관한 지식, 분류와 유목에 관한 지식, 준거에 관한 지식, 방법론에 관한 지식 등으로 세분될 수도 있다. 그러나 가전제품 광고류 중 수단과 방법을 강조하는 단 1건의 광고는 단지 냉장고에 대한 사실, 새로운 제품의 특성, 효능성을 판단하는 준거에 관한 지식을 대표하고 있었다. 예를 들어, 그 광고 내용은 다음과 같았다.

'××냉장고는 이미 오래 전에 직냉식에서 ××화이트 프라자방식으로 바꾸었습니다.'

직 냉 식		화 이 트 프 라 자
많이 생긴다	서 리	없 다
느 리 다	냉 각 속 도	대단히 빠르다
수 동 식	온 도 조 절	전 자 동
고장나기 쉽다	고 장 문 제	고장나지 않는다

(동아일보, 1976. 6. 6. p. 8)

따라서 이 광고문안에 의하면, 일반 '직냉식' 냉장고와 '화이트 프라자식' 냉장고는 네 가지 점에서 각기 차이가 있음을 알 수 있는 셈이었다. 결국, 이러한 냉장고에 관한 특성, 판단준거를 갖고 있는 소비자는 쉽사리 냉장고의 냉장형식을 구별할 수 있을 것으로 판단되었다.

요약하면, 의약품, 가전제품, 청량음료 광고문안들은 지적인 내용을 전달할 것으로 예측되었다. 그러나 실제에 있어서는 낮은 차원의 일반적 사실들을 고지하고 있을 뿐이었다. 다시 말해서, 광고의 지식목표 분류 중 가장 낮은 차원에 있는 특수 사상에 관한 상식이나 사실들을 소비자에게 고지(告知)하고 있었다. 이들 광고문안들은 각 제품의 이미지를 부각시키기 위한 용어(terminology)나, 각 제품에 관계된 특수 사실, 성질에 국한되는 것들이었다. 결국, 광고의 교육목표분류 중 일반지식보다 상위 차원에 있는 지식들(예: 이해력, 적용력, 분석력, 종합력, 평가력)은 분석된 광고문안에서 거의 발견될 수 없었다.

2) 광고문안에 나타난 정의적 교육내용 분류

정의적 교육목표를 분류하기 위해 세 개 업종의 광고문안이 분석되었다. 첫째, 1953년 2월 6일부터 1980년 12월 23일까지 조선일보에 게재된 술에 관계된 379건의 광고문안이 내용 분석되었다. 둘째, 총 627건의 영화광고 문안이 내용 분석되었다. 627건의 영화광고문안은 동아일보에서 발췌하였다(1950년 1월 1일부터 1980년 12월 31일까지). 셋째, 주부생활 창간호(1966년 7월호)부터 1981년 4월까지 게재된 76건의 화장품 광고문안이 분석되었다.

[표 9-5]에 의하면, 모든 광고문안은 광고의 교육목표 분류 중, 감수(receiving) 유목의 감지(awareness)항목에 관한 것들이었다. 다시 말해서, 분석된 광고문안의 정의적 성격은 적절한 기회가 주어졌을 때, 소비자가 해당 상품명을 단순히 의식하도록 기대하는 내용들이었다.

예를 들어, 1950년 1월 20일자 동아일보 영화광고 표제는 '농부의 딸'로 시작하고 있었다. 본문은 이렇게 뒤를 이었다.

"일 농부의 딸로 국회의원이 될 때까지에(sic) 정의에 투쟁기! 호평 속에 내렸든 작년도 로어아 영의 아카데미 연기상 수상 영화 다시 막을 올림."

또한 일반 주류광고 문안도 평범하기 그지없는 문구로 시작되고 있었다.

[표 9-5] 광고문안의 정의적 목표분류

영 역	큰 유목들	작은 유목들	주(酒)류 광고문안 (N=379)	영 화 류 광고문안 (N=627)	화장품류 광고문안 (N=76)	계
정의적 태도	1. 감 수 2. 반응화 3. 가치화 4. 조직화 5. 가치에 관한 　인격화	o 감 지 o 자진감수 o 주의집중	379건 (100%)	627건 (100%)	76건 (100%)	1,082건 (100%)
계			379건 (100%)	627건 (100%)	76건 (100%)	1,182건 (100%)

"품질이 다르면 가격도 다릅니다. 대한주류협회가 ×××××가 1980년 국내 위스키시장의 64%를 점유한 것을 확인했습니다. 양주를 아시는 분이 선택하는 ××××선물"(조선일보, 1980. 12. 23., p. 8)

잡지에 게재된 화장품류 광고 역시 이렇게 서두를 꺼내고 있었다.

"소망과 기대는 아름답습니다. 하얀 눈이 내리고 소망과 기대로 설레는 새해의 문이 열리고 있습니다. 활활 타는 벽난로 속에 묵은 해를 태우고 나면 마음은 맑아지고 얼굴에는 맑고 아름다운 미소가 저절로 흐릅니다. 그 아름다운 미소는 ××××××화장품이 가져다 준 당신의 행복입니다.……"(1976. 2월, p. 2)

한마디로 정의적 성격을 짙게 부각시키고 있을 것이라고 판단되었던

광고들의 문안들은 보다 고지적 성격을 강하게 노출시키고 있었을 뿐
이었다. 제품이 주는 이미지, 사태, 현상 등을 고려해 볼 수 있는 내용
만을 강조하고 있었다. 따라서 이들 광고문안에 나타난 감지적 성격은
낮은 차원의 지적 행동과 거의 구별하기 어려웠다.

　다시 말해서, 정의적 요소라고 지적되었던 감지적 성격은 제품이라는
특수 사상에 관련된 낮은 차원의 사실이나 상식으로서의 지식들을 고지
하는 형식과 별 차이가 없었다. 따라서 분석되었던 정의적 광고 문안도
상위 차원의 정의적 교육목표를 제시하는 것은 아니었던 셈이었다.

3) 광고문안에 나타난 사회발전 촉진 교육내용 분류

　광고문안의 사회발전 촉진 강조 정도는 조선일보(1978년 1월 1일부
터 1980년 12월 2일까지)와 동아일보(1978년 1월 1일부터 1980년 4월 4
일까지)에 게재된 5단 이상의 전면광고 문안 분석에 의해 파악되었다.
총 29건의 광고문안이 분석되었다.

[표 9-6]　광고문안의 사회발전 촉진적 목표 분류

영　　　역	큰　유　목　들	기업광고문안 (N＝29)	계
사회발전촉진	수　　정　　화 대　　체　　화 (기타 기업소개만)	14건　(48%) 0　(0) 15　(52)	14건　(48%) 0　(0) 15　(52)
계		29건 (100%)	29건 (100%)

　분석된 광고문안의 48%([표 9-6] 참고)는 수정화의 사회목적을 강조
하고 있었다. 즉, 각 기업들은 소비자들에게 현 사회가 바람직한 방향
으로 기존의 가치, 사회규범, 신념 등을 활용하도록 권장하고 있었다.
수정화의 사회목표를 구체화시키는 방향으로서 복지국가 건설에의 참

여, 조국근대화 지향, 공업근대화, 믿음과 의지 강조, 미래에의 약속 등이 강조되었다. 또한 총화, 시련극복, 국가지도자의 영도력 지지 등의 내용 등도 강조되곤 했었다. 예를 들어, 복지국가 건설에의 참여 및 호소에 관한 용어는 총 29건의 광고 중 18건(62%)의 광고문안에 등장하고 있었다. 공업근대화에의 참여와 조국근대화에의 참여 등의 용어는 34%(각각 11건)를 차지하고 있었다. 미래의 약속과 시련극복 등을 호소하는 용어 강조 역시 21%(각각 6건씩)를 차지했다. 끝으로, 총화단결, 지도자의 영도력에 관한 용어는 10%(3건)에 달했다. 그러나 지도자 및 총화단결에 관한 용어는 79년 및 80년 초기의 광고문안에는 거의 등장하지 않고 있었다. 한마디로 분석된 광고들의 문안들은 시대상에 따른 가치, 규범수용 및 수정을 강조하고 있었다. 따라서 분석된 광고들은 소비자, 피광고자로 하여금 기존의 사회체제, 사회질서에 시대적으로 적응하도록 권고하고 있었던 셈이었다.

4) 사례 분석 결과

총 379건의 주류업체 광고문안에 대한 사례연구가 시도되었다. 분석에 동원된 광고문안은 술에 관한 광고였다. 1953년 2월부터 1980년 11월 27일까지 조선일보에 게재되었던 379건의 주류(酒類) 광고문안이었다. 술에 대한 광고를 사례연구 항목으로 선정했던 특별한 이유는 없다. 단지, 연구자의 지적 호기심이 주류광고를 연구대상으로 선정하게 했을 뿐이었다.

379건의 주류광고는 1950년대, 1960년대, 1970년대 등 3개의 시대별 유목으로 나누어 분석되었다. 각 연대별 주류광고 문안 중에서 표본 광고문안으로 1953년도, 1963년도, 1973년도의 광고 표제와 본문을 발췌했다. 1953년도 광고를 기점으로 삼았던 이유는 이 연구가 분석자료로서 1953년 2월의 광고문안부터 채택했기 때문이었다. 각 해당 연도 광고문안은 각 연대별 광고문안들과 상호비교, 보완의 상태에서 분석, 평가되었다. 10년 정도의 간격을 둔 특정 연도별 광고문안 분석의 유목화(categorizing)를 시도한 이유가 있었다. 첫째, 주류광고의 역사적 흐름을 통해 술광고에 반영된 시대성을 파악해 보기 위해서였다. 즉, 시대별 광고의 주제를 사례 분석적으로 파악하는 것은 광고의 사회발전 유도·촉진기능의 가능성을 역사적으로 찾아보는 일과 같았기 때문이었다. 둘째, 일반적으로 광고는 시대적 흐름, 상황을 광고주제로 반영하고 있기 때문이었다. 또한 시대적 흐름을 반영해야만 한다고 주장되고 있기 때문이었다(참고: 조선일보, 1981. 7. 28. p. 9).

가. 1950년대의 주류광고: 외제배격 속의 외제숭상의 흐름

1953년도 조선일보에는 22개의 주류광고가 게재되었다. 22건의 광고문안 중 16건의 주류광고는 일반 고지광고로서 분류할 수 있었다. 다시 말해서, 1953년 1년 동안 게재된 주류광고의 대부분(73%)은 소비자에게 각 주류회사 제품의 우수성이나 특성을 알리려는 광고에 불과했었다. 예를 들어, 무슨 무슨 술은 뜨거운 여름에 시원하게 마실 수 있다든지, 품평회에서 일등을 했다든지, 선물용으로 좋다든지 하는 식의 내용을 강조하는 광고문안이 대종을 이루었다. 따라서 1953년도 주류광고는 특별한 시대성이나 주제를 반영하고 있지 않는 것으로 평가될 수 있다.

그러나 1953년도의 주류광고가 시대성을 결여하고 있다는 평가는 일방적인 것 같다. 왜냐하면 그런 주장은 총 22건의 광고 중 27%에 해당하는 6건의 광고에 대한 분석을 일방적으로 무시한 상태에서 가능했던 것 같기 때문이다.

1953년도의 주류광고의 시대적 흐름을 파악하기 위해서 6건의 광고문안을 분석대상에서 제외시킬 수는 없다. 왜냐하면 6건의 광고는 1950년대의 시대상을 피상적으로 반영하고 있었기 때문이다. 6건의 광고는 두 가지 주제를 반영하고 있었다. 첫째 주제는 통일에 대한 주제였다. 둘째 주제는 외제배격에 관한 시대정신이었다.

통일에 대한 의지, 외제배격 등의 시대정신을 반영하는 여섯 건의 광고 중 세 건의 광고는 이렇게 시작하고 있었다.

" 銀河 高粱酒백알
癸巳新者 北進의 해! 勝利의 해!
銀河의 再建의 해 !…"
(1953년 2월 6일, p. 2)

" 統一없는 休戰은 「銀河」도 反對"
(1953년 5월 20일, p. 2)

" 大同江, 靑松
「靑松」과 「大同江」은 民族正氣의 象徵"
(1953년 7월 26일, p. 1)

열거된 세 가지 광고문안에서 강조되고 있는 용어는 북진, 승리, 통일, 휴전반대, 대동강과 민족정기 등이었다. 1953년은 누구도 원치 않았던 휴전의 해였다. 누구든지 북진통일을 원했다. 따라서 북진통일의 염원이 광고에 등장할 수 있는 가능성은 충분했던 셈이었다. 따라서 북진통일과, 북진통일의 상징인 '평양', '평양의 멋', '풍류를 느끼게 하는 대동강'과, 풍류를 돋구게 하는 술의 이미지가 1953년도 주류광고에 나타난 시대상이었다.

그러나 북진통일, 승리 등의 시대정신을 반영하는 광고문안은 1950년대 후반의 광고에서는 단 한 건도 찾아볼 수 없었다. 북진통일에 대한 어려움과 불명료성이 신문광고에도 반영되었던 셈이었다. 즉, 불필요, 불가능한 것은 알리려고 할 필요가 없었던 것이다. 대신, 광고의 주제는 외제배격으로 변화하고 있었다.

외제배격의 시대정신을 반영하는 나머지 세 건의 주류광고는 이런 표제를 달고 있었다.

" ××麥酒 優秀한 質, 상쾌한 味
外來맥주를 구축(驅逐)하기 위하여

획기적 가격인하를 단행했습니다.”

(1953년 9월 20일, p. 2)

“ ×××맥주
국산 ×××맥주를 애용하고 외래맥주를
단연, 배격합시다.”

(1953년 9월 22일, p. 2)

“ ××麥酒는 獨自的意匠으로
外國麥酒와 堂堂히 싸우고 있습니다.”

(1953년 9월 30일, p. 2)

지적된 세 가지 광고문에서 공통적으로 사용되고 있는 용어는 국산, 외제배격 등에 관한 것들이었다. 외제의 범람은 1950년대의 상징이었다. 1950년대는 유엔군이 던져 버린 깡통문화(can culture)와 껌문화(gum culture)의 범람기이다. 문화적· 경제적으로 외제범람의 흐름 속에서 국산애용과 외제배격의 광고는 시대적으로 요청되고 있었던 광고 표제일 수밖에 없었다.

그러나 국산을 장려하던 주류광고는 1950년대 후반부터 더 이상 국산장려를 강조하지 않고 있었다. 국산장려는 국산주류의 우수성 강조, 외국과의 기술제휴 제품 등의 강조로써 대체되고 있었다. 예를 들어, 1954년 ×××맥주는 유엔군 군용맥주로 군납하고 있음을 자랑하고 있었다. 따라서 한국의 맥주는 더 이상 한국 사람만의 맥주가 아님을 시사했던 셈이었다. 한국의 맥주는 이제 진짜 술이 된 것이다. 가짜가 범람하던 1950년대에 진짜 술이 등장한 것이다. 외국인도 사먹는 진짜 술이 된 것이다. 진짜를 찾는 소비자의 욕구를 위해 이 당시 광고들은 진짜라는 용어를 즐겨 쓰기 시작했다. 예를 들어, ‘고급 순곡 청주’, ‘진짜 소주 白馬’, ‘진짜 소주 名馬’ 등의 표제가 강조되고 있었다. ‘진짜’라는 말은 ‘元老’라는 말(예: ‘주계의 원로 In chun Paigk Hak’: 1953년 6월 28일, p. 2)로, 혹은 ‘절대안심’(예: ‘여름에는 변질주가 많은데 오- 라 ×

×마는(만은) 절대안심하고 먹을 수 있구나': 1953년 7월 19일, p. 2),
'요 위조 유사품 주의'(1953년 10월 7일 p. 2), '세계수준' 예: '世界水準
에 오르는 ××맥주 韓國産業史를 장식', 1955년 3월 2일, p. 1), '무슨
무슨 장관상 수상', '왕자', '외국수출' 등의 용어와 대체되거나 혼용되어
왔다. 진짜를 상징하는 의미나 용어를 나타내는 광고문안은 1950년대에
게재된 총 96건의 주류광고 중 50건(52%)을 차지했었다. 한마디로 국산장
려를 강조했던 주류광고는 진짜를 강조하기 시작했다. 이어, 진짜를 강조
하던 광고는 세계인의 술로서 둔갑하기 시작했다.

세계인이 즐기는 술의 상징은 외국수출(예 '드디어 國際舞臺에 進出!
韓國酒造史上 최초로 로스앤젤스, 뉴욕, 시카고에 수출', 1959년 4월 17
일, p. 2), 외국기술제휴(예: ……最新獨逸式 양조, 숏데 博士가 던진 제
일탄, 1955년 5월 3일, p. 2)였다. 외국수출, 외국기술 제휴의 강조는 외
국 것이 우리 것보다 우수하다는 식의 사대성의 논리가 광고 속에 숨어
있음을 암시하는 셈이었다. 따라서 결국 초기의 국산장려, 외제배격을
강조하던 주류광고는 1950년대 후반부터는 외제숭상 광고로 변질되어
버렸다는 결론이 가능하게 되었다.

요약하면, 1950년대 주류광고는 세 가지 시대상을 반영하고 있었다.
첫째, 1950년대 초기의 주류광고는 시대상으로서 휴전반대, 북진통일
등의 시대적 염원을 반영했었다. 둘째, 외제배격도 강조했다. 그러나 시
간이 흐름에 따라 외제배격은 외제숭상으로 변질되고 있었다. 셋째, 진
짜가 강조되고 있었다. 따라서 주류광고 문안의 사례 분석을 통해 본
1950년대는 군사적 혼란, 외제숭상, 가짜, 부정의 시대였음을 시사받을
수 있었다. 이런 시대적 상황과 더불어 북진통일강조와 국산장려, 외제
배격 등을 강조한 광고표제는 사회발전 유도기능 중 수정화의 목표를
강조하고 있었다고 볼 수 있다.

나. 1960년대의 주류광고: 시대적 무감각 속의 사행심 조장의 흐름
1963년에는 주류광고가 10편만이 게재되었을 뿐이다. 10편의 광고는

무미건조한 단어의 나열로 일관되어 있었다. 다시 말해서, 게재된 10편의 광고문안은 제품에 관련된 일반사실을 형용사와 더불어 지루하게 나열시킨 표제와 본문뿐이었다. 예를 들어, '제일 맛 좋은 술! 口味…… 더욱 당기네……', '여러분, 소주란 어떤 맛이 있는가 아세요?', '새로운 ×××맥주' 등의 문구들이 광고 본문 속에 나열되었다. 따라서 1963년도의 주류광고는 무특색이었다. 또한 시대상황에 무감각한 광고들이었다고 평가할 수 있었다. 시대적 무감각은 1960년대를 상징하는 대명사인지도 모른다. 그러나 만약, 이러한 판단이 옳다면, 겉으로 무감각한 문장 표현의 주류광고는 속으로는 의미심장한 시대적 조류를 반영하고 있다고도 볼 수 있다. 왜냐하면 1960년대는 변혁의 시대였기 때문이다. 혁명이나 변혁이라는 두 단어는 표기에 있어서 단순했다. 그러나 생각하기에는 그 의미가 주는 뜻이 복잡했다고 볼 수 있다. 즉, 혁명은 변화 지향적인 용어이다. 혁명과 변화는 시대성을 고려하지 않으며 상황과 조건에 무감각하기 마련이다. 고착된 시대성에 도전하는 것이 혁명의 본뜻이다.

세태에 무감각한 주류광고는 1960년부터 1969년까지 총 117건이나 게재되었다. 정치적· 경제적· 사회적 혼란기였던 1960년도에는 단 한 건의 주류광고만이 있었을 뿐이었다. 그러나 1961년도에는 단 한 건의 주류광고도 없었다. 본격적인 주류광고는 1962년도부터 시작되고 있었다. 즉, 정치적· 사회적 안정이 시작되던 1962년도부터 주류광고도 나타나기 시작했다. 무표정한 117건의 광고문안 가운데 16건(14%)의 주류광고는 일정한 시대적 색깔을 제시하고 있는 것 같았다. 그 색깔은 사행심 조장이라고 지적할 수 있었다. 사행심 조장의 주류광고는 복금부 주류광고로 집약된다. 1962년에 나타났던 복금부 주류광고는 이렇게 시작하고 있었다.

" ××가 드디어 500萬 圓의 선물! ×× 한 병이 당신의 幸運을 기다리고 있습니다" (1962년 4월 25일, p. 1)

행운을 약속하는 주류광고는 1963년에도 1건, 1965년에도 3건이 나타났다. 이어 1966년에도 6건, 1967년에도 2건, 1968년에도 1건, 1969년에도 2건이나 등장했었다. 따라서 1964년도를 제외하고도 해마다 한 건 이상씩의 복금부 주류광고가 나타난 셈이었다. 복금액수, 상품의 종류, 내역도 다양했다. 1962년도 처음 복금액은 500만환이었다. 그러다가 1967년도에는 600만원으로 인상되었다. 화폐의 단위는 이미 환에서 원으로 바뀌어 있었다. 한마디로 그동안 경제적 혼란이 뒤따랐음을 보여 준다. 따라서 경제적 변혁도 추론된다.

1960년대의 복금부 광고는 1960년대만의 특이한 현상은 아니었다. 왜냐하면 정치적 혼란이 가열되었던 1959년부터 복금부 주류광고선전이 시작되어 왔기 때문이었다. 1959년도에 나타났던 어떤 주류광고의 현상 복금액은 무려 40,000,000환이었다(참고: 1959년 5월 7일, p. 3). 일반인은 액수를 기억하기 어려웠을 정도의 4천만 환짜리 복금부 주류광고였다. 믿지도 않았고 믿게 하려고도 하지 않았던 복금부 광고였던 것 같다. 왜냐하면 1959년도 신문에는 구체적으로 누가 당첨되었는지 어떻게 추첨했는지 등등에 관한 기사가 전혀 나타나고 있지 않았기 때문이었다. 한마디로 4천만 환의 행방이 묘연했다.

사행심이 강조되는 가운데에서도 1960년대의 주류광고의 특징으로 월남(Vietnam) 참전에 대한 의사표시가 있었음을 간과할 수 없었다. 두 편의 주류광고는 한국의 월남참전을 간략하게 소개하고 있었다.

" ×××맥주 월남으로 뻗는 ×××맥주 월남의 맹호소식 한 토막"(1966년 2월 27일, p. 7)
" ××전우애로 뭉친 한국과 월남. 티우 월남 대통령 각하의 내한을 환영하면서…"(1969년 5월 28일, p. 3).

한마디로 월남전 참전에 관한 두 편의 주류광고는 사회발전 촉진 기능의 관점에서, 수정화의 사회목표를 간접적으로 지원하고 있다고 평가할 수 있었다. 왜냐하면 1960년대의 한국군 월남참전은 군사적 목적 이외에도 경제적 목적을 도모하고 있었기 때문이었다.

요약하면, 한 가지 결론이 나올 수 있었다. 1960년대의 주류광고는 비교적 혁명이라는 시대상에 무감각했다. 무감각성, 무시대성의 광고는 혁명의 초기에 더욱 노출되었었다. 1960년대 초기 혁명의 기운에 익숙치 못한 주류광고는 신문에 등장하지 못했었다.

그러나 시대변혁에 무감각했던 광고는 시간이 흐름에 따라 월남참전에 기인한 부분적 경제적 혜택과 더불어 사행심 조장의 사회상을 반영하기 시작했다. 그것은 엄청난 액수의 복금, 요행을 건 복금부 주류광고들로 집약되고 있었다.

다. 1970년대의 주류광고: 퇴폐풍조 속의 국적찾기운동의 흐름

1970년대의 시대적 상황은 다양하게 묘사될 수 있다. 예를 들어, 1970년대는 이렇게들 평가되고 있었다.

재벌과 관의 유착시대(조선일보, 1981. 4. 27, p. 9), 새마을운동의 정착시대(조선일보, 1981. 4. 25, p. 9), 노·사, 정치인의 극한 대립시대(조선일보, 1981. 5. 9, p. 9), 금융특혜의 시대(조선일보, 1981. 5. 20, p. 9), 지하경제의 시대(조선일보, 1981. 5. 21, p. 3), 이농의 시대(조선일보, 1981. 5. 27, p. 9), 인권시비의 시대(조선일보, 1981. 5. 29, p. 9), 자주국방의 발흥시대(조선일보, 1981. 6. 6, p. 9), 산업공해의 본격화 시대(조선일보, 1981. 6. 9, p. 9), 1인권력체제의 시대(조선일보, 1981. 3. 26, p. 9), 돈과 전시위주의 시대(조선일보, 1981. 6. 16, p. 9), 기능인력 도굴의 시대(조선일보, 1981. 6. 23, p. 9), 졸부들의 행진시대(조선일보, 1981. 6. 27, p. 9), 위장이민의 시대(조선일보, 1981. 7. 1, p.9), 조세특혜의 시대(조선일보, 1981. 7. 10, p. 9), 구 정치인들의 국적상실의 시대(조선일보, 1981. 7. 14, p. 9), 사꾸라시비의 시대(조선일보, 1981. 7. 24, p. 9), 복지국가 발흥의 시대(조선일보, 1981. 8. 1, p. 9), 복부인 활약의 시대(조선일보, 1981. 8. 4, p. 9) 등등으로 평가되고 있었다.

바람직한 시대적 현상보다는 부조리한 현상이 더 많이 노출된 1970

년대였다. 어쩌면 퇴폐풍조가 만연했던 시대였다고 볼 수도 있다. 한마디로 산업공해와 사회공해가 1970년대를 착색하고 있었다고 볼 수 있다. 따라서 1970년대는 사회적으로 역경의 시대(dark days)였던 것으로 평가되었다. 또한 정치적으로 중세기적 암흑의 시대(The Dark Age)라고 묘사될 수도 있었다. 검은 색(dark)으로 채색된 1970년대에 나타난 주류광고는 어떤 색이었을까?

　1973년도에는 14편의 주류광고가 게재되었다. 14편의 주류광고에 나타난 표제와 본문들은 시대상과는 달리 밝은 편이었다. 왜냐하면 대부분의 광고들이 핑크빛을 담고 있었기 때문이다. 예를 들어, 14편 중 9편(64%)은 서정적인 표제를 달고 있었다. 서정적인 표제는 다양했다. 한 주류광고는 이렇게 호소하고 있었다.

> " 여기 사랑이…
> 　생동감 넘치는 환희의 계절
> 　활짝 트인 싱싱한 봄빛은
> 　사랑과 우정을 더욱 깊게 합니다.
> 　하얀 거품 속에 사랑이 담뿍—
> 　마음과 마음을 이어주는 ××맥주
> 　푸른 창공에 봄의 대화를 수놓습니다." (1973. 5. 2. p. 8)

' 사랑, 환희, 싱싱하고 강렬하며 새롭고 맑은 태양이 빚은 마음, 귀한 마음에 새겨진' 등등의 형용사가 9편의 광고에 일률적으로 나타나고 있었다. 결국, 1970년대의 광고는 감성적 연분홍색(pink)을 강조하고 있었던 셈이었다. 원색적 맑은 색깔의 형용사를 퇴폐풍으로 몰아칠 수만은 없다. 그러나 경제발전을 최대의 목적으로 한 정치적 퇴행(regression)기와 사회적 고착(fixation)기에 있어서 사랑, 정을 강조하는 형용사의 강조는 복고적 인상을 풍기고 있었다. 아니면, 퇴폐풍(decadency)을 의미하는 용어일 수밖에 없었다. 이 주장이 옳다면, 1970년대는 퇴폐풍의 기운이 감돈 시대라고 평가될 수 있을 것이다. 이런 주장은 과장된 견

해일 수만은 없다. 왜냐하면 1970년대에는 사회 각계각층이 퇴폐풍조에
조금씩은 물들어 있었다고 논평되고 있었기 때문이다(참고: 1981년부터
연재된 조선일보 특별기획 시리즈).

　만약 이러한 주장 역시 옳은 판단이라면, 1970년대의 초·중반은 원
색적인 퇴폐풍의 주류광고가 대종을 이뤘던 시대일 수밖에 없었다. 왜
냐하면 1970년대 초·중기의 주류광고는 '멋', '맛', '마시고', '취하고',
'깨끗하게 깨는 술', '순하디 순한 술'들을 강조하고 있었기 때문이다. 예
를 들어, 어느 주류광고는 '멋있게 취하고 깨끗이 깨는 술'을 강조했다.
반면, 어떤 주류광고는 이렇게 표제를 달고 있었다.

　" 처음 마셨을 땐' 순하고 순수하구나' 합니다. 다음에 마시면' 값도 적당하
　고 무엇보다 뒤끝이 깨끗해' 하면서 흡족합니다. 세 번째쯤 되면' 뭐니뭐니 해
　도 이제 난 ××××야!' 하면서 빠져 버립니다."(1979년 3월 3일, p. 8).

　한마디로 값싼 술을 맛있게 마시고 멋있게 취해서 깨끗이 깨어라. 그
리고 또 사 마셔라. 그게 인생의 멋이고 맛이다. 그러나 그 이외의 특수
한 시대적 이야기일랑 하지 말라는 식의 의미도 숨어 있는 듯했다. 그
러나 이러한 원색적 퇴폐풍의 주류광고는 1970년대의 후반에 이르러
저항을 받게 된다. 왜냐하면 1977년을 기점으로 주류광고는 국적 있는
광고문안으로 변신하기 시작하기 때문이었다. 등장하는 술의 명칭도 토
속적 한국 냄새가 짙었다. 외국풍의 위스키를 만들기 시작했지만, 이름
은 한국의 정취가 물씬 풍기는 것들이었다. 예를 들어, 마주앙, 길벗, 드
슈, 마패, 실백 등 대부분 술병에 붙어 있는 이름은 한국 정취가 짙게
배어나는 용어들이었다. 그러나 얼른 듣거나 표기에 있어서는 마치 외
국어 같은 인상을 주는 용어들이었다. 어떤 주류광고는 술의 명칭 앞
에 '민족'이라는 말을 삽입함으로써 국적 있는 술을 다른 식으로 상기
시키려고 시도한 적도 있다. 즉,

'민족의 술' 마패 브랜디 出市
 1. 민족의 술 마패 브랜디
 2. ××만이 만들 수 있는 마패 브랜디
 3. 양주의 제왕 마패 브랜디
 4. 양심의 술 마패 브랜디
 (1977년 8월 31일, p. 8)

  열거한 광고문안에 의하면, 민족의 술은 양심의 술인 것이다. 양심의 술에 대한 강조는 정치적으로도 의미를 주고 있었다. 왜냐하면 어느 주류광고는 1977년에 사회정치적으로 대두되었던 사회이념을 광고에 이렇게 도입하고 있었기 때문이었다.

  " 아빠는 안보역군, 엄마는 방첩주부. 부정양주 몰아내어 외화절약 실천하자."(1977년 7월 29일, p. 6)

  따라서 민족의 술은 양심의 술이 된 것이었다. 양심을 상징하는 술의 판매는 외화절약을 의미했다. 외화절약은 결국 국가발전 기여라는 공식이 추론되도록 유도되었다. 그러나 이러한 구호도 오래 가지는 못했다. 왜냐하면 한국성을 강조하던 술의 명칭들은 하나둘씩 외국풍의 명칭으로 변해 가기 시작했기 때문이었다. 예를 들어, 로진스키, 나폴레옹, 하얀비치, 알렉산더, 캡틴 큐, 쥬니퍼, 베리 나인 등과 같은 용어가 광고에 보다 부각되고 있었다. 또한 술에 따른 술의 혼합법, 술을 즐기는 방법에 동원되는 기술들(recipes)이 소개되기도 했다. 예를 들어, 'my mix'라든가, 'mild type' 등의 신조어가 광고문안에 등장하고 있었다.
  요약하면, 1970년대의 주류광고는 한국의 특수 시대상황을 퇴폐적으로 반영하고 있었다고 볼 수 있다. 즉, 짜여진 규격의 사회· 정치· 경제적 분위기 속에서 원색적으로 마시고, 취하고, 깨서는 또 마시게 되는 술을 강조하고 있었다. 그러나 이러한 퇴폐풍의 광고는 1970년대 후반의 시대적 요청에 따라 국적 있는 산업발전에 기여하는 주류광고로 전환되기도 했었다. 이 당시 나타났던 주류명칭은 한국의 토속적 정취가 풍기는 것들이어야만 행세할 수 있었다. 적어도 국내의 문화적·정치적 분위기 속에서 생존하려면, 한국적이라는 느낌을 풍겨야만 했었다. 그러나 한국의 정취가 풍기는 주류명칭이 주류계를 석권하기도 전에 1970년대 후반의 광고는 다시 외국풍의 정취가 강하게 나타나는 주류의 명칭으로 서서히 변모하고 있었다. 한마디로, 1970년대의 주류 광고문안은 퇴폐풍의 술마시기(alcoholism)를, 한국적 분위기와 외국적 분위기의 갈등과 대립 속에서 꾸준히 강조했던 시대였음을 돌출시키고 있다고 볼 수 있었다. 결국, 주류광고에 관한 사례 분석 연구 역시 한 가지 결론을 가능하도록 만들었다. 즉, 주류광고는 대체화의 사회목적보다는 수정화의 사회목적을 강조하고 있었다. 다시 말해서, 기존 사회의 불합리한 가치와 규범에 대한 전폭적인 변화 기대보다는 감정적인 수정 등을 강조했었던 셈이었다.

7. 맺음글

이 글에서는 세 가지 문제가 논의되었다. 첫째, 광고의 속성에 대한 개념적 파악이 논의되었다. 둘째, 광고의 교육적 기능이 논의되었다. 셋째, 한국 광고 내용의 교육적 성격 소유 여부가 논의되었다.

광고에 대한 개념 파악은 기본적으로 경영학적인 입장에서만 거론되어온 경향이 있었다. 경영학적인 입장에 의하면, 광고는 판매촉진을 위한 수단에 불과했다. 판매촉진을 위한 광고는 세 가지 서로 유사한 입장에서 서로 조금씩 다른 형식으로 기술되어 왔다. 즉, 첫째, 기업위주의 단순판매 촉진수단 둘째, 소비자와의 의사소통을 통한 판매촉진 셋째, 소비자의 구매행동 변화를 위한 판매수단으로 이해되어 왔다. 각 유형의 강조 혹은 다른 유형에로의 변이는 시대적 상황과 논자들의 학문적 성격에 따라 서로 조금씩 달랐다.

　그러나 이들의 서로 다른 논지에서 나타난 한 가지 공통점이 있었다. 그것은 한마디로 광고가 오로지 판매촉진을 위한 수단일 수밖에 없다는 논리였다. 따라서 판촉을 위한 전략만이 중요논제였다. 예를 들어, 어떤 이들은 재간교수(trick teaching)전략을 사용했었다. 재간교수전략은 선전을 주무기로 하는 판매전략이었다. 또한 어떤 이들은 신호교수(sign teaching)전략을 활용하기도 했다. 신호교수전략은 소비자가 감각적으로 느끼고 변화하도록 유도하는 방법이었다. 신호교수전략에서 중요하게 여겨졌던 것은 광고가 소비자에게 일정한 물상화의 세계를 형성시켜 보려는 노력이었다. 즉, 뜻이 모호한 개념, 생각 등을 마치 눈에 보이는 사물인 양 물질화시켜 소비자의 의식을 변화시키려는 노력이었다. 마지막으로, 판매전략에서 중요하게 여겨졌던 전략은 잠재교수(latent teaching)전략이었다. 잠재교수전략은 소비자의 지위집단 형성을 의식적으로 유도하는 방법이었다. 즉, 인간은 희귀재를 갈망한다는 사회·심리적 욕구를 충동시키는 전략이었다. 따라서 일정한 상품에 사회적 지위의 가치를 부여시켜 놓는 일이 중요했었다. 왜냐하면 일정 지위가 붙어 있는 상품을 구매하면 상품의 지위가에 상응하는 사회문화적 지위집단의 구성원으로서 자족할 수 있다는 논리가 잠재교수전략에 숨어 있었다.

　결국, 재간·신호·잠재교수전략 등 광고에 대한 세 가지 판매촉진 형태 및 판매전략의 성격에 비추어 보면, 경영학자들의 생각, 즉 광고는 판매촉진을 위한 것이라는 판단이 가능했다. 또한 이 주장은 옳았다.

　그러나 이러한 주장은 너무 일방적이었다. 대다수의 광고학자, 경영학자들의 논지만을 요약, 검토한 일방적인 견해였다. 왜냐하면 사회학자들, 특히 매스 미디어 관계 사회학자들은 산발적이나마 광고의 판매촉진 성격 파악과 더불어 교육적 성격도 중요하게 여겨왔던 것도 무시할 수 없는 사실이었기 때문이다. 또한 소수의 경영학자들 역시 광고의 기능을 끊임없이 지적해 왔기 때문이었다. 이들의 주장도 판매전략론자들의 논지가 보여 주는 정당성만큼이나 타당했다. 왜냐하면 광고는 실지 전투식으로 비정형적 내용을 일정 대상을 상대로 조직적으로 전달, 학습시키는 사회교육적 행위였었기 때문이다. 결국, 광고를 교육적으로 파악하는 논지는 광고를 사회교육의 내용과 수단으로서 파악하기를 요구했던 셈이었다.

그러나 사회교육학자들이나 교육사회학자들은 광고의 교육적 성격에 관해 체계적으로 논의한 적은 거의 드물었다. 실제에 있어서 관심 밖의 주제였던 것 같다. 따라서 광고를 사회교육적으로 논의하는 일은 연구의 가치가 있는 일일 수밖에 없는 셈이었다. 또한 사회교육이 강조되고 있는 시대적 상황을 감안, 광고를 사회교육의 한 교수수단으로 고려해 본다는 것은 사회교육의 환경, 조건을 변화시킬 수 있는 가능성을 논의하는 것과 일맥상통했었다.

사회학자들의 연구들을 종합하면 광고는 세 가지 교육적 기능을 갖는 것으로 요약된다. 첫째, 광고는 단편적인 지식을 전달한다. 따라서 광고는 교육목표 분류상 지적 목표를 갖고 있다고 볼 수 있다. 둘째, 광고는 피광고자에게 일정한 정의적 내용을 제공하고 있다. 즉, 판단능력 배양, 미학적 음미력, 음악적 요소, 문학적 소재 등을 제공하고 있다. 따라서 광고는 교육적인 입장에서 정의적 목표를 갖고 있는 것으로 판단될 수 있었다. 셋째, 광고는 피광고자로 하여금 소비생활, 사회발전에의 참여를 주장하고 있었다(예: 전시공채 공모, 전염병 박멸운동참여 호소 등등).

정의적·지적·사회참여적인 세 가지 교육목표에 대한 이해 주장에 대한 학자들의 견해가 갖고 있는 타당성은 학자들의 사회관, 연구방법 등에 따라 서로 조금씩 다르게 평가되고 있었다. 예를 들어, 일부 사회교육론자들은 광고가 갖는 긍정적인 교육적 성격보다는 부정적 성격에 집중적 논의를 즐기는 편이었다. 즉, 광고의 선전술에 의한 국민의 위화감 조성, 어린이 세계의 질식화 현상의 만연화 등에 우려를 나타냈다. 실제적으로 이들의 주장은 경험적 자료의 미비로 인해 일방적인 견해로서의 가치만이 있었다. 그러나 이들 부정론자들의 논지는 광고의 기능, 광고의 효과가 어떤 형태로든지 존재함을 보여 주는 것에 불과했다. 따라서 한 가지 결론이 가능했다. 즉, 광고의 교육적 기능론에 반대하거나 찬성하거나에 구애치 않고 한 가지 공통의 언어가 있었다. 그것은 상이한 의견대립을 한곳으로 묶었다. 그 언어는 단순했다. 한마디로 광고는 긍정적인 방향에서 피광고자의 교육적 이익을 도모해야 한다는 논지의 언어였다.

따라서 주요 연구 관심대상 영역이 정해질 수 있었다. 즉, 그것은 광고의 내용이 실제로 어느 정도 피광고자의 교육적 이익을 도모하고 있는가에 대한 논제였다. 이 글은 광고내용의 교육적 성격 소유 여부를 지난 30년간 한국 신문광고에 게재된 상업광고에서 찾아보려고 했다. 즉, 한국의 광고문안이 과연 교육적 성격을 갖고 있는가를 검토하려고 했었다. 연구자료는 1950년대부터 1981년까지 주요 일간신문에 게재된 상업광고문안이었다. 이들 문안은 업종적 성격별로 분류, 내용 분석되었다. 또한 특정 광고들(예: 주류광고)은 사례 분석되었다. 약 1,500건의 광고가 내용 분석과 사례 분석된 셈이다.

나타난 결과에 따르면, 한국의 광고문안은 사회학자 및 경영학자들이 주장했던 것만큼, 교육적 성격을 뚜렷하게 부각시키고 있지는 않았다. 다시 말해서, 광고가 갖고 있다고 판단되었던 교육적 성격이나 기능에 관한 이론이나 견해들을 충족시킬 만한 뚜렷한 증거를 발견할 수 없었다. 왜냐하면 첫째, 한국 광고문안들은 지적 목표분류 중, 가장 낮은 차원의 정보나 지식만을 고지하고 있었기 때문이었다. 즉, 광고문안들은 각 제품의 이미지를 부각시키기 위한 용어나 특정 사실 등만을 삽입하고 있었다. 따라서 광고의 지적 목표분류 중 일반상식, 혹은 지식보다 상위 차원에 있는 지식의 유형들(예: 이해력, 적용력, 분석력, 종합력 및 평가력)은 광고의 문안에서 찾아볼 수가 없었다. 둘째, 한국 광고의 문안들은 정의적 목표분류 세목 중, 제품이 주는 이미지, 사태, 현상 등을 고려하는 내용들만을 돌출시키고 있었기 때문이었다. 즉, 평범하기 그지없는 감지적(感知的) 성격을 광고에 노출시키고 있었다. 이러한 감지적 성격은 낮은 차원의 상식적 행동과 뚜렷하게 구별하기 어려웠다. 다시 말해서, 정의적 요소라고 지적되었던 광고문안의 감지적 성격은 제품에 관련된 특수 사실만을 다루고 있었다. 즉, 낮은 차원의 상식을 상식 이상으로 형용사화시켜 고지하고 있었다. 따라서 분석되었던 광고문안의 정의적 성격 역시 상위 차원의 정의적 목표(예: 반응화, 가치화, 조직화, 가치에 관한 인격화)를 대변하고 있지는 못했던 셈이었다.

광고의 사회적 성격을 검토할 때에 한국의 광고문안은 사회목표분류상, 수정화의 사회목적을 강조하고 있었다. 다시 말해서, 각 기업가들은 소비자들에게 현대 사회의 특정 이념형이 바람직하다고 주장하는 방향이나 정책 쪽으로 소비자가 갖고 있는 기존의 가치 규범, 신념 등을 활용 혹은 대처하도록 권장하고 있었다. 광고의 구체적 수정화의 목표는 복지국가 건설에의 참여, 근대화작업에의 참여, 시련극복, 영도자 지지 등의 용어 속에서 뚜렷이 부각되고 있었다. 따라서 한국의 광고문안은 기존 규범을 개혁하여 새로운 가치나 규범으로 바꾸는 대체화의 사회목표는 거의 제시하지 않았던 셈이었다.

그러나 한국 광고문안이 과연 수정화의 사회목표를 시대상에 구애치 않고 혹은 시대의 물결에 따라 서로 다르게 강조해 왔는지가 의문이었다. 즉, 한국 사회가 근본적으로 지켜 나가야 할 사회목표(만약 그런 것이 있다면)를 사회·정치·문화적 변화에 둔감히 대처하면서 지켜 왔는지, 혹은 시류에 편승한 시대감각을 시류에 따라 이리저리 서로 다르게 대처해 왔는지가 의문이었다. 이 의문은 사례분석을 통해 검토되었다. 분석된 주류광고의 사례연구는 세 가지 점을 노출시켜 주고 있었다. 첫째, 1950년대의 주류광고는 외제배격을 강력히 노출시켰었다. 그러나 1950년대 후반에는 외제숭상의 광고로 둔갑되고 있었다. 외제는 '진짜'로 평가받았었다. 둘째, 1960년대의 광고는 시대에 무감각한 것으로 나타났었다. 즉, 혁명, 변혁의 시기에 있어서 특정 기업의 이념이나 사회상을 돌출시키지 않았었다. 그러나 1960년대 후반부터 주류광고는 사행심을 조장시키기 시작했다. 예를 들어, 매년마다 2~3건씩의 복금부 광고가 등장했었다. 액수도 거액이었다. 셋째, 1970년대에 부각된 광고내용은 국적찾기를 강조하고 있었다. 따라서 술의 상표 이름도 한국적 정취가 풍기는 것들이었다. 예를 들어, 길벗, 드슈, 마주앙 등이 외국식 냄새를 풍기며 한국식으로 표현되었다. 어떤 술의 상호는 마패, 실백 등의 한국 특유의 맛과 멋을 강조하고도 있었다. 즉, 민족의 상징인 민족의 술이라는 것을 상징화하기 위해서였다. 이런 상징을 주제로 한 광고문안 속에는 한 가지 가정이 숨어 있었다. 즉, 민족의 술은 양심의 술이며, 양심의 술은 외화절약을 의미했다. 또한 외화절약은 사회발전 기여라는 논리가 숨어 있었다.

그러나 1970년대 후반부터 한국의 정치는 '취하는 문화'를 만들어 내기 시작했다. 즉, 값싼 술을 맛있게 마시고, 멋있게 취해서, 깨끗이 깨어라. 그리고 또 마셔라라는 식의 풍조가 광고문안에서 강조되기 시작했다. 이때 동원된 광고문안들은 우정, my mix, 순하디 순한 멋, 맛, 향기, ~으음 등이었다. 원색적인 술 취하기 용어들로 채색되어 있었다. 따라서 1970년대 초기의 국적찾기는 서서히 퇴폐풍의 술취하기(alcoholism)로 바뀌어 버렸던 셈이었다. 따라서 한국 광고가 표방했던 수정화의 사회목표도 시대적 조류와 정치· 경제적 조건화 속에서 이리저리 표류하는 식으로 돌출되어 왔던 것으로 판단될 수밖에 없었다.

전체를 요약하면, 한 가지 결론이 나올 수 있었고 그것을 이렇게 시작하고 끝맺어야 할 것 같다. 광고를 이론적으로 살폈을 때, 결론이 있었다. 그것은 광고가 교육적 기능과 성격을 소유하고 있다는 점이다. 그러나 광고가 교육적 기능과 성격론에 상응하는 광고문안은 실제에 있어서 제한되어 있었다. 오히려 한국 광고는 광고가 갖는 교육적 기능과 성격을 거의 무시하고 있다고 평가해야 될 형편에 있다. 왜냐하면 한국 광고의 광고문안은 낮은 차원의 상식, 정감 등만을 피광고자에게 고지하고 있었기 때문이다. 한마디로 일반에게 노출된 신문광고의 내용 분석 결과는 식자들이 강조하는 광고 교육적 기능의 논지를 거부하기에 충분했다. 따라서 광고의 교육적 이론은 이론으로 끝나는 셈이고,

광고의 교육효과와 실제는 필요대로 상황에 따라 불분명하게 움직이는 셈이었다. 결국, 상업광고물의 사회교육적 성격은 사회적 신화(social myth)였던 셈이었다. 즉, 소수의 이익을 위해 소수들이 꾸며낸 이야기(invented story)일 수도 있었던 셈이었다.

사회교육적 성격을 과대평가했었는지는 아직 미지수이다. 아직 구체적인 연구결과도 없다. 이 글은 광고를 사회교육의 수단으로 써야 된다는, 혹은 쓰지 말아야 된다는 식의 당위성을 논의하기 위한 것이 아니다. 또한 특정 정책적 견해를 지지하기 위해 수행된 것이 아니었다. 이 글에서는 광고의 교육적 성격을 이론적으로 문헌에서 요약하여 밝혀보자고 하였다. 또한 실제 광고의 내용을 검토하여 교육적 성격을 밝혀보기 위한 지적인 호기심을 만족시키기 위해 수행되었다.

그러나 광고를 사회교육의 수단으로 활용해야 한다고 이미 결정한 정책입안자들은 이 글을 통해 한 가지 점을 주장하려고 준비할 것이다. 즉, 광고에 관한 기존 연구문헌들이 광고의 교육적 기능과 성격을 주장될 수 있다고 느낄 것이다. 또한 현실이 광고의 교육적 성격을 사장시키고 있다면, 이는 시정되어야 할 것이라는 암시도 받을 수 있을 것이다. 따라서 이들은 광고의 교육적 성격을 강화하기 위해 상업광고 관계 법률을 강화하거나 규제하는 노력을 생각해 볼 수 있을 것이라고 느낄 것이다. 이런 생각은 상업광고 관계 법률을 규제해도 상업광고 자체는 우리나라에서 사라질 수 없다고 판단되기 때문에 타당할 수 있다. 광고가 국민을 위한 사회교육의 수단으로도 쓰일 때 국민은 교육적 혜택을 받을 것이라는 대의명분도 있기 때문에 또한 타당할 수 있을 것이다.

다시 말해서, 광고가 이미 학교교육과 같은 기능을 발휘하고 있다는 생각을 거부할 수 없기 때문에 광고를 규제하는 일이 정당할 수 있을 것이다. 예를 들어, 학교의 병폐가 많기 때문에 학교를 이 사회에서 추방한다고 하자. 그러나 교육을 이 사회에서 추방할 수는 없는 것이다. 따라서 광고도 마찬가지라는 것이다.

그러나 광고규제, 광고관계 법률이나 시행령의 개폐나 첨삭이 모든 것을 보장해 줄 수는 없다. 왜냐하면 첫째, 광고규제 그 자체는 일반적으로 금권(high finane)과 권력(power)간의 특수한 관심거리이기 때문이다. 일반적으로, 광고규제 자체나 광고규제 과정이 일반의 주요 관심거리는 아니다(참고: Kirstein, 1965). 예를 들어, 한국방송광고공사의 광고물 심의 분석 보고(1981년 5월부터 9월까지)에 따르면 방송광고물 심의 위원회는 총 1,706건의 광고물을 접수했었다. 그 중 186건(11%)을 기각시켰다. 기각된 186건 중 20.4%(38건)는 광고기법상 나타나는 과장표현에 관련된 것들이었다. 심의위원회의 심의과정에서 빈도수가 높았던 기각대상은 과장표현에 관한 것들이었다. 광고물 심의위원회의 광고 심의 결과를 요약하면, 두 가지로 간추릴 수 있다. 첫째, 대부분의 광고물은 광고관계 심의위원들에 의해 심의가 완결된다는 점이었다. 즉, 심의필된 대부분의 광고물은 건전한 광고로서 평가받을 수 있다는 점이었다. 둘째, 과장표현, 아동의 심성을 해치는 광고, 언어순화에 유해로운 광고 등등에 관해 결코 광고물 심의위원회가 관용을 베풀지 않고 있다는 것이다. 즉, 광고물 심의위원회는 제 기능을 적절히 발휘하고 있다는 점이다.

그러나 광고물 심의위원회의 업적은 일반인들에게 있는 그대로 높이 평가되는 것 같지도 않았다. 왜냐하면 광고의 허위선전, 광고의 병폐에 대한 구체적인 비판이 소비자들로부터 계속적으로 지적되고 있기 때문이었다. 예를 들어, 한 평범한 신문독자인 강신형(조선일보, 1981. 9. 12. p. 12)은 광고물 심의위원회의 불성실성을 고발하고 있었다. 그의 힐난에 의하면,

> " …… 광고에 대한 일관된 방침을 가지고 있지 않다는 것은 큰 문제가 아닐 수 없습니다. 그 광고들을 생활정보로 삼아야 하는 국민들에게 영향을 끼칠 수 있기 때문입니다. …… 광고에 의한다면, 우리는 세계 수준의 오렌지 주스를 마시고 세계 최고의 여성 월간지를 보며, 낙원 같은 아파트에 살아야 합니다. 그러나 현실은 그렇지 않습니다. 가전제품은 고장이 잘 나고, 비가 새는 아파트에 살고 있습니다. …… 이제는 광고를 대할 때마다 이것을 얼마나 믿어야 하나? 하고 생각하게 됩니다."

따라서 한 가지 결론이 가능하다. 즉, 광고에 투자하는 기업가, 광고를 심의하는 심의자, 광고를 읽는 소비자간에는 일정한 공감대가 없다는 결론이 가능하다. 따라서 상반되거나 서로 다른 이해관계를 갖고 있다는 점이 분명해지고 있는 셈이다.

한국에서 1년간 기업가들이 광고에 투자하는 비용은 연 평균 한국 GNP의 53%(1968년부터 1974년까지)에 해당된다(참고: 김원수, 1981). 한국의 100개 대광고주가 연간 소비하는 광고비 조사분석에 의하면(광고정보, 8월호), 1981년도 1개 기업주가 광고에 투자한 광고비는 약 16.8억원으로 나타난다. 한마디로 엄청난 광고비의 투자가 있는 셈이다.

이 엄청난 광고투자를 사회교육적으로도 공용하는 길이 없겠는가? 예를 들어, 신문의 5단 광고의 경우, 공간면적은 일반적으로 555㎠이다. 일반 상품 관계 5단광고를 위한 1회 광고비는 약 550만원 정도를 요구한다. 따라서 1㎠당 1만원이 드는 셈이다. 일반상품 선전광고의 경우, 5단 면적에 문자가 점유하는 공간은 약 200㎠를 넘지 못한다. 이 결론은 약 300여 개의 5단 광고에 있어서 활자점유공간을 산출했을 때 나타났다. 결국, 300만원 정도는 시각을 돋보이게 하기 위한 그림, 사진, 혹은 빈 공간을 위해 투자되는 셈이다. 혹은, 소비자를 속이기 위한 수단을 미화하기 위한 것들이라고 볼 수 있다(물론, 그림이나 사진이 소구효과가 높고 여백의 미나 효과를 기대하기도 한다). 왜냐하면 사진, 그림 등에 나와 있는 선전물들은 있는 그대로의 자연적 혹은 사실적 모습이 아닐 가능성도 높기 때문이다. 예를 들어,

" 흔히 알려진 속임수로는 비누거품을 맥주 잔의 거품으로 대치한다거나, 알루미늄 조각을 넣은 얼음 덩어리를 놓고 소프트드링크(사이다, 콜라, 주스 등을 일컫는 말— 연구자 주)를 부음으로써 내용물이 반짝이도록 한다거나, 계란 흰자위를 풀어서 샴푸 대신 사용하는…… 아이스크림 대신 야채의 쇼트닝을 써서 강한 라이트 아래 녹지 않게 해놓고 촬영하기도 한다. …… 스프의 내용물이 아래로 가라앉는 것을 막기 위해 그릇 밑에 유리구슬을 넣은 것이 발각돼 문제가 된 적도 있다."(광고정보, 1981년 10월, p. 18)

빈 공간을 이런 속임수를 위한 수단으로 채우지 않을 수는 없겠는가? 즉, 300㎠ 정도를 진정한 사회교육적 효과를 위해 합의적으로 선용할 수 있는 방법은 없겠는가? 몇 가지 노력들은 이를 가능하게 할 수 있을 것이다. 첫째, 기업가의 양심을 기대하는 길이다. 광고의 다양성을 허락하는 조건으로 기업자의 신뢰를 믿어보는 일이다. 이런 일은 참을성이 필요함을 전제로 한다. 또한 대화를 전제로 한다. 왜냐하면 서로를 신뢰하는 길을 찾는 일이기 때문이다. 서구에서는 이런 일이 어느 정도 이루어지고 있다. 예를 들어, 미국의 Sparkling Water 회사의 경우, 매 공휴일의 계절(추수감사절, 성탄절, 독립절)이 오면 상례적으로 자동차운전 주의, 음주운전과 과속운전의 위험을 계몽한다. 자기 회사의 이름은 맨 나중에 조그마한 TV 자막으로 처리한다. 따라서 우리도 이런 식의 기업가의 신뢰로운 태도를 끈질기게 기다려 보는 일이다. 이것은 사회교육을 위한 광고의 노력 중 최선의 방법일 것이다.

둘째, 정부가 공격적으로 광고정책과 사회교육정책을 연결, 새로운 방안을 세워 보는 일이다. 공격적인 광고정책은 기업가의 양심을 전혀 믿을 수 없다는 전제로부터 시작될 수 있다. 정책상의 규제 방법과 새로운 정책입안 형태는 다양할 것이다. 이런 일은 한국에서 이미 익숙하기 때문에 더 이상 논의할 여지가 없다고 판단된다. 그러나 규제법안 등을 수반하는 노력은 최악의 마지막 방법일 수 있다.

셋째 방법은 중도적이다. 왜냐하면 소비자, 피광고자의 끊임없는 사회교육적 소비자운동과 대화를 기대하는 일이기 때문이다. 소비자 스스로가 고발, 진정, 항의, 불매 등을 전개, 비판자세를 몸에 배어들게 함으로써 기업가의 통제되지 못한 기업적 욕심을 최대한 통제해 보는 일이다(참고: 조선일보, 1981년 11월 3일, p. 6). 혹은, 기업가 욕심의 일부분을 사회교육 목적을 위해 선용토록 집단적 요구를 주지시키는 일이다. 다시 말해서, 약 300㎠의 공간을 사회교육적 목적을 위해 선용하도록 종용해 보는 것이다. 이에 대해 기업가는 어떤 식으로든 응답하게 될 것이다. 이 응답은 또다시 소비자에 의해 검토되게 될 것이다. 한마디로, 대화, 요구, 절충을 통해 변화를 기대하는 것이다.

한마디로 현재 한국의 광고를 사회교육의 한 수단으로 활용하기 위해서(만약, 활용해야 한다면) 일대 혁신이 요구된다. 혁신은 새로운 정책을 입안하는 일일 수도 있다. 그러나 새로운 정책이 기업가들이 누릴 수 있는 다양성을 획일화시키는 정책으로만 일관되어서는 안 될 것이다. 가장 바람직한 정책은 기업가 스스로의 양심 변화, 신뢰성이 나타나게 만드는 정책이어야 할 것이다. 기업가가 복지국가 건설의 선두대열에 서 있다는 자부심을 느끼도록 스스로 자제, 노력하는 평범한 정책이어야 한다. 또한 자기 광고가 사회교육의 목적을 위해 활용되고 있다는 자부심도 갖게 만드는 정책이어야 한다. 즉, 기업의 윤리, 광고의 윤리(professional codes and ethical standards)에 입각해서 광고를 사회교육의 목적에 참여시키는 정책이어야 한다.

한마디로 소비자 대중이 광고의 사회교육적 가치에 둔감할 때, 소비자는 그 스스로 광고에 의한 판매전략의 희생자가 될 위험이 있다. 반면에, 정부 차원의 규정강화 일변도의 정책은 기업가의 자율성을 해칠 수 있는 위험도 있다. 그러나 이미 소비자 대중이 기선을 잡는 광고통제의 소리와 획일적인 정부 차원의 정책이 강화되어야 한다는 이야기가 논의된다는 말은 기업가가 스스로 자기통제를 못하고 있다는 것을 의미하고 있음에 기업가는 신경을 써야 될 것이다. 결국, 기업가는 스스로의 욕심 때문에 스스로 속박될 수밖에 없다. 이런 불행의 요소가 사회교육의 목적을 위해 사전에 기업자들 스스로의 손으로 점검되어야 할 것이다.

[부록 1]

연구방법

이 연구는 지난 30년 동안 한국의 신문에 나타났던 광고의 내용을 분석하였다. 이 연구는 첫째, 광고가 지적· 정의적· 사회참여촉진적 내용을 갖고 있는가의 유무를 내용분석 기법으로써 밝히고자 하였다. 이 연구를 위해 광고의 문안이 분석되었다. 둘째, 종목별 광고 내용의 사례연구를 통해 광고의 사회교육적 성격을 밝히고자 하였다. 사례연구는 내용 분석의 결과를 해석하는 데 보충자료로서 참고되었다.

광고의 문안은 표제(headline)와 본문으로 구성된다. 광고의 문안은 소비자의 행동에 실제적인 영향을 준다(참고: 김영복, 1976). 표제의 형태는 다양하다. 대표적인 형태는 다섯 가지 정도로 요약된다(Mandell, 1968). 즉, 뉴스형, 권장형, 호기심 자극형, 선택강요형, 명령형 등으로 요약된다. 본문의 형태도 다양하다. 그러나 대표적인 형태는 아홉 가지 정도로 간추려질 수 있다(Dunn, 1969). 즉, 원인결과형, 서술형, 설득형, 이야기형, 추천형, 자막형, 우스갯소리 나열형, 기이형(novelty) 등으로 간추려진다.

광고의 표제와 본문이 조합되었을 때, 광고의 내용은 세 가지 특색을 갖추게 된다(참고: 김영복, 1976). 첫째, 광고의 내용은 소비자에게 구매행위를 요구하는 판매정신(salesmanship)이 내재하게 된다. 둘째, 광고의 내용은 일종의 문학적(literature) 성격을 갖게 된다. 셋째, 독자에 필요한― 원하든 않든 간에 ―정보의 낱말이 포함되게 된다. 다시 말해서, 광고의 문안은 소비자에게 일련의 지식을 제공하게 된다. 지식은 독자로 하여금 짧은 시간 안에 문제해결에 도움이 되는 실마리 혹은 상식, 혹은 그 이상일 수도 있다(참고: Bridge, 1955). 또한 광고의 문안은 소비자로 하여금 정의적으로 광고의 내용을 신뢰하게 만드는 힘을 갖고 있게 된다(참고: Sandage, 1945: Dunn, 1956). 넷째, 광고의 문안은 독자의 주의집중, 이해관계, 욕구 등을 한곳으로 집약시켜 소비생활, 말하자면, 경제적 활동에 참여하게 만든다(참고: Mandell, 1968). 따라서 광고의 문안(표제+본문)은 광고의 생명인 셈이다. 특히, 표제(headline) 는 기업의 판매와 광고의 결정인자였다. 예를 들어, 한국방송광고공사 (1981)는 '헤드라인은 본문보다 5배의 주목률을 갖고 있다. …… 만일, ……헤드라인을 통해 상품을 팔지 않는다면 광고에의 80%를 내버리는 결과가 된다'(p. 53)고 주장하고 있다. 따라서 광고의 표제와 본문은 연 구분석 대상으로서 가치가 있는 영역이라고 볼 수 있다.

[부록 2]

연구분석 절차

　광고는 업종에 따라 서로 다른 지적· 정의적· 사회참여촉진적 내용 을 갖고 있을 것이다. 다시 말해서, A라는 업종의 광고문안은 B라는 업 종의 광고문안보다 지적· 정의적· 사회참여촉진적 내용을 서로 다른 비중으로 강조하고 있을 것이다. 따라서 광고의 특수한 교육적 성격 강 조는 사업체의 성격에 따라 서로 다를 것이다. 이런 가정들은 타당성이 있는 것 같다. 예를 들어, 화장품 생산업자들은 화장품이 하나의 '문화생 산'이라고 간주한다(참고: 조선일보, 1981, 5. 17. p. 10). 즉, 이들은 화장 품이 실제적인 아름다움으로부터 추상적인 미까지를 창조해 내고 있다 고 주장한다. 따라서 화장품 광고의 문안은 소비자의 정의적 태도에 관 계된 내용을 보다 강조할 것으로 추론된다. 또한 약품, 식품의 광고는 보다 정확한 사실적 지식을 소비자에게 전달할 것으로 추측된다(참고: Hotchkiss, 1940: Bridge, 1950: Dygert, 1957). 이런 판단 역시 타당성 이 있는 것 같다. 왜냐하면 의약품, 식품류의 광고는 보다 사회적 윤리 성을 강조하기 때문이다. 예를 들어, 약사사전(정철수, 1971)이나 방송 광고물 심의위원회(광고정보, 1981. 4)는 약품과 식품광고가 소비자의 생명 및 건강과 밀접한 관계가 있기 때문에 보다 윤리적인 기준을 강화

하고 있다고 보고되고 있다. 이들의 기준에 의하면, 약품과 식품 광고
류는 사실에 입각한 지식을 광고문안에 게재해야만 한다.

그러나 특정 업체의 광고문안이 특정 분야의 교육적 성격을 보다 더
뚜렷하게 부각한다는 가정의 타당성을 뒷받침 혹은 부정하는 연구논문
및 기준설정에 관한 논의는 아직 문헌에서 발견되고 있지 않은 실정이
다.

이 연구는 광고문안을 내용분석하였다. 내용분석(content analysis)의
기본 기준은 항목(item)이다(참고: Berelson, 1954: Holsti, 1968). 다시
말해서, 광고의 표제와 본문이 내용분석의 단위(unit)가 된다. 따라서
광고문안의 지적· 정의적· 사회발전참여적 성격 소유의 여부가 단위별
로 분류되었다. 단위별로 분류된 광고의 성격은 각 영역의 세부 교육목
표항목으로 재분류되었다.

이 연구가 활용한 중요 분석자료는 신문광고였다. 신문광고를 분석자
료로 삼았던 이유가 있었다. 왜냐하면 첫째, 신문은 배포영역이 광범위
하기 때문에 대중성을 띠고 있기 때문이다. 둘째, 신문은 융통성과 적
용성이 큰 광고를 게재할 수 있는 장점이 있기 때문이었다. 셋째, 신문
은 독자가 짧은 시간 안에 읽기를 요구하기 때문이다. 독자들은 필요한
광고지식을 서둘러서 읽는 경향이 있다(유붕노, 1973). 결국, 독자는 집
약적으로 광고지식을 갖게 된다고 볼 수 있다.

신문광고의 선정기준으로 신문광고의 역사성과 발행부수를 참고했다.
첫째, 한국에서 정부수립 이후, 즉 1950년대부터 1980년 말까지 계속되
어온 업종별 신문광고 문안을 분석대상으로 삼았다. 둘째, 발행부수가
가장 많다고 인정되는 조선일보, 동아일보에 게재된 광고내용만을 분석
대상으로 삼았다. 그러나 신문 이외의 분석자료로서 여성잡지인 주부생
활을 선택했다. 선정에 특별한 이유는 없었다. 단지, 월간잡지였기 때문
에 택했다.

광고문안의 교육적 성격 소유정도 여부는 세 단계를 걸쳐 분석되었
다. 첫째, 광고의 교육적 성격을 분류하기 위해 10명의 광고문안 분류

팀이 구성되었다. 10명 중 3명은 일선 광고담당자였다. 7명은 대학원생이었으며 그 중 4명은 경영학, 3명은 사회학을 각각 전공했다. 이들은 세 차례의 회합을 가졌다. 첫번째 회합에서는 광고의 교육적 성격과 광고의 교육목표분류 모형에 관한 논의가 있었다. 두 번째 회합에서는 업체별 광고의 교육적 성격이 논의되었다. 마지막으로 세 번째 회합에서는 다음과 같은 결론이 도출되었다. 첫째, 소비자에게 가능한 지적인 내용을 전달하는 광고문안은 의약품 관계 광고, 생활필수품 관계 광고, 식품류 관계 광고인 것으로 판단된다. 둘째, 정의적 측면을 강조하는 광고문안으로서 영화류 소개 광고, 주류(alcoholic) 관계 광고, 화장품 관계 광고 등을 지적할 수 있을 것이다. 셋째, 사회참여를 강조한다고 판단된 상업 광고로서는 기업광고(institutional advertising)일 것이다.

한마디로 광고 성격 분류팀이 지적한 광고문안의 교육적 성격분류는 안면타당도(face validity)만이 있을 뿐이었다. 그러나 이들의 분류, 판단은 이 연구가 설정했던 여러 가지 광고문안의 교육적 성격에 관한 가정들과 상치하지 않았었다.

둘째, 각 광고 항목별 평가지가 작성되었다. 광고의 문안은 광고의 교육목표 분류모형(참고: [표 9-3])에 의거하여 분석되었다. 셋째, 광고문안의 사회발전 유도 기능에 관한 일반적인 분석결과를 보충하여 설명하기 위해 특정 광고문안에 대한 사례연구를 시도했다.

X. 사회교육의 거리교육학적 지향

1. 머리글

평생교육은 교육사회 건설을 염두에 둔 교육이념이며 사회교육은 교육사회 건설의 한 방법(참고: 제1장)으로 이해될 때, 교육사회건설은 궁극적으로 사회의 교실화(참고: 제2장)를 의미한다. 사회의 교실화는 기존의 학교중심 교육학을 학문적으로는 '거리의 교육학'으로 전환시킬 것을 요구하고 있다.

만약, 거리의 교육학이 평생교육의 이념을 사회교육적으로 실천할 이론적· 실천적 근거를 제공하는 하나의 지침과 인본주의적 학문으로 성립될 수도 있다면, 그럴 수 있는 근거는 무엇인가? 그 근거를 조목조목 제시하기에는 사회교육, 평생교육의 토대가 너무나도 미약할 뿐이다. 그럼에도 불구하고 거리의 교육학의 성립 가능성을 논의할 수도 있음은 교육현상이 곧 인간의 삶, 경험과 동질적이라는 데 있다. 즉, 인간의 경험에 대한 교육적 신뢰성에서 거리교육의 근거를 찾을 수 있다. Dewey(1916, 1938: 한준상, 1985)는 교육의 개념을 평생교육의 차원에서 인식할 것을 주장한 바 있다. 물론, 교육의 정치적 구속성에 대한 철저한 비판적 인식이 결여되어 있기는 하지만 교육을 경험의 차원에서 확대 해석한 Dewey의 교육학적 태도는 평생교육의 관점, 거리의 교육학적 관점에서 새로이 평가받을 만하다. Dewey(1916, p. 25)에 의하면, 교육은 단순히 성숙을 위한 준비가 아니라, 인간의 계속적인 성장과 생활의 계속적인 조명으로서 재인식되어야 한다. 학교는 단지 학생에게 정신적 성장의 도구나 수단만을 제공할 뿐이고, 나머지 것들은 개인의 경험적 흡수와 해석에 의존할 수밖에 없다. '진정한 교육은 학교를 떠난 뒤에야 가능하며, 개인이 죽기 이전까지 그런 교육을 멈추어야 할 아무런 이유가 없다'(1918, p. 25)라고 간파한 Dewey의 관점은 교육의 완성은 '거리'에서 이루어짐을 예시하고 있다.

1) Dewey가 내세운 논리와 같은 맥락에서

Crewin(1975)은 다시 한번 거리교육의 가능성을 예시해 준 바 있다. 즉, Crewin은 모든 가족이 교육과정을 갖고 있으며 모든 직장, 교회도 교육과정을 갖고 있다고 주장함으로써 거리 그 자체가 하나의 교육과 정이며, 교육방법임을 예시해 준 바 있다.

Illich(1970)는 아예, 사회공동체 중심으로서의 거리에는 학습을 위한 선택가능한 학습물들이 다양한 형식으로 존재함을 예시한 바 있다. 즉, 올바르게 선택하고 학습자들에게 활용이 가능하도록 정책적으로 재배 열되기만 한다면, 거리는 곧바로 살아 있는 학습의 장이 될 수 있으며 학습의 도구가 될 수 있음을 예시했었다. 여기에서 학교교육을 비판하 는 Illich의 입장은 거리의 교육학의 구성이라는 관점에서 재평가되어야 한다. 즉, Illich는 학교가 갖는 비교육적 속성을 열거한 나머지, 학교제 도의 경직성을 폐기해야 한다고 성급히 주장한 것으로 재해석되거나 보충 해석되어야 한다. 왜냐하면 학교라는 제도는 얼마든지 폐쇄, 폐기 시킬 수 있지만, 교육은 폐기시킬 수 없기 때문이다. 결국, 교육을 위해, 학습의 완성을 위해 학교라는 인위적 제도는 거리의 자연적인 학습공 동체와 연접될 가능성은 늘 열려 있어야 한다.

이미 제1장에서 논의한 것처럼, 사회교육 학습망이 체계적으로 구축 될 수 있다면, Illich가 제시한 네 가지 학습교환계열은 더욱더 학교교육 과 거리의 교육을 하나의 학습완성을 위해 양자를 하나로 묶는 역할을 담당할 것이다. Illich는 네 가지 학습교환계열로서, 거리에서 흔히 볼 수 있는 도구들, 개인의 기술, 동료들 간의 연결, 일반참고물 등을 지적 해 놓은 바 있다. 즉,

첫째, 학습목표 달성에 도움이 되는 참고물은 책, 라디오, 현미경, TV 등과 같은 형식적 학습이나 과정에의 참여를 촉진시킨다.

둘째, 기술교환은 직업인이나 경험이 많은 사람들이 그들의 기술을 서로 이용할 수 있게 해준다. 동시에, 교육자로서 기꺼이 봉사할 수 있 는 조건을 제공해 준다.

셋째, 동료들 사이의 연결은 사람들이 원하는 학습활동을 표현할 수 있게 해주고 학습활동과 조사연구를 위한 조력자를 찾게 해주는 의사소통망으로서 작용한다.

넷째, 일반적인 교육자가 이용할 수 있는 참고물은 해당 봉사분야와 관련 단체의 주소를 적는 인명부 같은 역할을 담당한다. 이를 통해, 교육자들은 학습참여자들의 추천으로 학습조력자가 된다(Illich, 1970).

2. 거리의 교육을 위한 하나의 학습망

거리의 교육이 어떻게 구체적으로 이루어질 수 있는지는 더욱더 체계적으로 논의되어야 할 문제이다. 다시 말해서, 거리에서 이뤄지는 살아 있는 경험과 학습자료에 교육과정적인 의미나 교육철학적 의미를 체계화시키는 것 같은 일들은 아직도 미진하고 요원한 형편이다. 그렇다고 포기할 수는 없다. 이를 위해 거리의 교육화를 위한 시도로서 광고매체가 갖는 사회교육적 성격을 논의, 비판하는 일(참고: 제9장)도 시도해 보아야 하고 거리의 교육학적 교육과정과 교육방법도 실험적 수준이나마 시도해 보아야 한다. 이러는 과정에서라도 논의에서 생략할 수 없는 부문이 있다. 그것은 거리를 교육적으로 재구성해 보는 일이다. 모든 거리 구석구석을 교육적으로 재구성할 수는 없다 하더라도 '동숭동' 등과 같이 학교교육기관이나 사회교육기관 같은 곳을 하나의 교육적 기점으로 주위의 주거 및 상업환경을 교육적으로 변환시키는 일 같은 것을 실험적인 수준에서라도 시도해 볼 수는 있다.

이미 UNESCO 같은 단체는 거리의 교육을 완성하기 위한 교육적 시도는 아니라고 하더라도, 학교의 위치선정과 지역사회간의 관계에 대한 연구의 필요성을 구체적으로 지적, 제시한 바 있다(참고: Hallak, 1977). 대학과의 위치와 대학 주위환경 및 지역사회 환경간의 교육적 관계설정을 위한 노력도 꾸준히 전개되고 있다(Educational Facilities Laboratories, 1980).

한국에서는 아직 이런 노력이나 학교지역 재개발 계획 및 실천이 부진한 형편이다.

다음에 소개되는 두 편의 글은 성인학습자들에게 '진짜 학습시간'(참고: Giroun, 1983)을 제공할 수도 있는 거리의 교육을 위한 시험적 시도에 지나지 않는다.[*]

1) 거리의 교육화를 위한 대학주변 재개발 계획[**]

이 글에 소개되는 장소는 서울특별시 서대문구에 위치한 '가'지구이다. 이 '가'지구는 '가'지구를 둘러싼 5개 대학교 학생 및 일반인들이 일일 평균 50만 명 정도로 붐빈다는 곳이다. '가'지구는 '가'대학교 입구와 진입로를 근간으로 상가, 일반 거주지로 구성되어 있다.

' 가' 대학교 주변의 거리를 캠퍼스화하는 계획

[기본안]

'가'대학교의 수위실과 정문은 너무도 형식적이고 허술한 인상마저 느껴진다. '가'대학교 앞의 거리는 지나칠 정도의 소비문화권으로 등장하고 있다. 따라서 이 부근의 거리를 좀더 교육적인 장으로 승화시키기 위해서는 기본적으로 그 주변문화를 부분적으로 수용할 것은 수용하고 나머지는 과감히 개편시킬 필요가 있다.

이 같은 혁신은 우리나라에서는 매우 어려운 여건이나 외국(특히 미국)의 경우의 대학들에서는 이러한 경우는 흔할뿐더러 한 도시 자체가 대학캠퍼스로 인정되고 있는 실정이다. 물론, 우리나라의 여건은 확실

---

[*] 여기에 소개되는 두 편의 글은 필자가 가르치는 사회교육 강좌시간에 과제물로 보고 받은 수백 편의 글 중 뽑아, 내용을 수정한 하나의 예에 지나지 않는다. 거리교육의 가능성을 연구해 준 문윤희, 정숙희에게 감사를 표한다.

[**] 여기에 나오는 대학명, 지명은 가명으로 처리했다

히 다르다. 하지만 구상되는 계획의 현실적 실천가능성에 따라 상당한 정도의 여건은 극복될 수 있다.

첫째, '가'대학의 정문 보수 및 확대(현재의 위치에서 전철역 근처로). 이는 단지 형식적인 교문의 철폐를 의미하는 것이며, 이에 대한 구체적인 안은 학교당국과 행정당국, 지역사회와 그 주민들 사이에 서로 협조, 타협, 협상하여 좀더 나은 교육적인 거리와 환경으로 만들 필요가 있다는 공감대 위에서 계획을 추진해야 할 것이다.

둘째, 상점의 특색을 최대한 살리는 방안. 학습자들이 다양하듯이, 학습대상이 될 수 있는 교육환경도 다양할 것이다. 따라서 무조건적이고 의도적인 규제보다는 서로 타협 절충하여 문제를 해결하는 바람직한 방향으로의 계획안을 구상한다.

셋째, 현재 존재하고 있는 상업문화는 부분적으로는 그대로 수용한다.

넷째, 모든 시설은 청소년을 위해 개방할 것을 제안한다. 단, 기존 건물과 기존 영역(과거의 캠퍼스)은 그대로 제한을 한다. 그러나 그 밖의 지역은 행정당국의 지원과 협조를 통해 청소년을 위주로 한 모든 사람들에게 이용할 수 있는 교육적 장소로 개방할 것을 기본원칙으로 한다. 학교당국은 현재보다는 좀더 적극적인 자세로 재학생들의 서클활동 내지는 자유스런 활동을 할 수 있도록 적극 지원한다.

다섯째, 조화로운, 그리고 개성이 강조되는 캠퍼스화한 거리로서, 교육과 문화의 주체성을 강조하는 곳으로 승화시키기 위해 학생, 학부모, 행정당국, 학교당국, 학교주변의 상인들의 모든 참여가 요구된다.

여섯째, 지나친 소비경향을 억제한다. 그리고 청소년들을 위한 공간을 확보하는 데 전력을 기울인다.

일곱째, 다양한 교육적 문화의 창출이 가능하도록 자연스럽고 조화로운 건물배치가 중요하다. 이때 건물배치에 있어서 학습자들이 자유로운 의사가 반영되도록 행정당국이나 지역사회의 개방적인 태도가 중요하다.

[구체적 계획안]

첫째, 현재의 학교 앞 거리의 도로를 대폭 수정, 개편한다(직선형을 여러 유형으로 다양화시킨다).

둘째, 거리의 입구 한 부분에 일정한 주차장을 마련하고 그 밖의 모든 도로에서는 일체의 차량통행을 통제, 금지시킨다. 그리고 상품구입처, 전시회 공간, 사색과 만남의 장소, 잔디 마련 등으로 각양각색의 거리로서 특징짓는다. 즉, 거리 자체가 교육적 경험의 삶의 공간이다. 또한 휴식의 공간이기도 하다.

셋째, 최대한의 소음을 방지한다. 하지만 어쩔 수 없는 특정한 소음거리는 방음 시설을 특별히 마련한다.

넷째, 학생들 자체의 싼, 스스로 마련할 수 있을 정도의 비용으로 각 분야의 특별활동 분야를 마련한다. 예를 들면 야외조각장, 무용을 비롯한 기타 여러 강습 등을 할 수 있는 장소 마련을 돕는다.

다섯째, 이러한 체계를 이루려면, 여러 연구방법과 관찰방법, 조사연구를 통하여 구체적인 자료를 바탕으로 구체화된 계획을 설정한다.

여섯째, 거친 수준이나마 약간의 모형을 제시해 보면, 앞쪽과 같다.

(1) 구상된 모형들을 각각 적절한 위치에 배치시킨다.

(2) 크게 두 지역으로 나눈다. 교육지역과 상업지역으로 분리시켜 각각 자유로운 교육적 활동을 연계시킨다.

' 가' 대학교 앞 교육의 거리 조경계획

[조경계획의 목표 (대학 캠퍼스와 교육의 거리의 캠퍼스화는 엄격한 차이를 둔다.)]

첫째, 이 계획안은 교육거리(educational street)를 '가'대학교의 소속의 전용 공간으로 하는 것이 결코 아니다. 단지, '가'대학교의 문화의 영향이 주도적으로 미칠 수 있는 곳이지, 이 교육거리는 엄연히 독립된 주변환경 조성지역일 뿐이다.

둘째, 조경계획은 '가'대학교 소재 지역 및 기타 지역의 청소년들의 문화함양을 위해 마련되어야 할 것이다.

셋째, 이때 염두에 두어야 할 사항은 현재의 특성 유지를 최대한 보장하는 입장에서 교육효과를 극대화시키는 방안으로 마련해야 할 것이다(현존 특색 유지＋건전한 교육적 방향 모색).

넷째, 건전한 교육방향 모색에는 청소년들의 정서교육, 학문탐구, 자유로운 활동, 서클활동 등의 참여 촉진을 의미하며 기타 휴식 및 오락 시설 등도 포함된다.

다섯째, 그러나 이 교육거리의 특색은 대학의 특색을 고려한 대학가의 분위기가 강조되어야 한다.

여섯째, 또한 지역사회를 위한 휴식과 대화의 광장을 제공함으로써 지역사회에 기여할 수 있는 계획도 고려한다.

[조경계획의 지침]

첫째, 교육거리라는 하나의 장소 마련이 다목적으로 이용될 수 있어야 한다. 예를 들면 야외조각장에서 다른 특별활동을 주기적으로 할 수 있도록 변용 가능한 복합공간으로 마련되어야 한다. 이때의 재정적 지원은 하되 구상·설치 과정에는 학생들의 자율성이 충분히 보장되어야 한다. 그러기 위해서는 지나친 간섭은 피해야 한다.

둘째, 각각의 시설 마련은 여러 분야의 상호과정을 통하여 충분한 의사를 수렴한 후 전체적인 기본틀만을 마련한다.

셋째, 너무 지나친 질서중심은 청소년들에게 자유를 허용하지 못하게 되므로 되도록 기성인들과 대학당국이나 행정당국은 인내심과 개방적인 태도로써 끝까지 지켜보는 것도 중요한 요소가 될 것이다.

넷째, 교육거리는 크게 상업지역과 교육지역으로 나눈다.

다섯째, 상업지역은 기존의 상인들의 자유로운 의사결정에 따라 다양한 상업활동을 하도록 보장한다.

여섯째, 교육지역은 학생들의 특별활동 프로그램을 통해 다양한 장소를 마련해 줄 수 있는 공간이어야 한다.

일곱째, 교육지역에서의 특별활동 프로그램은 지역적 특성을 살리되 학생들의 의사를 최대한 고려한다.

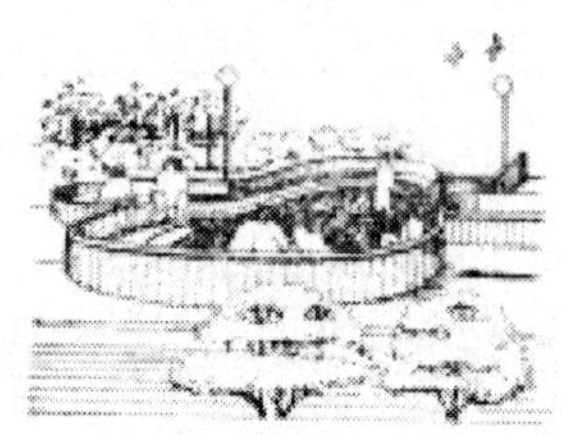

만남의 장소

휴식공간

조각 및 특별활동의 장소

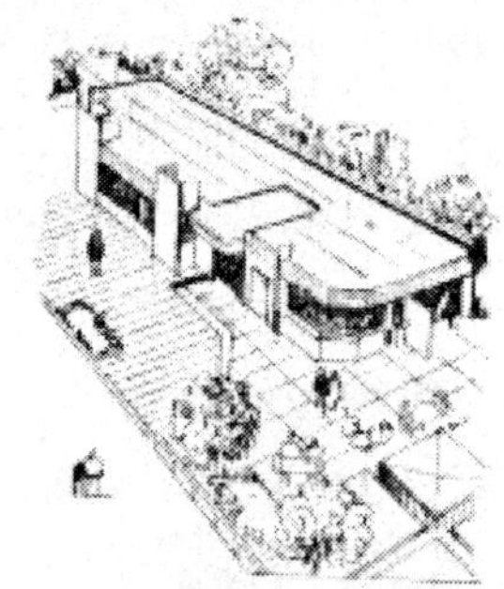

상점들의 밀집화

전통적인 문화시설· 공간 확보

전시회장

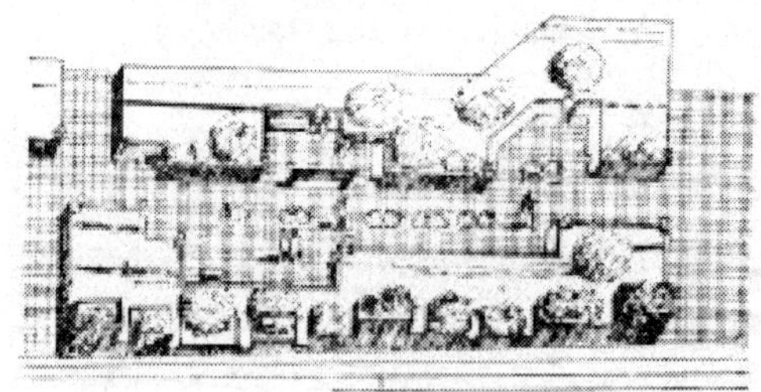

거리의 다목적 이용

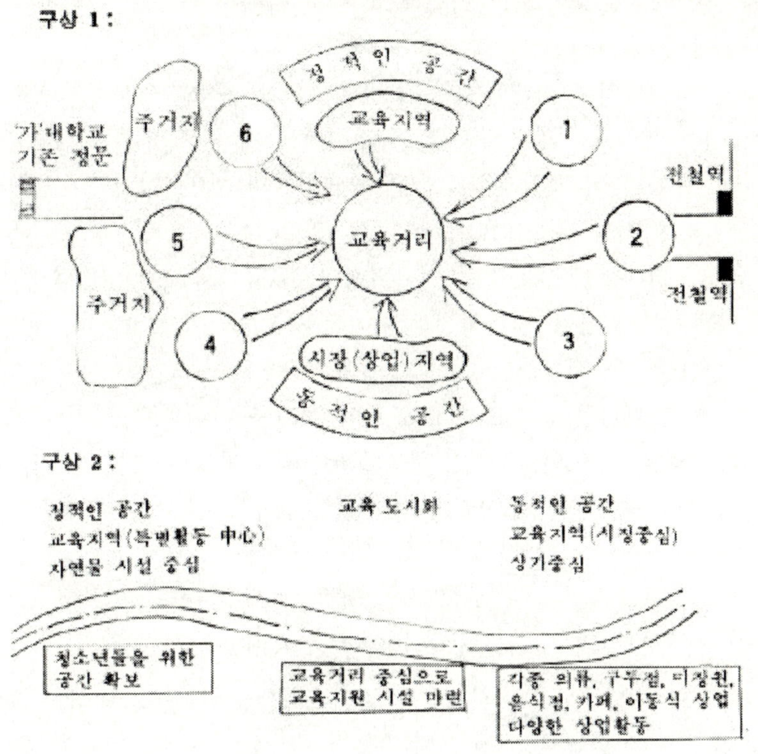

마지막으로, 교육거리의 중심은 교육지원시설로서, 이 지역은 거리 전체의 관리와 통제를 최소한의 관리체제로 유지해 나간다. 아울러 되도록 교육적 효과를 위해서 학생들의 흥미와 관심의 각종 시설과 설비를 마련하여 적절히 배치함으로써 자유로운 활동을 적극 지원한다.

교육의 거리의 교육프로그램 모형

첫째, 성인학습의 장이 될 수 있다. 각종 상업활동 등을 통해 학습자들은 학교교육 이외에도 더 다양한 학습과정을 직접 체험적으로 학습하게 하고 사고할 수 있어야 한다.

둘째, 따라서 이 거리는 '교육시장'이 되어야 한다. 즉, 너무 지나친 소비경향과 높은 가격을 철저히 규제함으로써 사치조장을 억제하도록 분위기를 학생들 스스로가 마련해야 한다. 따라서 학생들의 의식이 개혁되어야 한다.

셋째, 학생들의 의식개혁을 통해 자유롭고 민주적인 의사결정 모형을 세워 정기적인 토론회나 강좌를 이 거리에서 개최하도록 한다.

넷째, 토론회 및 교양강좌를 위해 학습자들과 상인, 학교당국들은 많은 관심을 가져야 할 것이다.

다섯째, 최대한의 자유스런 의사결정의 분위기를 창출하기 위해서는 학습자들의 창조정신, 비판정신과 분석적 사고능력이 필요하다. 지역주민과 행정당국은 적극적인 지원을 해주도록 한다.

여섯째, 홍보활동이 중요하다. 교육의 거리를 마련, 유지하기 위해서는 각종 시청각자료와 매스컴, 학생들의 적극적인 자유활동 재현을 통해 시민들의 의식을 변모시키고, 학생들에 대한 새로운 이미지를 부각시켜야 할 것이다.

2) 상업시설의 사회교육장화(社會敎育場化)

여기에서는 상업시설을 사회교육장으로 활용할 수 있는 하나의 예가 소개된다. 모든 상업시설들이 사회교육장으로서의 기능을 발휘할 수 있을는지는 의문이지만 어떤 시설들은 사회교육적 기능을 충분히 살릴 수 있다고 보아진다. 예를 들어, 서점, 다방, 카페, 백화점 등은 사회교육적 기능을 충분히 발휘할 수 있다.

상업시설이 사회교육장화를 위해 활용될 수도 있는 한 가지 예로서 「북카페」(book café)를 소개한다. 여기에 소개되는 「북카페」의 사회교육적 기능 발휘성 구상은 참여관찰로 얻어진 결과이다.

가. 「북카페」의 의미와 상업적 사회교육성

「북카페」란 말 자체에서도 알 수 있듯이 책이 있는 「카페」를 뜻한다. 「카페」는 독특한 분위기와 도서관에서나 볼 수 있는 많은 종류의 책이 함께 어울려져 있는 하나의 '작은 문화공간'이며, 음악이 있는 '작은 도서관'이라고 할 수 있다.

아늑한 분위기, 은은한 선율을 들으며 차를 마시며, 책도 읽고 또 독서토론까지 벌이는 그야말로 한꺼번에 만족할 만한 여러 가지를 얻을 수 있는 사회교육적·문화적 공간으로서 그 역할을 톡톡히 해낼 수 있는 여지가 이곳에 충분히 있다.

「북카페」가 서울에 등장한 것은 지난 해 10월이며, '마'출판사 사장이기도 한 '바' 씨(현 '다'「북카페」운영자)가 동숭동에서 처음으로 문을 열었다. 작은 문화운동체를 겨냥한 이「북카페」는 같은 상호를 쓰는 일종의 체인점이며, 그 위치가 대부분 대학가 앞에 있다. 지금 현재 성대 앞, 홍대앞, 신촌 세 군데 있다. 곧이어, 동국대, 한양대, 한성대 앞에서도 새로 문을 열 예정이며, 아울러 부산·광주·청주·수원·안양 등지의 지방에서도 얼마 안 있으면 새로이 생길 전망이다.

「북카페」는 일반 체인점과는 달리 체인점 개설과 운영에 금전적 거래나 상호유대관계가 전혀 없는, 각기 독자적 운영체이다.「북카페」는 나름대로의 운영방침을 가지고 있는데 그 운영조건으로는 첫째로 책읽기 좋은 상태로 내부를 꾸며야 할 것 둘째, 실내공간은 10평 미만일 것 셋째, 책은 평당 50권 이상 비치할 것, 그 밖에 조명의 밝기, 음악의 종류나 크기, 먹을 것의 가격과 종류 등에 대해서도 조건이 명시되어 있다. 이 조건에 맞는다면, 누구나가「북카페」를 운영할 수 있다.

원래는 '마'출판사의 책 시리즈의 상호가「북카페」이었고, 이 '마'출판사 회원들의 관리를 위한 전국 '마'출판사 회원들의 모임장소로 시작되었던 것이다. 그 후, 회원들이 이용하지 않는 시간에 다른 사람들도 조금씩 이용하게 했더니 의외로 그 반응이 좋아, 여기에 착안하여 영업적인 성격까지 띠게 되었고 점차 그 규모를 확대하게 된 것이다. 그러나 이들은 어디까지나 상업주의를 경계하지 않고서는「북카페」운동은 성공할 수 없다고 생각한다. 가능한 한 전국 구석구석 사람 손길이 닿는 곳이리면 어디든 책이 있어야 하고, 모두가 책읽기를 생활화하고 모든 사람이 책을 가깝게 하는 것만이 나라를 더욱 잘 살릴 수 있는 길이라 믿으며 그 작은 출발로서‘「북카페」운동’을 시작한 것이고, 여기에 기대를 걸고 있다.

따라서 새로 문을 여는「북카페」도 대개 ‘바’ 씨와 함께 독서운동을 펴온 동료들이 준비하고 있으며, 지금 있는 세 곳의「북카페」도 원래 ‘바’ 씨가 운영하던 것을 ‘나’대 앞, ‘라’대 앞의 것은 두 동료들에게 넘겨주었다. 이들이 내세우는 구호(슬로건)는‘「북카페」는 우리들에게 영혼의 종소리와 사랑의 입김을 되새김질시켜 주는 아주 하찮은, 그러나 훈훈한 공간이고자 합니다’이다. 책은 각각 300~1,500권씩 비치되어 있고 누구나가 마음대로 뽑아 볼 수 있는 개가식이며, 찻값은 600~800원, 영업시간은 오전 10· 11시~오후 10· 11시까지이다. 책의 조달은 주로 개인적으로 하므로 그렇게 자주 바꿀 수 있는 실정은 아니다.

‘나’대 앞「북카페」는 주인이 여자이어서 그런지 실내장식이나 그 분위기가 무척 아늑하고 아기자기하게 꾸며져 있었다. 실내구조는 일층· 이층으로 되어 있고, 모든 것이 나무(의자· 테이블· 계단 등)로 되어 있어 다락방 같은 느낌을 주기도 하였다.

벽을 이용한 실내장식은 주로 시나 산문 같은 것을 많이 붙여 놓았고 (문병란의「식민지의 국어시간」등), 그 밖의 여러 가지 전시회· ‘나’대 서클에서 하는 행사· 연극의 팸플릿· 꽃씨봉투· 편지· 팝송가사· 악보집 같은 것을 붙여 놓았으며,‘ 이달의 책’이라고 하는 것을 붙여 놓아서 - 그것의 선정경위는「북카페」이용자 중 다수의 의견을 합하여 선정하며, 그 내용을 살펴본다면,‘ 당신의 몸에 겉장이 닳도록 지니는 책이 있습니까?「북카페」에서는 확실한 책을 선정해 드립니다. 시중의 베스트셀러와는 무관한, 책을 사랑하는 사람들의 의견의 결정체입니다.’ 연말 연시에는「목마른 사람들」, 근 1년간 세계의 베스트셀러를 석권한 인도의 한 빈민굴 이야기「환희의 도시」등 - 권장할 만한 좋은 책들을 이곳을 찾는 사람들에게 알리는 역할도 하고 있었다.

‘나’「북카페」에 비치해 놓고 있는 책들에 대해 잠깐 살펴보면, 시선

집 종류(조병화· 박두진· 판화시선집), 에세이 종류(오혜령 등), 사회과
학 종류(사회학사, 헤겔과 프랑스혁명, 마르크스주의와 민족운동 등),
역사학 종류(낭만적인 고고학산책, 중국현대사), 철학 종류(철학개론
등), 월간지(한국문학· 신동아 등), 교육학 종류(교육사상사 등), 문학
종류(문예사조, 한국문학의 쟁점 등), 경제학 종류(경제학개론· 노동경
제 등), 예술 종류(영화운동론 등), 기타(현대프랑스 언어학) 등등, 그야
말로‘ 작은 도서관’ 이라고 일컬을 수 있는 많은 책들이 있었다. 가장
많은 종류의 것이 사회· 경제· 정치 등에 관련된 것들이고, 그 다음이
시선집· 에세이 등이었다. 또 약간 특이한 점은 낙서장을 비치하여 이
곳을 찾은 사람들이 부담 없이 자기가 쓰고 싶은 글들을 남길 수 있게
하였다.

　‘바’「북카페」는 올 4월에 문을 열어서‘「북카페」운동’ 의 창시자인
‘가’ 씨가 직접 운영하고 있었고, 아무래도 남자가 운영해서 그런지
‘가’점보다는 실내장식이 미약(거의 없는 편)하였고 분위기도 썰렁한
느낌을 자아냈다. 책도 ‘가’점보다는 좀 빈약한 것 같아 물어 보았더니,
처음에는 책을 무조건 많이 비치하였더니 찾는 사람들이 그 분위기에
압도되는 것 같아 지금은 1/3로 줄였고, 그 대신 자주 갈아 끼우는 편
이라 하였다. ‘다’점에서는 주로 책이 문학작품, 시선집 같은 종류의 것
이 많이 비치되어 있었다.

　두 장소를 다녀본 결과 공통점을 찾을 수 있었다. 즉, 두「북카페」가
위치한 곳이 보통 쉽게 찾을 수 있는 곳이 아니고, 약간은 후미지고 은
밀한 곳에 있다는 것이었다. 이것은 찾는 사람들을 위한 지속적으로 책
읽기 좋은 분위기를 유지하기 위해서이기도 하지만 또 다른 하나는 좋
은 장소에서 운영할 수 있을 만큼 운영비가 제대로 안 나오기 때문이기
도 하다는 것이다. ‘다’점에서 특기할 만한 사항으로는 이곳을 찾는 단
골손님들이 자발적으로 독서클럽을 다섯 개나 조직하여서 그들끼리 각
각 매주마다 독서토론회를 열고 있으며 매월 정기적 문학행사도 갖는
다는 것이다.

또한「북카페」주관에 의한 자체 행사도 개최하고 있었다. 즉, 문학 강연회를 열기도 하고, 작가와의 대화시간도 갖고 있다는 것이다. 그리고 앞으로는 이곳에서 비록 아마추어중심이긴 하나, 사진전시회, 시낭송회, 미술전시회 등도 개최할 예정이어서 그야말로 우리나라 문화활동의 저변확대에 일익을 담당하는 기수로서, 하나의 문화적 공간, 작은 문화운동체 역할로서「북카페」가 그 위치를 굳혀 나갈 수 있는 가능성이 있는 것이며, 이것을 통한 사회교육적 효과나 의의도 우리가 충분히 얻을 수 있는 곳이다.

그리고 '바' 씨의 계획에 의하면,「북카페」안에 독서만을 위한 장소를 따로 마련하여 담소의 장소와 책 읽는 장소를 구분하여, 보다 독서에 전념할 수 있는 분위기를 만들 작정이라고 한다.

「북카페」를 이용하는 사람들의 반응에 대해서 보면, 대개 긍정적 반응과 부정적 반응의 두 가지 형태로 나타난다. 긍정적 반응으로는 차를 마시며, 좋아하는 책을 마음대로 꺼내서 읽을 수 있는 것에 매료되어 하루도 빠짐없이「북카페」에 오는 사람들이 있는가 하면, 그 반대의 현상으로「북카페」를 그냥 일반「카페」인 줄 알고 들어왔다가 일반「카페」분위기와는 달리— 「카페」분위기는 편해야 하고 주로 많이 대화를 나누는 곳 등— 책이 주는 위압감 내지는 약간은 딱딱한 시설이나 그 분위기로 인해「카페」가 주는 분위기를 상실했다고 생각하여 그냥 가는 경우도 있다. 그러나 대부분의 사람들이 아주 호의적인 긍정적 반응을 나타내고 있다.

나.「북카페」운영의 상업적 사회교육성의 문제점

' 「북카페」운동' 을 보다 활성화시키기 위해서 지금 현재 실태에서 나타나고 있는 문제점들을 짚고 넘어가지 않을 수 없다.

첫째로「북카페」를 이용하는 이용자들에 대한 것을 들 수 있는데, 이용자들이 비치해 놓은 책들을 자기 것처럼 깨끗이 보고 있지 않았다. 때로는 책을 훔쳐 가는 일까지도 발생하는가 하면, 학교공부하기에 급

급한 나머지 기대했던 것보다 독서에 대한 참여율이 떨어지며, 아직까지는「북카페」라는 것이 잘 알려져 있지 않아 소수의 사람들만이 자주 찾고 있는 실정이다.

둘째로 나타나는 문제는「북카페」운영에 관한 것으로,「북카페」가 애당초 그 구체적인 운영방침이 뚜렷이 세워져 있던 것도 아니었다. 더욱이 그나마 명시해 놓고 있는 운영방침마저도 현재 잘 지켜지고 있다고 볼 수 없다.

예를 들어, 먹는 것에 관한 사항인데, 술은 팔지 않기로 되어 있는데 현재 술을 판매하고 있다. 음악의 종류와 크기에 관한 사항 역시 별로 지켜지고 있지 않고 있으며, 주인의 마음대로 이 곡 저 곡 크게 틀고 있었다. 게다가 조명의 밝기에 관한 사항으로서 책을 독서하기에는 너무 어두웠다.

셋째로「북카페」가 그 설립취지에 맞게 과연 운영되고 있는 것인가?「북카페」가 원래 그 설립취지대로 영리목적을 배제하고 상업주의를 경계하며 독서운동의 이상을 위해 운영자들이 봉사하고 있다고 하고는 있으나, 현재 상황에서 나타나고 있는 실정을 보면, 이미 ‘라’점은 벌써부터「북카페」로서의 의미를 상실하고 처음의 약속과는 달리 술을 주로 파는 일반 경양식점으로 전락하여 지금은 유명무실한 상태이다. ‘나’점 또한 운영자의 남편이 경영하는 서점의 책들을 선전하고, 책을 파는 판매수단으로「북카페」를 이용하는 경향이 있어 엄격한 의미에서 ‘「북카페」운동’에 위배되는 성향을 띠고 있다.

XI. 한국 사회교육의 반성과 과제

1. 머리글

한국의 평생교육과 사회교육은 이론과 실제에 있어서 반성해야 할 그 무엇이 있는가? 만약 반성할 것이 있다면, 반성할 점은 과연 무엇인가? 반성과 더불어 한국의 평생교육과 사회교육이 염두에 두어야 할 과제는 무엇인가?

한국 평생교육에서 반성되어야 할 내용과 한국 사회교육의 발전적 과제를 논의하기 위해 이 글은 네 가지 내용을 중심으로 지금까지의 논의를 요약하면서 재정리, 분석· 논의한다.

첫째, 사회교육에 관한 개념 파악을 선행시킨다.

둘째, 형식적 학교교육의 문제점과 한계를 논의한다.

셋째, 사회교육의 의미와 특성을 논의한다.

넷째, 사회교육기관에 참여하는 학습자, 교육내용과 관련된 한국사회교육의 문제점, 반성해야 할 점, 과제 등을 논의· 제시한다.

2. 사회교육에 대한 개념 파악

사회교육이란 무엇인가? 이 질문은 간단하게 대답될 수 없다. 사회교육이란 무엇인가 라고 제기한 질문 형식이 잘못되어 있기 때문이 아니다. 사회교육의 바른 뜻이라고 제시된 여러 사회교육 관계 학자들의 개념 파악이 혼란스러웠기 때문이다. 그렇다면 사회교육의 개념은 1945년 이래 어떻게 정의되어 왔는가?

한국에서의 사회교육은 광복 이래 세 가지 입장으로 정의되어 온 것 같다(참고: 제3장).

첫째, 교육체제의 관점에서 사회교육을 정의하는 입장이 있었다. 교육체제의 관점에서 파악되는 사회교육론에 의하면, 사회교육은 정규학교 이외의 상황이나 현장에서 일어나는 모든 교육활동에 불과했다.

둘째, 학습방법론의 입장에서 사회교육을 논의하는 입장 역시 한국 사회교육계에서 발견된다. 즉, 학습자의 자유의사에 의해 시·공간적인 제한을 받지 않고 스스로 자기를 교육시키는 행위로서의 학습방법론을 강조한 사회교육에 대한 개념 파악이 눈에 띠게 드러난다.

셋째, 학습대상자를 가장 먼저 고려하는 식의 사회교육론도 한국사회교육계에서 주목을 받고 있다. 즉, 일반 성인을 대상으로 전개하는 재교육을 사회교육이라고 판단하는 입장이 한국 사회교육계에서 나타나고 있다.

교육대상자 중심, 교육방법 중심, 교육체제 중심 등 강조점에 따라 다르게 사회교육을 이해하는 나름대로의 세 가지 입장은 잘못된 개념 파악인가? 한 가지 입장만이 유일하게 사회교육의 개념을 파악하는 이해 방법이라고 고집한다면, 그것은 잘못된 것일 수도 있다. 왜냐하면 사회교육은 교육대상자의 주체성, 교육방법의 개체성, 교육체제의 다양성을 다 함께 포괄하는 개념이어야 하기 때문이다.

과연, 사회교육이란 무엇인가? 한마디로 사회교육은 직접적인 법률적 강요나 특수 분야의 전공에 구애 받음이 없이, 특정 교육장소를 불문하고, 학습자 개인이 자기 발전을 위해 자발적으로 탐구· 전개하는 합목적적인 교육적 노력이라고 정의될(참고: Bryson, 1936: Houle, 1964, 1974) 수밖에 없다.

자기발전을 위해 법적인 강요, 전공의 구애받음이 없이 자발적으로 자기가 처한 장소에서 의도· 비의도적으로 전개하는 교육적 노력으로서 파악된 사회교육의 개념은 세 가지 특성을 부각시키고 있다.

첫째, 사회교육은 교육체제의 형식· 비형식성이나 학습방법의 정형· 비정형성, 학습대상자의 연령이나 배경의 유사성이나 차이를 고려하지 않는 교육행위라는 점이 내재되어 있다.

둘째,' …… 인간의 사회생활에서 필요하다고 생각되는 지식과 기능을 학생들이 습득하고, 또 바람직한 태도와 가치관을 형성하도록 하여 훌륭한 시민으로 성장하도록 도와주는 학교의 교과목(서울대학교 사범 대학 사회교육연구회, 1983, p. 1)' 이 사회교육이다라는 협의의 사회교 육 개념을 극복하여야 한다. 즉, 민주시민 양성만을 전제로 한 제한된 사회생활과 중심 학교 교과로서의 한계를 극복하여야 한다. 사회정치적 인 입장에서의 민주시민 양성은 사회교육이 다룰 수 있는 한 가지 내용 에 불과하다는 점을 부각시켜야 한다. 결코, 사회정치적 기대를 내면화 시켜 주는 행위만이 사회교육의 본질일 수 없음을 제시하여야 한다.

셋째, 사회교육은 학문적인 입장에서 다른 명칭으로 새롭게 명명될 수 있음을 부각시키고 있다. 즉, 학문적인 입장에서 개인이 직접적으로 교육법이 요구하는 체제나 전공이수에 구애받지 않고 자기발전을 위해 자기 스스로 전개하는 합목적인 교수-학습 행위를' 사회교육' 이라는 명칭 이외의 다른 용어로 보다 더 잘 표현할 수 있다면, 어떠한 새로운 용어로 대체해도 무방하다는 점을 시사하고 있다. 한국 사회에서 기존 적으로 활용되어온' 사회교육' 이라는 용어는 사회교육이 의미하는 뜻 을 제한적으로 표시해 주고 있을 뿐이다.

따라서 사회교육에 대한 개념 파악이 전문가마다 서로 다르게 혼란 하게 논의되어 왔던 것이다. 한국 문교행정당국마저 사회교육이 해당되 는 외국어로서의 직역인' social education' 을 공식 번역어로 통용하지 않고 있음에 주목할 필요가 있다. 문교행정당국은 필요에 따라 무형식 적 교육(nonformal education)이 사회교육에 대한 바른 외국어임을 한 국교육 소개를 위한 해외홍보용 책자에 표시해 놓고 있다.

사회교육이란 용어를 새롭게 대체할 수 있는 가능한 명칭도 있다. 그 것은,' 사회교육적 평생교육' 으로 제시해 볼 수도 있다.' 사회교육적 평생교육' 이라는 용어는 저자가 한국 사회교육의 역사적 맥락을 검토 했을 때 사용하였던 용어였다. 즉, 국민의식 촉진 수단으로서의 소극적 사회교육 개념을 전제로 한 평생교육이었다.

이제는 사회교육을 적극적인 학문적인 입장에서 평생교육이란 용어

로 대체할 수도 있다. 평생교육에 대한 한국 교육학계의 최근의 관심들
(참고: 김란수, 김인희, 오인탁, 이성호, 한준상, 1982: 진원중, 1983: 한
국학원총연합회, 1982: 유네스코 한국위원회 한국평생교육기구, 1983:
장진호, 1982: 이영덕, 1983: 한국교육학회 사회교육연구회, 1982)은 종
래의 사회교육을 평생교육의 한 영역으로 삼아도 무방함을 시사하고
있었기 때문이다.

평생교육에 대한 학문적 논의는 평생교육이 학문적으로 엇물림 교육
과학의 본보기가 되어야 함을 시사하고 있다. 평생교육이 엇물림 과학
의 본보기가 될 때, 민주시민 양성의 매개체로서 채택된 협의의 사회교
육 개념은 평생교육의 실현을 위한 한 영역으로 채택된다.

사회교육을 평생교육의 맥락에서 판단하면,

첫째, 광의의 입장에서 사회교육은 인간이 자기발전을 위해 직면하여
해결하려고 시도하는 교육적 행위였다.

둘째, 기술적인 입장에서 사회교육은 국민의식을 촉진시키고 통합시
키기 위해 의도적· 비의도적으로 수행하는 일반 사회과적인 하나의 교
육활동으로 파악될 수도 있었다.

셋째, 학문적인 입장에서, 사회교육은 인간의 자기발전을 위한 광의
의 평생교육 개념과 국민의식 촉진을 위해 전개하는 소극적 의미의
평생교육개념을 포괄시킨 엇물림 교육과학의 이론· 실천의 본보기가
된다.

사회교육의 개념 파악을 통해 한국의 사회교육은 한 가지 반성을 검
토해 보아야 될 입장에 있다. 즉, 한국에서 논의되었던 사회교육은 1945
년 이래 학문적 성숙성을 결여해 왔다는 점이 지적될 수 있다.

사회교육의 학문적 성격이 엇물림 교육과학으로서 체계적으로 성숙,
부각되어 오지 않았다는 점이 지적될 수 있다. 학문체계로서 성숙되기
보다는 사회운동(social movement)의 한 수단으로서 국민정신계몽을
염두에 둔 운동(김기석, 1955)으로서 지나치게 부각되어 왔었다. 따라서
한국의 사회교육은 협의의 사회교육적 평생교육이라는 한계를 지닌 비

학문적인 사회운동으로만 인식되어 왔던 것이다.

　이제 과제는 분명해졌다. 평생교육을 엇물림 교육과학의 차원으로 끌어올리는 일이 평생교육의 학문적 과제로 남아 있는 것이다. 평생교육에 관한 서구 이론의 모방, 소개를 벗어난 우리 나름대로의 평생교육에 관한 학문적 성숙을 시도해야 한다.

3. 사회교육의 학습논리

　사회교육은 'ped-andragogy(학교·성인 교육)'의 성격을 지니고 있다. ped-andragogy라는 용어는 pedagogy(아동교육: 희랍어로서의 paid =어린이, agogus=인도함)와 andragogy(성인교육: aner=성인)를 저자가 임의로 합성시킨 신조어이다. ped-andragogy는 정규 학교교육과 성인교육을 수직·수평적으로 통합하는 성격을 갖고 있다. 다시 말해서, 교육의 핵심을 학교교육과 아동교육으로 인식·이해하던 교육관을 수정·확장시킬 필요가 있는 것이다. 왜 ped-andragogy로서의 사회교육이 필요하게 되었는가? 이미 지적했었듯이, 최소한 두 가지 이유는 분명히 지적될 수 있다.

　첫째, 인간의 수명과 인문·사회·자연과학에 의해 유도되는 사회·문화 변화의 수명(time-span of social-cultural change) 간의 차이가 시대적으로 엄청나게 역조, 반비례되고 있기 때문이다(참고: 제1장).

　예를 들어, 고대 로마시대에 있어서 인간의 수명은 짧아, 평균 25~30세 정도에 머물러 있었다. 이 당시 사회·문화적 변화는 50여 년의 주기를 갖고 있었다. 결국 학습자는 학교교육을 통해서 그 세대 이내에서는 쉽게 변하지 않는 불변의 사회·문화적 지식과 기술을 익힐 수 있었던 것이다.

르네상스 시대에 있어서 인간의 평균수명은 평균 40~50세 정도였다. 사회·문화적 변동의 평균수명 역시 50~60년 정도였다. 19~20세기부터 인간의 평균수명은 70세를 바라보게 되었다. 반면, 사회·문화적 변동의 평균수명은 20년 정도를 넘어서지 못하게 되었다(참고: [그림 11-1]). 다시 말해서, 한 개인은 그의 삶을 자연사할 때까지 최소한 3~4번의 사회·문화적 변동을 경험하게 되었던 것이다. 따라서 학교교육이 제한적으로 선택·제공하는 지식, 기술로서는 현대의 사회·문화 변동에 적절히 대처할 수 없게 되었던 것이다.

결국 우리는 한 가지 중요한 사실을 알게 되었다. 즉, 현대의 사회·정치·자연과학의 발전에 의해 야기되는 폭발적 지식 창출은 한 인간을 문제폭발의 시대에 살도록 강요하고 있다는 점을 인식하게 되었다. 즉, 현대인은 한 문제를 해결하기도 전에 또 다른 사회·문화·공학적 문제를 해결하도록 강요받고 있음을 이해하게 되었다.

[그림 11-1] 인간의 평균수명과 사회변화기간 간의 대비

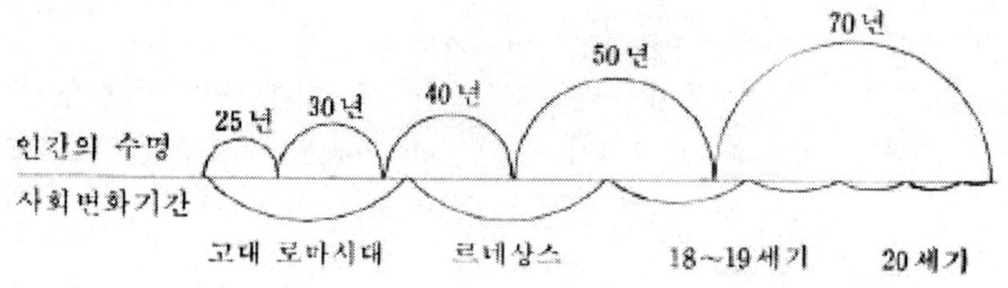

둘째, 아동중심의 학교교육(pedagogy)이 내재시켰던 교수-학습의 가정·전제들이 더 이상 성인학습자에게 합당한 것으로 적용되지 않고 있다는 점이 평생교육의 필요성을 부각시켰다. 예를 들어, 교육과정이란 획일적으로 정해져 있어야만 교육효과가 높다는 학교교육의 전제가 더 이상 성인교육에 부합되지 않게 되었다. 암기학습이라든가 반복식 교육, 주입식 수업이 효과적일 수 있다는 학교교육의 가정도 성인교육에는 더 이상 적합한 전제가 아니었다. 한마디로 학교교육의 한계가 노출되기

시작했던 것이다(참고: Illich, 1971: Holt, 1972: Goodman, 1962: Freire, 1970).

형식적 학교교육의 한계를 사회·평생교육과 관련, 지적하기 위해 Freire(1970)는 은행적립식 교육(banking concept)의 모순을 지적했다.

Freire에 의하면, 대부분의 형식적 학교교육의 활동은 지식의 은행예금하기 과정에 비유될 수 있었다. 즉, Freire는 기존 교육자들이 거의 전지전능하다고 여겨지는 교사로부터 제공되는 지식을 아무것도 채워져 있지 않은 학생들에게 적립시키는 행위를 교육이라고 믿도록 강요하고 있다고 비판했던 것이다.

Freire는 학교교육에서 활용하는 방법과는 다른 식으로 성인교육을 주도했다. 책으로 읽히는 방법이 아니라 대화로 읽는 방법을 택했다. 학습자에게 친숙한 단어를 학습의 유인단어(key words)로 삼았다. 예를 들어, 학습자들의 주변에서 흔히 접하는 ' 벽돌', ' 빈민가' 같은 단어를 문맹퇴치교육의 유인요소로 삼았다. 빈민가라는 단어는 교사들이 교과서에서 의도적으로 선택, 강조시킬 수 있는 단어가 아니었다. 따라서 학습자들의 삶을 핵심적으로 반영하는 단어들은 학교교과서에서는 찾아볼 수가 없었던 것이다.

Freire가 갖고 있는 교육에 대한 신조는 형식적 학교교육의 한계를 지적할 만큼 분명했다. Freire에 의하면, 교육은 한 개인이 직면하고 있는 현실, 사회, 세계를 조정·제어할 수 있는 이해력과 능력을 신장시키는 과정이어야 한다. 결코 교육은 형식적으로 고착화된 채 정치인, 교사에 의해 일반적으로 주어진 교과를 독파·정복(mastering)하는 과정이 아니다. 주어진 현실세계에 대한 통제능력 향상이 교육의 핵심이 되어야 한다는 Freire의 신조는 궁극적으로 기존의 교육관을 정치적 차원에서 비판하게 만들어 놓았다.

Freire의 교육신조에 의하면, 교육현장에는 학습자가 마땅히 완전하게 익혀 두어야 할 조직적인 지식체계가 있다는 전통적인 교육관의 교육과정론은 비판받을 수밖에 없다. 즉, 학습자가 익혀 두어야 할 지식은 교사가 이미 소유하고 있는 지식이라고 판단되는 입장이 비판받게 된다. 교사가 소유하고 있는 지식은 모든 학습자가 마땅히 익혀 두어야 할 지식이라고 이해하는 전통적인 학교 교육관에 의하면, 교사는 지식 소유에 있어서 절대적으로 존경받아야 한다. 교사만이 지식을 유일하게 소유하고 있는 존재이기 때문이다. 교사만이 지식을 전달해 줄 수 있는 매체이기 때문이다.

교과서 역시 지적으로 존경받아야 마땅하다. 왜냐하면 교과서는 교사에게 권위를 제공해 주는 원천이기 때문이다. 즉, 지식의 근원으로 판단되기 때문이다.

형식적 학교조직 안에서 지도하는 사람과 형식적으로 인쇄된 문자만이 유일한 지식소유자· 지식전달체로서의 상징으로 부각된다면, 교육은 궁극적으로 구태의연한 현상유지를 위한 도구나 수단 이상의 기능을 발휘할 수 없게 된다. 결국 기존의 학교교육이 계속되는 한, 임금님은 벌거숭이라고 외칠 수 있는 사람은 제한되게 된다. 그렇게 할 수 있는 사람이란 단 한 종류의 사람, 즉 교육받지 않은 천진난만한 어린이들뿐일 것이다. 혹은 숙맥, 멍텅구리, 천치, 백치만이 외칠 수 있을 뿐이다.

Freire의 사회교육적인 문제해결중심의 교육방법은 과학철학적으로도 타당하다. Popper(1976)에 의하면, 과학적 방법은 결코 일반적인 큰 이론으로부터 작은 실례로 넘어가는 식의 연역적 과정이 아니다. Popper는 과학적 방법이 보다 문제해결중심의 속성을 갖는다고 판단했다. 예를 들어, 모든 과학적 논의는 어느 한 문제상황으로부터 시작한다. 한 어떤 문제가 논의되면 우리는 최소한 잠정적인 해결책으로서 일시적인 이론을 얻게 될 수는 있다. 그러나 그 이론은 곧 비판받게 된다. 왜냐하면 가능한 한 오류를 배제시키기 위해서이다. 결국 변증법적인 입장에서처럼, 과학적 방법의 과정은 과학적 문제해결에 동원되는 과정들을 계속적으로 새로이 갱신하게 된다. 즉, 잠정적인 이론과 이론에 대한 비판과 수정은 결국 새로운 문제를 부각시킬 수밖에 없다는 순환체계를 갖게 된다. 그러므로 Popper가 주장한 과학적 탐색· 발견에 의하면, 과학은 문제해결을 위해 새로운 가설을 설정, 문제해결책을 찾고 그 문제해결책이 허위임을 입증, 문제해결책 속에 내재된 오류를 규명함으로써 새로운 문제해결 과정으로 유도되는 것이다.

Freire의 사회교육방법을 Popper의 과학적 방법론에 연결시킬 때, 우리는 한 가지 사실을 분명히 알 수 있다. 즉, 과학과 학습은 끊임없는 변화의 과정 속에서 구체화되는 현상이라는 점을 분명히 알 수 있다. 일반적인 거대한 이론으로부터 새로운 추론을 가하는 일보다는 가설을 주관적· 객관적으로 논박· 반증할 때 과학적 진보가 가능한 것이다. 즉, 가설을 반증· 논박하는 시도만이 과학적 진보의 방법인 것이다.

Popper의 과학적 발견의 진보론이 과장된 것이 아니라면, 교육에서 활용· 장려되어야 할 것은 사실의 전수나 지식의 은행예금식 축적 행위가 아니다. 문제해결에 관한 것이 교육에서 가장 기본적이며 중점적으로 다루어져야 할 것이다. 교육이 학습자에게 문제를 해결하도록 조력한다면 학습자들은 문제를 풀어나가는 방법을 익힐 수 있을 것이 분명하기 때문이다.

결국 우리는 평생교육이 기존 교육· 교육제도· 교육과정에 새로운 개념 파악을 두 가지 형식으로 요구하고 있음을 알게 되었다. 즉, 첫째, 수직적 지식전수(vertical transmission) 현상으로서의 전통적인 교육관이 우선적으로 수평적 지식전수(literal transmission) 현상으로 변환되어야 할 것을 요청하고 있다.

둘째, 수평적 지식전수 현상으로 변환된 평생교육은 수직적 지식전수 기관으로서의 형식적 교육기관이 지니고 있는 목적이나 기능을 특수한 방식으로 통합· 완성할 것을 요구하고 있다.

수직적 지식전수 현상은 일반적으로 전통적인 학교교육 현상을 의미한다. 즉, 연령적으로 성인의 위치에 있는 지식확보자로서의 교사가 미성숙· 무경험자로서의 학습대상자에게 교사가 필요하다고 판단되는 지식을 일방적으로 부여하는 행위를 의미한다.

수평적 지식전수 현상은 모든 영역에서 모든 사람이 연령, 신분, 문화적 차이에 구애됨이 없이 자기 활동영역에서 발견, 논의, 창조의 가치가 있다고 판단되는 내용과 활동들을 서로 주고받는 교육행위인 것이다(참고: [표 11- 1]). 즉, 평생교육은 교사의 개념이 획일적으로 어느 특정인을 의미함이 없이 상호학습을 강조하는 교육체제의 출현을 요구하고 있는 것이다.

[표 11- 1] 수직적 지식전수 교육활동과 수평적 상호 지식전달 교육활동 간의 차이

수직적 지식전수 교육활동	수평적 지식전달 교육활동
1. 주로 교실에서 나이 많고 경험 있는 노련한 교사가 경험이 없고 미숙한 학생들에게 지식을 주입· 암기시킴. 2. 절대적인 권위를 가진 교사가 학생들의 흥미· 욕구를 무시한 채, 정해진 과목을 정해진 시간· 계획에 따라 전달. 3. 학생들의 필요나 사회의 직업적 요구와 무관하게 전통적으로 전해오는 이론을 가르침. 4. 교육은 엄격하게 학습에의 흥미보다 두려운 감정 조성에 힘씀. 5. 새로운 지식의 창조보다는 오랫동안 공인된 지식을 체계적으로 가르침.	1. 교사의 나이가 학생의 나이보다 많을 수도 적을 수도 있음. 2. 지식의 주입이 아니라 함께 배우고 공유하는 입장 3. 학습자의 의욕· 흥미· 욕구가 중요시됨. 4. 학생의 학령은 학생의 환경조건과 그의 필요에 따라 항상 유동적임. 5. 엘리트뿐만 아니라 사회의 모든 구성원들이 자신들의 의욕과 지적 능력에 맞는 수준의 학습을 시기에 관계없이 할 수 있음. 6. 중퇴자, 주부 등 재교육을 원하는 사람들은 언제든지 학교에 들어갈 수 있음. 7. 사회와 학습자가 요구하는 교육을, 사회의 목적과 학습자의 동기를 일치· 조화시켜 실시하는 학습자의 자발성에 기초한 교육.

그러나 평생교육이 수직적 지식전수 과정을 중요시하는 학교교육의 폐기를 의미하지는 않는다. 단지, 평생교육의 실질적 실현을 위해 학교교육이 갖고 있는 교육적 특수성이 기능적으로 제한되어 발휘될 것을 요구한다. 왜냐하면 학교교육은' 수직적으로는 개인의 일생을 통하여 가역성이 높은 유년기, 소년기, 청년기에 국한된 교육만을 담당하는 위치에 있으며 수평적으로는 가정과 사회가 교육적인 역할을 분담하는 가운데 교육의 상대적인 위치에' (홍웅선, 1983, p. 153) 놓여 있기 때문이다(참고: 제2장).

홍웅선은 학교교육이 평생교육의 실현을 위해 담당해야 될 기능을 교육제도와 교육의 과정으로 갈라 제시했다. 첫째, 교육제도면에서 홍웅선은 현행 학교기관의 교육기회 평준화를 염두에 둔 학교의 개방화, 학교자원의 개방화를 제시했다. 즉, 학교기관은 지역사회에서 평생교육 활동의 중심지가 되어야 한다고 주장했다.

둘째, 홍웅선은 교육과정에 있어서 학교교육은 평생교육의 실현을 도모하기 위해 자발학습, 자기평가의 구체적인 기술과 방법 등을 학습자들에게 익히게 만들어야 한다는 점을 강조했다. 한마디로 홍웅선은 학교기관이 교육제도· 교육과정 면에서 평생교육의 실현을 위한 보조수단으로 교육기능을 발휘할 때, 학교교육은 평생교육적' 교육의 인간화'를 도모하게 된다는 점을 강조했던 것이다.

학교교육의 한계를 평생교육과 관련시켜 논의했을 때, 우리는 평생교육의 세 가지 기본원리에 대한 관점을 시사받을 수 있었다.

첫째, 평생교육은 학습자의 자유를 주요 신조로 삼고 있다는 점을 포착할 수 있었다. 통제로부터의 자유, 교육· 사회적으로 강요되는 역할 발휘로부터의 자유, 인간에 대한 몰가치적 이해로부터의 자유를 신조로 삼고 있다.

둘째, 학습자의 개체성, 문화적 다양성을 주요 신조로 삼고 있음도 알게 되었다. 즉, 학습자는 문화· 심리적으로 어느 기준에 의해서도 가치배제적으로 표준화될 수 없다는 개체적 독자성을 알게 되었다. 아울러 개인은 서로 다른 개체적 욕구와 욕구를 실현하는 방법 역시 제각기 다르다는 문화적 다양성에 대한 믿음이 평생교육에 뿌리박혀 있음을 알게 되었다.

셋째, 교육행위 과정에의 학습자 참여정신이 평생교육의 또 다른 주요 신조임을 알게 되었다. 즉, 학습자들이 전개하게 될 교육활동은 학습자가 결정해야 한다. 교육과정은 어느 특정인이 자의적으로 소수의 이익을 위해 결정할 수 없다는 민주주의적 의사결정의 원칙이 평생교육의 또 다른 주요 원리임이 부각되고 있는 것이다.

따라서 세 가지 시사점을 얻게 된다. 즉, 자유의 원리를 지키기 위해 평생교육은 학습자 개인에게 스스로 교육상황을 결정, 학습하도록 도와주어야 함을 시사받는다. 참여의 원리를 보호하기 위해서 평생교육은 기회의 다양성과 기회 균등화를 함께 제공해야 한다는 당위성도 시사받는다. 마지막으로, 개별성의 원리를 보장하기 위해 평생교육은 선택의 유용성을 제도적으로 제공해야 함을 시사받을 수도 있었다.

과연, 한국의 사회교육, 평생교육은 자유의 원리, 개체성의 원리, 참여의 원리를 학습자들에게 충실히 제공해 왔는가? 대답은 부정적일 수밖에 없다.

평생교육이 갖추어야 될 원리가 이론적으로 끊임없이 교육학계에 회자·논의되어 왔음에도 불구하고 평생교육의 실제 운영은 학교교육의 수직적 지식전수 형식으로 유도되어 왔기 때문이다. 다시 말해서, 평생교육의 이론은 학교교육 형식의 테두리 안에서 이해·소화되어 왔기 때문이다.

이제 우리는 한국에서는 학교교육의 한계, 모순, 문제점들을 구체적으로 파악, 점검하는 데 소홀해 왔음을 느끼게 된다. 이런 주장은 과장된 것일 수도 있다. 한국교육의 혁신을 끊임없이 이론적으로 지적하는 노력이 지속적이었음을 알고 있기 때문이다. 그러나 교실교육의 현실적 한계와 문제점들을 심각하게 반성, 변환시키려는 움직임은 상대적으로 교육현실에서 소홀히 다루어져 왔던 것도 사실이기 때문이다.

결국, 평생교육과 학교교육의 한계를 관련시켜 논의하면서 우리는 평생교육의 제도적 실현을 위해 세 가지 과제를 진행시켜야 할 것이다.

첫째, 학교교육의 한계나 문제점에 대한 구체적인 현장중심적인 논의와 연구활동을 촉진시켜야 한다.

둘째, 평생교육의 실현을 위한 학교기관의 활용 방안을 실용적·정책적 차원에서 검토, 논의해야만 한다.

셋째, 사회교육 활동을 평생교육의 이념 정착화의 맥락에서 재구성, 강화해야 한다는 점이 지적될 수 있다.

다음 절에서는 현행 사회교육기관에서 실시하고 있는 사회교육내용을 사회교육의 학습수요자와 관련시켜 논의한다. 즉, 현재 한국에서 실시되고 있는 사회교육의 내용은 교육기회의 균등화를 기한 교육적 이상과 학습자 참여, 의사결정을 현실적으로 반영하고 있는가를 논의한다. 논의를 위해 비구조화된 경제적 자료를 제한적으로 활용한다.

4. 학습자 유형과 사회교육의 내용

사회교육에 참여하는 학습자들은 세 가지 유형으로 대별될 수 있는 것으로 판단되어 왔다(참고: Houle, 1961). 성인교육현장에서 학습자로서 참여하고 있는 사람의 유형은 첫째, 목적지향적(goal-oriented) 둘째, 활동지향적(activity-oriented) 셋째, 배움지향적(learning-oriented) 학습자 유형으로 대별된다.

목적지향적인 학습자는 평생교육기관을 학습자의 욕구충족을 위한 단순한 수단으로 삼는 사람들이다. 즉, 계속적인 교육활동을 통하여 기술 등을 익힘으로써 기술자격증이나 졸업장 등을 얻기 위한 목적을 가진 의도적인 학습자들이다(참고: 제6장, 7장, 8장).

활동지향적인 학습자는 평생교육기관의 교육내용을 통해 사회적 인간관계를 유지·개선·확대해 나가려는 학습자들이다. 즉, 지역사회의 활동에 참여, 봉사 등을 통해 자기의 시간을 사회봉사적으로 투자할 의도를 가진 사람들이다. 배움지향적인 학습자들은 교양·지식 등을 새로이 익히려는 일 그 자체에 의미를 부여, 학습현장에 주체적이고 능동적으로 참여하는 사람들이다.

Houle이 분류한 세 가지 학습자 유형은 두 가지 특징을 나타내고 있다.

첫째, 분류유형으로서의 타당성을 부각시켜 준다.

둘째, 학습자의 욕구나 유형은 동일하지 않다는 판단을 제공해 준다.

예를 들어, Morstain과 Smart(1977)는 성인교육기관에 시간제 수업 학습자로 재학하고 있는 648명을 대상으로 성인학습자의 유형, 각 학습자의 활동 유형을 분류·분석한 바 있다. Morstain과 Smart의 연구에는 Houle의 세 가지 학습자 유형 분류가 주요한 이론적 근거를 제공해 주고 있었다.

연구를 위해 활용한 도구는 교육참여척도(education participation scale)이었다. 교육참여척도는 38문항의 9점 규격 동간평정척이었다. 38문항은 학습자의 활동 유형을 알아보기 위한 여섯 가지 변인을 지칭하는 것들이었다. 즉, 새로운 친구관계를 맺으려는 욕구를 표시하는 사회관계 변인, 직장에서 상사의 기대에의 복종 정도를 알아보기 위한 외부 기대 충족 변인, 사회봉사 참여 정도를 알아보기 위한 사회복지참여 변인, 승진이나 직업적 상승이동을 알아보기 위한 전문성향상 변인, 무료함·한가함·욕구 좌절을 타개하는 정도를 점검하기 위한 자극·도피 변인, 배우는 즐거움 그 자체의 정도를 확인해 보기 위한 지적 관심 변인 등의 여섯 가지였다.

피험자 648명은 다면적 집합분석(multidimensional cluster analysis) 결과 다섯 집단으로 대별되었다.

첫째 집단(324명)은 무특성지향적(non-directed learners) 학습자, 둘째 집단(55명)은 사회성지향적(social oriented) 학습자였다. 자극추구지향적(stimulant oriented) 학습자, 직업경력지향적(career oriented) 학습자들은 각각 셋째, 넷째 집단으로 분류되었다. 각 집단의 사례는 각기 35명, 155명이었다. 다섯 번째 집단(57명)은 생활개선지향적(life-change oriented) 학습자들로 구성되어 있었다.

집단의 분류 결과 우리는 한 가지 사실을 알게 되었다. 즉, 평생교육에 참여하는 사람은 대부분 특별한 목적이 없는 사람, 직업경력지향적 학습자가 큰 부분을 점유한다는 점이었다. 왜냐하면 이들 무특성지향적 집단구성원과 직업경력지향적 집단구성원은 전체 피험자(684명)의 74%(479명)를 점유하고 있었기 때문이었다.

각 집단은 서로 다른 활동을 서로 다른 정도로 영위하고 있었다(참고: [그림 11-2]). 이해를 돕기 위해 간단한 설명을 시도해 보자. 예를 들어, 각 활동 부분에서 우세한 활동을 전개하는 집단의 특성·유형만을 제한적으로 논의해 보자. 사회성지향 집단과 생활개선지향적 집단은 다른 집단들보다 적극적으로 사회적 관계를 맺으려는 경향을 보여 주었다. 외부의 기대를 보다 적극적으로 충족시키기 위해 사회교육기관에 참여하는 것으로 판단해 볼 수 있는 집단은 직업경력지향적 집단과 생활개선지향적 집단이었다.

[그림 11-2] 사회교육학습자 유형과 활동 정도

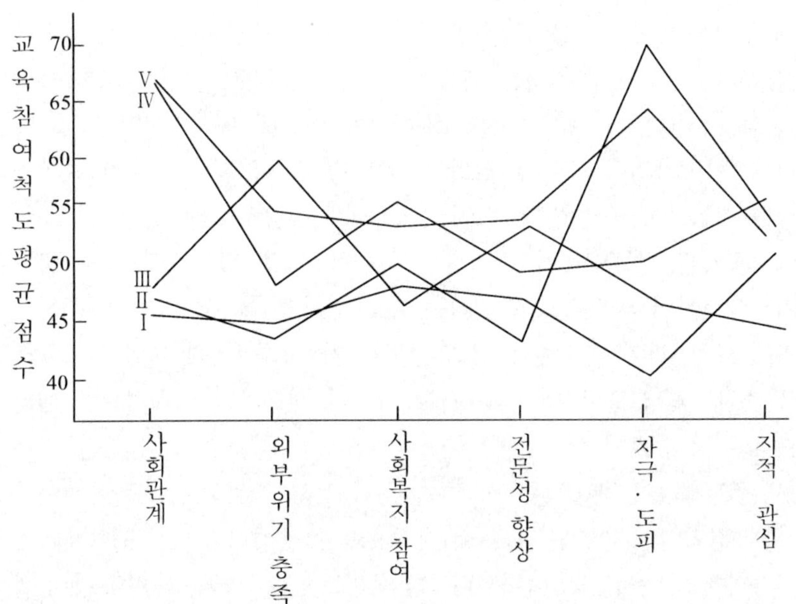

I 집단:무특성지향 집단　　II 집단:사회지향성 집단
III 집단:자극추구지향 집단　　IV 집단:직업경력지향 집단
V 집단:생활개선지향 집단

사회성지향 학습자 집단과 생활개선지향 집단은 사회복지 활동의 참여에 보다 적극성을 보여 주고 있었다. 전문성을 향상하기 위해 노력하는 집단으로 생활개선지향 집단과 직업경력지향 집단을 지적해 볼 수 있었다. 자극추구지향 집단과 생활개선지향 집단은 자극· 도피변인에서 우수한 점수를 갖고 있었다. 마지막으로, 사회성지향 학습자 집단과 자극지향적 학습자 집단은 지적인 관심, 호기심 부문에서 수위를 차지했다.

[그림 11-2]는 여러 관점, 방향에서 자세히 분석될 수 있다. 그러나 이 글에서는 제한적으로 분석했다. 그럼에도 불구하고 우리는 한 가지 경향을 주목하게 된다. 즉, 생활의 변화를 경험하기 위해 사회교육기관을 찾는 학습자들은 수가 적었다. 그러나 이들이 갖고 있는 사회적 관계 맺기, 외부의 기대에 순응하기, 사회복지 활동에의 참여, 전문성 향상, 자극· 도피 경향, 지적 호기심 등은 다른 집단보다 일반적으로 강하게 부각되는 경향을 도출해 볼 수 있었다.

평생교육 현장에 참여하는 학습자 유형, 활동내용, 참여 정도를 논의했을 때, 우리는 두 가지 사실을 뚜렷하게 확인해 볼 수 있었다.

첫째, 학습자의 유형은 다양할 수 있다는 점이었다. 둘째, 학습자가 원하는 학습내용, 활동범위, 참여 정도 역시 다양하다는 점이었다.

사회교육과 평생교육에 참여하는 학습자 유형, 활동 정도를 한국의 사회교육기관이 의도적으로 원하는 학습자 유형, 교육내용을 관련시켜 논의해 보면, 과연 반성해야 될 점이 있는가? 이 질문에 응답하기 위해 서울 소재' A'신문사 부설 평생교육기관이 제공하는 교육내용을 제한적으로 분석해 보자.

' A'문화센터가 제공하는 교육내용을 분석하기 위해,' A'문화센터가 개설한 강좌안내(1983년 1~3월)의 내용을 분석한다.' A'문화센터는 회원자격에 있어서 개방적이었다. 즉, 성별, 연령, 학력, 사회적 배경에 입회의 제한을 두지 않았다. 입회금 1만원만 내면 누구든지' A'문화센터의 회원으로 가입할 수 있다. 엄격히 말할 때, 입회금 납부 여부가' A'문화센터의 개방성을 제한하고 있었을 뿐이었다.

'A'문화센터의 강좌 내용은(어머니 교실, 어린이, 청소년, 대학생 프로그램은 제외) [표 11-2]처럼 요약될 수 있다. [표 11-2]에 의하면, 'A'문화센터는 3개월 동안 162개 교육프로그램을 제공하고 있었다. 회원의 이수기간은 3개월 동안 평균 13회 정도이다. 한 개인이 한 강좌에 수강하기 위해서는 평균 41,975원 정도는 투자해야 한다. 입회금까지를 포함하면 평균 52,000원 정도를 소비해야 한다.

이런 수식적 통계는 낮은 수준의 분석을 시도하기 위한 것이다.'A'문화센터가 제공하는 교육내용의 강좌수와 수강료를 평균을 내어 분석한다는 것은 통계기법의 남용일 수도 있다. 이 글에서는 단지 사회교육기관들의 교육내용과 규모 등을 간략히, 빠르게 이해해 볼 목적으로 비체계적인 통계분석 방법을 택했을 뿐이다. 한마디로 [표 11-2]의 통계치는'A'문화센터의 교육활동에 관한 이해·해석에 영향을 줄 수 있는 수많은 제한점을 갖고 있다. 방법(론)적 약점에도 불구하고 우리는'A'문화센터의 강좌내용으로부터 한 가지 속성을 발견할 수 있었다.

[표 11-2] ' A' 문화센터의 강좌내용 분석

내 용 분 류	이수기간(평균)	수강료(평균)	강 좌 수
교 양 · 문 화	12회 (3개월)	28,500	14개
건 강 · 무 용	14 〃 (3 〃)	39,000	18
실 무	12 〃 (3 〃)	37,500	4
어 학	20 〃 (3 〃)	54,600	22
미 술 (서 양 화)	12 〃 (3 〃)	45,600	12
미 술 (서 양 화)	12 〃 (3 〃)	39,600	11
서 예	12 〃 (3 〃)	35,400	12
도 예	12 〃 (3 〃)	50,000	5
공 예	12 〃 (3 〃)	35,400	23
사 진	12 〃 (3 〃)	32,500	4
음 악	12 〃 (3 〃)	30,700	7
취 미	12 〃 (3 〃)	31,400	12
스 포 츠 교 실	판단불가	64,600 (개략)	5
운 전 교 실	2개월	105,000	1
컴 퓨 터 교 실	20회 (1 〃)	30,000	1
요리· 칵테일교실	12 〃 (3 〃)	11,800	11
계	13회 (3개월)	41,975원	162개

첫째, 교육내용, 강좌수가 다양하다는 점이다. 즉, 큰 교육영역은 16 가지이며, 각 영역은 많은 세부 강좌로 나뉘어지고 있다는 점이다.

교양·문화 부문을 예로 들어 보자. 교양·문화 부문은 한국사, 소설 작법, 문장 첨삭지도, 시작연구, 드라마작법, 수필, 음악의 이론과 실제, 중국 고전 선독 A·B, 에티켓과 화술, 주부대학, 불교입문, 법화경, 다도 등 14가지로 나뉜다. 강사도 일류급 전문가들이다. 다른 영역도 거의 같은 성격을 갖고 있다. 따라서 한 가지 결론이 가능하게 되었다. 즉, 한국의 사회교육기관이 제공하는 교육내용은 학습자 유형의 다양성과 기호를 반영하고 있는 것 같다는 결론을 내릴 수 있었다.

그러나 한국의 사회교육기관이 제공하고 있는 교육내용이 학습자의 기호, 다양성을 반영하고 있다는 결론은 두 가지 점을 만족시켜 주어야 보다 더 타당할 것 같았다.

첫째, 다양한 프로그램 제공은 교육기회 균등화의 관점에서 타당한가? 에 대한 명쾌한 대답이 필요할 것 같았다. 즉, 직업을 새로이 찾으려는 욕구·동기를 갖고 있는 사람, 지역사회에 봉사하려는 의도를 갖고 있는 사람, 교육 수준이 낮은 사람, 재정적 형편이 어려운 사람 등등 모두에게 골고루 베풀어질 수 있는 교육프로그램인가에 대해 명쾌한 대답을 요구한다.

대답은 부정적인 것 같다. 'A'문화센터의 교육프로그램은 일정한 학습자 대상을 의도적·비의도적으로 염두에 두고 있다는 판단을 배제시켜 주고 있지 못하다. 'A'문화센터가 제공하는 각종 프로그램은 어느 정도의 학력, 문화적 속성, 재정적 형편, 취미를 갖춘 학습자가 성공적인 'A'문화센터 회원이 될 수 있음을 요구하고 있는 것 같았다. 예를 들어, 'A'문화센터의 사회교육강좌 내용은 일상생활의 무료함을 벗어나고자 하는 서울도심지 특정 학습자들에게 도움을 줄 수 있다. 일상생활의 무료함, 갈등을 벗어나게 만드는 일에 신체적·경제적으로 투자할 여력과 분위기를 갖고 있는 사람들을 잠재적으로 요구하고 있기 때문이다.

그러나 'A' 문화센터의 교육프로그램은 경제적으로 어려운 목적지향적인 학습자들에게는 실용적인 도움을 주지 못하고 있다. 자격증이나 사회적으로 인정된 학점 등을 전혀 제공하고 있지 않기 때문이다.

둘째, 현재 사회교육기관이 제공하는 교육프로그램은 한국적인 문화·사회·경제적 조건을 실제적으로 고려하고 있는가? 이 질문에 대한 대답은 현재의 한국 사회교육기관이 제공하고 있는 다양한 프로그램이 학습자의 다양성과 개체성을 보장하고 있다는 결론을 보강해 주게 될 것이다.

그러나 과연 현재의 사회교육 프로그램은 한국 사회의 현실적인 사회복지적 관점과 사회·경제·문화적 조건을 반영하고 있는가? 한국 사회교육기관의 프로그램은 사회교육법의 테두리 안에서 충실히 운영되고 있는가? 이에 대한 대답 역시 부정적이다. 왜냐하면 'A' 문화센터가 제공하고 있는 각종 프로그램은 생산적 투자보다는 소비적 재생산을 유도할 우려가 있다는 인상을 버리게 만들지 못하기 때문이다.

예를 들어, 'A' 문화센터에서 드라마작법을 배운 후 수강자 중 얼마나 많은 사람이 극작가가 될 수 있는 기회를 현실적으로 보장받고 있는가? 얼마나 많은 가정이 수석, 분재, 관상식물을 자기 집 정원, 안방에 재배하고 있는가? 이 글을 읽는 독자의 친척은 볼룸댄스, 재즈댄스를 배운 뒤 인생을 만끽할 만한 기회를 현실적으로 갖고 있다고 판단되는가? 한마디로 각종 프로그램은 사회·경제적인 생산활동 투자와는 제한적으로밖에는 연결되어 있지 않을 뿐이라는 입장을 강화시켜 준다.

또한 'A' 문화센터의 각종 사회교육 내용은 일본의 신문사 부설문화센터의 강좌 유형을 직·간접적으로 모방, 이식한 영리성 추구용 사회교육 내용이라는 느낌(참고: 조미옥, 1983)도 버릴 수 없게 만든다.

사회교육의 학습자 유형과 한국 사회교육기관이 제공하는 프로그램을 관련시켜 논의했을 때, 한 가지 결론을 얻게 되었다. 현재 한국평생교육기관이 제공하는 프로그램은 교육기회 평준화의 관점과 현재 한국의 사회·경제적 조건을 고려할 때 상황무시적·초(超)상황적이다. 오히려 제한된 교육기회 제공과 소비성향을 촉진시킬 가능성만이 더 확대되고 있다는 시사점을 제공한다.

사회교육기관을 행정적으로 규제하거나, 교육프로그램을 획일적으로 행정규제에 맞게 변경하는 것을 대안으로 제시해서는 안 된다. 오히려 사회교육기관은 더욱더 증가되어야 하며, 프로그램은 더욱더 다양해야만 한다. 대안은 사회복지적· 윤리적· 교육적이어야 한다. 즉, 사회교육기관을 운영하는 사람들의 절대적인 사회복지적 기업윤리와 교육적 양식을 기대해야 한다. 평생교육기관에 관여하고 있는 관계자 스스로 평생교육의 관점을 체계적으로 배울 수 있는 기회가 제도적으로 제공, 보강되어야 한다.

5. 맺음글

우리는 한국의 사회교육과 평생교육의 문제점을 여러 영역에 걸쳐 논의했다. 즉, 사회교육과 평생교육의 개념 파악, 학교교육의 문제, 평생교육의 원리, 사회교육기관에 참여하는 학습자 유형, 학습내용, 학습활동과 사회교육지원 행정체계, 헌법의 개정 문제를 중심으로 한국 평생교육의 문제점을 논의했다.

한국의 사회교육과 평생교육의 문제점을 논의하면서 우리는 전체적으로 두 가지 점을 추출할 수 있었다.

첫째, 현재의 민간주도형 평생교육 현황은 1945년 이래 전개되어 온 관치형 사회교육의 전통과 차이가 있다는 점이었다. 예를 들어, 국민의식 단합을 강조했던 사회운동으로서의 사회교육적 평생교육의 특징이 현재 한국 사회에서 보여지고 있는 민간주도형 평생교육기관내용에서 강력히 부각되고 있지 않다는 점이었다. 사회교육법이 규정한 내용들도 엄격히 준수되고 있지 않는 것 같았다. 사회교육법이 강조하는‘ 국민생활에 필요한 일정한 교육내용'이나' 전문요원의 연수·고용' 등이 윤리적·교육적으로 지켜지고 있다고 판단할 근거나 사례를 찾아 볼 수 없었다(참고: 제5장).

둘째, 한국의 사회교육, 평생교육의 이념과 사회현실 사이에는 해결되지 않은 반목과 괴리가 있다는 점이 부각된다. 즉, 한국의 사회현실은 평생교육의 이념을 실현하도록 실질적으로 정비되어 있지 않다는 점이 부각된다. 평생교육의 이념이 실현될 수 없도록 학교교육의 체제, 사회·경제적 현실은 제나름대로 독자적인 기능을 과잉 발휘하고 있다는 점이 부각된다.

한마디로 평생교육의 이념과 사회 실제 간에는 현실적 상반관계가 팽배해 있다는 것이다. 예를 들어, 대학교육기관의 시설 여건은 자체의 문제를 해결하기에도 벅찬 실정이다. 따라서 대학시설이 사회교육의 시설로 쓰일 수 있는 가능성은 현실적으로 제한받게 된다.

초등·중등학교는 기관장인 교육행정가들이 느끼는 행정적인 책임 때문에 지역사회 봉사기관으로서 극히 제한된 개방성만을 제공하려고 노력할 뿐이다.

평생교육의 개념은 기존적인 교육의 개념을 재정립하기 원하는 개혁 지향적인 교육개념이다. 평생교육의 이념이 현실적으로 구체화되기 위해서는 최소한 네 가지 대안이 선행되어야 한다.

즉, 평생교육의 이념이 한국의 사회복지적 차원에서 실현되기 위해서 최소한 세 가지 일이 선행되어야 한다.

첫째, 현행 헌법, 사회교육법 간에 나타나고 있는 평생교육에 대한 일관성 결여가 해소되어야 한다(참고: 진원중, 1983). 예를 들어, 현행 헌법(제29조)은 학교교육과 평생교육을 분리해 놓고 있다. 사회교육법 (참고: 이 책의 제2장) 역시 사회교육과 평생교육을 분리해 놓고 있다. 예를 들어, 사회교육법(제2조)은 사회교육을" …… 다른 법률에 의한 학교교육을 제외하고 국민의 평생교육을 위한 모든 형태의 조직적인 교육 활동……"이라고 정의해 놓고 있다(참고: 이 책의 제5장).

학교교육, 평생교육, 사회교육은 법률적인 영역에서조차 통합된 형식을 갖고 있지 못하다는 인상을 주고 있을 뿐이다. 따라서 평생교육의 이념이 갖고 있는 교육의 통합적 기능은 법률적으로까지 사멸되어 있다는 불필요한 오해를 불러일으키고 있다. 평생교육의 개념 파악에 대해 관계법이 서로 갈등· 부조화하고 있다면, 평생교육관계시행령은 보다 더 비체계적일 수밖에 없다.

둘째, 사회교육기관들에 대한 재정적 지원이 제도적으로 고려되어야 한다. 사회교육의 실현을 위해 민간단체의 적극적인 참여와 민간자원의 적극적인 유치· 활용을 위해서라도 평생교육기관에 대한 어떤 형식이든지 가능한 재정적 지원 방안이 모색되어야 한다. 평생교육에 대한 무상화 방안은 현실성을 갖고 있지 못하다.

평생교육의 실현을 위한 정부 차원에서의 제도적인 무상화 방안에 대한 요구는 의무교육과 관련, 현실적으로 수많은 제약점· 한계점을 갖고 있기 때문이다(참고: 제4장).

재정적 지원 방안 못지않게 기술적· 행정적 지원이나 조정, 통제 방안도 강구되어야 한다. 즉, 민간주도, 또는 정부지원 형태의 사회교육 관련 교육기관들이 전개하고 있는 사회교육사업들이 관계법이 정한 바의 평생교육 이념에 부응하는지 어떤지를 점검· 조정할 수 있는 교육적· 제도적· 행정적 방안이 현실적으로 정비되어 있어야 한다.

셋째, 사회교육 활성화를 유도하기 위한 사회교육 행정체계의 보완과 전문행정 관리요원의 충원계획 및 훈련계획도 체계화되어야 한다(참고: 제5장).

평생교육이 국민의 충분한 교육권이 되기 위해서는 평생교육에 관한 관계법은 일관성을 갖고 있어야 한다. 국민이 평생교육의 경험을 실천적으로 실현하기 위하여 사회교육기관은 기술적· 재정적인 지원을 합리적으로 제공받아야 한다.

마지막으로, 교육사회지향적인 거리의 교육을 완성하기 위해 기존의 상업시설물이 사회교육적 기능을 발휘할 수 있도록(참고: 제9장, 10조),

도시계획을 세워보거나 지원하는 사업을 정책적으로 추진할 필요가 있다. 한마디로 도시 그 자체가 사회교육의 거리가 되도록 조성하는 방안을 모색할 필요가 있다. 즉, 다양한 교육내용 제공과 학습자에 의한 교육내용 선택, 교육기회의 확대를 제도화시키기 위해서 재정적 지원방안은 실질적으로 고려되어야 한다.

　평생교육기관이 제공· 실시하는 교육내용· 설비· 체제 등은 사회교육법이 허용하는 범위 안에서 엄격하게 조정· 통제 받을 필요도 있다. 왜냐하면 평생교육의 이념은 일부 사회교육기관의 기업적 영리성 추구의 극대화를 위한 국민의 교육적인 희생 의무를 염두에 두고 있지 않기 때문이다.

참 고 문 헌

1

강신웅. (1985). 현대교육과정. 서울: 정민사.

한준상. (1986). 한국 사회와 사회교육(미간행, 복사물). 연세대학교.

한국지역사회학교후원회. (엮음). (1981). 평생교육논단. 서울: 정민사.

한국지역사회학교후원회. (엮음). (1984). 학교중심 사회교육의 이론과 실제. 서울: 한국지역사회학교후원회.

한준상. (1982). 한국 평생교육의 사회학적 기초. 김란수, 김인희, 오인탁, 이성호, 한준상. 평생교육론. 서울: 문음사.

한준상. (옮김). (1986). 교육과 정치의식(P. Freire). 서울: 학민사.

허운나. (1986). 교육방법과 교육공학. 서울: 정민사.

이태욱. (1986). 신기술의 도입. 제4회 한국방송통신대학 주최 학술회의에서 발표한 원고.

Dave, R. H.(1976), Foundations of lifelong education. In R.H. Dave(Ed.), *Foundations of lfelong education.* New York: Pergamon.

Dave, R. H.(1975). *Reflections on lfelong education and the school.* Hamburg: UNESCO Institute for Education.

Kirpal, P.N. (1976). Historical studies and the foundation of lifelong education. In R.H. Dave(Ed.). *Foundations of lfelong education.* New York: Pergamon.

Delker, P.V. (1974). Governmental roles in lifelong education. *Journal of Research and Development in Education.* 7, 24~34.

Hiemstra, R. (1974). Community adult education in lifelong learning. *Journal of Research and Development in Education.* 7, 34~43.

Rohwer, W.D. (1971). Prime time for education: Early childhood or adolescence? *Harvard Educational Review,* 41, 316-341.

Silva, A. (1973). Education for freedom. *Prospects: Quartely Review of*

Education. 2, 142~154.

Fuller, J.W. (1979). *Continuing education and the community college.* Chicago: Nelson-Hall.

Illich, I. (1970). *Deschooling soceity.* New York: Harrow.

UNESCO. (1953). *Distance education in higher education.* Bangkok. UNESCO Regional Office for Education.

Skager, R., & Dave, R.H. (1977). *Curriculum evaluation for lfelong education.* Oxford: Pergamon.

Good, L.H. (1984). *Preparing teachers for lfelong education.* New York: Pergamon.

Gelphi, E. (1979). *A future for lfelong education.* Manchester: Manchester University Press.

Husén, T. (1969). Lifelong learning in the educative society. *International Review of Applied Psychology.* 87~99.

Kaye, A., & Rumble, G.(Eds.). *Distance teaching for higher and adult education.* London: Croom Helm.

Husén, T. (1974). *The learnign society.* London: Methuen.

Mezirow, J., Darkenwald, G., & Knox, A.B. (1975). *Last gamble on education.* Washington D.C.: Adult Education Association of the U.S. A.

2

김인희·정순목. (1980). 교육이란 무엇인가. 서울: 정익사.

장진호. (1976). 교육과 사회. 서울: 정익사.

최운실. (1986). 성인교육 유형에 따른 교육참여 특성 분석. 이화여자대학교 박사학위청구논문.

한준상. (1984). 청소년과 외래문화. 서울 YMCA(엮음). 한국의 청소년상. 서울: 서울 YMCA.

Dave, R. H. (1976). *Foundations of Lfelong education*. New York: Pergamon.
Jarvis, P. (1986). *The socialogy of adult and continuing education*. London.
　　Croom Helm.

3

강상철. (1981). 학교와 사회. 서울: 창학사.
강신웅. (1974). 평생교육의 의의. 한국교육학회소식. 10(3), 17~18.
강우철. (1980). 시민교육의 과제. 사회교육연구. 5, 43~48.
강우철· 이규환. (1969). 한국 농촌 사회교육기관의 개관(Ⅱ). 논총(이화여대).
　　13, 191~249.
강종환. (1975). 학교와 지역사회. 서울: 형설출판사.
교육과학사. (1975). 교육학 대사전. 서울: 교육과학사.
김기석. (1955). 사회교육의 광범한 개편(하): 윤리운동의 제창. 새교육. 7(10),
　　31~35.
김도수. (1979). 사회교육의 개념. 진원중(엮음), 사회교육의 동향과 좌표. 서울:
　　배영사.
김선화· 정지웅. (1976). 동계 농민교육이 농업기술수용과 생산량에 미치는 영
　　향. 교육학연구. 14(1), 42~58.
김승한. (1981, ㉮). 한국의 평생교육론 서설. 서울: 민음사.
김승한. (1981, ㉯). 우리 헌법의 평생교육 조항과 그의 정립· 교육. 16, 62~78.
김승한. (1981, ㉰). 평생교육 입문. 서울: 정민사.
김승한. (1981, 7). 학교교육만이 문제인가. 신동아. 94~101.
김인자. (1980). 평생교육을 통한 사회교육. 교육. 12, 42~49.
김인회. (1981). 평생교육의 철학적 고찰. 교육. 17, 31~39.
김일남. (1980). 논평 Ⅱ. 한국교육개발원(엮음), 교육제도 발전의 방향탐색. 서
　　울: 교육과학사.
김재만. (1979). 현대 사회교육의 이념과 구상. 진원중(엮음), 사회교육의 동향
　　과 좌표. 서울: 배영사.
김재만· 김도수. (1973). 새마을교육: 한국 사회교육의 기저. 서울: 형설출판사.

김정애. (1981. 6. 13). 야간 특별학급 운영현황. 한국교육학회 사회교육연구회 제30차 월례발표회에 제출된 논문.

김종철. (1977). 성인교육의 형태와 방법. 한국지역사회학교후원회(엮음), 모두가 교육하고 모두가 교육받는 사회를 만들자. 서울: 한국지역사회학교후원회.

김충기. (1981). 생애교육의 과제와 전망. 서울: 대림.

김해인. (1981). 평생교육 이념 구현을 위한 정부시책 방향. 한국지역사회학교후원회(엮음), 평생교육논단. 서울: 정민사.

남상영. (1958). 사회교육 실시에 대하여, 문교월보. 42, 29~35.

남정걸. (1974). 사회교육행정. 진원중· 이규환· 장진호(엮음), 사회교육의 제문제. 서울: 능력개발사.

남정걸. (1979). 사회교육행정의 개념, 조직, 문제점. 진원중(엮음), 사회교육의 동향과 좌표. 서울: 배영사.

노창섭· 한상준· 김종서. (1969). 개발과정에 있는 농촌사회 연구 서울: 이대출판부.

대한 YMCA연합회. (1976). 한국 YMCA 반백년. 서울: 대한 YMCA연합회.

문교부 문화국 성인교육과. (1952). 성인학교 지도요령. 서울: 문교부.

문교부 문화국. (1958). 우리나라 문화교육의 추진: 사회교육. 문교월보. 36, 119~123.

문교부. (1958). 단기 4290년도 문교행정의 중요 시정업적. 문교월보. 38, 86~87.

민중서관. (1971). 교육학 소사전. 서울: 민중서관.

박정삼. (1963). 사회교육과 지역사회 개발론. 서울: 일지사.

박충석. (1981). 조선조 말기의 국가관념의 형성과정에 관한 연구(미발표된 원고).

배성룡. (1957). 사회교육의 회고와 전망: 우리 사회에서의 중요성을 강조함. 새교육. 6(1), 69~77.

변시민. (1959). 우리나라 사회교육의 실태. 새교육. 11(40), 40~43.

새마을운동 연구논문집 간행위원회. (1978). 새마을운동 연구논문집(상). (하). 서울: 새마을 운동연구논문집 간행위원회.

서명원. (1974). 한국 사회교육의 전망. 진원중· 이규환· 장진호(엮음), 사회교육의 제문제. 서울: 능력개발사.

서울대학교 사범대학 교육연구소. (1981). 교육학용어사전. 서울: 배영사.

서울 YMCA. (1981). 1980년도 사업보고 평가서. 서울: 서울 YMCA.

서울 YMCA. (날짜불명). 1980년도 사업보고 Anual Report. 서울: 서울 YMCA.

송병순. (1979). 평생교육에서의 청소년교육. 한국지역사회학교후원회(엮음), 지역사회발전과 평생학습. 서울: 한국지역사회학교후원회.

우병규. (1963. 2). 혁명세력의 이념과 실제. 신사조. 79~81.

유네스코한국위원회(엮음). (1973). 평생교육발전 세미나보고서. 서울: 유네스코한국위원회.

유네스코한국위원회. (1976). 한국유네스코 활동사: 1954~1975. 서울: 유네스코한국위원회.

유네스코뉴스. 1981. 7. 29.

유형진. (1954). 현대문명과 사회교육. 새교육. 11(4), 36~39.

유형진. (1981). 국민정신교육과 정치교육. 교육. 16, 11~19.

윤원호. (1979). 농촌 봉사활동과 사회교육. 진원중(엮음), 사회교육의 동향과 좌표. 서울: 배영사.

이규호. (1980). 우리나라 교육계를 위한 새로운 기풍을. 서울: 문교부.

이규환. (1973). 대도시에 있어서 성인교육의 목적, 내용, 방법에 대한 연구. 논총(이화여대). 21, 141~179.

이규환. (1974). 사회교육의 내용 및 방법. 진원중· 이규환· 장진호(엮음). 사회교육의 제문제. 서울: 능력개발사.

이규환. (1976). 한국의 농촌 성인교육 계획을 위한 기초적 연구. 논총(이화여대). 27, 139~176.

이규환. (1978). 산업화된 사회와 교육의 문제. 교육학연구. 16(2), 37~39.

이규환· 이근수· 지 윤. (1977). 지역사회의 이해와 개발. 서울: 이화여대 출판부.

이상배. (1979). 한국사회교육의 현황. 정태범· 이영혜· 박종열(엮음), 한국사회교육의 발전과제: 사회교육의 효율적 운영방안에 관한 국내 전문가협의회 보고서. 서울: 한국교육개발원.

이상주. (1974). 사회교육의 개혁방향. 교육학연구. 12(3), 23~27.

이상주. (1979). 산업사회와 평생교육. 한국지역사회학교후원회(엮음), 지역사회발전과 평생학습. 서울: 한국지역사회학교후원회.

이상주. (1980). 사회교육제도 발전의 기본방향. 한국교육개발원(엮음), 교육제

　　도 발전의 방향 탐색. 서울: 교육과학사.

이영희. (1981. 6. 13). 정수직업훈련원 향상(고급)훈련과정 설치운영 방안. 한
　　국교육학회 사회교육연구회 제30차 월례발표회에 제출된 논문.

이 중. (1976). 교육과 사회. 서울: 배영사.

이홍우. (1979). 연병장훈련과 실지전투. 진원중(엮음), 사회교육의 동향과 좌표.
　　서울: 배영사.

이홍구. (1968). 교육사회학. 서울: 재동문화사.

임영철. (1980. 5). 사회교육기관에서의 국민윤리교육. 사회교육연구. 74~86.

장진호. (날짜불명). 지역사회와 사회교육. 한국교육학회 교육사회학연구회(엮
　　음), 학교와 지역사회 교과과정 모형개발에 관한 연구. 서울: 한국교육학
　　회 교육사회학연구회.

장진호. (1976). 교육과 사회. 서울: 정익사.

재건국민운동본부. (1963). 재건국민운동. 서울: 재건국민운동본부.

전택부. (1978). 한국기독교청년회운동사. 서울: 정음사.

정범모. (1980). 사회교육과 학습사회 건설. 사회교육연구. 5, 1~6.

정우현. (1979). 한국 사회교육의 방향과 문제점. 진원중(엮음), 사회교육의 동
　　향과 좌표. 서울: 배영사.

정주영. (1981). 자발적인 참여와 협동적인 노력, 한국지역사회학교후원회, 지역
　　사회학교운동 10년. 서울: 한국지역사회학교후원회.

정지웅. (1979). 한국교육과 사회교육의 협동 및 통합. 진원중(엮음), 사회교육
　　의 동향과 좌표. 서울: 배영사.

정태범· 이영혜· 박종열. (편). (1979). 한국 사회교육의 발전과제 : 사회교육의
　　효율적 운영방안에 관한 국내 전문가협의회 보고서. 서울: 한국교육개발
　　원.

조선일보. (1981. 4. 30). 가정, 학교, 직장이 한 학습의 장. 조선일보. p. 11.

조선일보. (1981. 7. 7). 평생교육 어떻게 해야 하나. 조선일보. p. 11.

중앙일보. (1980. 9. 9). 근대화 적응 위한 성인교육 주력. 중앙일보. p. 6.

진원중. (1974). 사회교육의 개념. 진원중· 이규환· 장진호(엮음), 사회교육의
　　제문제. 서울: 능력개발사.

진원중. (1979). 사회교육의 연구영역, 진원중(엮음), 사회교육의 동향과 좌표.
　　서울: 배영사.

진인권. (1974). 한국사회교육의 연구. 서울: 한광교육출판사.

한국교육학회. (1974). 한국 새마을교육에 관한 연구. 서울: 한국교육학회.

한국사회교육협회. (1980). 사회교육체제 확립방안. 서울: 한국사회교육협회.

한국여성단체협의회. (1981. 3). 각 회원단체 목적 및 1981년도 사업계획. 여성.
   7~44.

한국일보. (1981. 4. 14). 평생교육은 시대적인 요구. 한국일보. p. 6.

한국지역사회학교후원회. (1981), 지역사회학교운동 10년. 서울: 한국지역사회학
   교후원회.

한국지역사회학교후원회. (엮음). (1981). 평생교육논단. 서울: 정민사.

한완상. (1973). 사회학적 시각에서 본 평생교육의 이념과 중요성. 유네스코 한국
   위원회(엮음), 평생교육발전 세미나 보고서. 서울: 유네스코 한국위원회.

황종건. (1962). 사회교육의 원리. 서울: 현대교육총서출판사.

황종건. (1971). 교육사회학. 서울: 형설출판사.

황종건. (1980). 한국의 사회교육. 서울: 교육과학사.

한준상. (1975). 문화이론과 교육철학. 새교육. 1, 93~98.

한준상. (1981). 새로운 교육학. 서울: 한길사.

Adelman, A.H. (1981). Evaluation perspectives in consciousness-raising
   education. *Comparative Education Review,* 25(1), 93~101.

Alinsky, S.D. (1969). *Reveille for radicals.* N.Y.: Vintage Book, (Originally
   published, 1946).

Almond, G., & Verba, S. (1965). *The civic culture. Boston:* Little Brown.

Aran, L., Eisenstadt, S.N., & Adler, C. (1973). The effectiveness of
   educational systems in the process of modernization. *Comparative
   Education Review,* 16, 30~43.

Bergendal, G. (1979). Secondary education and recurrent education in Sweden.
   In Z. Morsy(Ed.), *Learning and Working.* Paris: UNESCO.

Berger, P., Berger, B., & Kellner, H. (1973). *The homeless mind: Modernization
   and consciousness,* N.Y.: Random House.

Baldridge, J.V. (1975). *Sociology: A critical approach to power, conflict, and
   change.* N.Y.: John Wiley.

Brameld, T. (1965). *Education as power.* N.Y.: Holt, Rinehart & Winston.

Brandt, V.S.R. (1976/1977). Rural development and the New Community

Movement in South Korea. *Korean Studies Forum,* Autumn / Winter, 1, 32~39.

Brandt, V. S. R., & Cheoung, J. W. (1979). *Planning from the bottom up: Community-based integrated rural development in South Korea Essex,* Con.: ICED.

Cha, K. S. (1980). Innovative programs of non-formal education in Korea. *East West Education,* Fall 1(2), 9~26.

Coles, E. K. T. (1977). *Adult education in developing countries*(2nd ed.). N. Y.: Pergamon.

Coombs, P. (1973). *New paths to learning.* N. Y.: International Council for Educational Development.

Cranston, M. (1973). *The mask of politics.* N. Y.: Library Press.

Cropley, A. J. (1977). *Lifelong education: A psychological analysis.* N. Y.: Pergamon.

Cropley, A. J. (1980). Lifelong learning and systems of education: An overview. In A. J. Cropley(Ed.), *Towards a system of lifelong education.* N. Y.: Pergamon.

Le Sanctis, F. M.(1979). A victory by Italian workes: The 150 hours. In Z. Morsy(Ed.), *Learning and working.* Paris: UNESCO.

Durkheim, E. (1956). *Education and siciology.* N. Y.: Free Press.

Durkheim, E. (1966). *The rules of sociological methods.* N. Y.: Free press.

Durkheim, E. (1969). *The evolution of educational thought.* London: Routledge & Kegan Paul.

Freire, P. (1970). *Pedagogy of the oppressed.* N. Y.: Herder and Herder.

Freire, P. (1972). Education: Domestification or liberation? *Prospects,* 2(2), 1 6~18.

Freire, P. (1973). *Education for critical conciousness.* N. Y.: Seabury.

Freire, P. (1981). The people speak their word: Learning to read and write in Sao Tome and Principe. *Harvard Educational Review,* 1, 27~30.

Gall, J. (1975). *Systematics: How systems work and especially how they fail.* N. Y.: Pocket Book.

Gelpi, E. (1980). Politics and lifelong education: Politics and practice. In A. J.

Cropley(Ed.), *Towards a system of lifelong education*, N.Y.:Pergamon.

Good, C. V. (Ed.). (1959). *Dictionary of education*. N.Y.:McGraw-Hill.

Goulet, D. (1971). Development or liberation? *Instructional Development Review,* 13(3), 6~10.

Harbison, F. (1973). *A human resource approach to the development of African nations sector planning for development of nationwide learning systems*. Washington, D. C.:OLCACE.

Harris, K. (1979). *Education and knowledge: The structured misrepresentation of reality*. London:Routledge & Kegan Paul.

Herzog, W.A., Jr. (1975). Adult education in Northeast Bragil:Does literary training make people more modern? In T. J. La belle(Ed.). *Educational alternatives in Latin America*. Los Angeles:University of California Press.

Hiemstra, R. (1976). *Lifelong learning*. Lincoln, Ne.:Professional Educators.

Hwang, H.J.G. (1966). Problems of adult education in Korea. *Journal of Education,* September 4, 121~124.

Illich, I. (1970). *Deschooling society*. N.Y.:Harrow Books.

Inkeles, A. (1969). Making man modern:On the causes and consequences of individual change in six developing countries. *American Journal of Sociology,* 75(2), 2080225.

Inkeles, A., & Smith, D.H. (1974). *Becoming modern: Individual changes in six developing countries*. Cambridge, Mass.:Harvard University Press.

Irrizarry, R.L. (1980). Overeducation and unemployment in the 3rd world:The paradoxes of development industrialization. *Comparative Education Review,* 3, 338~352.

Janne, H. (1976). Theoretical foundations of lifelong education:A sociological perspective. In R.H. Dave(Ed.), *Foundations of lifelong education*. N. Y.:Pergamon.

Jessup, F. W. (1969). The idea of lifelong education. In F.W. Jessup(Ed.), *Lifelong:A symposium on continuing education*. Oxford:Pergamon.

Kahl, J. (1968). *The mesurement of modernism:A study of values in brazil and Mexico*. Austin, Tx.:University of Texas Press.

Karabel, J., & Halsey, A. H.(Eds.). (1977). *Power and idelogy in education.* N. Y.: Oxford University Press.

La belle, T. J. (1975). The impact of nonformal education on income industry: Cinad Guayano, Venezuela. In T. J. La belle(Ed.), *Educational alternatives in Latin America.* Los Angeles: University of California Press.

La belle, T.J. (1976). *Norformal education and social change in Latin America.* Los Angeles: University of California Press.

La belle, T. J. & Verhine, R. E. (1975). Education, social change, and social stratification. In T. J. La belle(Ed.), *Educational alternatives in Latin America.* Los Angeles: University of California Press.

Lengrand, P. (1970). *An introduction to lifelong education.* Paris: UNESCO.

Lerner, D. (1950). *The passing of traditional society: Modernizing the Middle East.* N. Y.: Free Press.

Skager, R., & Dave, R. H. (1977). *Curriculum evaluation for lifelong education.* N. Y.: Pergamon.

Levi-Stauss, C. (1979). *Myth and meaning.* N. Y.: Schocken Book.

Lovell, R. B. (1981). *Adult learning.* N. Y.: John Wiley.

Lowe, J. (1975). *The education of adults: A world perspective.* Paris: UNESCO.

Mann, M. (1979). Idealism and materialism in sociological theory. In J. W. Freiberg(Ed.), *Critical sociology.* N. Y,: Irvington.

Paulston, R. G. (1980). Education as anti-structure: Nonformal education in social and ethnic movements. *Comparative Education,* 6(1), 55~66.

Paulston, R. G., & LeRoy, G. (1975). Strategies for nonformal education. *Teachers College Record,* 76(4), 569~596.

Peter, L. J., & Hull, R. (1969). *The Peter principle.* N. Y.: Babtam Book.

Peterson, A. D. C. (1972). Secondary education as a phase in lifelong education. *Comparative Education,* 8(1), 1~6.

Postman, N. (1970). The politics of reading. *Harvard Educational Review,* 2, 244~252.

Reimer, E. (1971). *School is dead.* N. Y. : Pantheon Books.

Rodriguez, C., (1972). *Lfelong education*(Educational documentation and information 185). Paris: UNESCO.

Ryan, W. (1971). *Blaming the victim.* N.Y.: Pantheon Books.

Sawyer, F.D., & Ward. T. (1974). The case of the disappearing distinction: Formal and nonformal education in China. In T.W. Ward & W.A. Herzog, Mr.(Eds.), *Effective learning in nonformal education.* East Lansing, Ji.: Michigan State University.

Sign, S. (1975). Social education in India. *Fundamental and Adult Education,* April, 89~98.

Skager, R. (1978). *Lfelong education evaluation,* N.Y.: Pergamon Press.

Spradley, J.P. (1972). Foundations of cultural knowledge. In J.P. Spradley (Ed.), *Culture and cognition: Rules, waps, and plans,* N.Y.: Chandler.

Theodorson, G.A., & Theodorson, A.G. (1969). *A modern dictionary of sociology.* N.Y.: Barnes & Noble Books.

UNESCO. (1979). *Terminology of adult education.* Paris: UNESCO.

Vermilye, D.W. (Ed.). (1975). *Lfelong learners: A new clientele for higher education.* San Francisco, Cal.: Jossy-Bass.

Weis, L. (1979). Education and the reproduction of inequality: The case of Ghana. *Comparative Education Review,* 23(1), 41~51.

Wexler, P. *The sociolgy of Education: Beyond equality.* Indianapolis, In.: Bobbs-Merrill.

Windham, D.M., Kurland, N.D., & Levinson, F.H. (1978). Financing the learning society: Introduction. *School Review,* 86(3), 301~310.

White, R.A. (1977). Mass communications and the Popular Promotion strategy of rural development in Honduras. In P. Spain, D. Jamison, & E. McAnany(Eds.), *Radio for education and development: Case studies.* Washington, D.C.: World Bank.

Wolman, B.B.(Ed.). (1973). *Dictionary of behavioral sciences.* N.Y.: Van Nostrand/Rienhold.

Yaron, K.(Ed.), *Lfelong education in Israel,* Jerusalem: Ministry of Education and Culture.

4

김수곤. (1983). 국가고급인력 수급체제와 고등교육의 연계. 서울: 한국대학교육
협의회.

서명원. (1974). 한국 사회교육의 전망. 진원중· 이규환· 장진호(엮음), 사회교
육의 제문제. 서울: 능력개발.

유네스코한국위원회. (엮음). 한국대학교육 발전의 좌표. 서울: 유네스코 한국위
원회.

조미옥. (1983). 사회교육이론과 실태에 관한 연구: 교육내용분석을 중심으로.
석사학위논문, 숙명여자대학교.

한준상. (1982). 한국평생교육의 사회학적 기초. 김란수 외 4인. 평생교육론: 철
학· 심리· 사회적 기초. 서울: 문음사.

한준상. (1983). 사회· 평생교육 개혁의 반성과 과제. 새교육. 350, 77~89.

한준상. (1984). 사회교육의 교육과정 선정과 사회교육법. 새교육. 356, 51~60.

Ahmed, M. (1975). *The economics of nonformal education.* New York:
Praeger.

Althusser, L. (1971). *Lenin, philosophy and other essays.* New York: Monthly
Review Press.

Arrow, K. J. (1973). Higher education as a filter. *Journal of Public
Economics,* 2(3), 193~216.

Beck, E. M., Horan, P. M., & Tolbert, C., Jr. (1978). Stratification in a dual
economy: A sectoral model of earnings determination. *American
Sociological Review,* 43(5), 704~720.

Beck, E. M., Horan, P. M., & Tolberts, C. M., Jr. (1980). Social stratification in
industrial society: Further evidence for a structural alternative (reply to
Hauser). *American sociological Review,* 45(4), 712~719.

Becker, G. S. (1964). *Human capital.* N.Y.: National Bureau of Economic
Research.

Ben-Porath, Y. (1970). The production of human capital over time. In W. L.
Hapsen (Ed.), *Education, income, and human capital.* New York:

National Bureau of Economic Research.

Berg, I. (1970). *Education and jobs: The great training robbery.* New York: Preager.

Bernstein, B. (1977). *Class, codes and contral(Vol. 3)* London: Routledge & Kegan Paul.

Bill, R., & Form, W. (1977). The effect of industrial, occupational, and sex stratification of wages in blue-collar markets. *Social Forces,* 55(4), 974~996.

Blau, P., & Duncan, O. (1976). *The American occupational structure.* New York: Wiley.

Blustone, B., Murphy, W.M., & Stevenson, M. (1971). *Low wages and working poor.* Ann Arbor, MI.: Institute of Labor and Industrial Relations. The university of Michigan and Wayne State University.

Bourdieu, P., & Passeron, J.C. (1977). *Reproduction in Education, society and culture.* Beverly Hills, CA.: Sage.

Bourdon, R. (1977). Education and social mobility: A structural model. In J. Karabel & A.H. Halsey(Eds.), *Power and ideology in education.* New York: Oxford University Press.

Bowles, S., &, Gintis, H. (1976). *Schooling in capitalist America.* New York: Basic Books.

Chiswick, B.R. (1970). An interregional analysis of schooling and the skewness of income. In W.L. Hansen(Eds.), *Education, income, and human capital.* New York: National bureau of Economic Research.

Clark, B.R. (1960). The cooling-out function in higher education. *The American Journal of Sociology,* 65, 569~576.

Collins, R. (1971). Functional and confilict theories of educational stratification. *American Sociological Review,* 36(6), 1002~1019.

Collins, R. (1979). *Crisis and declines in educational systems: Seven historical cases*(mimeograph). Charlottesville: University of Virginia.

Collins, R. (1979). *The credential society.* New York: Academic Press.

Dahl, D.A. (1980). Resources. In A.B. Knox et al(Eds.), *Developing, administrating, and evaluating adult education.* San Francisco:

Jossey-Bass.

Dave, R.H.(Ed.). (1976). *Foundations of lifelong education.* London: Pergamon.

Denison, E. (1962). *The source of growth and the alternatives before us.* New York: Committee for Ecomic Development.

Freedam, M. (1976). *Labor markets: Segments and shelters.* Montclair, N.J.: Allanheld, Osmun.

Freeman, R.B. (1976). *The overeducated American.* New York: Academic Press.

Goodman, P. (1964). *Compulsory mis-education.* New York: Horizon Press.

Gordon, D.M. (1972). *Theory of poverty and underemployment.* Lexington: Heath.

Gorz, A. (1974). *The hidden curriculum of adult education*(mimeograph). Cuernavaca, Mexico: CIDOC.

Griliches, Z., & Mason, W.M. (1972). Education, income, and ability. *Journal of Political Economy,* 80(3, pt. 2), 74~103.

Hanoch, C. (1967). An economic analysis of earninigs and schooling. *The Journal of Human Resources,* 2(3), 310~329.

Hansen, W.L. (1963). Total and private rates of return to investment in schooling. *Journal of Political Economy,* 71(2), 128~140.

Harrison, B. (1972). *Education, training, and the urban ghetto.* Baltimore: The Johns Hopkins University Press.

Harrison, B. (1972). Education and underemployment in the urban ghetto. *American Ecomomic Review,* 62(5), 796~812.

Illich, I. (1971). *Deschooling socitey.* New York: Harper & Row.

Illich, I., & Verne, E. (1975 Jan.). Le Piege l'Ecole a Vie. *Le Monde de L' Education.*

Kalleberg, A, Wallace, M, & Althauser, R.P. (1981). Economic segmentation, work power, and income inequality. *American Journal of Sociology,* 87(3), 651~683.

Kohl, H. (1967). *36 children.* New York: Signet Book.

Kurland, N.D. (1980). Alternative financing arrangements for lifelong education. In A.J. Cropley(Ed.). *Toward a system of lfelong education: Some practical considerations.* Oxford:Pergamon Press.

Lazear, E. (1977). Education:Consumption or production? *Journal of Political Economy,* 85(3), 560~597.

Meyer, J. (1977). The effects of education as an institution. *American Jouranl of Socilocy,* 85(1), 55~77.

Miller, S.M, & Riesman, F. (1968). *Social class and political policy.* New York:Basic Books.

Mincer, J. (1958). Investment in human capital and personal income distribution. *Journal of Political Economy,* 56(4), 281~302.

Mincer, J. (1962). On-the-job training:Cost, return, and some implication. *Journal of Political Economy,* 60(5, pt. 2), 50~73.

Mincer, J. (1974). *Schooling, experience, and earnings. New York:National Bureau of Economic Research.*

Montagna, P. (1977). *Occupations and society: Toward a sociology of the labor market.* New York:Wiley.

Ohliger, J. (1974). *Is lfelong education a guarantee of permanent* inequality? (mimeograph). *Cueranvaca,* Mexico:CIDOC.

Reimer, E. (1972). *School is dead:Alternatives in education.* New York: Anchor Book.

Rumderger, R. (1981). *Overeducation in the U. S. labor market.* New York: Preager.

Schultz, T.W. (1961). Investment in human capital. *American Economic Review,* 51(1), 1~17.

Schultz, T.W. (1962). Reflections on investment in man. *Journal of Political Economy, LXX,* 1~8.

Sewell, W., & Hauser, R. (1975). *Education, occupation, and earnings achievement in the early career,* New York:Academic.

Sorensen, A.B. (1975). The structure of intragenerational mobility. *American Sociological Review,* 40, 456~471.

Spence, A.B. (1973). Job market signaling. *Quarterly Journal of Economics,* 87(3), 355~374.

Stiglitz, G. (1975). The theory of 'screening': Education and the distribution of income. *American Economic Review,* 65(3), 283~300.

Stolzenberg, R.J. (1975). Education, occupation, and wage difference between white and black men. *American Journal of Sociology,* 81(3), 299~323.

Thurow, L. (1972). Education and economic equality. The Public Interest, 28(Summer), 66~81.

Vinokur, A. (1976). Economic analysis of lifelong education. In R.H. Dave(Ed.). *Foundations of lifelong education.* London:Pergamon.

Watchel, H.M., & Betsey, C. (1972). Employment at low wage. *Review of Economics and Statistics,* 54(2), 121~129.

Willis, P. (1977). *Learning to labor.* Lexington, MA..:D.C. Heath.

Wright, E., & Perrone, L. (1977). Marxist class categories and Income inequality. *American Sociological Review,* 42(1), 32~55.

5

문우사 편집부. (1986). 문교사회교육편람. 서울: 문우사.

한국사회교육협회. (1986). 건의서(미간행등사물).

양열모. (1987). 사설강습소의 사회교육기능과 역할제고방안에 관한 연구. 연세 대학교 교육대학원 석사학위논문.

일본 문부성 사회교육행정연구회. (1985), 일본 사회교육행정자료집(황종건 옮김). 서울: 한국사회교육협회.

문교부. (1986). 문교부직제. 서울: 문교부.

문교부. (1986). 사회국제교육국현황. 서울: 문교부.

총무처. (1980). 대한민국정부조직변천사. 서울: 성진문화사.

한국사회교육협회. (1983). 한국사회교육총람. 서울: 정민사.

6

김승한. (1981). 한국의 평생교육론 서설. 서울: 민음사.

김종서· 정지웅· 남정걸· 이용환. (1982). 한국에서의 평생교육체제 정립에 관한 연구. 경기: 한국정신문화연구원.

이영덕. (1983). 평생교육이념에 대한 교육체제대안탐색. 서울: 서울대학교 사범대학 교육연구소.

진원중. (1974). 사회교육의 개념. 진원중· 이규환· 장진호(엮음), 사회교육의 제문제. 서울: 능력개발.

전윤진. (1984). 평생교육 내용과 관리체제에 관한 요구분석 연구. 연세대학교 대학원 박사학위논문.

김수일. (1983). 성인교육 욕구. 유네스코 한국위원회· 한국평생교육기구(엮음). 평생교육의 기초와 체제. 서울: 법문사.

조미옥. (1983). 사회교육의 이론과 실태에 관한 연구: 교육내용분석을 중심으로. 석사학위 논문, 숙명여자대학교 대학원.

한국사회교육협회. (1980. 12). 사회교육체제 확립 방안(미간행 유인물).

한준상. (1983), 사회· 평생교육 개혁의 반성과 과제. 새교육. 12.

한준상. (1982). 한국평생교육론의 사회학적 기초, 김란수· 김인희· 오인탁· 이성호· 한준상, 평생교육론. 서울: 문음사.

Coles, E. K. T. (1968). *Adult Education in Developing Countries*. New York: Pergamon.

Educational Studies and Documents, The 2nd World Conference on Adult Education. (1963). *Declaration of the Montreal World conference on Adult Education*. UNESCO.

Liveright, A. A., & Haygood, M (Eds.). (1968). *The Exter Paper: Report of the First International Conference on the Comparative Study of Adult Education* Brookline, Mass: Boston University.

Lowe, J. (1975) *Learning Opportunities for Adult*. Unpublished Paper Paris: OECD.

Suttle, B. B. (1982). Adult education: No need for theories? *Adult Education,*

32(2), 104~107.

McNeil, J.D. (1979). Curriculum:*A comprehensive introduction*(2nd ed.). Boston:Little Brown.

Prosser, R.(1969). *Adult education for developing countries.* Narirobi:East African Pub. House.

Lowe, J. (1982). *The Education of adults:A world perspectives*(2nd ed.). Paris:UNESCO.

7

김수일. (1983). 성인교육욕구. 유네스코 한국위원회· 한국평생교육기구(엮음), 평생교육의 기초와 체제. 서울: 법문사.

김종서 외. (1982). 평생교육체제와 사회교육실태에 관한 연구. 경기:정신문화연구원.

최운실. (1986). 성인교육 유형에 따른 교육참여 특성 분석. 이화여자대학교대학원 박사학위 청구논문.

한국교육개발원. (1982). 사회교육욕구분석. 서울: 한국교육개발원.

Kaufman, R.A., & English, F.W. (1979). *Need assessment: Concept and application.* Englewood Cliffs, N.J.: Educational Technology Publication.

Knowles, M.S. (1981). *The modern practice of adult education.* New York: Association Press.

Jarvis, P. (1983). *Adult and continuing education:theory and practice.* Canberra:Croom Helm.

Jarvis, P. (1985). *The Sociology of adult and continuing education.* London: Croom Helm.

Marta, W. (1978). *Program managers' guide to designing needs assessment.* (ERIC, ED, 17939).

Maslow, A.H. (1954). *Motivation and Personality.* New York:Harper & Brothers.

McKeachie, W.J. (1963). Research on teaching at the college and university level. In N. L. Gage(Ed.), *Handbook of research on teaching.* Chicago: Rand McNally.

Mocker, D.W. & Spear, G.E. (1979). Needs assessment. In P. D. Langerman & D.H. Smith(Eds.). *Managing adult and Continuing education program and Staff.* Washington, D.C.:National Association for Public Continuing and Adult Education.

8

장진호. (1979). 사회교육의 방향. 서울:정익사.
한준상. (옮김). 교육과 정치의식(Freire). 서울: 학민사.

Bligh, D.A. (1972). *What the use of lectures.* Harmondsworth:Penguin Books.

Beal, G.M., Bohlen, J.M, & Raudabough, J.N. (1962). *Leadership and dynamics group action.* Iowa:Iowa State University Press.

Dave, R.H. (1976). *Foundations of lifelong education.* New York:Pergamon.

Jarvis, P. (1983). *Adult and continuing education:Theory and practice.* London:Crom Helm.

Jarvis, P. (1985). *The sociology of adult and continuing education.* London: Croom Helm.

Kleins, C. (1976). *Materials and methods in continuing education.* NewYork: Bova.

Knowles, M.S. (1970). *The mordon practice of adult education.* New York: Association Press.

Knowles, M.S. (1977). *A history of the adult education movement in the United States.* New York:Kriger.

London. J. (1960). *Program development in adult education.* Chicago:Aldine.

Morgan, B., Holmes, G.E., & Bundy, C.E. (1976). *Methods in adult education*(3rd ed.). Danville, Ill.: The Interstate.

Verner, C., & Booth, A. (1967). *Adult education.* New York: Center for Applied Research in Education.

9

강신영. (1981. 9. 12). 광고와 언론의 자세. 조선일보. p. 12.

강윤숙. (역). (1981. 7). 숫자로 본 세계 방송계 현황. 광고정보. pp. 52~55.

공보부. (1963). 선전의 이론과 실제. 서울: 공보부.

광고정보. (1981. 5). 과장추방으로 소비자 신뢰회복을. 광고정보. p. 60.

광고정보. (1981. 5). 광고효과 극대화의 지름길은 여성심리활용. 광고정보, pp. 26~29.

광고정보. (1981. 10). 역설 - 소비자를 우롱하는 광고전략 12조. 광고정보. p. 19.

김광림. (1981.5). 광고와 문화. 광고정보. p. 49.

김 규. (1976). 방송매체론. 서울: 법문사.

김동기. (1971. 4). 소비자 행동에 대한 사회학적 분석 - 사회계급과 소비자 행동과의 관계를 중심으로. 경영연구. 1~36.

김동기. (1971). 현대마케팅원론. 서울: 박영사.

김동철· 송유재. (1981). 어린이에게 미치는 텔레비전광고의 영향분석. 한국문화연구원 논총 (이대). 38, 119~166.

김영복. (1976). 신문광고에 나타난 광고문안연구- 의약품 광고를 중심으로 미간행 석사학위 청구논문, 홍익대학교.

김용완. (1981. 5). 예술적 가치 있는 광고 나왔으면. 광고정보. p. 30.

김원수. (1981). 광고학개론. 서울: 경문사.

문충식. (편). (1978). 현대광고론. 서울: 에코노미아.

박광성. (1977). 한국주간지의 성격연구. 김규환(편), 한국커뮤니케이션연구. 서울: 민중서관.

박봉래. (1980). 아동지 광고의 표현 및 문안에 관한 연구- 교육적인 영향을 중심으로. 미간행 석사학위논문, 연세대학교.

박선애. (1981. 6). 인상깊었던 C.M.송. 광고정보. p. 22.

상무달. (1968). 최신광고관리. 서울: 법문사.

아롱, 레이몽. (1980). 산업사회와 사회계층. 서울: 범조사, 이동열(역).

원우현. (1979). 텔레비전과 전통문화에 관한 사회조사. 이항의(편), 80년대의
　　　　도전: 한국 TV. 서울: 전예원.

유붕노. (1973). 신광고론. 서울: 일조각.

유붕노. (1980. 12). 광고환경과 광고에 대한 소비자 의식연구. 경영과 마케팅.
　　　　pp. 40~46.

유붕노. (1980). 신광고론. 서울: 일조각(증보판).

이신복. (1980. 10). TV 광고. 방송대학. pp. 38~46.

이황의. (1979). 방송교육론. 서울: 열화당.

이해성. (1981. 7). 광고와 음악. 광고정보. pp. 8~11.

이홍우. (1979). 연병장훈련과 실지전투. 진원중(편), 사회교육의 동향과 좌표.
　　　　서울: 배영사.

정공채. (1981. 7). 광고와 문학. 광고정보. pp. 12~25.

정철수. (1971). 약사시전. 서울: 대한법규집간행회.

조선일보. (1981. 7. 28). 광고에도 그 시대의 테마 살려야. 조선일보. p. 9.

조선일보. (1981. 11. 3). 상품비판자세 몸에 배야. 조선일보. p. 6.

차배근· 이대룡· 정진석· 박정규. (편). (1977). 한국신문학사. 서울: 정음사.

최창섭· 임종완. (1981. 6. 3). TV 시청형태 및 TV 광고에 대한 수용자의 의견
　　　　조사. 광고정보. pp. 36~51.

커뮤니케이션연구소. (1979). 매스컴과 광고. 서울: 대한문화사.

한국방송광고공사. (1981. 4). 성공적인 광고 32 포인트. 광고정보. pp. 52~53.

한국신문협회. (1981. 4. 7). 시대를 앞서가는 신문광고. 조선일보. p. 1.

한국환. (1981. 6. 3). 넓어진 광고시장. 광고정보. pp. 54~57.

한준상. (1981. 9. 18). 한국평생교육의 사회학적 기초, 연세대 교육학과 31주년
　　　　기념학 학술발표회에 제출된 논문.

홍부길. (1980). 소비자 행동분석. 서울: 일신사.

황창규. (1979). TV 10년의 평가: 광고, 경영측면을 중심으로. 이항의(편), 80년
　　　　대의 도전: 한국 TV. 서울: 전예원.

Aaker, D., & J. G. Myer. (1975). *Advertising management.* Englewood Cliffs,

N. J.: Prentice-Hall.

Adelman, A.H. (1981). Evaluation perspectives in consciousness-raising education. *Comparative Education Review,* 25(1), 93~101.

Argunov, M. (1969). What advertising does. In L. Richardson,(Ed.), *Dimension of communications.* Englewood Cliff, N.J. :

Arnheim, R. (1969). *Visual thinking.* Berkely, Ca.: University of California Press.

Barber, B., & Lobel, L.S. (1952. 12). Fashion in women's clothes and the American social system. *Social Forces,* 28~29.

Berelson, B. (1954). Content analysis. In G. Lindzey(Ed.), *Handbook of social psychology,* (Vol. I.). Reading, Mass.: Addison-Wesley.

Blatt, J., Spencer, L., & Ward, S. (1971). A cognitive development study of children's reactions to television advertising. In E.G. Rubinstein et al (Eds.), *Television and social behavior.* Washington D.C.: Government Printing Office.

Bloom, B.S. (1956). et al. *Taxonomy of educational objectives. The Classfication of education goals, Handbook I: Cognitive domain.* N. Y.: Longmans.

Bogar, L. (1967). *Strategy in advertising.* N.Y.: Harcourt, Brace & World.

Borden, N.H. (1937). *Problems in advertising.* N.Y.: McGraw-Hill.

Bridge, H.P. (1955). *Practical advertising.* N.Y.: Rinehart.

Bucklin, L.P. (1965. 9). The informative role of advertising. *Journal of Advertising Research,* 11~15.

Burton, P.W. (1955). *Principles of advertisting.* N.Y.: Prentice-Hall.

Burtt, H.E. (1938). *Psychology of advertising,* Boston: Haugton Mifflin.

Cherington, P.T. (1928). *The consumer looks at advertising.* N.Y.: Harper & Brothers.

Cohen, D. (1972). *Advertising.* N.Y.: John Wiley.

Coles, E.K.T. (1977), *Adult education in developing countries.* N.Y.: Pergamon.

Cox, D.F. (1969). Clues for advertising strategists. In L. Richardson(Ed.), *Dimensions of communication.* Englewood Cliffs, N.J.: Prentice-Hall.

Crawford, J.W. (1960). *Advertising: Communications for management.* Boston: Allyn and Bacon.

Denney, R. (1956). The taste of the self-sold consumer. In D.S. Gooch(Ed.). *Advertising to the American taste.* Ann Arbor, Mich.: The University of Michigan.

Derr, R.L. (1973). *A taxonomy of social purposes of public schools.* N.Y.: David Mckay.

De Voe, M. (1956). *Effective advertising copy.* N.Y.: MacMillan Co.

Diamond, E. (1978). *The Tim Kazoo: Television, Politics, and the news.* Cambridge, Ma.: The MIT Press.

Dirkin, C.J., Kroeger, A., & Nicosia, F.M. (1977). *Advertising Principles, Problems and issues. Homewood,* Ill.: Richard D. Irwin.

Doob, L.W. (1935). *Propaganda: Its psychology and technique.* N.Y.: Herry Holt.

Doob, L.W. (1972). *The nature of propaganda.* In C.S. Steinberg(Ed.), Mass media and commmunication, N.Y.: Hastings Houge.

Dunn, S.W. (1956), *Advertising copy and communication.* N.Y.: McGraw-Hill.

Dunn, S.W. (1961). *Advertising: It's role in modern marketing.* N.Y.: Holt, Rinehart and Winston.

Dunn, S.W., & Barban, A.M. (1978). *Advertising: It's role in modern marking.* Hinsdale, Ill.: Dryden Press.

Dygert, W.B. (1957). *Advertising,* Ames, Iowa: Little Field, Adams.

Gilbert, E. (1957). *Advertising and marketing to young people.* N.Y.: Printer's Ink Books.

Gregy, J.R. (1954). *The language of taxonomy.* N.Y.: Colomibia University.

Holsti, O. (1968). Content analysis. In G. Lindzey & E. Aronson(Ed.), *The handbook of social psychology,* (Vol. I.). Reading, Mass: Addison wesley (2nd. ed.).

Hotchkiss, G.B. (1940). *An outline of advertising: Its philosophy, science, and strategy.* N.Y.: MacMillan.

Hotchkiss, G.B. (1951). *Modern business.* N.Y.: Alexander Hamilton Institute.

Illich, I. (1970). *Deschooling society.* N.Y.: Harrow Books.

Jackson, C. D. (1956). The editional policy of life magazine as a tastemaking agency. In D. B. Gooch(Ed.). *Advertising to the American taste.* Ann Arbor, Mich. : University of Michigan.

Janne, H. (1976). Theoretical foundations of lifelong education: A sociological perspectives. In R. H. Dave(Ed.). *Faundations of lfelong education.* N. Y.: Pergamon.

Kelley, W. T. (1957). Development of early thought in marketing and promotion. *Journal of Marketing,* 21(1), 62~63.

Kercher, L. C. (1942). Propagonda and education. In J. S. Rouceketa 1(Eds.). *Sociological foundations of education.* N. Y.: Thomas Y. Crowell.

Kirkpatrick, C. A.. (1959). *Advertising: Mass communication in marketing.* Boston: Houghton Mifflin.

Kirstein, G. G. (1972). The day the advertising stopped. In A, Wells(Ed.). *Mass media and society.* Palo Alto, Ca.: National Press Book.

Krathwohl, D. R. Bloom, B .S., & Masia, B. B. (1964). *Taxonomy of educational objectives:* The classification of educational goals, (Handbook Ⅱ). *Affective domain,* N. Y.: David Mckay.

Krugman, H. E., & Hortley, E. L. (1969). The learning of tastes. In L. Richardson(Ed.). *Dimensions of communication.* Englewood Cliffs, N. J.: Prentice-Hall.

Krugman, H. E. (1972). The impact of television advertising: Learning without involvement. In A, Wells(Ed.). *Mass media and society.* Palo Alto, Ca: National Press Book.

La belle, T. J. (1976). *Nonformal education and social change in Latin America.* L. A.: University of California Press.

Larson, C. J. (1973). *Major themes in sociological theory.* N. Y.: David Mckay.

Lavidge, R. J., & Steiner, G. A. (1961). A model for predictive measurements of advertising effectiveness. *Journal of Marketing,* 25, 59-62.

Lazarsfeld, P. F., & Merton, R. K. Mass communication, popular taste and organized social action. In L. Bryson(Ed.). *The communication of ideas.* New York: Harper and Brothers.

Lenski, G. E. (1966). *Power and Privilege.* N. Y.: McGraw-Hill.

Lovell, R. B. (1981). *Adult learning*. N. Y.: John Wiley.

Lucas, D. B., & Britt, S. H. (1963). *Measuring advertising effectiveness*. N. Y.: McGraw-Hill.

Mandell, M. I. (1968). *Advertising*. Englewood Cliff, N. J.: Prentice-Hall.

Mann, M. (1979). Idealism and materialism in sociological theory. In J. W. Freibery(Ed.). *Critical sociology*. N. Y. : Irvington.

Martineau, P. (1958). Social class and spending behavior. *Jouranl of Marketing*. 23(2), 121-130.

Martineau, P. (1958). The store personality. *Harvard Business Review*. January-February, 10-29.

Martineau, P. (1971). *Motivation in advertising*. N. Y.: McGraw-Hill.

Maslow, A. H. (1971). *The further reaches of human nature*. N. Y. : Viking.

McGarry, F. D. (1958). The propaganda function in marketing. *Journal of Marketing*, 23(2), 131-139.

McMahan, H. W. (1954). *The television commercial*. N. Y.: Hastings Houde.

Merton, R. K. (1946.) *Mass persuation*. N. Y.: Harper and Brothers.

Moore, R. L. (1976). *Mass media and interpersonal influence in adelescent consumer socialization* Communication Association, Portland, Oregon, April, 14-17.

Nelson, B. H. (1962). Seven principles in image formation. *Journal of Marketing*, 26(1), 67-71.

Nicosia, F. M. (1974). *Advertising, management and society*. N. Y. : McGraw-Hill.

Packard, V. (1957). The growing power of Admen. *Atlantic*, September, 200(3), 55-59.

Packard, V. (1959). *The status seekers*. N. Y.: David Mckay.

Packard, V. (1961). *The hidden persuaders*. N. Y.: Pocket Books.

Pearce, M., Cunningham, S. C., & Miller, A. (1971). *Appraising the economic and social effects of advertising*. Cambridge, Mass.: Marketing Science Institute.

Piere, R. L. (1935). Propaganda and education. *Sociology and Social Research*, 20, 18-26.

Report of the Definitions Committee. (1948). *Journal of Marketing,* 13(2), 205.

Rotzoll, K.B. (1978). *What factors affect response to ads?: A perspective.* Paper presented at the annual meeting of the International Communication Association. Chicago, April, 25-29.

Sandage, C.H. (1945). *Advertising theory and practice.* N.Y.: Richard. D. Irwin.

Sandage, C.H., & Fryburger, V. (1958). *Advertising theory and practice.* Homewood, Ill.: Richard. D. Irwin.

Sampson, H. (1874). *A history of advertising from the earliest time.* London: Chatto and Winclus.

Schaar, J. (1967). Equality of opportunity and beyond. In J.R. Penncck, & J. W. Chapman(Eds.). *Equality: Nomos* II. N.Y.: Atherton.

Seiden, H. (1976). *Advertising pure and simple.* N.Y.: AMACOM.

Starch, D. (1925). *Principles of advertising.* Chicago: A.W. Shaw.

Snook, I. (1972). *Indoctrination and education.* London: Routledge and Kegan Paul.

Tipper, H., & Hotchkiss, G.B. (1914). *Advertising.* N.Y.: Alexander Hamilton Institute.

Ward, S. (1971). *Effects of television advertising on children.* Boston: Marketing Science Institute.

Ward, S. (1972). *Children and promotion: New consumer battle-ground.* Boston: Marketing Science Institute.

Ward, S. (1976). Effects of TV advertising on children and adolescents. In R. Brown(Ed.). *Children and television.* Beverly Hills, Ca.: SAGE.

Ward, S., & Wackman, D. (1971). Family and media influences on adolescent consumer learning. In F.G. kline and P. Clarke(Eds.). *Mass communications and youth: Some current perceptives.* Beverly Hills, Ca.: SAGE.

Ward, S., Wackman, D., & Wartella, E. (1977). *How children learn to buy: The development of consumer information-processing skills.* Beverly Hills, Ca.: SAGE.

Weilbacher, W.M. (1972). What happens to advertisements when they grow up. In A. Wells(Ed.). *Mass media and sociey*. Palo Alto, Ca.: National Press Book.

Wells, A. (1972). (Ed.). *Mass media and society*. Palo Alto, Ca.: National Press Book.

White, I.S. (1959). The functions of advertising in our culture. *Journal of Marketing*, 24(1), 8- 14.

White, W.H. (1950). The social engineers. *Fortune*, Sept.

Wolman, B.B. (1973). (Ed). *Dictionary of behavioral sciences*. N.Y.: Van Nostrand Rienhold.

Woods, P. (1980). Strategies in teaching and learning. In P. Woods. (Ed.) .Teacher strategies:*Explorations in the sociology of the school*. London: Groom Helm.

Wright, J.S., & Worner, D. S. (1966). *Advertising*. N.Y.: McGraw-Hill, (2nd ed.).

Yang, C.Y. (1965. 12. 29). $1 in ads generates $16 income. *Advertising Age*, pp. 1-3.

Yoell, W.A. (1972). The abuse of psychology by marketing men. In A. Wells (Ed.). *Mass media and society*. Palo Alto, Ca.: National Press Book.

10

Cremin, L. (1975). Public education and the education of the public. *Teachers College Record*, 77(1), 5- 10.

Dewey, J. (1916). *Democracy and education*. New York: Macmillan,

Dewey, J. (1938). *Experience and education*. New York: Macmillan.

Illich, I. (1970). *Deschooling society*. New York: Harper & Row.

Hallak, J. (1977). *Planning the location of schools*. An instrument of educational Policy. Paris: UNESCO.

Educational Facilities Laboratories. (1980). *Campus and Community*. New York: EFL.

11

김란수· 김인희· 오인탁· 이성호· 한준상. (1982). 평생교육론. 서울: 문음사.

서울대학교 사범대학 사회교육연구회. (엮음). (1983). 사회교육: 이론과 실제. 서울: 대한출판공사.

유네스코 한국위원회· 한국평생교육기구. (엮음). (1983). 평생교육의 기초와 체제. 서울: 법문사.

진원중. (1983). 사회교육의 개혁. 교육학연구. 21(3), 29-36.

이영덕. (1983. 5). 평생교육 개념에 대한 교육체제 대안 탐구.(서울대학교 교육학 연구, 83-1).

장진호. (1982). 평생교육의 이론적 구조. 논문집(경희대학교). 141~177.

한국교육학회 사회교육연구회. (엮음). (1982). 평생교육과 사회교육: 사회교육론집. 서울: 배영사.

한국학원총연합회. (엮음). (1982). 학원교육과 사회교육. 서울: 한국학원총연합회.

한준상. (1982). 한국평생교육론의 사회학적 기초. 김란수· 김인회· 오인탁· 이성호· 한준상, 평생교육론. 서울: 문음사.

조미옥. (1983). 한국 사회교육기관의 교육활동내용에 관한 일 연구. 숙명여자대학교 석사학위 청구논문.

홍웅선. (1983). 평생교육과 학교교육. 유네스코 한국위원회· 한국평생교육기구 (엮음). 평생교육의 기초와 체제. 서울: 법문사.

Bryson, L. (1936). *Adult Education*. New York: American Book.

Freire, P. (1970). *Pedagogy of the Oppressed.* New York: Herder and Herder.

Goodman, P. (1962). *Compulsory Miseducation.* New York: Vintage Books.

Holt, J. (1972). *The underachieving school.* Middlesex: Pelican Book.

Houle, C. O. (1961). *The inquiring mind. Madison,* Wis.: University of Wisconsin Press.

Houle, C. O. (1964). *Continuing your education.* New York: McGraw-Hill.

Houle, C. O. (1974). *The Design of education.* S. F.: Jossey-Bass.

Illich, I. (1971). *Deschooling Society.* New York: Harper.

Knowles, M. (1970). *The modern practice of adult education.* New York: Association Press.

Mead, M. (1954). A redefinition of education. *NEA Journal,* 48, 15- 17.

Morstain, B. R., & Smart, I. C. (1977). A motivational typology of adult learner. *Journal of Higher Education,* 6, 665～679.

Popper, K. (1976). *Unended guest: An intellectual autobiography.* Glasgow: Fontana.

인명 찾아보기

◉ 저자 ◉

한준상(韓駿相) 연세대학교 문화대학 교육학과 문학사
University of Southern California 교육과학 석사
University of Southern California 철학박사
현대 연세대학교 교육대학원장
주요 연구분야는 교육사회학, 청소년학, 성인교육학, 인적자원개발(HRO)
저서로는 『평생교육의 이론과 실제(편저)』, 서울특별시 교육연구원,
1995), 『신교육사회학』(학지사, 1996), 『한국성인인력개조론(공저)』(학지
사, 1997), 『근대한국성인교육사상』(원미사, 2000), 『Lifelong Education:
모든 이를 위한 안드라고지』(학지사, 2000), 『한국교육의 쟁점에 관한 연
구』(소화, 2000)외 다수

사회교육론

● 초판발행	2001년 10월 26일
● 2 쇄	2003년 4월 10일
● 지 은 이	한준상
● 펴 낸 이	채종준
● 펴 낸 곳	한국학술정보(주)
	경기도 파주시 교하읍 문발리 파주출판문화정보산업단지 538-2
	전화 031) 908-3181(대표) · 팩스 031) 908-3189
	홈페이지 http://www.kstudy.com
	e-mail (e-Book 사업부) ebook@kstudy.com
● 등 록	제일산-115호(2000. 6. 19)
● 가 격	22,000원

ISBN 89-534-0222-0 93370 (paper book)
      89-534-0223-9 98370 (e-book)